Vorwort

Liebe Leserinnen und Leser!
Also gleich mal vorneweg: Wenn im Ruhrstadion (das heißt ja jetzt irgendwie anders, aber für die meisten Bochumer eigentlich immer noch so), also wenn dann Grömemeyers »Bochum, ich komm aus dir« tausendfach erklingt, dann sing auch ich inbrünstig und lautstark mit. Aber eigentlich dürfte ich das gar nicht, schließlich bin ich kein »Bochumer Jung«, sondern eine »Berliner Göre« und dahin, nach Berlin, wollte ich auch so schnell wie möglich zurück, als mich ein Theaterengagement nach Essen verschlug. Das war – sage und schreibe – 1974!

Ich bin geblieben, schon lange nicht mehr in Essen, aber viel, viel länger hier in Bochum, genau betrachtet die längste Zeit meines Lebens.Und so kann ich immerhin bei der zweiten Zeile des Refrains umso kräftiger mitsingen: »Bochum, ich häng an dir!« Ja, so ist es, Bochum ist meine zweite Heimat geworden. Hier habe ich Wurzeln geschlagen, Freunde gefunden, eine Familie gegründet. Hier ist mein Lebensmittelpunkt und er wird es wohl auch bleiben.

Sicher, es gibt schönere Städte, aber: »Wer wohnt schon in Düsseldorf?« Warum also bin ich geblieben? Es sind die Menschen, gradlinig, knorrig, mit dem Herz auf der Zunge, es ist die Vielfalt der Kulturen, das unverkrampfte Miteinander, das Spröde und Weiche, das Schöne und Hässliche, eben diese Vielfalt, die diese Stadt ausmacht in all ihren Widersprüchen. Gerade das macht sie so spannend und wert, sie zu entdecken.

Ich habe vor fast dreißig Jahren damit angefangen, Bochum zu entdecken, weil ich immer der Meinung war, man muss die Stadt kennenlernen, in der man lebt und nach all dieser Zeit finde ich immer noch Überraschendes, Aufregendes, Unbekanntes und Neues in dieser Stadt.

Gönnen auch Sie sich das Abenteuer, Ihr Bochum zu entdecken. Dieses Buch wird Ihnen ein treuer Begleiter sein.

Viel Spaß damit und »Glück auf!«

Ihr
Joachim H. Luger

Einleitung
»Wo gehsse?« – »Inne Stadt!«

Bochum hat 27 Stadtteile. Hören Sie dort den Wortwechsel: »Wo gehsse?« – »Inne Stadt!«, sprechen die Bochumer über die Stadtmitte, das historische Zentrum Bochums.

In Bochum – und im gesamten Ruhrgebiet – gibt es eine Sprache, die Teil des Wesens und der Geschichte dieser Region ist. Sie hält die Erinnerung an den vergangenen Bergbau wach (»Vor Ort«), nimmt neue kulturelle Einflüsse auf und gibt sie weiter. Sie war über Jahrzehnte eine »Unsprache«. Dass sie heute nicht mehr als Slang, sondern als Dialekt gilt, verdanken wir Adolf Tegtmeier, Kumpel Anton, Tana Schanzara, Dr. Stratmann und Herbert Knebel. Alle haben Bochumer Erfahrungen. Dazu gehört auch »unser« Herbert Grönemeyer, der in seinem Hit der Stadt »Bochum« bundesweit Seele und Ausdruck verlieh.

Die Geschichte Bochums begann ähnlich wie die vieler anderer westfälischer Städte. Vor 860 wurde Bochum an einer Kreuzung zweier Handelsstraßen gegründet, gehörte zu den vielen winzigen westfälischen Hansestädtchen des 15./16. Jahrhunderts, brannte 1517 und 1581 fast ganz nieder und hatte es bis ins 19. Jahrhundert immerhin zu einer einflussreichen Verwaltungsstadt gebracht. In der kleinen Stadt lebten geruhsam 4.000 Einwohner, die 1790 so beschrieben wurden:

»Die einfache Lebensordnung, welche durchgehend hier geführt wird, ist neben der gesunden Luft von dem meist hohen Alter der Einwohner die Hauptursache. Der größte Haufe nährt sich fast blos von Brod, Milch, Butter und Gemüse; selten wird von dem gemeinen Mann Fleisch gegessen, noch seltener schmeckt er Fische. Gewürze fallen fast ganz weg. Der Kaffee wird zwar häufig gebraucht, ist aber sehr dünne

Bochum mit St. Peter und Paul rechts, Carl Arnold Kortum 1801.

Axel Schäfer/Norbert Konegen/Hans H. Hanke (Hg.)

Bochum entdecken

20 Stadtrundgänge
durch Geschichte und Gegenwart

Mit Beiträgen von
Dietmar Bleidick, Bettina Brakelmann, Günter Brakelmann, Hans-Friedel Donschen,
Thomas Eiskirch, Bernd Faulenbach, Fritzi Marie Felderhoff, Tanja Grewing,
Andreas Halwer, Hans H. Hanke, Gert Hille, Manfred Keller, Gerd Kivelitz,
Norbert Konegen, Norbert Kozicki, Peter Kracht, Friedhelm Lueg, Joachim H. Luger,
Volker Marquaß, Christoph Meer, Ingo Meyer, Barbara Michels, Jürgen Mittag,
Theo Piedboeuf, Ernst-Albrecht Plieg, Norbert Ranft, Heike Reinecke, Monika Remlinger,
Hans Reppel, Thomas von Roznowski, Heinz Rittermeier, Axel Schäfer, Gaby Schäfer,
Martina Schnell, Volker Strehl, Elmar Weiler, Birgit Werner und Gisela Wilbertz

KLARTEXT

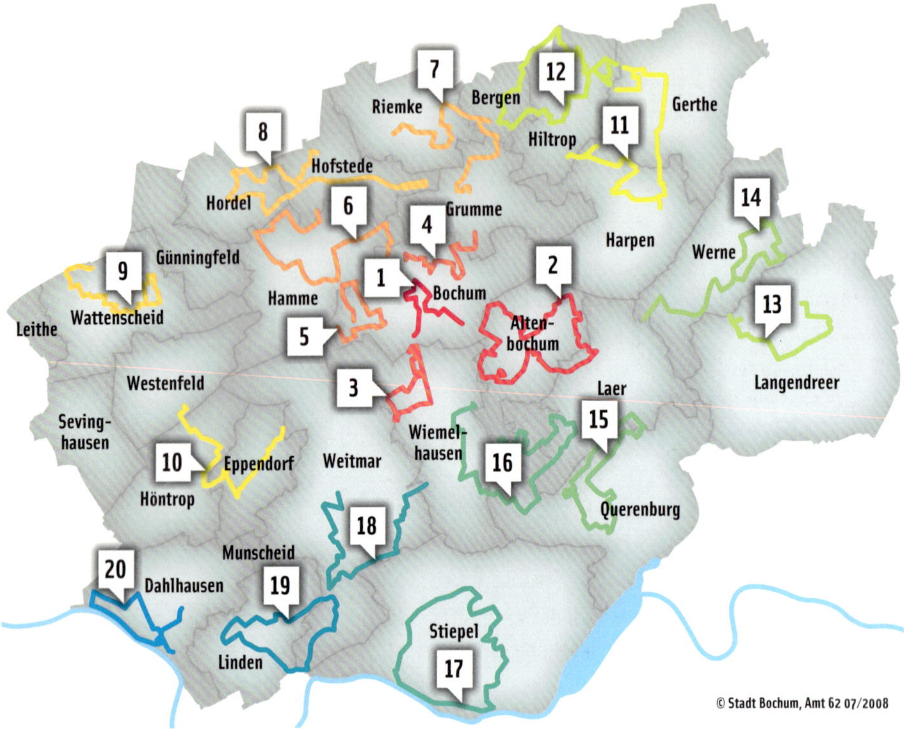

1. Auflage Mai 2009
Satz und Gestaltung: Klartext Medienwerkstatt GmbH, Essen
Umschlaggestaltung: Volker Pecher, Essen
Druck und Bindung: AALEXX Buchproduktion GmbH, Großburgwedel

ISBN 978-3-89861-735-2

www.klartext-verlag.de

und macht bei einem Stück Brod oft die Mittagsmahlzeit aus. Der Hausvater raucht wol zu Zeiten seine Pfeife köllnischen Taback, und wenn er bey Vermögenden in Arbeit ist, nimmt er auch mit einem Glas Fusel und einer Kanne Bier vorlieb; er isset zu dieser Zeit auch besser, bekommt Speck oder Fleisch und Pfannkuchen, und ist dann vergnügt wie ein Fürst.« (Carl A. Kortum)

Dieses Leben änderte sich durch die »Standortgunst« Bochums ab 1840 entscheidend. Die anscheinend unbegrenzten Kohlevorräte unter dem Ruhrgebiet brachten Bergbau und Stahlindustrie auch nach Bochum, das um 1929 mit 74 Schachtanlagen Europas grubenreichste Gegend war. Doch gegen das preiswertere Öl hatte die Kohle keine Chance und 1973 wurde die letzte Schachtanlage Bochums stillgelegt.

Ab 1960 schwand das alltägliche Bild in Bochum, wie tausende Bergmänner zum Schichtwechsel in die benachbarte Zeche radelten. Zunächst störten gecharterte Reisebusse mit Pendlerströmen zu anderen Zechen die vertraute Szenerie. 1960 war die Zahl der Bochumer Auspendler auf 18.000 angewachsen. Nur wer mobil und unabhängig wurde, besaß Chancen, mit der neuen Epoche Schritt zu halten. Nur mit dem Auto ging es weiter.

Um 1963 war Bochum aber mit Opel, dem Fernsehwerk Graetz, den ersten deutschen Einkaufszentren »Ratio« und »Ruhr-Park« sowie der Ruhr-Universität ein herausragendes Beispiel für einen krisenbedingten Modernisierungsschub und für eine erfolgreiche Neustrukturierung. Heute gehören das Opel-Werk und die Ruhr-Universität zu den vielen prominenten Arbeitgebern in Bochum. 380.000 Einwohner leben hier.

Kurz nach 1324 wird die Verwaltung der neu ernannten Stadt Bochum wohl erstmals einen Ratssaal benötigt haben, eine von den Bürgern gewählte Stadtvertretung regierte aber erst ab 1842 in Bochum. Dank des preußischen Drei-Klassen-Wahlrechts blieben die konservativen Kräfte im »Magistrat« lange unter sich, denn wer hohe Steuern zahlte, durfte in

Bochums Innenstadt mit St. Peter und Paul, Karl-Friedrich Gehse 2005.

der ersten und zweiten Wählerklasse zwei Drittel der Magistratsmitglieder bestimmen. Die große Mehrheit der Bochumer waren aber Lohnempfänger ohne große Steuerleistungen. Die Anläufe der Sozialdemokraten in den Jahren 1908, 1910 und 1912, in dieser Arbeiterstadt Sitze zu erobern, scheiterten. In der Weimarer Republik blieb das Zentrum stärkste Partei in Bochum (38 %–21 %), es folgten die SPD (35 %–13 %) und die KPD (24 %–10 %). Als am 5. und 12. März 1933 die letzten freien Wahlen stattfanden, erhielt die NSDAP 40 % für die Stadtvertretung und 44 % für den Reichstag. Am 13. Oktober 1946 wurden nach 13 Jahren wieder demokratische Wahlen zur Stadtvertretung abgehalten, Bochum startete mit 25 SPD-, 18 CDU- und 2 KPD-Stimmen in die neue Republik. Die SPD ist bis in die Gegenwart größte Fraktion geblieben.

Um 700 n. Chr. trug eine vornehme Merowingerin diese Kette mit Goldbrosche, Glas- und Bersteinperlen. Sie lebte im heutigen Bochum-Langendreer.

Von den Menschen in Bochum behaupten Besucher nicht selten, sie seien freundlich und offen. Wenn das stimmt, liegt das sicherlich auch daran, dass seit 150 Jahren immer neue und unterschiedliche Bevölkerungsgruppen nach Bochum zugezogen sind. Auf der Suche nach Arbeit in der Montanindustrie kamen und blieben Hessen, Bayern, Schlesier, Polen, Italiener, Türken, Russen und viele andere Nationen. Früher oder später schlossen die meisten Alt- und Neubochumer miteinander Freundschaft. Der ständig erweiterte kulturelle Hintergrund hat wohl auch zu einer größeren Toleranz des einzelnen Bochumers geführt. Man darf sich das Miteinander der eingesessenen und zugewanderten Bürger natürlich nicht von Anfang an als problemlos und harmonisch vorstellen. Gegen Ausländerfeindlichkeit und Intoleranz scheinen sich aber in Bochum und im Ruhrgebiet schneller als an vielen anderen Orten Initiativen zu bilden.

Solidarität und Hilfsbereitschaft gilt viel im Revier. Wir danken allen Helferinnen, Helfern sowie der Sparkasse und den Stadtwerken Bochum sehr herzlich für die Unterstützung unseres Buches.

Wir sind 39 Bochumerinnen und Bochumer, die Ihnen unsere Sicht auf und aus Bochum zeigen möchten. Woher Sie auch sind: Herzlich willkommen!

Im Namen aller Autorinnen und Autoren:
Glück auf!

Axel Schäfer
Norbert Konegen
Hans H. Hanke

Thema: Bochumer Fakten

Axel Schäfer

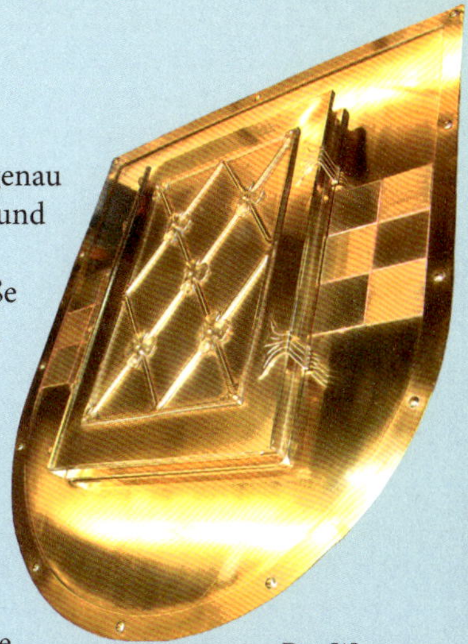

Das Wappen Bochums, hier in Messing für das Rathausportal aus der Krupp-Lehrlingswerkstatt 2009.

Bochum liegt im Zentrum der Metropole Ruhr, genau 7 Grad 13 Minuten 34 Sekunden östlicher Länge und 51 Grad 28 Minuten 21 Sekunden nördlicher Breite.

Höchster Punkt ist mit 196 m die Kemnader Straße 302a, niedrigster mit 43 m die Unterführung »Am Blumenkamp«.

Das Stadtgebiet hat eine Fläche von 145,4 km^2, die größte Ausdehnung beträgt 13,0 km Nord–Süd und 17,1 km Ost–West. Von den 373.808 Einwohnern sind 193.563 Frauen und 180.245 Männer, die Bevölkerungsdichte beträgt 2.628 Einwohner je km^2. (Stand 2007)

Bedeutende Unternehmen und Behörden wie Knappschaft-Bahn-See, die Deutsche BP/ARAL, die Wohnungsgesellschaft Annington, der Mischkonzern GEA und die Bergbauberufsgenosschaft haben ihren Sitz in Bochum. Das Landgericht, der regionale DGB und die Industrie- und Handelskammer mittleres Ruhrgebiet sowie die Kreispolizeibehörde unterstreichen die Stellung Bochums im und für das Revier.

Mit sieben Hochschulen, 35 Theatereinrichtungen sowie 17 Museen ist die Stadt eine kulturelle Metropole in Nordrhein-Westfalen. 81.888 Mitglieder in 350 Vereinen, 60 Sportplatzanlagen und zwei Stadien (Rewirpower für Fußball, Lohrheide auch für Leichtathletik) sowie ein Olympia-Stützpunkt machen Bochum zur Sportstadt.

Im grünen Bereich sind die 80 Kleingartenanlagen mit 5.595 Parzellen landesweit ein Spitzenwert.

Partnerschaftliche Verbindungen bestehen mit Sheffield (Großbritannien), Oviedo (Spanien), Donezk (Ukraine) und Nordhausen (Thüringen). Darüber hinaus gibt es europäische Projekte an Schulen und Hochschulen mit weiteren 20 Ländern.

In Bochum arbeiten 126.054 sozialversicherungspflichtige Beschäftigte, die Arbeitslosenquote beträgt 10,2 %. Der Deutsche Gewerkschaftsbund hat mehr als 50.000 Mitglieder.

Seit 1381 führt Bochum Buch im Schild. Eines der wenigen dreidimensionalen Wappen des Mittelalters.

Geschichtlicher Überblick

800 In der ersten Hälfte des 9. Jhs. wird am Schnittpunkt zweier Handelsstraßen Bochum als Königshof gegründet.

1041 Erste urkundliche Erwähnung unter dem Namen Cofbuokheim in einem Dokument der Kölner Erzbischöfe.

1321 Graf Engelbert II. von der Mark bestätigt die Stadtrechte.

1517 Eine Brandkatastrophe verwüstet Kommune und Kirche.

1735 Bereits 35 »Kohlenpütts« werden im hiesigen Amt gezählt.

1816 Kreisstadt in der Preußischen Provinz Westfalen und Mittelpunkt des neu gebildeten Landkreises.

1850 Jacob Mayer, Gründer des Stahlunternehmens »Bochumer Verein«, erfindet das Verfahren zum Stahlformguss.

1890 Mit dem »Bergmannsheil« entsteht das erste Unfallkrankenhaus der Welt.

1904 Nach der Eingemeindung umliegender kleinerer Ortschaften wird die Stadt zur Großstadt mit fast 117.000 Einwohnern.

1906 Vor Ort gibt es 22.844 Bergarbeiter; sie fördern über fünf Millionen Tonnen Kohle.

1919 Gründung des Stadttheaters und der Symphoniker.

1929 Durch weitere Eingemeindungen steigt die Zahl der Bürgerinnen und Bürger auf 321.146.

1933 bis 1945 »Gauhauptstadt« der Nazis während des Dritten Reiches.

1945 Am 10. April besetzen amerikanische Truppen die Stadt. Am 12. April übernehmen die Briten die Besatzungsverwaltung.

1946 Bei der ersten Kommunalwahl nach dem Zweiten Weltkrieg wird die SPD stärkste Kraft.

1948 Als erste Großstadt in NRW wird der Plan zum Wiederaufbau der zu 90 % zerstörten Innenstadt am 1. Oktober beschlossen. Der Plan gilt weithin als vorbildlich und wird bis 1957 umgesetzt.

1949 Veranstaltung des deutschen Katholikentages.

1961 Die Adam Opel AG beginnt mit dem Bau von Automobilwerken in unserer Stadt. Nach dem Zechensterben kann somit ein großer Teil der verlorengegangenen Arbeitsplätze vor Ort kompensiert werden.

1965 Die Ruhr-Universität Bochum nimmt – als erste Hochschule im Ruhrgebiet – den Lehrbetrieb auf.

1973 Die letzte von 17 nach 1945 arbeitenden Großschachtanlagen wird geschlossen.

1975 Im Zuge der kommunalen Neugliederung in Nordrhein-Westfalen erfolgt der Zusammenschluss mit Wattenscheid zur »neuen« Stadt Bochum.

1979 Das Ruhrstadion, heute Rewirpower-Stadion, wird eröffnet.

Wappen Wattenscheids bis 1975. Der rot-weiße »Märkische Balken« der Grafschaft Mark ziert seit dem Zusammenschluss von Bochum und Wattenscheid das Buch.

Romanischer Taufstein um 1175 in St. Peter und Paul.

»Bochums Goethe«: Der Arzt, Forscher und Literat Carl Arnold Kortum (1745–1824).

1980 Mit dem »Kemnader See« entsteht ein großes Freizeitzentrum an der Ruhr.

1988 Das Musical »Starlight-Express« nimmt seine Fahrten in einer speziell für dieses Stück gebauten Halle auf. (Bis heute sind die Rollschuhkünstler dort zu sehen – das ist Weltrekord.)

1989 Die erste unterirdische Verbindung zwischen zwei Städten in Deutschland, Bochum – Herne, wird mit der neuen U 35 fertig gestellt.

1990 Bochum ist gemeinsam mit Dortmund Austragungsort des ersten gesamtdeutschen Turnfestes nach dem Zweiten Weltkrieg, mit ca. 120.000 Teilnehmern. Die »Ruhrwelle Bochum« – jetzt 98,5 Radio Bochum – geht »on air«.

1991 Zum Ruhrgebiets-Kirchentag (Bochum, Dortmund, Essen) kommen aus ganz Deutschland ca. 105.000 evangelische Christen.

1993 Zusammenschluss mit Hattingen, Herne und Witten zur »Region Mittleres Ruhrgebiet«.

1994 Die Bochumer Symphoniker und das Schauspielhaus feiern ihr 75-jähriges Bestehen.

2008 Anlässlich des 1000-jährigen Jubiläums der Stiepeler Dorfkirche erscheint erstmals eine Sondermarke mit hiesigem Motiv.

2010 Das Ruhrgebiet wird europäische Kulturhauptstadt – und Bochum ist führend mit dabei.

Bochum war 1945 zu 90 % zerstört, hier eine Zeichnung Emil Bardeys 1949.

Nur Fliegen war schöner: Opel GT, gebaut in Bochum 1968–1973.

Die wohl schönste der vielen Bochumer Grünanlagen, der Stadtpark, der 1876 angelegt wurde.

Innenstadt
Reichshof im Gleisdreieck

Hans H. Hanke

Ausgangspunkt: Haltestelle »Engelbert-Brunnen/Bermuda3eck« | Linie 308/318
Endpunkt: Bushaltestelle »Wittener Straße« (BP/ARAL) | Linie 345/368
Streckenlänge: 3 km | Dauer: 1,5 Stunden

1 Tor 1

»KunstLichtTore« – nachts ist es hier am schönsten. Die Lichtkünstler Peter Brdenk und Jürgen LIT Fischer entwickelten 2003 die Brückenbeleuchtung, an deren »Tor 1« wir stehen. Hier geht es um das rein zufällige Aufeinandertreffen zweier Straßen, deren Namen sehr viel mit der Eins zu tun haben: Sowohl der König (Königsallee) als auch die Siegerin (Viktoriastraße) nehmen die Einzigartigkeit gerne für sich in Anspruch. Unter einem farbenprächtigen Himmel aus Einsen treffen Welten aufeinander: die hohe Kunst des Schauspiels im nahe gelegenen Schauspielhaus und das Bermuda3eck mit seinem alltäglichen Schauspiel. Mit beiden ist Bochum eins und Nr. Eins. Die Nummerierung ist aber auch so gesetzt, dass sowohl die Ziffer Eins als auch die weit entfernte Doppeleins – also die Elf – die Enden der Kortumstraße markieren. Mit der Zeit werden alle 16 Brücken des Eisenbahndreiecks um die Innenstadt als nummerierte und kunstreich illuminierte Stadttore von verschiedenen Künstlern neu gestaltet.

Der ehem. »Katholikentagsbahnhof« wird Teil der Kulturszene.

Konrad-Adenauer-Platz mit dem Blick auf den Handelshof um 1910.

Die Marienkirche wird Musiksaal. Entwurfszeichnung 1951 Kurt Hubert Vieth.

Auf dem Gelände westlich der Viktoriastraße wird ab 2009 so einiges passieren. Hier war bis 1945 der alte Hauptbahnhof, dessen provisorischer Nachfolger zum Deutschen Katholikentag 1949 eröffnet wurde: In ihm könnte ein Kleinkunsttheater entstehen. Ein Jugendhotel (DJH) hat 2009 bereits eröffnet, weitere Bühnen und Kreativbüros sind in Planung, die geschlossene Marienkirche wird neu belebt und vor allem: ein Konzerthaus, die »Bochumer Symphonie« soll gebaut werden. Das alles möglichst bis 2010. Das Viertel hat einen eigenen Namen: Viktoria-Quartier. Es gehört zu den Leitprojekten des Kulturhauptstadtjahres 2010.

Am Konrad-Adenauer-Platz beginnt das Bermuda3eck, ein Straßenkarree mit zahlreichen guten Kneipen, das sich zur zentralen Stätte des

Kortumstraße/ Bermuda3Eck 2008.

Verkaufsraum Lueg 1926. Heute rechts Kinofoyer, links Gastronomie.

nordrhein-westfälischen Nachtlebens entwickelt hat und in dem schon mancher spurlos verschwunden sein soll. Niemals zuvor war der über dem Platz leuchtende alte Werbespruch der Stadt Bochum aus dem Jahr 1951 so wahr wie heute: »Treffpunkt Bochum«.

2 Union Kino

Das Union-Kino als Autohaus Lueg 1926.

Das siebengeschossige Union-Kino war 1925 Bochums erstes Hochhaus und blieb das höchste Gebäude der Stadt bis 1955. Der Autobauer und -händler Oscar Lueg betraute Emil Pohle mit dem Bau des expressionistischen Bürohochhauses samt großer Ausstellungshalle. Das Erdgeschoss bestand aus einer einzigen Halle von 450 m², in deren Mitte lediglich eine einzige Säule die Last des gesamten siebengeschossigen Baus trug. 1949 zog der Deutsche Gewerkschaftsbund in das Haus und fügte seinem programmatisch benannten »Union-Haus« einen großen Saalbau mit 1.200 Sitzplätzen an. Der eignete sich außer für Betriebsratsversammlungen auch für Kino-, Konzert- und Theateraufführungen, um im Sinn demokratischer Bildung »das kulturelle Niveau des Arbeiters, vor allem der deutschen Jugend zu heben«.

In der Nähe dieses architektonischen Glanzstückes steht etwas verloren die Bronzeskulptur des Grafen Engelbert II. von der Mark. Er war 1321/24 so freundlich, Bochums Stadtrechte schriftlich niederzulegen. 1910 erhielt er dafür ein Denkmal, das – im Zweiten Weltkrieg eingeschmolzen – 1964 erneuert wurde. Es gilt gleichzeitig seinem Enkel Engelbert III. Der hatte sich ein Denkmal verdient, als er 1388 Bochums wichtigstes Stadtfest begründete: Die reichsfreie Stadt Dortmund hatte das Dorf Harpen überfallen und Kühe geraubt. Die Bochumer Schützen sollen daraufhin die Kühe zurückerobert haben. Engelbert III. belohnte die Bochumer: Sie dürfen sich bis heute aus dem Wald des Dorfes Harpen – das jetzt ein Stadtteil Bochums ist – jährlich einen Baum holen und erhalten für den Wert des geretteten Viehs den Jahreszins ausgezahlt. Diese schöne Geschichte ist vor 100 Jahren schlicht, aber einprägsam erfunden worden und heute »wg. hohen Alters« wahr. Jedes Jahr an einem Vortag des Mai ziehen die »Maischützen« von Bochum nach Harpen, holen ihren Baum, pflanzen ihn in der Stadtmitte und erhalten vor dem Rathaus ihre Zinstaler.

Eine echte Alternative zu diesem Fest der Traditionen bildet seit 1985 rund um den Engelbert-Brunnen das Straßenfest »BOtotal«. Hier finden sich jeweils am ersten Wochenende der Sommerferien bis zu einer Million junger Begeisterter ein, um auf Bühnen unter freiem Himmel und in den Lokalen des Bermuda3ecks Live-Musik zu erleben.

3 Kortum-Brunnen

Der Husemannplatz gehört seit etwa 1870 zu den zentralen Plätzen der Stadt. Mitten auf dem Platz steht der Kortum-Brunnen, der eine Szene aus der »Jobsiade« des Bochumer Arztes, Gelehrten und Dichters Dr. Carl Arnold Kortum (1746–1824) schildert. Die Jobsiade ist die volkstümlich und satirisch geschriebene Lebensgeschichte des Hieronymus Jobs, der dumm und dreist sein Leben vertändelt, sagen die einen – der als früher Freak den Ausstieg aus der vorindustriellen Leistungsgesellschaft wagt, sagen die anderen. Literaturgeschichte hat die »Jobsiade« wegen ihres sehr frühen Knittelverses gemacht, sie ist in etwa 30 Sprachen übersetzt worden. Das Reimschema hat einige Ähn-

Die Prüfung des Jobs. Johann Peter Hasenclever (1810–1853).

lichkeit mit Rap. Der Kortum-Brunnen selbst schildert in freundlich gefälliger Gestaltung Jobs' verrissene Theologie-Examensprüfung, in der es zum Beispiel heißt:

»Nun folgte Herr Keffer, der geistliche Herre,
Seine Frage schien zu beantworten schier schwere,
Sie betraf der Manichäer Ketzerei
Und was ihr Glaube gewesen sei?
Antwort: ›Ja, diese einfältige Teufel
Glaubten, ich würde sie ohne Zweifel
Vor meiner Abreise bezahlen noch,
Ich habe sie aber geprellet doch.‹
Über diese Antwort des Kandidaten Jobses
Geschah allgemeines Schütteln des Kopfes,
Der Inspektor sprach zuerst hem! hem!
Drauf die anderen secundum ordinem.«

Der Husemannplatz ist nach dem Bergmann und Sozialdemokraten in vielen einflussreichen Ämtern benannt. Als Reichstagsabgeordneter hatte Fritz Husemann mit der gesamten SPD-Fraktion Hitlers Ermächtigungsgesetz abgelehnt. 1935 wurde er in ein KZ verschleppt, wo er ermordet wurde.

4 Rathaus

Das Bochumer Rathaus war 1931 bezugsfertig. Karl Roth aus Darmstadt hatte es entworfen – inspiriert vom spanischem Königskloster Escorial (1563/84). Als Baustil wählte der Architekt damit die Renaissance, die wie das Industriezeitalter als Zeit des starken Bürgertums, der Erfindungen und Entdeckungen galt. Das Rathaus besaß kunstvolle Bronzegitter,

Rathaus Bochum, Modell um 1929.

reichhaltige Skulpturen aus Bronze sowie meisterhafte Steinmetzarbeiten. Wie eine Kapelle ist der Ratssaal mit Glockenturm als zentraler Ort der Demokratie in den Hof gestellt. Der angeblich übertriebene Prunk am Rathaus bot den Nationalsozialisten die Möglichkeit, den damaligen Oberbürgermeister Dr. Otto Ruer (1879–1933), der jüdischer Abstammung war, anzugreifen und in den Selbstmord zu treiben. Die meisten Bronzeskulpturen wurden 1943 für Rüstungszwecke eingeschmolzen, durch Kriegsschäden gingen auch die Steinmetzarbeiten verloren – mit Ausnahme kleiner Löwenköpfe über dem Portal. Geblieben sind im Hof August Vogels anrührende »Brunnen der Schönheit« und »Brunnen des Glücks« sowie Augusto Vasaris florentinische Hauptportale, die unter dem Motto »In Labore Honos« (In Arbeit liegt Ehre) industriellen Fleiß thematisieren. Das Glockenspiel von 1951 mit seinen 28 Glocken ist das erste Gussstahl-Glockenspiel der Welt, es wurde in Bochum gegossen. Zu Weihnachten 1951 erklang es im Radio für fast ganz Deutschland.

Die große Glocke vor dem Rathaus machte 1867 auf der Pariser Weltausstellung Furore. Bochums Glocken waren wohlklingend und preiswert, sie hängen noch heute in zahllosen Kirchen der ganzen Welt. Berühmte Bochumer Glocken sind die fatale Berliner Olympia-Glocke von 1936, die »Jahrhundertglocke« von 1948 in der Paulskirche zu Frankfurt sowie die vier Friedensglocken in Hiroshima von 1952. Jacob Mayer hatte 1841 in Bochum den Stahlformguss entscheidend weiter entwickelt, so dass sich komplizierte Formen mit der Härte und Zähigkeit des Stahls verbinden ließen. Damit konnte man z.B. auch bessere Eisenbahnräder produzieren. Der Bochumer Verein wurde später Teil der »Waffenschmiede der Nation«, 1937 zeichnete Hitler ihn als »Nationalsozialistischen Musterbetrieb« aus. Der alte Betrieb besteht heute aus der ThyssenKrupp AG (Flachstahl) und dem Bochumer Verein (Eisenbahnradsätze).

Gußstahlglocke des »Bochumer Vereins« von der Weltausstellung 1867.

An jedem dritten Samstag des Monats findet auf dem Rathausplatz ein riesiger Flohmarkt statt. Unter dem Rathausplatz findet große Architektur statt: Die preisgekrönte, riesige U-Bahn-Halle der Architekten Pahl und Weber-Pahl mit unterirdischer Brücke, farbigem Licht und Blicken ins Freie ist unbedingt einen Besuch wert.

»Bochums Dreiklang, merk ihn Dir: Kohle – Eisen – Schlegelbier!«, so lautete der überaus verbreitete Werbespruch der Schlegel-Brauerei, deren 1926 gebauter Siloturm gegenüber dem Rathaus seit 1991 das Bochumer Wappen trägt. Der aus Franken stammende Johann Joachim Schlegel reiste 1850 nach Bochum, um hier das länger haltbare, untergärige bayerische Bier zu brauen, das die üblichen obergärigen Biere in Westfalen langsam ablöste. Bis 1975 wurde das weltweit verbreitete Schlegel-Bier gebraut, heute trinkt der Bochumer gerne das ebenso traditionsreiche lokale Fiege-Bier.

Schlegel-Brauerei 1930.

5

Christus-kirche

Die evangelische Chistuskirche, »Kirche der Kulturen«, gilt in vielen Architekturführern als eine der schönsten Kirchen Europas. Die Architekten Hartel und Quester verwirklichten sie 1877 bis 1879. Die Eingangshalle des Turmes wurde 1931 nach Entwürfen des Architekten Heinrich Schmiedeknecht und des Künstlers Heinrich Rüter zu einer Gedenkhalle für 1.358 Gefallene des Ersten Weltkrieges umgestaltet. In der Gedenkhalle des Turmes wurden alle so genannten »Feindstaaten« des Ersten Weltkrieges unversöhnlich aufgezählt, während in der Christuskirche Dr. Hans Ehrenberg und Lic. Albert Schmidt gegen die Nationalsozialisten predigten. 1943 wurde die Kirche mit Ausnahme des Turmes fast vollständig zerstört. Als »Mahnmal« bezog man ihn in die Wiederaufbauplanungen ein, deren Architekt Dieter Oesterlen wurde. Die formale

Christuskirche 2009. Architekt: Dieter Oesterlen 1957.

Anbindung des modernen Kirchenschiffs an den alten, neugotischen Turm erreichte er durch das Ein- und Ausschwingen der Wand sowie den Wechsel zwischen Ziegel- und Fensterflächen. Aus ihrer Geschichte erwuchs der Christuskirche ihre neue Nutzung als »Kirche der Kulturen«. Für das Jahr der »Europäischen Kulturhauptstadt Ruhrgebiet« 2010 wird der Platz um die Kirche vom Künstler Jochen Gerz als »Platz des Europäischen Versprechens« gestaltet. Bürger aus Bochum und aus aller Welt stiften ihre Namen für die Bodenfläche, um ein Votum für Europa abzugeben.

»Altes Amtshaus«, 1920er Jahre.

Weitere Kunstwerke lassen auf unserem Weg nicht lange auf sich warten: Ebenerdige und trockenen Fußes durchschreitbare »Wasserscheiben« zwischen Rathaus und Christuskirche stammen vom Düsseldorfer Künstler Erwin Reusch. Er gestaltete 1983 den gesamten Platz mit Kreisformen.

6 Amt Bochum-Nord

Der 1884 gebaute Verwaltungssitz für das Amt Bochum-Nord steht an einer der ehemals wichtigen Straßen durch die Stadt Bochum. Von hier war man schnell in den Gemeinden des Amtes Bochum-Nord. Hier hatte 1946 auch die sich neu gründende Jüdische Gemeinde ihren ersten Betsaal.

Die eigentliche Altstadt Bochums begann in diesem Bereich, sie ist aber im Krieg vollständig verschwunden. Bochum besaß keine Stadtmauern, sondern nur einen Graben mit Wall, auf dem eine dichte Hecke stand. Die dazugehörigen fünf Stadttore scheinen auch nicht sehr stabil gewesen zu sein, denn im Jahr 1587 wurde des »Schulze zu Suntum natürlicher Sohn in Strafe genommen«, weil er bei der Kirchweih volltrunkenen Kopfes durch die Wand des Torhauses aus der Stadt getorkelt war.

7 Propsteikirche St. Peter und Paul

Mittelpunkt des Altstadtbereiches ist die 1524 erbaute Propsteikirche St. Peter und Paul, eine dreischiffige Hallenkirche in den bestechend einfachen Formen der westfälischen Gotik. Um 800 stand hier vielleicht schon eine Missionskapelle des Königshofes, den Karl des Großen gegründet haben soll. Die jetzige spätgotische Hallenkirche entstand 1517 bis 1524. Das Netzgewölbe wurde 1536 eingebaut, der Turm bis 1547 vollendet. 1872–1874 wurde der alte Chor durch einen

St. Peter und Paul mit Kuhhirten-Denkmal.

Altar mit »Ittenbach-madonna«.

neugotischen Chor ersetzt. Nach der Bombardierung 1944 stürzten bis auf das Westjoch alle Langhausgewölbe und der Dachstuhl ein, die Maßwerke zerbrachen. 1948 bis 1959 erfolgte der Wiederaufbau mit zwei neuen Kapellen. Die Propsteikirche enthält zahlreiche Kunstwerke. Das älteste ist der um 1175 geschaffene romanische Taufstein. In den heutigen Hochaltar integriert ist das Bladenhorster Kreuz, 1352 von Bernhard von Waltrop gefertigt. Ein Reliquienschrein der Heiligen Perpetua und Felicitas geht in die Zeit um 1100 zurück. Die Beweinungsgruppe aus Eichenholz datiert man auf ca. 1520. Die neugotische Front des Marienaltares wird beherrscht von der »Ittenbachmadonna«, 1875 geschaffen von dem Künstler Franz Ittenbach.

Gegenüber der Propsteikirche überdauerte als einziges historisches Bürgerhaus das »Alte Brauhaus Rietkötter«. Das Haus existierte nachweislich schon 1756. Die Jahreszahl 1777 kam erst später an die Fassade und ist vielleicht das Gründungsjahr der hier bis 1943 betriebenen Brauerei.

8 Kuhhirte

Mit seinem treuen Hund steht Fritz Kortebusch auf einem Sockel als letzter Kuhhirte Bochums und erinnert an die Zeiten, als in Bochum jeder Bürger noch eine Kuh im Haus hatte. 1870 ging der Viehtrieb zur Erleichterung der nun »großstädtisch« denkenden Bochumer zu Ende. Schon 1908 fand man das Treiben aber wieder so toll, dass man Kortebusch ein Denkmal setzte und es – nachdem es kriegsbedingt eingeschmolzen war – 1962 sogar wieder erneuerte.

Ältestes Haus der City: Rietkötter, gebaut um 1756, außen und innen.

Nachdem sich Katholiken und Protestanten lange und streitbar die Propsteikirche geteilt hatten, wurde zwischen 1655 und 1659 von der lutherischen Gemeinde die Pauluskirche erbaut. Da die finanziellen Mittel für den Bau fehlten, ergingen erfolgreich Spendenaufrufe bis nach Dänemark und Holland. 1943 brannte die Pauluskirche nach einem Bombenangriff bis auf die Außenmauern nieder. Beim Wiederaufbau erhielt die Kirche ihr heutiges, eher einer mittelalterlichen westfälischen Dorfkirche entsprechendes Aussehen.

Pauluskirche 1655–1659 mit Renaissance-Portal.

Vor der Seitenwand der Pauluskirche steht seit 1956 prunklos und eindrucksvoll die »Trauernde Mutter«, hier ist die zentrale Mahnstätte Bochums, gewidmet allen Opfern von Krieg und Gewaltherrschaft. Geschaffen wurde die Skulptur vom Künstler Gerhard Marcks (1899–1981); enthüllt auf die Minute genau zwölf Jahre nach verheerenden Angriffen alliierter Bomber auf Bochum am 4. November 1944 um 19.15 Uhr. Bei diesem und 146 weiteren Angriffen zählte man offiziell 555.420 Bomben, die 9.465 Zivilisten töteten und 185.720 obdachlos machten.

Die Sparkasse gegenüber dem Mahnmal wurde 1925–1928 nach einem Entwurf von Wilhelm Kreis aus Düsseldorf. Das vorbildlich restaurierte Treppenhaus ist einen Blick wert.

Was bei der Sparkasse gespart worden ist, kann im benachbarten Kaufhaus Kortum wieder ausgegeben werden. Es bot bis in die 1960er Jahre 1.200 Arbeitsplätze und war eines der bestsortierten Warenhäuser im Revier. 1914 begann man mit dem Bau, 1921 eröffnete das

Kaufhaus Kortum und eines seiner archivierten Schmuckfenster von Ignatius Geitel.

Warenhaus »Alsberg«. Der Gott Merkur auf dem Türsturz über dem Haupteingang an der Kortumstraße steht als Symbol für den Handel. 1934 drängte man im Rahmen der Zwangsarisierungsmaßnahmen die jüdische Familie Alsberg erfolglos zum Verkauf des Hauses: Der Name wurde zwar in Kaufhaus Kortum AG umgeändert, das Haus blieb aber insgeheim in Familienbesitz. Der unmittelbare Eigentümer aber, dem dieser Widerstand gelungen war, starb mit seiner Familie im Konzentrationslager. Seine Erben führten das Haus nach dem Krieg fort. Unter Aufopferung des schönen Inneren blühte das Warenhaus nach langem Leerstand 2007 wieder auf.

10 Dr.-Ruer-Platz

Am Dr.-Ruer-Platz finden sich mehrere Zeugnisse nationalsozialistischer Herrschaft. Um den Standpunkt der ehemaligen Synagoge herum sind zwei Gedenkorte zu finden: das neuere an der Ecke Ruer-Platz und Harmoniestraße, der ältere an der Ecke Ruer-Platz und Kortumstraße. Sie sollen nicht nur die »Reichskristallnacht« (9./10. November 1938), in der das jüdische Gotteshaus niedergebrannt wurde, in Erinnerung halten, sondern auch das Andenken an die 1.200 jüdischen Bürger Bochums bewahren, die zu Beginn der zwanziger Jahre in Bochum lebten. Nur wenige überlebten das NS-Regime. Direkt gegenüber dieser Gedenkstätte hatte die »NSDAP-Gauleitung Westfalen-Süd« ihren Sitz, in der ehemaligen Westfalenbank, dem heutigen Kortum-Karree.

In der Mitte des ovalen Platzes mit strahlenförmiger Pflasterung liegt eine Schriftplatte. Sie erinnert an Otto Ruer (1879–1933), seit 1925 Oberbürgermeister Bochums, der durch nationalsozialistische Hetzkampagnen 1933 erst aus dem Amt und schließlich in den Selbstmord getrieben wurde (s.o. Rathaus).

11 Hauptbahnhof

Die Stadt Bochum besaß schon 1948, als erste Großstadt in NRW, gültige Pläne für den Wiederaufbau. Angelpunkt dieses Neuordnungsplanes war der mutige Schritt, zwei alte Bahnhöfe bis 1957 zu einem neuen, zentralen Hauptbahnhof zusammenzulegen: ein Unternehmen, dessen Aufwand heute kaum vorstellbar ist. Der erst 22-jährige Architekt Heinz Ruhl wurde mit dem Entwurf des neuen Empfangsgebäudes beauftragt. Dessen Haupttrakt ist über 146 Meter lang, sein bestimmendes Moment die in den Bahnhofsvorplatz hineinragende verglaste Empfangshalle, welche von einer markanten, »schmetterlingsförmigen« Dachkonstruktion aus Spannbeton überdacht wird. Viel Wert legte man auf Farbigkeit und Material: Die Bochumer Stadtfarben Blau und Weiß prägen die Bahnsteige, die Außenfassade bietet ein kontrastreiches farbliches Wechselspiel. Die Sanierung des Empfangsgebäudes sowie des Bahnhofsvorplatzes 2003/07 gilt nicht nur in Fachkreisen als vorbildlich gelungen.

Ganz großer Bahnhof: Bochum 1957.

An diesem Platz, vor der Einmündung des Boulevards, steht Richard Serras »Terminal«. Die wohlausgewogenen, gegeneinander gelehnten Stahlplatten vermitteln Labilität und Stabilität in stets wechselnden Perspektiven. Die gesamte Skulptur besitzt eine wandlungsfreudig korrodierende, warmtonige Oberfläche. Als das »Terminal« 1977 für 350.000 DM auf der Documenta in Kassel gekauft worden war und 1979 aufgestellt wurde, ging ein Aufschrei der Empörung durch Bochum. Dabei passt kaum etwas besser in diese Stahlstadt, denn Richard Serra hatte das »Kunststück« schon vor der Documenta für diesen Punkt in Bochum konzipiert. Die Skulptur ist 12 Meter hoch und besteht aus unvergänglichem 100 t Corten-Stahl. Hinter dem Terminal, an der Wand der Berufsschule, hängt ein riesiges Keramikrelief des Künstlers Ignatius Geitel von 1954, das ebenfalls die industrielle Welt thematisiert. Die Aula des dahinter liegenden Schultraktes war eigentlich als Kammerspielhaus gebaut, die Kammerspiele bezogen dann aber 1966 neue Räumlichkeiten am Schauspielhaus. Die gute Spielgelegenheit nutzte der Schauspieler Jochen Schroeder 1994 und gründete sein Boulevard-Theater, die »Comödie Bochum«. Anfang 2009 steht noch nicht fest, ob die Institution weiter bestehen kann.

»Terminal« 12

Serras Terminal (1977) und Geitels Mosaikwand (1954) thematisieren die industrielle Welt.

Vom Terminal sind zwei »Stadtwerke« zu sehen: Die Stadtwerke Bochum wurden 1855 als »Gas-Anstalt« gegründet, übernahmen 1871 die Wasserversorgung und begannen 1892 mit der Stromlieferung. Die Gasanstalt in der Nähe des heutigen Westparks war die erste Westfalens. 1955 zogen die Stadtwerke in das damals für Bochum epochale und heute denkmalwerte Hochhaus an der Massenbergstraße 15/17. Ganz in der Nähe – am Ostring 28 – entstand 2003/04 ein neues Verwaltungsgebäude mit einer Höhe von 56 Metern, 16 Etagen und Niedrigenergiestandard. Architekten waren die Kölner Dörte Gatermann und Elmar Schossig. Das feine Gewebe der Glashaut, transparent und grau-schwarz, sowie die aluminiumfarbenen Rahmenprofile werden nachts durch einen wechselnd farbigen Leuchtenkranz bereichert.

Hin und wieder überweht ein Hauch von Maische aus der nahen Fiege-Brauerei die Kreuzung. Die Familie Fiege braut an der Scharnhorststraße seit 1878 das Leibgetränk der Bochumer.

13 Kortum-Park

Der Kortum-Park entstand, als zu Beginn des 19. Jahrhunderts für die Verstorbenen Bochums kein Platz mehr war auf dem alten Kirchhof um die Propsteikirche, zu stark war die Bevölkerung gewachsen. 1819 wurde ein neuer Friedhof gegründet, der heutige Kortum-Park. »Bochums Goethe«, der nun schon oft erwähnte Carl Arnold Kortum, liegt hier im Kreise seiner Angehörigen begraben. Weiter hinten im Kortum-Park findet man die Gräber vieler alter Bochumer Familien: Die Industriellen-Familie Grimberg präsentiert sich mit einem Sarkophag, der von einem Engel bewacht wird; hier liegt auch der Erfinder des Verfahrens des Stahlformgusses Jacob Mayer (1813–1875). Der Papst hatte dem frommen Mann aus frühchristlichen Gräbern Marmor zu seinem Grab gestiftet.

Gruft Jacob Mayer.

Am Rand des Parks liegt die Verwaltung der Deutschen BP-ARAL. ARAL ist 1898 in Bochum gegründet worden und führt darum die Bochumer Stadtfarben Blau und Weiß. 2002 übernahm BP ARAL und 2005 konnte die neue Konzernzentrale am alten Standort Wittener Straße bezogen werden. Das Gebäude wurde vom Hamburger Architekturbüro BRT (Bothe, Richter, Teherani) geplant.

14 Bochumer Zentrum für Stadtgeschichte
Di–Fr 10 bis 18 Uhr
Sa, So & Feiertag 11 bis 17 Uhr

In dem 1974/75 vom international prominenten Büro Gerkan, Marg und Partner entworfenen ehemaligen ARAL-Bau residiert heute das Bochumer Zentrum für Stadtgeschichte (Stadthistorisches Museum, Stadtarchiv). Neben mancher interessanten Ausstellung ist hier immer das Stadtmodell von 1850 zu besichtigen.

Gleich neben dem Zentrum für Stadtgeschichte liegt das 1954 im elegantesten Stil der 1950er Jahre errichtete Ottilie-Schönewald-Kolleg. Es wurde 1925 als Zweigstelle der kurz zuvor gegründeten Westfälischen Verwaltungsakademie Münster ins Leben gerufen und war damit das erste universitäre Institut im Ruhrgebiet. Diese hervorragende Architek-

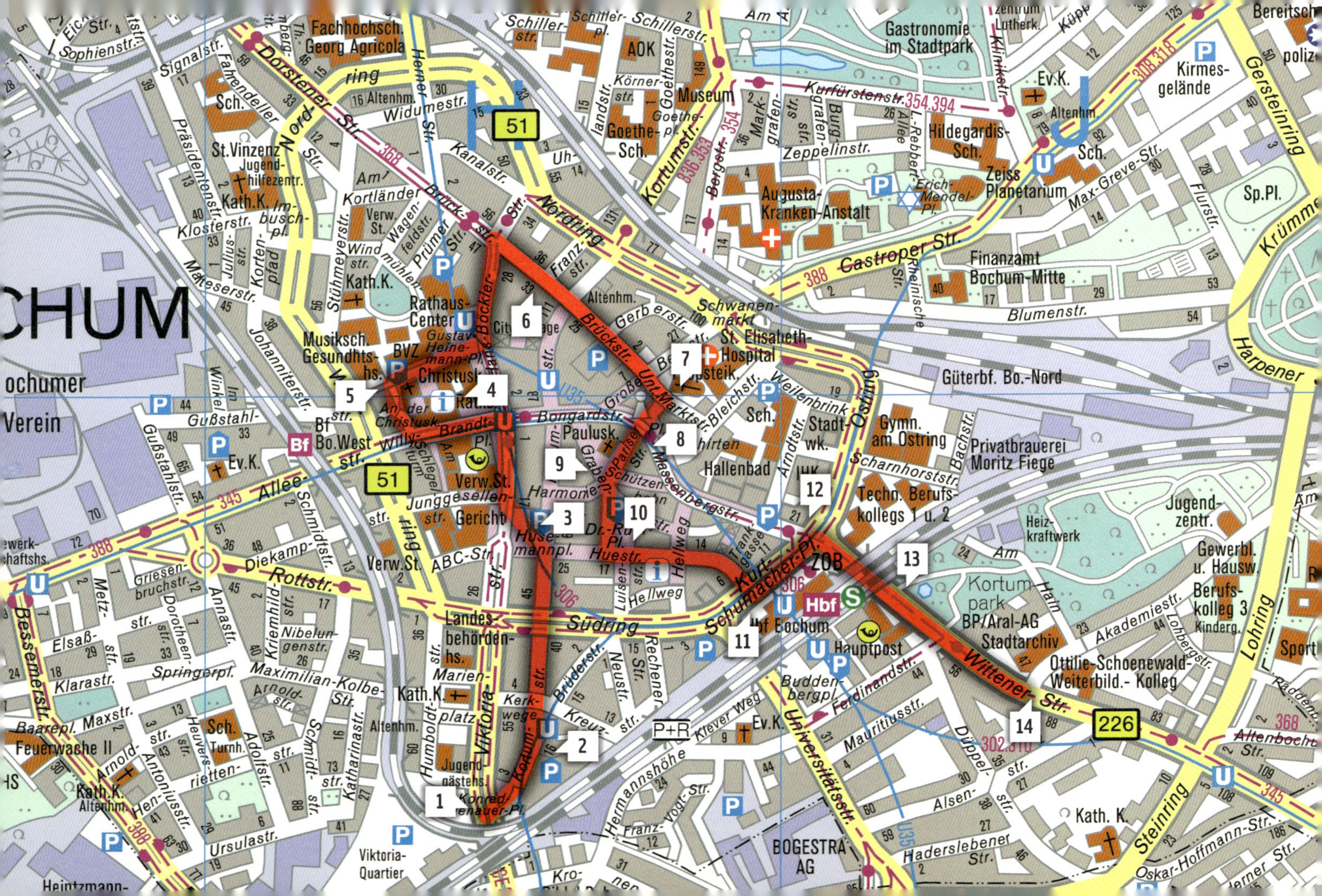

CHUM
Bochumer Verein
Fachhochsch. Georg Agricola
Dorstener Str.
Nordring
Widumestr.
Kanalstr.
Brückstr.
Kortländer
Prümer Str.
Rathaus-Center
Musiksch. Gesundhts.-hs.
Christusk.
BVZ
Kath.K.
St.Vinzenz Jugend-hilfezentr.
Präsidentenstr.
Klosterstr.
Maltheserstr.
Johanniterstr.
Gußstahlstr.
Bf Bo.West
Willy-Brandt-Pl.
Alleestr.
Rottstr.
Diekampstr.
Schmidtstr.
Junggesellenstr.
Gericht
Verw.St.
ABC-Str.
Südring
Landesbehörden-hs.
Viktoriastr.
Kortumstr.
Konrad-Adenauer-Pl.
Jugendgästehs.
Humboldtplatz
Kerkwege
Brüderstr.
Kreuzstr.
Neustr.
Rechenerstr.
Huestr.
Husemannpl.
Dr.-Ruer-Pl.
Hellweg
Luisenstr.
Massenbergstr.
Paulusk.
Bongardstr.
Große Beckstr.
Unt.Marktstr.
Bleichstr.
Weilenbrink
St. Elisabeth-Hospital
Schwanenmarkt
Gerberstr.
Altenhm.
City-Passage
Hallenbad
Arndtstr.
Stadtwk.
Ostring
Scharnhorststr.
Gymn. am Ostring
Techn. Berufskollegs 1 u. 2
Privatbrauerei Moritz Fiege
Güterbf. Bo.-Nord
Bachstr.
ZOB
Kurt-Schumacher-Pl.
Hbf Bochum
Hauptpost
Universitätsstr.
Ferdinandstr.
Wittener Str.
Kortumpark
BP/Aral-AG
Stadtarchiv
Ottilie-Schoenewald-Weiterbild.-Kolleg
Akademiestr.
Berufskolleg 3
Gewerbl. u. Hausw.
Jugendzentr.
Heizkraftwerk
Lohring
Steinring
Kath. K.
Düppelstr.
Alsenstr.
Hadersleberner Str.
BOGESTRA AG
Viktoria-Quartier
Hermannshöhe
Klever Weg
Castroper Str.
Finanzamt Bochum-Mitte
Blumenstr.
Augusta-Kranken-Anstalt
Zeppelinstr.
Kurfürstenstr.
Hildegardis-Sch.
Zeiss Planetarium
Max-Greve-Str.
Gersteinring
Kirmesgelände
Harpener
Gastronomie im Stadtpark
Klinikstr.
Museum
Kortumstr.
Bergstr.
Goethe-Sch.
AOK
Schillerstr.
Ev.K.
Kath.K.
Annastr.
Springerpl.
Maximilian-Kolbe-Str.
Bessemerstr.
Feuerwache II
Ursulastr.
Adolfstr.
Heintzmann-
1
2
3
4
5
6
7
8
9
10
11
12
13
14
51
226

Stadtmodell »Bochum um 1800«.

tur, errichtet 1953 bis 1955, war schon zum Abriss bestimmt. Mit einem guten Bau- und Nutzungskonzept für das Baudenkmal wurde dann der Umbau 4 Mio. Euro preiswerter als es ein Neubau für das Berufskolleg gewesen wäre. Hier herrscht von morgens bis abends Betrieb – gehen Sie rein, um sich in der Cafeteria zu erholen und an der Innenarchitektur zu erfreuen.

Thema: Frauen in Bochum

Gaby Schäfer und Gisela Wilbertz

Oberbürgermeisterin Ottilie Scholz mit den Bürgermeisterinnen Erika Stahl, Astrid Platzmann-Scholten und Gaby Schäfer (v. l. n. r.).

»Drei Männer im Schnee … und vier Frauen im Rathaus.« Unter diesem Motto stand eine kommunale Glückwunschkarte zum Neuen Jahr 2005. Tatsächlich ist Bochum in jüngster Zeit eine Hochburg politischer Frauenrepräsentanz geworden:

Bei der letzten Kommunalwahl kam mit Dr. Ottilie Scholz (SPD) als Oberbürgermeisterin sowie Gaby Schäfer (SPD), Erika Stahl (CDU) und Astrid Platzmann-Scholten (Grüne) ein weibliches Quartett an die Spitze der Stadt, was ein Novum in ganz Deutschland ist. Die Zahl der Mandatsträgerinnen auf NRW-Ebene ist ebenso beeindruckend. Als Landtagsabgeordnete sind bzw. waren dies

- Birgit Fischer (SPD), 1990 bis 2007 sowie Ministerin von 1998 bis 2005,
- Carina Gödecke (SPD), seit 1995,
- Christa Thoben (CDU), 1980 bis 1990 sowie Ministerin seit 2005,
- Ute Dreckmann (FDP), 2000 bis 2005,
- Beate Scheffler (Grüne), 1990 bis 1995.

Dem Deutschen Bundestag gehörte Margot von Renesse (SPD) von 1990 bis 2002 an.

Bedeutende Frauen sind aber schon seit genau 1.000 Jahren in Bochum zuhause.

Am bekanntesten ist sicher das älteste Gebäude in Bochum, die Stiepeler Dorfkirche, die ihr Entstehen einer Frau verdankt, Gräfin Imma. 1008 erhielt sie vom Kölner Erzbischof die Erlaubnis zum Bau und Unterhalt einer Eigenkirche. Nach dem frühen Tod ihres Mannes zog sie sich nach Lesum bei Bremen zurück, wo sie noch heute als Heilige verehrt wird. Ihr Bild befindet sich auf dem »Imma-Fenster« in der katholischen Wallfahrtskirche in Stiepel.

Der Kirche St. Peter und Paul, der heutigen Propsteikirche, widmete 1475 Lise von Elverfeld ihre Salve-Regina-Stiftung. Das Sprechen dieses Gebetes war die Voraussetzung für umfangreiche Einkünfte, die dem Schulmeister der Kirche zustanden und zuletzt den Schulkindern der katholischen Elementarschule zugute kamen. 462 Jahre bestand diese Stiftung, bis sie 1937 – wie alle Stiftungen – ersatzlos aufgehoben wurde.

Auch Elisabeth von Havkenscheid, eine reiche Erbin, die als Ehefrau des Diedrich von der Leithen auf Haus Laer residierte, verfügte 1598 in ihrem Testament eine Stiftung, die den Studenten aus Bochum und Dortmund zufließen sollte und bis ins 19. Jahrhundert bestand.

Haus Dahlhausen war der Stammsitz der Familie Schragmüller. Ihr entstammte Elsbeth Schragmüller, als »Mademoiselle Docteur« während und nach dem Ersten Weltkrieg berühmt-berüchtigt. Nach dem Studium der Staatswissenschaften und der Promotion zum Dr. rer. pol. 1914 in Freiburg war sie bei der Militärverwaltung an der Westfront tätig. Dort gelang es ihr, im Laufe des Krieges zur Leiterin der Spionageabwehr West im Range eines Hauptmanns aufzusteigen.

Naturwissenschaftlerin Henriette Kortum im Alter von 12 Jahren.

Auf dem Alten Friedhof (Kortumpark) an der Wittener Straße ist gleich mehrerer Frauen zu gedenken. Auf der Grabstätte ihres Vaters, des berühmten Carl Arnold Kortum, ist Henriette Kortum begraben, begabt als Botanikerin und Naturwissenschaftlerin. Doch im Gegensatz zu ihrem früh verstorbenen Bruder konnte sie als Frau nicht studieren und nichts veröffentlichen, schon gar nicht auf naturwissenschaftlichem Gebiet.

Ihrer 1816 geschiedenen Ehe mit dem Apotheker Peter Wilhelm Ludwig Döring entstammte die Tochter Henriette, die 1812 als 15-Jährige den Arzt Johann Conrad Flügel heiratete. Erst nach dem Tod ihres Mannes 1850 fand sie Muße, ihren dichterischen Neigungen nachzugehen. Mehrere ihrer Tagebücher mit Gedichten sind erhalten. Ihr Name steht auf dem Grabdenkmal über der Flügelschen Familiengruft, obwohl sie 1877 in Essen starb und dort auch bestattet ist.

An der Ecke Wittener Straße und der heute nicht mehr existierenden Friedhofstraße stand das Elternhaus von Henriette Flügels Enkelin Henriette von Noël, älteste von sieben Töchtern eines Bochumer Richters. Wie drei ihrer Schwestern wurde sie Lehrerin. 1860 gründete sie in Bochum eine private katholische höhere Töchterschule, das heutige Hildegardis-Gymnasium, wo sie bis 1895 als Vorsteherin wirkte.

In der Stühmeyerstraße, hinter dem Rathaus, steht noch heute das alte Gebäude der Bochumer Eisenhütte Heintzmann. Einer Frau, Louise Heintzmann, war es zu verdanken, dass die Familie 1873 Eigentümerin des Werkes wurde. Im selben Jahr übernahm sie nach dem Tod ihres Mannes die Leitung der Firma und trug maßgeblich zu ihrer Konsolidierung bei. Eine zweite Frau spielte in diesem Unternehmen eine bedeutende Rolle, nämlich Louise Heintzmanns Enkelin Margot von Linsingen, die bis 1970 die Geschäftsleitung innehatte. Nach 1945 gelang es ihr, die Bochumer Eisenhütte zu einer der weltweit führenden Firmen auf dem Gebiet des Grubenausbaus zu machen.

Das Bochumer Rathaus war die Wirkungsstätte mehrerer politisch engagierter Frauen. Hedwig Hoffmann, Maria Brück und Ottilie Schönewald gehörten 1919 zu den ersten weiblichen Stadtverordneten. Hedwig Hoffmann (DNVP), seit 1921 auch Mitglied im Westfälischen Provinziallandtag, repräsentierte die konservativ-bürgerliche Richtung. Ihr Aufgabengebiet war die Jugendfürsorge, wozu sie sich auch publizistisch äußerte. Maria Brück (Zentrum) war Lehrerin und setzte sich bereits früh für die gewerbliche Ausbildung von Mädchen und Frauen ein. Dadurch wurde sie zur Begründerin der »Bildungsanstalt für Frauenberufe« in Bochum. Sie zählte auch zu den Mitbegründerinnen des Katholischen deutschen Lehrerinnenverbandes und des Katholischen deutschen Frauenbundes. 1929 wurde sie Bochums erste Rektorin. Ottilie Schönewald (DDP) begann 1905 ihre Tätigkeit in der Frauenrechtsschutzstelle der Bochumer Ortsgruppe des Bundes Deutscher Frauenvereine. Während des Ersten Weltkriegs wurde sie als Vorsitzende des Nationalen Frauendienstes in Bochum sehr bekannt. 1919 ergriff sie als erste Frau im Stadtparlament das Wort, 1926 wurde sie in den Reichsparteiausschuss der DDP in Berlin gewählt. Im selben Jahr gründete sie eine Bochumer Ortsgruppe des Jüdischen Frauenbundes, dessen letzte Vorsitzende auf Reichsebene sie von 1934 bis zur Zwangsauflösung 1938 war. Ottilie Schönewald starb 1961 in der Emigration in Chicago.

Elisabeth Treskow, 1949: »Meisterschale« des Deutschen Fußballbundes. Kommt aus Bochumer Hand, aber wohl nie wieder dorthin zurück!

Auf der Kortumstraße lag das elterliche Geschäft von Elisabeth Treskow, 1898 in Bochum geboren, und hier eröffnete sie 1919 nach einer Goldschmiedelehre ihr erstes eigenes Atelier. Elisabeth Treskow gehört zu den bedeutendsten Goldschmiedinnen und Künstlerinnen des 20. Jahrhunderts. Um 1930 gelang ihr die Wiederentdeckung der antiken Granulationstechnik. Seit 1948 lehrte sie als Professorin an den Kölner Werkschulen. Unter ihren zahlreichen öffentlichen Aufträgen sind die Anfertigung der Meisterschale des Deutschen Fußballbundes, der Amtsketten verschiedener Oberbürgermeister und die Restaurierung des Dreikönigenschreins im Kölner Dom zu nennen. In Bochum befinden sich neben einigem Schmuck in Privatbesitz und dem liturgischen Gerät in der Kirche St. Nikolaus von Flüe in Marmelshagen zwei außergewöhnliche Stücke, nämlich die von ihr nach dem Krieg wiederhergestellte Königskette der Maiabendgesellschaft und ein Diadem für die Schützenkönigin.

Für die aktuelle Frauenpolitik ist das Bochumer Rathaus ebenfalls Ausgangspunkt: Seit 1986 besteht dort das kommunale Büro für Frauenfragen, kurz Gleichstellungsstelle der Stadt. Angegliedert ist die Kontakt- und Beratungsstelle FRAU UND BERUF.

Thema: Wissenschaftsstadt Bochum – Klug und voller Esprit

Elmar Weiler

Für heutige Generationen von Schülern und Studenten ist es gar nicht mehr vorstellbar: Wer bis zur Mitte der 1960er Jahre im Ruhrgebiet das Abitur abgelegt hatte und studieren wollte, fand die nächstgelegenen Universitäten in Düsseldorf, Köln, Münster oder Bonn. In der Metropolregion Ruhrgebiet mit ihren vielen Großstädten und rund fünf Millionen Einwohnern gab es keine einzige Hochschule.

Heute ist das Ruhrgebiet eine blühende Wissenschaftslandschaft mit 14 Hochschulen und ebenso vielen Forschungseinrichtungen. Mittendrin liegt Bochum. Hier begann der »Bildungsboom« mit der Grundsteinlegung der Ruhr-Universität im Jahr 1962 und zog damals noch ungeahnte weite Kreise.

Bochum entdecken heißt Wissenschaft entdecken. Die Stadt mag nach den Worten Herbert Grönemeyers »keine Schönheit« sein, aber sie ist klug! Sieben Hochschulen prägen das Flair der Stadt: die Ruhr-Universität, die Hochschule Bochum (ehemals Fachhochschule Bochum), die Technische Fachhochschule Georg Agricola und die Evangelische Fachhochschule Rheinland-Westfalen-Lippe. Hinzu kommen die Fachhochschule des Bundes (Fachbereich Sozialversicherung), der Studiengang Schauspiel der Essener Folkwang Hochschule (ehemalige Westfälische Schauspielschule Bochum) sowie seit 2008 die EBZ Business School.

Eine Infrastruktur wächst

Mit der Ruhr-Uni fing alles an. Im Bochumer Süden oberhalb des Ruhrtals erschlossen die Planer ein viereinhalb Quadratkilometer großes Gelände für die erste neugegründete Universität der Bundesrepublik Deutschland. Auf Europas größter Baustelle ging es zwar zügig voran, so dass bereits 1965 der Lehr- und Forschungsbetrieb startete, gebaut wurde jedoch bis Ende der siebziger Jahre stetig, bis das Audimax und das Musische Zentrum fertig waren – und seit 1972 auch die Fachhochschule Bochum im Osten des Campus und in direkter Nachbarschaft zur großen Universität. Wirtschaftlich und städtebaulich haben die beiden Hochschulen ihre Umgebung regelrecht erschlossen: Die Hustadt und das Unicenter, die Wohnheime des Studentenwerks Akafö etwa an der Markstraße, die große Ausfall- und Verbindungsstraße von der Innenstadt zur A 43 via Ruhr-Universität und Hochschule Bochum und nicht zuletzt die U-/Straßenbahnlinie U 35 entstanden mit den beiden Wissenschaftsschmieden. Ganz zu schweigen von den zahlreichen Beschäftigten – von der Professorin bis zum Hausmeister –, die als Mieter, Käufer oder »Häuslebauer« Wohnraum benötigten. Für den Strukturwandel noch entscheidender war und ist die Ansiedlung von Firmen, die die Nähe zur Wissenschaft und Kooperationspartner suchen oder die gar aus den Hochschulen entstanden sind: im Technologie-Quartier östlich der Fachhochschule, auf dem Campus der Ruhr-Uni in einem ehemaligen Gebäude (einst Gebäude MB; heute Technologiezentrum Ruhr, TZR) sowie im Westen der Universität der Biomedizinpark Ruhr, der hier nicht zufällig entsteht. Sind doch die Lebenswissenschaften, insbesondere die Medizintechnik und die Proteinforschung, moderne Forschungsschwerpunkte der Ruhr-Universität und somit ein Attraktor für Firmen dieser Branche. Das Know-how an der Uni ist der Anknüpfungspunkt für eine fruchtbare Zusammenarbeit; das Ergebnis sollen nicht nur zusätzliche Arbeitsplätze, sondern auch neue Produkte und Verfahren für den Markt »made in Bochum« sein.

Geht oder fährt man von hier, vom Süden aus Richtung Innenstadt, gelangt man zu zwei weiteren Hochschulen. Im Stadtteil Altenbochum befindet sich die Evangelische Fachhochschule (EFH). Getragen von der Evangelischen Kirche im Rheinland, in Westfalen und von der Lippischen Landeskirche ist sie die größte evangelische Hochschule Deutschlands. Und im Norden der Bochumer City, zwischen Rathaus und Bergbaumuseum gelegen, findet sich mit der Technischen Fachhochschule Georg Agricola (TFH) ein echtes »Kind des Bergbaus«. Bereits 1816 als »Bochumer Bergschule« gegründet, geht aus ihr 1971 die Fachhochschule Bergbau hervor, die sich 1995 in »Technische Fachhochschule Georg Agricola für Rohstoff, Energie und Umwelt zu Bochum« umbenennt und damit ihre neuen Schwerpunkte auch im Namen verankert.

Von der Heilpädagogik bis zur Mechatronik

Es ist die Vielfalt in Forschung und Lehre, die den Standort Bochum so unverwechselbar macht, zum Beispiel Geotechnik, Umwelttechnik und

Zukunftsenergien an der TFH; Soziale Arbeit, Heilpädagogik, Pflege sowie »Gesundheit und Bildung« an der EFH; Architektur, Vermessung und Geoinformatik sowie Mechatronik an der Hochschule Bochum; Lebenswissenschaften, Plasmaforschung, Materialwissenschaften, IT-Sicherheit und Religionswissenschaft an der Ruhr-Universität. In Zahlen liest sich das so: Rund 40.000 Studierende gibt es in Bochum insgesamt in ca. 200 verschiedenen Studiengängen, an den Hochschulen lehren knapp 600 Professorinnen und Professoren. Die Anzahl an wissenschaftlichen und nicht-wissenschaftlichen Beschäftigten liegt um ein Vielfaches höher, so ist zum Beispiel die Ruhr-Universität der drittgrößte Arbeitgeber in Bochum. Im gesamten Ruhrgebiet ist es so, dass mit den großen Universitäten von Duisburg bis Hagen und mit den vielen anderen Hochschulen vom Essener Süden (Folkwang) bis zum Gelsenkirchener Norden (FH GE) bedeutende Arbeitgeber in der Region entstanden, die weit mehr sind als Ausbildungsstätten.

Kinder-Uni: Bochumer Hochschulen lassen durch Darbietungen, Vorlesungen und Exponate Grundschulkinder die Forschung erleben.

Vernetzt, fachübergreifend, international

Vernetzung – Interdisziplinarität – Internationalität: so lautet das Motto, will ein Standort heutzutage im Wettbewerb erfolgreich sein. Was im Kleinen in Bochum gelingt, gelingt auch im größeren, standortübergreifenden Maßstab. Zwei Stichworte:

Bochum hoch vier. Unter diesem »Label« kooperieren die vier Bochumer Hochschulen bereits seit mehreren Jahren. Regelmäßig veranstalten sie zum Beispiel den Bochumer Hochschulball und die KinderUni Bochum (zuletzt 2008) und präsentieren auf diese Weise die Vielfalt der Wissenschaftslandschaft mitten im Revier.

Universitätsallianz Metropole Ruhr. Unter diesem Namen arbeiten die drei großen Universitäten des Ruhrgebiets zusammen (Duisburg-Essen, Bochum, Dortmund), um die Region als Forschungs- und Wissenschaftsstandort international sichtbarer zu machen. Die Maßnahmen reichen von Einzelkooperationen auf Fakultätsebene (etwa in Maschinenbau oder Elektro- und Informationstechnik zwischen Bochum und Dortmund) bis hin zu einem gemeinsamen Verbindungsbüro in New York (ConRuhr New York) und in Moskau (ConRuhr Moskau), um dort die Kontakte und den gegenseitigen Austausch zu intensivieren. Während die drei Universitäten auf der West-Ost-Achse des Reviers gerade eine Plattform für gemeinsame E-Learning-Angebote unter dem Schlagwort »RuhrCampusOnline« entwickeln, ist hier in Zukunft vieles denkbar, zum Beispiel: ein Studium – drei Standorte – ein (virtueller) Campus.

Die Perspektive muss daher zwangsläufig weiter sein. Bochum entdecken heißt Wissenschaft entdecken heißt das Ruhrgebiet entdecken. In der Kulturhauptstadt 2010 liegt vieles so nah, da ist ein Hand-in-Hand in der Wissenschaft geradezu naheliegend. Und mittendrin Bochum.

Ein Flair von »Wir«

Jenseits der »harten« Zahlen und Fakten eines Standortes gibt es einen Gewinn, der nicht bezifferbar ist. Flair, Esprit, ein bestimmtes Gefühl. Mit einem einfach konstatierten »Wir sind Bochum« wäre es nicht getan, dem Ausdruck zu verleihen, zumal die Wissenschaftsstadt Bochum auch von den vielen Pendlern aus der Umgebung lebt. Nein, es sind vielmehr Beispiele wie diese: Studenten spielen auf der Studiobühne Theater und bereichern damit die Kulturlandschaft ebenso wie Universitätsorchester und -chor mit ihren regelmäßigen Konzerten im Audimax; CT das Radio sendet bochumweit ein Programm nicht nur für Studenten, aber von Studenten; das Publikum der alteingesessenen und neuen Kneipen in der Nähe des Campus wie auch in der Szenemeile Bermuda-Dreieck besteht zu einem erheblichen Teil aus Studenten und Akademikern. Die stehen samstags nachmittags im Ruhrstadion neben Arbeitern und ihren Kindern und feuern den VfL an; man begegnet sich sonntags beim Spaziergang am Kemnader See und am Abend im Schauspielhaus an der Königsallee, auf der keine Modenschauen stattfinden. Durch die Erfolge der Ruhr-Universität in der bundesweiten »Exzellenzinitiative« war Bochum nah dran an der »Elite«, aber man fühlt sich hier nicht elitär. Die Wissenschaftsstadt Bochum ist damit vor allem eins: eine lebenswerte Stadt.

Schüler-Uni: Das Alfried-Krupp-Schülerlabor in Bochum deckt das gesamte Spektrum der Naturwissenschaften ab und hat ausreichend Kapazität, mehrere Klassen gleichzeitig zu betreuen.

- Ruhr-Universität Bochum **www.ruhr-uni-bochum.de**
- Hochschule Bochum **www.hochschule-bochum.de**
- Evangelische Fachhochschule Rheinland-Westfalen-Lippe **www.efh-bochum.de**
- Technische Fachhochschule Georg Agricola für Rohstoff, Energie und Umwelt zu Bochum **www.tfh-bochum.de**
- Studiengang Schauspiel Bochum der Folkwang-Hochschule Essen Vormalig Westfälische Schauspielschule Bochum **www.folkwang-hochschule.de**
- Fachhochschule des Bundes für öffentliche Verwaltung Fachbereich Sozialversicherung **www.fhbund.de**
- EBZ Business School – Hochschule für die Wohnungs- und Immobilienwirtschaft **www.e-b-z.de**

Altenbochum
Viel älter als Bochum

Barbara Michels und Monika Remlinger

Ausgangspunkt: Haltestelle »Lohring« | Linie 302/310
Endpunkt: Haltestelle »Lohring« | Linie 302/310
Streckenlänge: 5 km | Dauer: 2 Stunden

Von der Wittener Straße über den Lohring folgen wir dem Fußweg parallel zum Lohberg. So kommen wir zur Goerdtstraße, deren Name an ein schon im 13. Jahrhundert bestehendes Gehöft erinnert und uns zum ersten Mal mit der ländlichen alten Geschichte des Stadtteils konfrontiert.

»Eine halbe Stunde von der Stadt, an der Landstraße, die von Bochum nach Dortmund führt«, befindet sich nach Dietrich von Steinens »West-

Der alte Goerdthof.

phälischer Geschichte« um 1750 das Dorf Altenbochum – eine alte Bauernschaft. Schon der Name Altenbochum – früher Oldenbockum geschrieben – lässt vermuten, dass diese Bauernschaft älter ist als das Dorf Bochum, aus dem sich im 12./13. Jahrhundert die Stadt entwickelte. Oldenbockum bestand spätestens seit dem Jahr 850, denn im Heberegister der Abtei Werden ist »Aldanbochem« benannt. Die Abtei Werden besaß hier einige hörige Höfe. Kirchlich hat Altenbochum immer zu Bochum gehört, aber die Eingemeindung erfolgte erst 1926. Bis dato führten die Einwohner über Jahrhunderte hin ein stilles ländliches Leben. Altenbochum war dabei nie ein geschlossenes Dorf, sondern eine Zusammenfassung zerstreut liegender einzelner Höfe und Kotten (= einfache Häuser), welche häufig nach ihrer Lage benannt wurden. Im 18. Jahrhundert gab es verschiedene Versuche, gewerbliche Betriebe nach Altenbochum zu verlagern (u.a. Glockengießerei Stocky). Ende des 18. Jahrhunderts zählte man 221 Bewohner mit 34 Häusern. Im 19. Jahrhundert gewann der Bergbau zunehmend an Bedeutung (etwa durch die Zeche Friederika). Schon zuvor hatte man in Altenbochum eine Kalkbrennerei und eine Ziegelei in Betrieb genommen. Daher nahm die Besiedlung in die Gemeinde aus benachbarten Dörfern und aus der Stadt Bochum allmählich zu. So zählte die Gemeinde Altenbochum 1871 noch 1.236, 1875 als politische Gemeinde und im Zuge des raschen Anstiegs der Gründerjahre 2.675, im Jahr 1900 bereits 6.800 und im Jahr

Der Hof Havkenscheid ist heute ein Reiterhof.

1913 über 13.000 Einwohner. Bedingt durch die Ausbreitung der Zechensiedlungen von Laer und Langendreer zog mit der Zeit auch immer mehr fremdsprachige Bevölkerung – hauptsächlich Polen – nach Altenbochum (1902: etwa 27 Prozent der Bevölkerung). Weil Altenbochum keinen Gutsherrn hatte, der die Konfession bestimmt hätte, blieben fast alle Bewohner nach der Reformation beim alten Glauben. So gab es 1871 bei 258 katholischen Schulkindern nur sechs evangelische in Altenbochum. Im 20. Jahrhundert erfolgte die kirchliche Trennung Altenbochums von der Stadt Bochum.

Die Verbindung zwischen Altenbochum und der jüngeren Stadt Bochum wurde enger und beide wuchsen mehr und mehr zusammen. Deshalb nahmen die landwirtschaftlich genutzten Flächen der Gemeinde Altenbochums im Gegenzug stetig ab. 1926 schließlich wurde die politische Gemeinde Altenbochum (bestehend aus Goy, Havkenscheid und Altenbochum) zur Stadt Bochum eingemeindet. Erst nach dem Zweiten Weltkrieg verschwanden die alten Höfe – so etwa der Wintermanns-, der Friemanns- und der Goerdthof – und neue Stadtteile entstanden. Laut dem Statistischen Jahrbuch der Stadt Bochum von 2006 umfasst die Gemeinde Altenbochum gegenwärtig eine Fläche von 3,07 km² und hat eine Gesamtbevölkerung von 12.392 (d.h. 4.036 Personen pro km²).

1 Siedlung Bonhoefferstraße

Zwischen Goerdtstraße, Eisenbahnlinie und Buselohstraße durchqueren wir – der Bonhoefferstraße bis zum Ende folgend – eine der ersten Großsiedlungen nach dem Zweiten Weltkrieg. Hier entstanden 1955, als weiträumiges Stadtviertel im Grünen angelegt, 408 Wohnungen für Flüchtlinge aus der damaligen Sowjetzone. Sechsgeschossige Gebäude

Wohnhaus des Bochumer Künstlers Friedrich Gräsel.

wechseln sich ab mit zwei- und dreigeschossigen und zu jedem Haus gehört ein Garten.

Die Namen der Straßen in diesem Viertel tragen die Namen von Widerstandskämpfern des 20. Juli 1944, die von den Nazis ermordet wurden: So erinnert die Bonhoefferstraße an Dietrich Bonhoeffer (evangelisch-lutherischer Theologe, – am 9. April 1945 im KZ Flossenbürg), der Goerdelerhof an Carl Friedrich Goerdeler (nationalkonservativer Politiker; – am 2. Februar 1945 in Berlin-Plötzensee) und die Witzlebenstraße an Job-Wilhelm Georg Erwin von Witzleben (Heeresoffizier und während des Zweiten Weltkrieges Armeekommandeur, – am 8. August 1944 in Berlin-Plötzensee). An der Wirmerstraße (Jospeh Wirmer, Politiker, Rechtsanwalt, Widerstandskämpfer, – am 8. September 1944 in Berlin-Plötzensee) lebt im Haus Nr. 23 der international bekannte Bildhauer Friedrich Gräsel (* 1927 in Bochum), dessen Großplastiken nicht nur das Stadtgebiet Bochums zieren, sondern mehrfach Preise erhielten. In seinen Werken verbinden sich klassische Prinzipien der Skulptur mit einer modernen Materialsprache und Fertigungsweise; seine Stahlskulpturen sind häufig industriell produziert.

2

Strätlingshof

An der Altenbochumer Straße/Ecke Püttmannsweg liegt der Strätlingshof.

Die Wurzeln der Familie Strätling reichen zurück bis ins Mittelalter. Der Strätlingshof besteht mit seinem heutigen Grundriss seit dem Jahre 1831. Ein verheerendes Feuer hatte im Vorjahr das Gebäude bis auf die Grundmauern nieder gebrannt. Dieses Ereignis ist noch heute auf der alten Scheune als Inschrift nachzulesen. Dort heißt es: »JOHAN HEIN-

Der Strätlingshof vom Püttmansweg aus gesehen.

RICH SANDER; GEN STRÄTLING UND ANNA CHRISTINE STRÄTLING HABEN DIESES HAUS BAUEN LASSEN DURCH JOHAN HEINRICH BONEMANN. – 1831 – DEN 26. FEBRUAR – IM JAHR 1830 BRANNTE DAS HAUS HIER NIEDER UND DURCH GOTTES GÜTE UND MENSCHEN MACHT STEHT DIESES HIER WIEDER. – LOBET GOTT UND HALT SEIN GEBOTH.« Heutzutage ist der Strätlingshof ein Vier-Ständer-Niedersachsenhaus mit einem erst später hinzugekommenen Scheunenbau aus hartgebranntem Ziegel. Beide Teile des Hauses stehen unter Denkmalschutz. Es gilt als relativ gesichert, dass der Strätlingshof zu den ältesten Gebäuden Bochums zählt. 1991 wurde das bis dahin von der Familie Strätling als Wohnsitz genutzte Gebäude von Grund auf restauriert. Dabei wurde vor allem Wert auf die Wiederverwendung der originalen Materialien (etwa Holzbalken) gelegt. Seit 1996 wird hier ein Restaurant geführt.

3 Hauptfriedhof

Über die Püttmannstraße kommen wir zum Freigrafendamm und laufen auf den Hauptfriedhof zu.

Der Freigrafendamm ebenso wie die an ihm gelegenen Gasthöfe Femlinde und Freigrafenhof erinnern an die mittelalterlichen königlichen Gerichte in Westfalen, die Freigerichte (Feme), der Vorsitzende des Gerichts war der Freigraf. Das Gelände des Havkenscheider Feldes, der früheren Kornkammer Altenbochums, wurde von der Stadt Bochum bis 1924 aufgekauft, die Höfe Püttmann und Friemann gingen in städtischen Besitz über und bereits 1925 wurde mit den ersten Arbeiten für die Friedhofsanlage begonnen. Die Gebäude (Friedhofsverwaltung, Eingangsbereich, große Trauerhalle mit Krematorium und kleine Trauerhalle)

Ehem. Fenster mit SA-Mann im Zeugnis faschistischen Baustils der Trauerhalle.

wurden im Sinne repräsentativer nationalsozialistischer Bauauffassung in den dreißiger Jahren gestaltet und 1939 fertig gestellt. Der Friedhof Freigrafendamm ist der Ort in Bochum, der heute am deutlichsten die NS-Architektur widerspiegelt. Die Anlage ist fast unverändert erhalten und wurde nach ihrer Eintragung in die Denkmalliste der Stadt Bochum 1989 in den Jahren 1994 bis 1996 in Teilen restauriert und renoviert. Drei Durchgänge gewähren Zutritt zum Friedhof, dessen Haupteingang von Wandelgängen flankiert wird. Die Ausmaße des Platzes lassen auf die ursprüngliche Konzeptionierung zur Ansammlung großer Menschenmengen schließen. Die wichtigsten Bauten sind die zwei großen Trauerhallen, die L-förmig verbunden sind. Das Größenverhältnis der beiden Trauerhallen zueinander spiegelt das gewünschte Verhältnis des »Nordischen Glaubens« der NS-Zeit zum Christentum wider: Die große, gotisch-mystische Halle für die aus nationalsozialistischer Sicht zu favorisierende »germanische« Feuerbestattung überragt deutlich die kleine Trauerhalle für Andachten zur christlichen Erdbestattung. Alle Bauwerke sind mit dem heimischen grau-grünen Ruhrsandstein verblendet. Gegenüber der Trauerhalle erinnert links ein Mahnmal (Hochkreuz und Mosaikwand) an die Kriegstoten.

Die Mosaikwand schuf der Bochumer Künstler Ignatius Geitel (1913–1985). Er gehörte im Nationalsozialismus zu den nichtkonformen Künstlern; sein Werk aus dem Jahr 1955 zeigt Niobe, eine Gestalt aus der antiken Mythologie, die um ihre getöteten Kinder trauert und von Zeus in einen weinenden Stein verwandelt wurde. Rechts davon befinden sich die Gräber von 295 deutschen Soldaten des Zweiten Weltkrieges und wei-

Mosaikwand »Niobe« von Ignatius Geitel. Zentrales Mahnmal der Stadt Bochum.

Ruhestätte von Fritz Husemann.

ter der Achse folgend die Grabstätten der Bombenopfer aus der Bochumer Zivilbevölkerung. Nennenswert sind die Gräber von Bochumer Widerstandskämpfern (u.a. der Bochumer SPD-Abgeordnete Fritz Husemann, 1935 im KZ ermordet) und weiterer Opfer der NS-Zeit. Im östlichen Teil, auf der der Straße Feldmark zugewandten Seite des Friedhofs, befinden sich die Grabfelder russischer Soldaten.

Auf den folgenden Gräberfeldern wurden 1.720 Zwangsarbeiterinnen und Zwangsarbeiter verschiedener Nationalität bestattet. Das Gemeinschaftsgrabmal, 1965 aus Ruhrsandstein errichtet, dient in russischer und deutscher Aufschrift dem »Gedenken der Opfer der Zwangsarbeit in Bochum 1941–1945«. In dem ausliegenden Gedenkbuch können Name, Alter und Todesdatum nachgelesen werden. Die genaue Zahl der Zwangsarbeiter in Bochum ist nicht bekannt. Im Juli 1943 waren es ca. 17.000, bis Ende Februar 1944 stieg ihre Zahl auf etwa 30.000 an, und noch im April 1945 lebten mehr als 27.000 Zwangsarbei-

Gedenkstein für die russischen Zwangsarbeiter.

ter in der Stadt. Mehr als die Hälfte von ihnen kam aus dem Gebiet der damaligen Sowjetunion; sie waren in nahezu allen Wirtschaftsbereichen tätig: in Rüstungsbetrieben, Großbetrieben, in der Bauwirtschaft, der Gastronomie, Handwerksbetrieben und bei Verkehrsbetrieben, in der öffentlichen Verwaltung, die meisten jedoch wurden im Bergbau eingesetzt. Wir verlassen den Friedhof und das Thema.

Früher gab es zahlreiche Bauernhöfe auf dem Gebiet von Altenbochum. Heute sind die meisten nicht mehr erhalten. Geht man über die geplante Strecke hinaus entlang der Havkenscheiderstraße, erhält man einen Eindruck davon, wie weitläufig einst die Bauernschaften gewesen sein müssen. Auch das Haus Havkenscheid gehört zu diesen Gebäuden Altenbochums. Ein Nachweis findet sich bereits um 1340 in den Urkunden: Theodoricus de Havekenschede. 1809 gelangte das Gut zusammen mit Haus Dahlhausen an die Familie Schragmüller in Bochum. Um 1810 wohnte noch ein Köhler auf dem Gut. Das Herrenhaus verfiel in den folgenden Jahren völlig. Die Reste des Gutes wurden 1921 an die Stadt Bochum verkauft, das Gebäude 1982 abgerissen. Die Lage dürfte ungefähr im heutigen Kern von Laer, Suntumer Straße, gewesen sein.

Opel Werk I **4**

Das im Blick befindliche Adam Opel GmbH Werk I entstand 1962 auf dem Zechengelände der Schachtanlage Dannenbaum I und gehört zum Ortsteil Laer. Bergbau im Grubenfeld der Zeche Dannenbaum bestand schon seit 1736, 1790 wurde das Erbstollenrecht verliehen und 1860 wurde mit der Kohleförderung im ersten Tiefbauschacht begonnen. 1958 wurde die Förderung auf den Schächten der Zeche Dannenbaum eingestellt. Die Zeche wurde mit der Zeche Prinz Regent zusammengelegt. Das Grubenfeld wurde noch bis 1960 von den Schächten der Zeche Prinz Regent aus abgebaut. Noch im gleichen Jahr begannen

Opel Werk I, die erhaltene Halle der Zeche Dannenbaum.

Altenbochum um 1955.

bereits die Verfüllung der Schächte und die Erdarbeiten für das heutige Werk der Adam Opel AG. In nur zwei Jahren entstanden die Werke I und II in Laer und Langendreer. Fast 10.000 Menschen, vorwiegend ehemalige Bergleute, fanden hier Arbeit. Am 10. Oktober 1962 fuhr der erste Wagen von der Montagelinie, ein Kadett A, und setzte zum Angriff auf den bis dahin als Kleinwagen unangefochtenen Käfer an. Der Kadett entstand mit seinen Nachfolgermodellen B–E bis 1991 in Bochum, als die Modellbezeichnung Kadett durch Astra ersetzt wurde. Verwaltung und Lohnbüro befinden sich noch in einem erhaltenen Gebäude der Zeche.

5 Lukaskirche Besichtigung auf Anfrage

Von der Laerstraße über einen kleinen Fußweg an der historischen Kinderarche vorbeikommend, findet der Besucher die evangelische Lukaskirche zu seiner Linken. Nach dem Zusammenschluss der evangelischen Bewohner von Altenbochum und Grumme 1892 wurde im Jahr 1894 das Gemeindezentrum Lutherstraße 5 errichtet. Es handelte sich hierbei um eine Kinderschule, eine Gottesdienststelle und ein Schwesternheim. Bereits drei Jahre später erhielt die Gemeinde Altenbochum am 1. Dezember 1897 ihre Selbständigkeit. Nachdem es zunächst nur eine Behelfskirche gab, wurde am 5. September 1899 die neue Lukaskirche eingeweiht. 1910 folgte die Einweihung des Lutherhauses am 20. Oktober. Die Baupläne stammten vom Architekten Voermann. Die benötigten Grundstücke wurden teils von Privatpersonen gekauft, teils geschenkt (etwa von der Zeche Dannenbaum). Betritt man den Hauptsaal der Lukaskirche, so fällt der Blick auf drei große Fenster hinter dem Altar. Ursprünglich besaß die Kirche fünf Fenster, doch nach den Renovierungsarbeiten 1928 waren nur noch drei vorgesehen. Sie zeigen Szenen aus dem Leben Jesu. Auf der linken Seite ist die Geburt im Stall zu Bethlehem dargestellt, auf der rechten die Passion Christi. In der Mitte – direkt über dem Altar – steht die Illustration Auferstehung Christi. Gegenüber den Fensterbildern befindet sich als weitere Sehenswürdigkeit eine originale Orgel des bekannten Orgelbauers Sauer aus dem Jahr 1899. Nach dem Pfingstangriff 1943 und dem vernichtenden Angriff vom 4. November 1944 auf Bochum wurden die Kirche und das Lutherhaus weitgehend zerstört. Der Wiederaufbau erfolgte nach dem Zweiten Weltkrieg. Am 4. November 1949 konnte die Gemeinde bereits ihr 50-jähriges Jubiläum feiern. Die offizielle Einweihung des Hauptsaals fand 1952 statt. Im November des Jahres wurde das neue Lutherhaus fertig gestellt. Sieben Jahre später (am 5. April 1959) weihte man das Gemeindezentrum Bonhoefferhaus ein- heute fester Bestandteil des Gemeindelebens. Im Jahr 2007 schlossen sich die Kirchengemeinden Altenbochum und Laer zusammen.

In unmittelbarer Nähe zur Lukaskirche befindet sich der im Jahr 2005 eingeweihte »Altenbochumer Bogen«.

6

Altenbochumer Bogen

Wittener Straße Höhe Glockengarten um 1910.

In ihm vereinen sich Wohnungen, Geschäftsräume und das Gemeindehaus der evangelischen Kirche. Das ehemalige Lutherhaus musste dem Neubau weichen. Um einen besseren Blick auf den Gesamtkomplex zu bekommen, überqueren wir hier die Wittener Straße. Mit Blick auf den Altenbochumer Bogen wenden wir uns nach rechts und folgen dem Verlauf der Wittener Straße (in Richtung Innenstadt). Auf der linken Seite steht das jüngst renovierte rot-gelbe Jugendstilhaus des Familienunternehmens Bäckerei Wickenburg. In Sichtweite der evangelischen Kirche befindet sich die katholische Liebfrauenkirche.

7 Liebfrauenkirche

An der Kreuzung Wittener Straße/Liebfrauenstraße biegen wir rechts in die Liebfrauenstraße ein. Der Kirchturm der Liebfrauenkirche ist bereits von hier aus gut sichtbar. Nach etwa 50 Metern folgt ein Fußgängerweg auf der linken Seite, der von der Rückseite zur Kirche führt. Der Blick des Besuchers fällt zunächst auf eine Gedenktafel u.a. für die Gefallenen des Ersten und Zweiten Weltkriegs. Der Fußweg teilt sich. Gleich, ob man rechts oder links herum geht, erreicht man die Frontseite der Liebfrauenkirche und blickt auf den so genannten Friemann Platz, der nach dem Landwirt Friemann, einem der wesentlichen Spender für den Bau der Kirche, benannt wurde. Die Liebfrauenkirche entstand 1888/89 nach dem Plan des Architekten Hermann Wielers. Noch im Herbst 1888 stand nur eine Notkirche zur Verfügung. Aufgrund großzügiger Stiftungen fand die Grundsteinlegung der Pfarrkirche bereits am 5. November

Markttag auf dem Friemann Platz, mit der katholischen Liebfrauenkirche im Hintergrund.

Katholische Liebfrauenkirche.

1888 statt. Nach einjähriger Bauzeit benedizierte der Dechant Poggel die Pfarrkirche am 24. September 1890. Der ursprüngliche Name der Kirche lautete »B. M. V. Regina Sacratissimi Rosarii« (Maria, Königin des Rosenkranzes), aber schon bald wurde der Name Liebfrauenkirche verwendet. Seit 1921 ist sie die Pfarrkirche der selbständigen Pfarrei Fronleichnam-Laer. Die Kirche überstand beide Weltkriege. 1988/89 wurde das Gebäude unter Denkmalschutz gestellt. Der 62 m hohe Turm der Liebfrauenkirche ist zu einem Wahrzeichen Altenbochums geworden. Im Inneren der neugotischen Hallenkirche findet der Besucher nahezu

Bayerisches Wirtshaus.

Wasserstraße um 1930.

die gesamte Originalausstattung. Der linke Seitenaltar thematisiert die »Geheimnisse« des Rosenkranzes; der rechte den Tod des heiligen Josefs, des Patrons der Arbeiter. [Besichtung auf Anfrage]

Mit Blick auf den Friemann-Platz wenden Sie sich nach links und folgen der Straße namens »Bruchspitze«. Sie kreuzt die Wittener Straße und geht über in die Wasserstraße. Diese verbindet mit ihrer Länge von 5 km die Stadtteile Altenbochum, Wiemelhausen und Weitmar. Vermutlich war sie schon Teil einer alten Römerstraße, die über Laer nach Dortmund und Unna führte. Wie der Name andeutet, liegt sie genau auf der Wasserscheide zwischen Ruhr und Emscher. Ihr westlicher Teil führt durch das Quellgebiet von drei Bächen, so dass das Gebiet früher sehr sumpfig war und die unbefestigte Wasserstraße auch daher häufig ihrem Namen gerecht wurde. Dem Verlauf der Wasserstraße folgend, führt unser Weg vorbei an einem 1907 errichteten Gebäude, das bis zur Eingemeindung Altenbochums nach Bochum 1926 als Gemeindehaus (Hausnummer 27) diente. Ende der zwanziger Jahre wurde es dann als Armenhaus genutzt und dient heute als Wohnhaus. Auf der linken Seite befindet sich an der Kreuzung Wasserstraße/Auf der Heide ein Gasthaus (Hausnummer 77), das sich als Pausenplatz anbietet. Das Wirtshaus wurde 1900 vom Grubensteiger H. Jäger als Wohnhaus mit Gaststätte erbaut, wechselte mehrfach den Besitzer, und aus dem bis zum Tod Hermann Fleers 1950 traditionsreichen Lokal »Haus Fleer« entstand das heutige bayerische Wirtshaus in Altenbochum mit einem großen Biergarten.

8 Gemeindehaus

Anschließend führt unser Weg 150 m in die Wasserstraße zurück bis zur Ecke »Am Hülsenbusch«. In diese Straße links einbiegend gelangen wir nach etwa 250 m zur Velsstraße. Wir halten uns rechts und erreichen so den Velsheidepark. Die kleine Parkanlage an der Velsstraße war der ehemalige Steinbruch Schulte-Vels. »Dank des fetten Lehmbodens der Gegend ließen schon seit dem 16. Jahrhundert die Ritter von der Goy und von der Wiesche in Altenbochum Ziegel herstellen. Um die Jahrhundertwende zum 19. Jahrhundert gab es in Altenbochum vier größere Ziegeleien: Schulte-Vels, Friemann, Strätling und Wintermann. In ihnen waren etwa 126 Ziegelbäcker, aus dem Lippischen stammend, beschäftigt. Sie stellten jährlich etwa 11 Millionen Ziegel her. Die Ziegelbäcker kamen im Frühjahr aus dem Lippischen und kehrten im Spätherbst dorthin zurück, im Winter ruhte der Betrieb.« (Bochumer Anzeiger, 30.12.1940) Bis zum Zweiten Weltkrieg standen noch die Ziegeleien Strätling und Wintermann. Im alten Steinbruch Schulte-Vels an der Velsstraße wurden nach Ende des Zweiten Weltkrieges 400.000 Kubikmeter Trümmerschutt abgekippt. Am 1. Oktober 1948 wurde mit dem Neuordnungsplan für die Innenstadt die Grundlage für den Wiederaufbau geschaffen. Die Enttrümmerung Bochums dauerte bis 1954 an. In Bochum waren während des Zweiten Weltkrieges von 93.000 Wohnungen 82.000 vernichtet worden. An die Wiederaufbauleistungen der Bochumer Bevölkerung nach dem Krieg erinnert hier die im September 1963 von dem Gelsenkirchener Bildhauer Schröder errichtete 2,50 Meter hohe Stele aus Ruhrsandstein.

Stele des Bildhauers Schröder im Velsheidepark.

9

Velsheidepark

Sie trägt folgende Inschrift: »Am 4. November 1944 wurde Bochum durch Fliegerbomben zerstört. Unter dieser Grünanlage in dem alten Steinbruch Schulte-Vels liegt der Trümmerschutt der Innenstadt.« Der Besitz des Hofes Schulte-Vels reichte von der Wittener Straße/Wasserstraße nach Norden bis zur Eisenbahnlinie und wurde nach und nach zu Bauland. An die Bedeutung für Altenbochum erinnern heute das Restaurant Schulte Vels an der Wasserstraße 114 sowie die aus den dreißiger Jahren stammende Kleingartenanlage gleichen Namens Am Glockengarten/Am Dornbusch. Am Glockengarten lebte auch der Bochumer Maler Heinrich Döhmann († 1974). Sein Vater Eduard Döhmann betrieb die Bäckerei und Konditorei sowie das traditionsreiche Café an der Kortumstraße.

Aus dem Park kommend überqueren wir die Velsstraße. Von ihr führt ein Fußweg, der etwa auf halber Höhe des Parks liegt, zum Geologischen Garten. Folgt man diesem Weg bis zum Ende, gelangt man zur Straße Am Dornbusch. Noch ein kleines Stück weiter geradeaus und auf der rechten Seite findet sich der Eingang zum Geologischen Garten.

10 Geologischer Garten

Der Geologische Garten ist nicht nur ein sehenswertes Naturdenkmal, sondern auch der erste seiner Art in Deutschland. Auf dem Gelände förderte die Zeche Friederika von 1750 bis 1907 Fettkohle und Eisenerz; als die Förderung im harten Gestein zu kostspielig wurde, betrieb die Bochumer Bergbau AG hier von 1925 bis 1959 eine Ziegelei mit Steinbruch. Die Ziegelei wurde abgerissen, der Steinbruch wurde 1962 wegen seiner heute noch gut erkennbaren Uferlage am Kreidemeer (vor etwa 135 bis 65 Millionen Jahren) unter Schutz gestellt. Im Jahre 1971 wurde der geologische Lehrgarten angelegt, und seit 1974 ist er aufgrund der Seltenheit der dort sichtbaren geologischen Strukturen als Naturdenkmal ausgewiesen. Der für das Ruhrgebiet typische Gebirgsaufbau kann hier in den einzelnen Schichten studiert werden: das offen liegende, 300 Millionen Jahre alte Kohlegebirge und die darunter und darüber liegenden Sandsteinbänke und Tonsteinschichten.

Naturdenkmal »Geologischer Garten«.

Altersheim »Am Glockengarten«.

Noch höher liegt das Deckgebirge. Bereichert wurde der geologische Garten durch einige Findlinge der Saaleeiszeit (vor 100.000 Jahren), die fast so hart sind wie Diamanten, durch Ginkgo-Bäume und einige ansehnliche Exemplare des Urwelt-Mammutbaumes. Der Garten ist jederzeit frei zugänglich.

Wir durchqueren den Geologischen Garten und verlassen ihn auf der anderen Seite. Hier beginnt eine Kleingartensiedlung, durch die unser Weg bis zur Straße »Am Glockengarten« führt. Am Ende des Fußgängerwegs halten wir uns rechts und passieren einen kleinen Spielplatz.

11 »Scharounkirche«

Die Glocken auf dem Rasen und der Spielplatz des heutigen Altersheims »Am Glockengarten« erinnern an den Glockengießer Michael Stocky, der hier in der zweiten Hälfte des 18. Jahrhunderts sein Handwerk ausübte und u.a. 1773 die Glocke in der Bochumer Propsteikirche aus dem Lehm der Region brannte. Am Glockengarten 70 befindet sich die 1968 fertig gestellte Johanneskirche, das einzige Sakralbauwerk, welches von dem durch den Bau der Berliner Philharmonie berühmten Architekten Hans Scharoun entworfen wurde. Die Bauleitung übernahm der Architekt Gundolf Bockemühl. Auch der Altar im Innern ist ein Entwurf Scharouns. Das mittlerweile sanierungsbedürftige Gebäude dient heute der Christengemeinschaft als Kirche. Es war ein weibliches Mitglied dieser Kirche, welches Anfang der 1960er Jahre sagte, sie habe da einen Onkel in Berlin, der sei Architekt und könne ja vielleicht einen preiswerten Entwurf liefern. Und Onkel Scharoun half!

Johannes-kirche, 1968, Hans Scharouns einziger Kirchenbau.

12 Kleines Rathaus

Beim Durchqueren der Rombergstraße folgt zur Linken das so genannte »Kleine Rathaus«, in dem früher die leitenden Verwaltungsbeamten der Stadt gewohnt haben, das Haus Nr. 4.

13 Altes Amthaus

Die Straße erreicht wieder die Wittener Straße. Nach wenigen Metern steht dort das frisch sanierte alte Amtshaus auf der linken Seite.

Das klassische westfälische Bürgerhaus an der Wittener Straße (Nummer 136) mit einer regelmäßigen und als Hauptschauseite ausgebildeten Giebelfront wurde von 1870–1886 von der Familie Friemann-Kabeisemann bewohnt. Danach diente es als Verwaltungsgebäude der Zeche Friederika. Vom 3. Mai 1894 bis zum Jahre 1929 befand sich hier das so genannte Amt Bochum II (Süd). Es war bis zur Eingemeindung nach Bochum für die vormals selbständigen Landgemeinden Altenbochum, Laer, Querenburg, Weitmar und Wiemelhausen zuständig. Seitdem wird das ehemalige (alte) Amtshaus wieder zu reinen Wohnzwecken genutzt.

14 U-Bahn-Haltestelle Lohring

Wir folgen der Wittener Straße stadteinwärts und erreichen wieder die Haltestelle Lohring, die im Jahre 2006 mit dem Renault Traffic

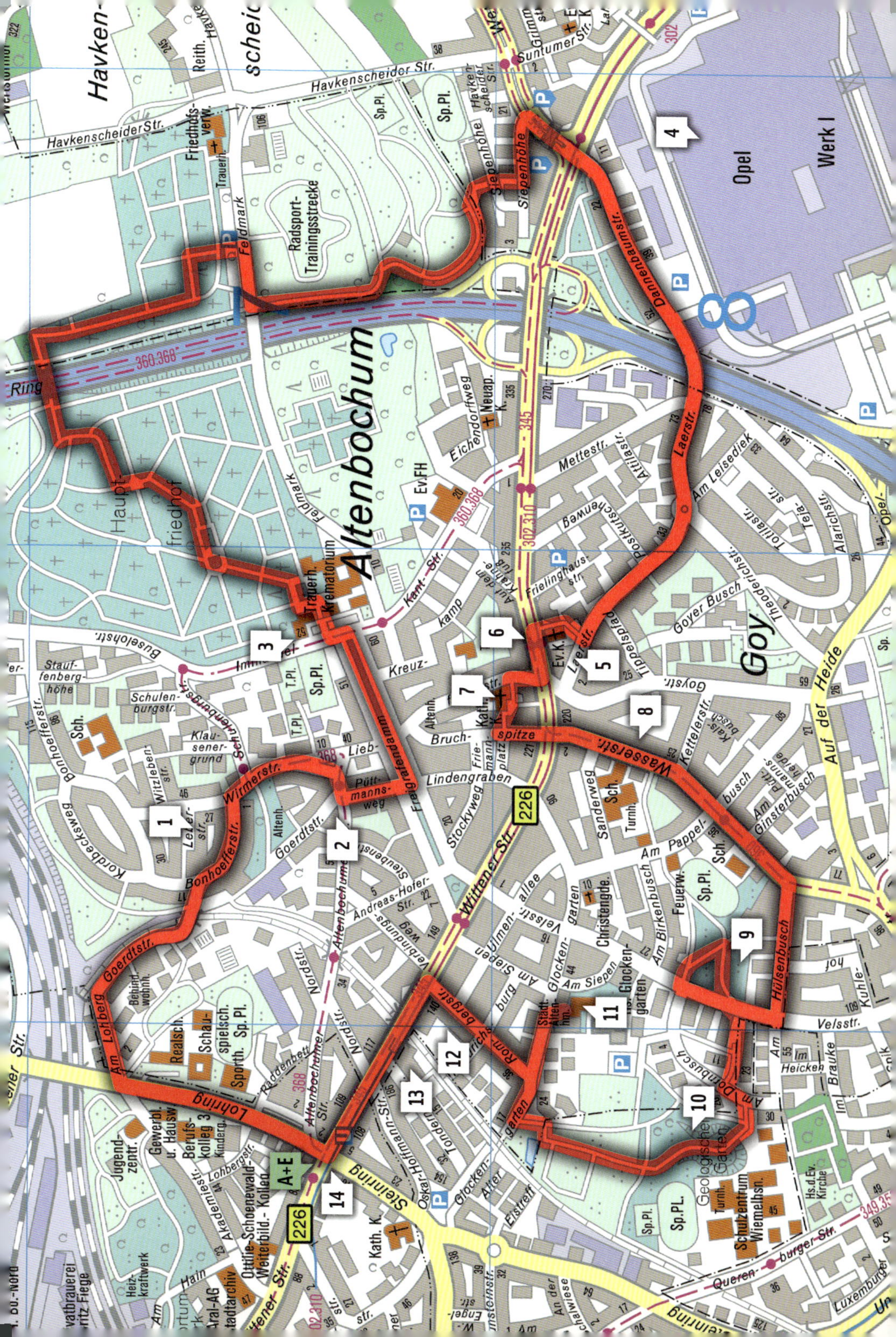

Altenbochum
Goy
Havken-
scheid
Havkenscheider Str.
Radsport-Trainingsstrecke
Haupt-
friedhof
Krematorium
Opel
Werk I
Dannenbaumstr.
Laerstr.
Wasserstr.
Hülsenbusch
Velsstr.
Wittener Str.
Lohring
Am Lohberg
Goerdtstr.
Bonhoefferstr.
Wirmerstr.
Freigrafendamm
Püttmannsweg
Siepenhöhe
Feldmark
Ring
Steinring
Querenburger Str.
Auf der Heide
Geologischer Garten
Schulzentrum Wiemelhsn.
1
2
3
4
5
6
7
8
9
10
11
12
13
14
226

Altes Amtshaus

Design Award für innovative Verkehrsarchitektur ausgezeichnet wurde. Die Architekten verlegten über die gesamte Länge der Halle einen gläsernen, die Beleuchtung aufnehmenden Fußboden. Von dort strahlt das Licht indirekt hinauf; sämtliches Mobiliar, ein gläserner Aufzugskubus und die Beschilderung wurden darauf ausgerichtet. Das architektonische Konzept von Rübsamen + Partner steht in einem direkten Dialog mit dem Kunstkonzept sowie einer Toninstallation: Eva-Maria Joeressen reflektiert in »102 Meter üNN« die allgemeine formale Erscheinung der Tunnelröhre. Eine permanente Echtzeit-Klanginstallation vervollkommnet die Station Lohring zu einer Bühne musikalischer, bildnerischer, architektonischer und theatralischer Elemente mit Zügen und Fahrgästen als Akteuren. Viel Freude auf dem gläsernen Bahnsteig und gute Fahrt nach Hause!

U-Bahn-Haltestelle Lohring.

Thema: U-Bahn
Die Architektur untertage an den Bahnhöfen Rathaus Süd, Bochumer Verein/ Jahrhunderthalle und Lohring

Gert Hille

U-Bahn-Haltestelle Lohring.

Tauchen Sie in die Unterwelt Bochums ein, um die sehenswerten, künstlerisch hervorragend gestalteten drei neuen Bahnhöfe der City zu bestaunen. Mit der Linie 302 und 310 können alle drei Haltepunkte unterirdisch in wenigen Minuten erreicht werden. Mehrfach wurden sie ausgezeichnet durch den Bund Deutscher Architekten (BDA). Bereits kurz nach der Fertigstellung 2006 wurde der »Renault Traffic Design Award« an die Stadt Bochum verliehen. Es folgten später BDA-Architektur-Preise NRW, zuletzt 2007. Mit diesen mutigen, visionären Konzepten wird bewiesen, dass Verkehrsarchitektur nicht nur nützlich, sondern auch ästhetisch ansprechend und gleichzeitig funktional sein kann. Der Bau der Haltestellen ist im Zusammenhang mit stadtplanerischen und verkehrlichen Veränderungen und Zielen der Stadt Bochum zu betrachten, um eine städtebauliche Aufwertung der Innenstadt zu erreichen. Alle drei Stationen vermitteln einen unverwechselbaren Raumeindruck individueller Einprägsamkeit und lebendiger Atmosphäre.

Am – stützenfreien! – Bahnhof Lohring an der Kreuzung Wittener Straße/Lohring, Linie 302/310 hatte die Düsseldorfer Künstlerin Eva-Maria Joeressen die Idee zu geschwungenen Lichtlinien und zur signalroten Stirnwand aus Emailblech. Das Lichtkreuz soll den oberirdisch befindlichen Kreuzungsbereich symbolisch darstellen. Die eloxierten Metallwände bilden für das einfallende Licht eine Reflexionsfläche, somit ergeben sich verschiedene Farbtöne. Dieses neue Spectrocolor-Verfahren stammt aus der Ideenschmiede der Automobilindustrie und wurde erstmalig in einer U-Bahn-Halle angebracht. Aber auch besondere Klangqualitäten bietet dieser Bahnhof: Hier ertönen die Geräusche nicht vom Band. Mikrofone, angebracht an Schienen, Treppen und Automaten, übertragen die Geräusche zu einem Computer, der durch Umformung neue Töne wiedergibt und eigene Rhythmen moduliert.

Diese einmalige Ton-Installation in einem U-Bahnhof schuf der Kölner Komponist Klaus Kessner. Der Innenausbau erfolgte nach einem Wettbewerb von 1998 durch das Bochumer Architekturbüro Holger Rübsamen und Partner. Sie wählten auch den Granit aus der Normandie, das Bodenglas aus Holland und die aus dem Autobau kommende Aluminiumverkleidung aus. Der unterleuchtete Glasfußboden erscheint wie ein See in Licht getaucht.

Fenster in der Verwaltung der BOGESTRA, der Bochum-Gelsenkirchener-Straßenbahn-AG, die auch die U-Bahn betreibt.

Am Bahnhof Rathaus-Süd treffen sich sich die Linien 302/310 mit Anschluss an die U35 und Linie 306. Fünf oberirdische Zugänge führen in die eindrucksvolle Unterwelt. Am Rathaus befindet sich der originellste Zugang: Die hinabführende Treppe wird eingerahmt durch eine runde, gläserne Plattform aus 10 Zentimeter dickem Glas. Eine bequeme Rolltreppe führt an leuchtenden Glaswänden vorbei und Sie gelangen in die fast stützenlose, großräumige Bahnhofshalle mit freier Sicht. Die eineinhalb Meter dicke Faltwerkdecke aus Stahlbeton sorgt auch für die statische Sicherheit der über 100 Meter langen und 14 Meter hohen Halle. Eine unverhoffte Überraschung erlebt der Besucher, wenn plötzlich die Linie 306 über eine gläserne Brücke durch die Bahnhofshalle fast geräuschlos über den Köpfen vorbeifährt. Dies ist die einzige unterirdisch verglaste Brücke in Deutschland. Eine weitere Attraktion bieten die unterschiedlichen Farbspiele an den seitlichen Wänden. Bei Tageslicht scheint die Helligkeit durch 13 bizarre Öffnungen in der Decke. Oberirdisch sind hohe Glasprismen sichtbar, die das Licht über reflektierende Aluminiumplatten nach unten leiten. Bei Dunkelheit sorgen Lampen für ungewöhnliche Strukturen im Straßenbereich. Durch spezielle Behandlung des Glases, werden lichtbrechende, kristalline Effekte erzielt, auch um Beschädigungen vorzubeugen. Geht der Passant weiter östlich, Richtung Drehscheibe (Bongardstraße/Kortumstraße), trifft er mittig auf eine dicke Betonsäule, die 20 Meter in die Tiefe reicht und den darüber befindlichen ganzen Kreuzungsbereich trägt (Gewicht vergleichbar mit 160 Lastkraftwagen oder sieben Jumbo-Jets). So verwundert es nicht, wenn diese statische Meisterleistung den Namen »Herkules-Säule« erhielt. 1995 hatten beim Wettbewerb die Architekten Prof. Burkhard Pahl und Monika Weber-Pahl, Darmstadt, den 1. Preis für ihren Entwurf gewonnen. Sie planten den Roh- und Innenausbau des U-Bahnhofes sowie die Oberflächengestaltung des Rathausplatzes und Boulevards.

Der Name »Bahnhof Bochumer Verein/Jahrhunderthalle« ist Programm, verweist er doch auf den historischen Ort, wo 1842 der »Bochumer Verein« gegründet wurde und sich heute die Jahrhunderthalle, das Hauptfestspielhaus der Triennale, befindet. An der Alleestraße/Bessemerstraße gelangt man zum U-Bahnhof der Stadtbahnlinie 302/310, die zwischen Gelsenkirchen, Bochum und Witten verläuft. Der Eingang am Jahrhunderthaus wird mit einer Stahlplatte überdacht, die 46 Tonnen wiegt. Bei nächtlicher Beleuchtung scheint diese Überdachung eine unvermutete Leichtigkeit zu erhalten, als würde sie schweben. Stahl wurde beim Ausbau bewusst gewählt, um den Bezug zur ehemaligen Gussstahl- und Glockenfabrik herzustellen. Steigt der Besucher hinab in die Verteilerebene, ist auf einer Stahlplatte das 14 Quadratmeter große Werk des Bochumer Künstlers Marcus Kiel zu sehen (s.S. 102). Das Foto zeigt eine historische Aufnahme des Glockenmontierwerkes von 1920. Mehr als 30.000 Glocken wurden in Bochum nach einem einzigartig entwickelten und patentierten Verfahren gegossen. Auch die 90 Meter lange Bahnhofshalle mit den stahlglänzenden Mittelstützen, die Bahnsteigkanten aus Edelstahl und die Sichtbetonwände erinnern an die industrielle Vergangenheit. Die Lichtsimulation verstärkt diesen Eindruck, wenn sich das bläuliche Licht an den Seitenwänden beim Einfahren einer Bahn verändert und eine rote Lichtwelle vor sich hergeschoben wird. Solch ein Rot war über Bochums Himmel bei Dunkelheit zu sehen, als es noch Hochofenabstiche gab. Die Bochumer Architekten Schmiedeknecht/Krampe/Reiter hatten 1998 den Wettbewerb gewonnen und führten den Innenausbau des U-Bahnhofes aus.

U-Bahnhof Rathaus-Süd.

Die drei neuen Bahnhöfe setzen die lange Reihe der von Architekten ansprechend gestalteten U-Bahn-Stationen der U 35 Bochum–Herne fort. Der 1973 begonnene U-Bahn-Bau ist damit in Bochum abgeschlossen.

U-Bahnhof Bochumer Verein/Jahrhunderthalle.

Ehrenfeld
Diesseits und jenseits der feinen Adresse

Dietmar Bleidick und Friedhelm Lueg

Ausgangspunkt: Haltestelle »Schauspielhaus«
Linie 308/318 | Ausgang »Hans-Ehrenberg-Platz«
Endpunkt: Haltestelle »Schauspielhaus«
Linie 308/318 | Ausgang »Hans-Ehrenberg-Platz«
Streckenlänge: 4,5 km | Dauer: 2 Stunden

Das Ehrenfeld blickt auf eine gerade 100-jährige Geschichte zurück. Zu Beginn des 20. Jahrhunderts zeigte sich an der Grenze Bochums zu Wiemelhausen, die durch die Eisenbahnbrücke am Anfang der Königsallee markiert wird, ein für die damalige Zeit im Ruhrgebiet nicht unübliches Bild: Auf dieser Seite der Brücke lag die noch landwirtschaftlich geprägte Gemeinde Wiemelhausen mit dem Ehrenfeld – auf der anderen Seite die pulsierende und ständig wachsende Industrie- und Verwaltungsstadt mit dem damals stark frequentierten Südbahnhof der Bergisch-Märkischen Eisenbahn (Gelände links hinter der Brücke). Im Ehrenfeld standen nur einige Häuser und Bauernhöfe inmitten einer Feld-, Wald- und Wiesenlandschaft.

Bereits 1898 hatte der Bauunternehmer Clemens Erlemann (1865–1937) die durch Bevölkerungswachstum und Raummangel immer dringender gewordene räumliche und bauliche Erweiterung Bochums vorausgesehen. Es war ihm auch klar, dass eine Ausdehnung vor allem in südlicher Richtung erfolgen musste, denn im Ehrenfeld waren nicht nur die benötigten freien Flächen vorhanden. Verlockend erschien auch die unmittelbare Nachbarschaft zu einem der beiden Hauptverkehrsknotenpunkte. Das gesamte Gebiet gehörte zum Haus Rechen, dessen Eigentümer Otto von Schell 1898 Grundstücke zwischen der Oskar-Hoffmann-Straße und der Bahnlinie an Erlemann verkaufte. Zur Jahrhundertwende entstanden die ersten Bauten des neuen Stadtteils am Westfalenplatz. Nach dem Tod Otto von Schells begann Erlemann 1903 mit den ersten Planungen für eine Bebauung der 380 Morgen großen restlichen Flächen des Hauses Rechen, die er Anfang 1904 von Ottos Erben Carl von Schell erwarb. Schon die ersten Entwürfe zeigten ein in Nord-Süd-Richtung verlaufendes Rechteck in den Grenzen (heutiger Verlauf)

SCHAUSPIELHAUS **BOCHUM**

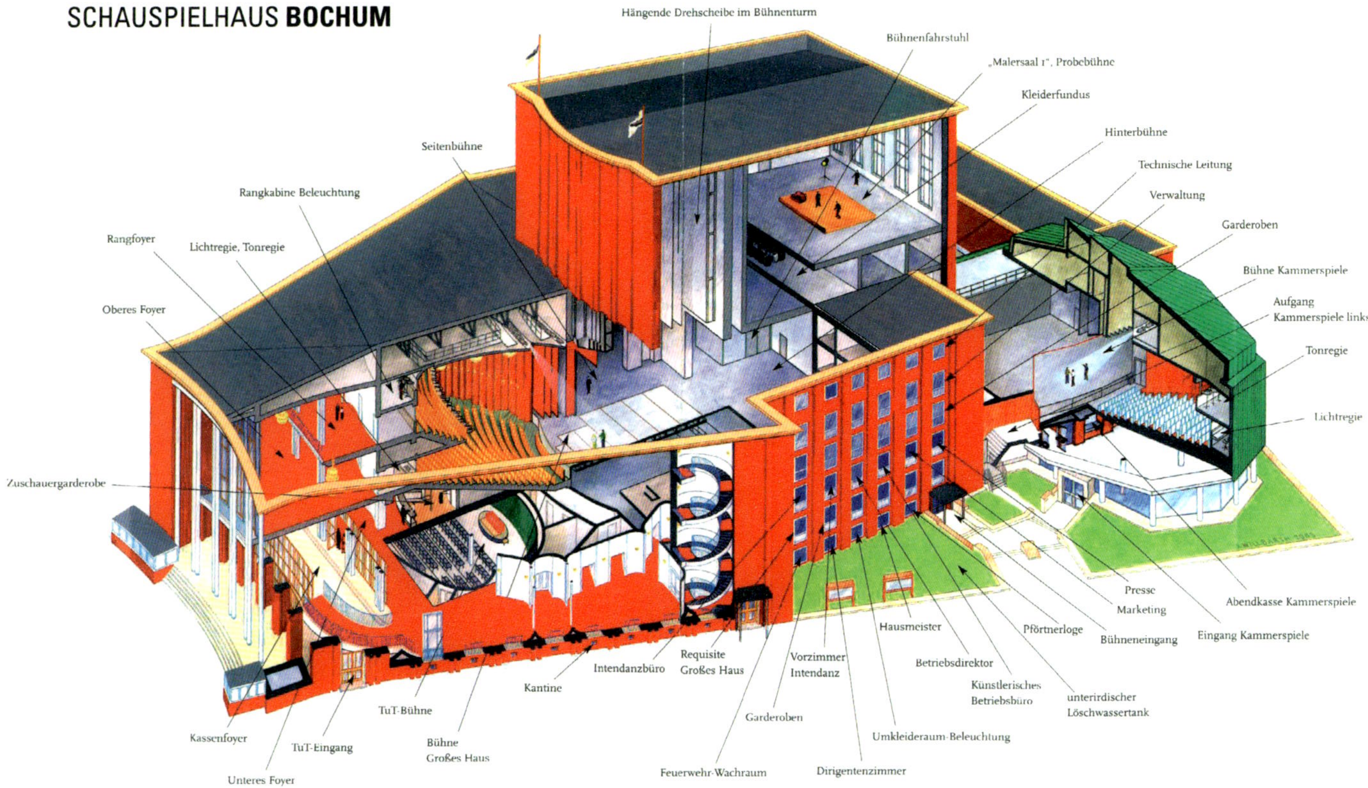

Jürgen Willbarth, Die Illustratoren, 2005.

Hattinger Straße/Oskar-Hoffmann-Straße, Knüwerweg, Waldring und Hunscheidtstraße, welches durch die Königsallee in zwei Hälften geteilt wurde. Die Straßenzüge wurden mit Ausnahme des Romanusplatzes rechtwinklig zueinander angeordnet. Noch vor dem Ersten Weltkrieg war der Bebauungsplan abgeschlossen. Während im Norden Verwaltungs- und Mietshausbebauung dominierten, befand sich im Südteil aufgelockerte Wohnbebauung mit Bürgerhäusern. Durch den großen Bombenangriff auf Bochum am 4. November 1944 wurde ein Großteil des Ehrenfeldes vernichtet. Zwar änderte sich durch die Zerstörung fast aller öffentlichen Gebäude und den Wiederaufbau das Bild des Stadtteils, doch ging der ursprüngliche Charakter durch die weitgehende Beibehaltung der Straßenführung nicht verloren.

Über den Hans-Ehrenberg-Platz gelangt man auf die Alte Hattinger Straße, deren Name schon darauf verweist, dass hier vor dem Zweiten Weltkrieg die zentrale Verkehrsachse zwischen Bochum und Hattingen verlief. An der Ecke zur Clemensstraße befindet sich das um 1925 errichtete Bürohaus Bochum, ein typisches Verwaltungsgebäude des Ehrenfelds, das von Beginn an zu einem beliebten Standort für Unternehmen avancierte, die sich hier zahlreich niederließen. Weitgehend im Originalzustand erhalten, wurde das Gebäude ab 1946 vom neu gegründeten Industrieverband Bergbau, der späteren IG Bergbau und Energie, genutzt. Heute befindet sich hier die Niederlassung der IGBCE Landesbezirk Westfalen. Nur wenige Meter weiter lag ebenfalls an der Clemensstraße, jedoch auf der anderen Seite der Königsallee, das Gebäude der gewerkschaftseigenen Berg-Verlag GmbH, in dessen Räumen seit 1998 das Haus der Geschichte des Ruhrgebiets mit dem Institut für soziale

1 Gewerkschaftshaus

Stadttheater 1910.

Stadttheater nach dem Umbau 1935.

Die ersten Tulpenlampen der Republik von 1953.

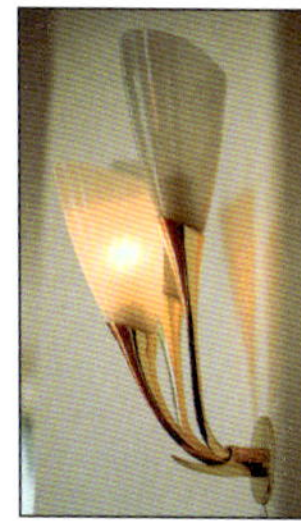

Bewegungen und der Bibliothek des Ruhrgebiets als interdisziplinäre Forschungseinrichtung der Ruhr-Universität ansässig ist. Gegenüber befand sich der Westfalenplatz als zentraler Marktplatz des Ehrenfelds, dessen Lage heute das Wohnhochhaus und das davor liegende Parkdeck markieren.

2 Westfalenplatz

Das Schauspielhaus ist das wohl bekannteste Gebäude des Ehrenfelds. Am südlichen Ende des Westfalenplatzes ließ Clemens Erlemann mit Unterstützung der Stadt schon ab 1907 das Orpheum-Theater errichten. Nach der Eröffnung der größten Bühne des Ruhrgebiets im Oktober 1908 zeigte sich jedoch schon bald, dass das von Erlemann favorisierte Konzept eines Varieté-Theaters mit unterhaltsam-volkstümlichen Stücken am Publikumsgeschmack vorbeilief. Erlemann musste das Theater 1909 schließen und begann im Juni 1912 mit dem Umbau in eine Theaterbühne. Seine finanzielle Basis erwies sich jedoch als unzureichend, sodass er wenig später Konkurs anmelden musste. Die Stadt übernahm daraufhin Anfang 1914 das Gebäude aus der Konkursmasse und ließ es bis Ende 1915 vollständig umbauen. Dadurch wurde der ehemals reichhaltige Jugendstilkomplex in einen neoklassizistischen Bau verwandelt. Bei dem Luftangriff auf Bochum am 4. November 1944 wurde das alte Theatergebäude weitgehend zerstört. Ende der 1940er-Jahre begannen die Planungen zur Wiedererrichtung. Da das spitzwinkelige Gelände am alten Standort für einen modernen Theaterbau ungünstig erschien, favorisierte man zunächst eine Verlegung in die Innenstadt an den Husemannplatz, entschied sich dann jedoch auch aus finanziellen Gründen für den Einbezug der noch vorhandenen Bausubstanz. Am 15. August 1953 war der mit einem Investitionsvolumen von insgesamt

3 Schauspielhaus

Schauspielhaus Bochum, Arch. Gerhard Graubner 1953.

6,4 Mio. DM errichtete Bau fertiggestellt, sodass sich am 23. September der Vorhang im neuen Schauspielhaus Bochum zum ersten Mal heben konnte. Intendanten des Bochumer Schauspielhauses waren: Saladin Schmitt (1919–1949), Hans Schalla (1949–1972), Peter Zadek (1972–1979), Claus Peymann (1979–1986), Frank-Patrick Steckel (1986–1995), Leander Haußmann (1995–2000), Matthias Hartmann (2000–2005), Elmar Goerden (2005–2010), Anselm Weber (ab 2010).

4 Lichtburg

Konkurrenz auf dem Unterhaltungssektor des Ehrenfelds erhielt das Stadttheater Ende der 1920er Jahre. Direkt gegenüber ließ der Bochumer Kinounternehmer Waldemar Fork 1928/29 auf der Ecke Hattinger Straße/Königsallee in Höhe der heutigen Apotheke die Lichtburg errichten. Mit fast 1.000 Plätzen gehörte sie zu den größten und modernsten Kinos des Ruhrgebiets. Nach einer teilweisen Kriegszerstörung wurde das Kino nicht wieder aufgebaut, sondern musste 1949 den städtischen Verkehrsneuordnungsplänen weichen, als die Hattinger Straße auf die heutige Breite ausgebaut wurde.

5 Meinolphus-Kirche

Auf dem Weg über den William-Shakespeare-Platz und die Hubertusstraße zum Eingang der St. Meinolphus-Mauritius-Kirche passiert man den aus den Jahren 1954/55 stammenden Kindergarten. Die Geschichte der Kirche reicht bis in die Anfänge des neuen Stadtteils zurück. Obwohl St. Meinolphus-Mauritius noch keine eigenständige Gemeinde war, sondern zu St. Marien an der Viktoriastraße gehörte, wurden schon 1907 die Vorbereitungen zum Kirchenbau aufgenommen. Schon bald zeigte es sich, dass das ambitionierte Vorhaben einer dreischiffigen Kreuzkirche mit zwei Türmen an den unzureichenden Finanzierungsmöglichkeiten

Mit »Ich lebe für Dich« des berühmten Wilhelm/William Dieterle eröffnete am 27.9.1929, 16:00 die Lichtburg.

scheitern würde. Es blieb also nur die Entscheidung für einen schrittweisen Bau und den Verzicht auf den zweiten Turm. Im Oktober 1908 konnte der Grundstein gelegt werden, und nach einer Bauzeit von nur einem Jahr folgte im Oktober 1909 die Einweihung der neuen Kirche, die nur das heutige hintere Schiff umfasste.

Obwohl der zweite Bauabschnitt im Frühjahr 1914 begonnen hatte, konnte die Kirche kriegsbedingt erst in der zweiten Hälfte der 1920er Jahre fertiggestellt werden. Aufgrund der expressionistischen Innenmalereien feierte die Kunstkritik St. Meinolphus-Mauritius als bedeutendstes und sehenswertestes Gotteshaus Westdeutschlands. 1931 wurde die Kirche endgültig eingeweiht, 1944 mit Ausnahme des Turmes jedoch fast vollständig zerstört. Nach dem Krieg profitierten die Bochumer Kirchen vom Katholikentag, der im September 1949 in der Stadt stattfinden sollte, sodass ihnen bevorzugt Mittel für den Wiederaufbau zur Verfügung gestellt wurden. Nachdem auch bei der Meinolphus-Kirche die Arbeiten am Hauptschiff und den vorderen Seitenschiffe bis zu diesem Termin weitgehend abgeschlossen worden waren, dauerte es noch bis 1954, bis sie vollständig wiederhergestellt war.

Knappschaft 6

Nur wenige Meter weiter entstand in der Pieperstraße mit der Verwaltung des Allgemeinen Knappschaftsvereins 1908–1910 das mit Abstand monumentalste Gebäude Bochums. Der rasant expandierende Bergbau hatte bei der Knappschaft zu ständig steigenden Mitgliederzah-

Verwaltungsgebäude des Allgemeinen Knappschaftsvereins um 1925.

len mit entsprechender Ausdehnung der Verwaltungsaufgaben geführt. Da die Fläche des Verwaltungsgebäudes an der Viktoriastraße 6 auf dem Gelände des heutigen Amtsgerichtes nicht mehr ausreichte, entschloss sich der Knappschaftsvorstand zum Bau eines neuen Verwaltungsgebäudes im Ehrenfeld.

Das Äußere des Gebäudes entsprach mit seiner barocken Opulenz vollständig der historistischen Formensprache des Kaiserreichs. Die an der Pieperstraße gelegene Hauptfront wurde um 18 Meter zurückgesetzt, um die Monumentalität des Gebäudes zur Geltung kommen und Raum für einen repräsentativen Vorplatz mit Brunnen und Auffahrt zu lassen. Die Türme symbolisierten zugleich den paritätischen Charakter der Knappschaft. Während der Südturm die Beratungszimmer der Werksvertreter beherbergte, saßen die Versichertenvertreter im Nordturm. Dazwischen lag der sich über zwei Etagen erstreckende große Sitzungssaal mit dem vorgelagerten Balkon. Das Rückgrat des Gebäudes bildete ein vom Keller bis zum Dachgeschoss durchlaufender Aktenspeicher. Die Arbeitsplätze befanden sich in direkter Nähe des Speichers, was ebenso kurze Wege garantierte wie die im hinteren Gebäudeteil angeordneten 110 Meter langen Großraumbüros der eigentlichen Versicherungsabteilungen. Im vorderen Gebäudeteil befanden sich dagegen kleinere Spezialabteilungen, Sitzungszimmer, Registratur, Bibliothek sowie die Büros des Knappschaftsdirektors, der auch eine Dienstwohnung besaß, und seiner Stellvertreter. Die künstlerische Gestaltung umfasste zahlreiche Skulpturen und Bergmannsfiguren, Wandmalereien, Ansichten der Knappschafts-Krankenhäuser, Buntglasfenster und Holzvertäfelungen. Das Gebäude wurde am 18. Juni 1910 eingeweiht. 1925/26 folgte noch der benachbarte Erweiterungsbau an der Hubertusstraße.

Nachdem das Gebäude im November 1944 vollkommen ausgebrannt war, begannen bereits 1946 die Planungen zum Wiederaufbau. Um die Mittelbetonung des Gebäudes zu erhalten und Kosten zu sparen, entschieden sich die Verantwortlichen für den heute vorhandenen achtstöckigen Turm mit einfacher Steinverblendung. Im Oktober 1952 wurde das neue Gebäude der Ruhrknappschaft nach rund sechsjähriger Bauzeit eingeweiht. Die Figuren rechts und links vom Eingang stammen von Erich Schmidtbochum und symbolisieren den alten und den jungen Bergmann. 1969 wurde im Rahmen der Umstrukturierung des Ruhrbergbaus die Bundesknappschaft errichtet.

7 Melanchthon Kirche

Weiter geradeaus auf der Pieperstraße erreicht man links über die Schellstraße die Melanchthon-Kirche, die nach Vorbild einer Velberter Kirche errichtet wurde. Sie sollte ursprünglich Himmelfahrtskirche heißen, wurde dann aber als Ergänzung zur 1911 am Stadtpark gebauten

Melanchthon-Kirche um 1930.

Lutherkirche Melanchthon-Kirche genannt. Nach der Grundsteinlegung zu Himmelfahrt 1912 (Grundstein in der rechten Seitenwand der Kirche) dauerte es nur rund 18 Monate bis zur Fertigstellung, die im November 1913 mit der offiziellen Einweihung gefeiert wurde. Gleichzeitig entstand auch das Pfarrhaus, und 1930 folgte das Ernst-Moritz-Arndt-Haus an der Königsallee. Die Melanchthon-Kirche wurde bereits im Mai 1943 bei Luftangriffen derart stark beschädigt, dass sie nicht mehr benutzbar war. Als Notkirche diente das Ernst-Moritz-Arndt-Haus, bis auch dieses im November 1944 zerstört wurde. Nach einer fünfjährigen Wiederaufbauphase konnte die Kirche im Mai 1950 erneut geweiht werden.

Gruft der Familie von Schell an der Melanchthonkirche.

Romanusplatz, ehem. Bülowplatz um 1930.

Heute erinnern nur noch die Grabsteine und -platten auf der linken Seite der Melanchthon-Kirche an Haus Rechen (siehe unten Punkt 16) und die Familie von Schell. Ursprünglich lagen sie in der Pauluskirche und auf dem städtischen Friedhof; doch Carl Adolf von Schell erwirkte 1809 die Genehmigung, auf einer Lichtung im Rechener Wald eine eigene Begräbnisstätte zu errichten. Hintergrund der Maßnahme war die Bestimmung der seit 1806 in der Region herrschenden französischen Besatzer, Friedhöfe aus den Städten zu verbannen. Die Steine und Platten lagen zunächst hinter dem heutigen Pfarrhaus, wurden jedoch beim Bau der Kirche an die heutige Position verlegt. Heute befinden sich einige Steine in erstaunlich gutem Zustand, während andere durch den Einfluss der Luftverschmutzung (»Saurer Regen«) z. T. stark beschädigt oder sogar vollständig zerstört sind. Der weitere Verfall kann nur durch eine baldige Restaurierung und Konservierung bzw. eine Überdachung aufgehalten werden.

8 Romanusplatz

Über die Friederikastraße erreicht man nach wenigen Metern den Romanusplatz, für den Erlemann in Vorwegnahme moderner städtebaulicher Prinzipien von Beginn an die Funktion eines Kreisverkehrs vorgesehen hatte. Ursprünglich mit einem Gitterzaun umrahmt und mit einem Brunnen im Zentrum versehen, markierte er den Übergang zur großbürgerlichen Villenbebauung des Ehrenfelds. Zwischen Drusenbergstraße und Gilsingstraße errichtete der Bochumer Fahrzeugfa-

Königsallee mit Villa Erlemann um 1924.

brikant Friedrich Oskar Lueg 1922 sein Landhaus. Erlemann selbst residierte in einem monumentalen Jugendstilgebäude an der Königsallee/ Ecke Gilsingstraße.

9 Drusenbergschule

Über die Drusenbergstraße gelangt man zur Drusenbergschule. Sie wurde zwischen 1913 und 1915 als dritte Volks- bzw. Grundschule des Ehrenfelds errichtet. Fast originalgetreu erhalten, steht die Drusenbergschule seit 1988 unter Denkmalschutz. Die aufwändig gestaltete Vorderfassade des in leichter Kurvatur angelegten Gebäudes ist mit hochrechteckigen Fenstern, Rundbogenfenstern im mittleren Turnhallenbereich, Keramikeinsätzen und Medaillons mit Märchenmotiven versehen. Kunstvolle schmiedeeiserne Treppengeländer, Parkettfußböden, glasierte Keramikkacheln und die mit einem Emporengang und Deckenbemalung versehene Turnhalle ergänzen das Bild im Inneren. Zur Zeit der französischen Besetzung des Ruhrgebiets diente die Schule 1923/24 als Kaserne und Gefangenenlager.

Drusenbergschule 2007, Architekt: Karl Elkart 1913/15.

10 Bergmannsheil

Nach Überquerung der Drusenbergstraße an der Fußgängerampel führt der Weg über die Marschnerstraße zum Bergmannsheil, dem weltweit ersten Unfallkrankenhaus und zugleich ersten Krankenhaus für nur einen Berufsstand. Die ersten Gebäude mit Abteilungen für Orthopädie und Infektionskrankheiten wurden zwischen 1888 und 1890 an der Hattinger Straße errichtet. 1929 folgte an der Friederikastraße ein heute nicht mehr vorhandener Bau für die Neurologie und die Innere

Bergmannsheil 2008.

Abteilung. Infolge starker Kriegszerstörungen und mehrerer Neubauten wandelte sich das Bild des Bergmannsheils Anfang der 1950er-Jahre, um in den vergangenen zwei Jahrzehnten erneut einen vollständig anderen Charakter zu gewinnen. Den Anfang machte 1986 das vom Standort aus zu sehende siebengeschossige Bettenhaus I, den vorläufigen Abschluss bildete das 2007 eröffnete Bettenhaus III.

11 Wiesental

Der Friedrikastraße nach links folgend, wird nach etwa 300 Metern das größtenteils bereits auf Weitmarer Gebiet liegende Wiesental erreicht. Ursprünglich eine sumpfige Auenlandschaft, wurde es von dem Maarbach durchflossen, dessen drei Quellbäche sich im Südteil des Wiesentals vereinigten. Mit der Umfunktionierung des Baches zu einem Abwasserkanal in den 1920er Jahren begann der Ausbau zum Naherholungsgebiet. Es wurden Wege und der Teich angelegt, an dem vorbei man das 1950 eingeweihte und 1979 umgebaute Vereinsbad des SV Blau-Weiß Bochum und die benachbarte Gaststätte erreicht. Gegenüber der Gaststätte führt der ansteigende Weg zurück ins Wohngebiet. Über den Waldring, der in Teilen als reiner Fußweg ausgebaut ist, gelangt man, die Hallen der Firma Jahnel-Kestermann Getriebwerke auf der rechten Seite, zur Kreuzung Hunscheidtstraße/Waldring.

12 Bergbau-Berufsgenossenschaft

Links befindet sich der Rechener Park, die beiderseits der Königsallee gelegene grüne Lunge des Ehrenfelds, und auf der rechten Straßenseite das Hauptverwaltungsgebäude der Bergbau-Berufsgenossenschaft. Die Berufsgenossenschaften entstanden im Rahmen der Bismarckschen Sozialversicherungsgesetzgebung in den 1880er Jahren und dienten von

Beginn an als Träger der Unfallversicherung. Das Bergmannsheil wird von ihr und anderen Berufsgenossenschaften betrieben.

13 Schiller-Schule und Löwe

An der Kreuzung Waldring/Königsallee liegen die Schiller-Schule und der Löwe. Die Bauarbeiten zu der Mädchenschule begannen 1927, und im Dezember 1929 konnten die neuen Räume bezogen werden. 1937 folgte die Umbenennung des bis dahin nüchtern als »Lyzeum II« bezeichneten Instituts in Schiller-Schule. Der Schulbetrieb endete im Oktober 1942, als die in Bochum im Gebäude der Westfalenbank sitzende Gauleitung des Gaus Westfalen-Süd ihren Sitz in die Schillerschule verlegte. Obwohl während des Krieges nur der hintere Gebäudeteil mit der Turnhalle zerstört worden war, verzögerte sich die Wiederaufnahme des Lehrbetriebs in der Schiller-Schule bis 1952, da das Gebäude zwischen 1946 und 1951 von der Kohlenwertstoff AG (heute BP/Aral AG) genutzt wurde. Man teilte sich in dieser Zeit die Räume der Drusenbergschule im Schichtbetrieb mit der Graf-Engelbert-Schule und beherbergte deren Schüler noch bis 1960, als das neue Gebäude der Nachbarschule fertiggestellt worden war.

Zur gleichen Zeit wie die Schule entstand das zentrale Ehrenmal der Stadt Bochum für die während des Ersten Weltkriegs gefallenen Soldaten an der Königsallee. Der im Mai 1928 eingeweihte »Löwe« entsprach in seiner Diktion den nationalistischen und revanchistischen Ambitionen seiner Erbauer. Der durch einen Pfeil in der Flanke schwer verwundete Löwe symbolisiert das Deutsche Reich nach dem verlorenen Krieg. Die drohende Gebärde des nach Westen in Richtung des Erbfeindes Frankreich ausgerichteten Tieres verdeutlicht die Rachegedanken, die das politische Denken weiter Teile der Bevölkerung bestimmten. Auf einer zweiten Ebene bezog sich der »Löwe« auf die vermeintlichen Reichsfeinde im Inland. Mittels der so genannten Dolchstoßlegende, einer u.a. von ranghohen Militärs in die Welt gesetzten Verschwörungstheorie, sollte die Schuld an der Niederlage auf die demokratischen Kräfte, insbesondere auf die Sozialdemokratie abgewälzt werden. Die deutschen Armeen seien auf dem Schlachtfeld nicht geschlagen, sondern durch Verrat zur Aufgabe gezwungen worden. Hierauf deutet die Inschrift an der Frontseite: »Der Übermacht erlegen – im Geiste unbesiegt«. Der »Löwe« war die steinerne Symbiose der beiden Sphären dieser bewussten Geschichtsfälschung, die in Verbindung mit antisemitischen Tendenzen die politische Meinung antidemokratischer, völkischer und extremistischer Gruppen bestimmte und letztlich den Aufstieg des Nationalsozialismus begünstigte.

14 Graf-Engelbert-Schule

Weiter in Richtung Innenstadt liegt an der Königsallee die 1957–1960 erbaute Graf-Engelbert-Schule. Zwischen 1913 und 1916 errichtete Stadtbaumeister Karl Elkard neben der Drusenbergschule im Ehrenfeld

Real-Gymnasium, heute Graf-Engelbert-Schule, 1917.

auch dieses Realgymnasium. Eine besondere Bedeutung erlangte das Gebäude zur Zeit der Ruhrbesetzung 1923/25, da die französischen Truppen es unter dem Namen »Caserne Foch« als Generalstabsquartier und Gefängnis nutzten. Damit befand sich das Zentrum der französischen Militärverwaltung im Ehrenfeld. 1937 wurde die Schule in Bismarck-Schule und 1948 schließlich in Graf-Engelbert-Schule umbenannt. Nach starken Bombenschäden im Juni 1943 und der weitgehenden Zerstörung im November 1944 entschloss sich die Stadt mit Hinweis auf das zu

Parkhotel Haus Rechen, Arch. Emil Fahrenkamp 1927/29, um 1933.

geringe Raumangebot nicht für einen Wiederaufbau, sondern für einen Neubau, der jedoch schon Mitte der 1960er Jahre durch die Stelzenbauten an der Arnikastraße erweitert werden musste. Bekannte Absolventen sind Wolfgang Clement und Otto Schily.

In den 1920er-Jahren war das Ehrenfeld zu einem beliebten Wohngebiet und zum Standort zahlreicher Unternehmen geworden. Es fehlte jedoch noch eine Unterkunft für auswärtige Gäste. Zwischen 1927 und 1929 entstand an der Ecke Christstraße/Königsallee das Parkhotel Haus Rechen. Mit rund 100 Zimmern und einer höchsten Ansprüchen genügenden Ausstattung war es das modernste und wahrscheinlich auch beste Haus des Ruhrgebiets. Nach der Zerstörung Ende 1944 wurde das Hotel nicht wieder aufgebaut. Die Ruhrstickstoff AG ließ 1955 bis 1957 an dieser Stelle ihr Verwaltungsgebäude errichten, das heutige Finanzamt Bochum-Süd.

15 Finanzamt Bochum-Süd

Auf dem Gelände zwischen dem Finanzamt und dem Schauspielhaus in Höhe der heutigen Kammerspiele lag bis Anfang der 1950er Jahre das Haus Rechen. Dessen Anfänge reichen wahrscheinlich mehr als 1.000 Jahre zurück, denn bereits in dem Ende des neunten Jahrhunderts entstandenen Register der abgabepflichtigen Besitzungen der Abtei Werden werden zwei Höfe in »villa Hreni« aufgeführt, was als »Siedlung Rechen« übersetzt werden kann. Mitte des 16. Jahrhunderts wurde Jürgen von Schell mit Haus Rechen belehnt. Mit der Familie Vittinghoff genannt Schell zog ein Zweig des in der Region bekannten Adelsgeschlechtes Vittinghoff ins spätere Ehrenfeld. Zu diesem Zeitpunkt befand sich das in Lehmfachwerk ausgeführte Gebäude in einem schlechten baulichen Zustand. Schell errichtete ein steinernes Haupthaus und diverse Stallungen, ließ den gesamten Komplex mit steinernen

16 Haus Rechen

Haus Rechen um 1905.

Ehrenfeld 1930er Jahre.

Mauern einfassen, zu denen auch das Torhaus und die Brücke gehörten, und erweiterte die Gräfte. Eine Ritterburg ist Haus Rechen niemals gewesen, wohl aber ein besseres Bauerngut mit dem Herrenhaus als Zentrum. Neben Haus Rechen gehörten von Schell mehrere Höfe als Eigentum oder Lehen. Anfang der 1770er Jahre baute Jobst Konrad Friedrich von Schell das Haupthaus in seinen im 20. Jahrhundert bekannten Endzustand um.

Im Zuge der Bebauung des neuen Wohnbezirks veränderte sich der ursprüngliche ländliche und pittoreske Charakter von Haus Rechen stark. Nach dem Ankauf durch Erlemann wurde in den Räumen des Hauptgebäudes 1905 eine Gastwirtschaft eröffnet. Teile der Gräfte wurden zugeschüttet, der Rest diente als Bootsteich. Mit dem Bau des Theaters verschwanden nicht nur die Stallungen, sondern endgültig auch der malerische Eindruck des ehemaligen Adelssitzes, der sich nun im Schatten des vielfach größeren Nachbargebäudes befand. Ab 1921 beherbergten die Räume des jetzt der Stadt gehörenden Ensembles das Bochumer Heimatmuseum. Als in den 1920er Jahren die durchweg viergeschossige städtische Wohnbebauung des Ehrenfeldes wuchs und das Parkhotel Haus Rechen errichtet wurde, wirkte Haus Rechen in dem neuen Stadtteil endgültig wie ein Fremdkörper aus vergangenen Zeiten. 1944 wurde es stark beschädigt, und die Stadt entschied sich Anfang 1951 für den Abriss der Ruine. Auf dem traditionsreichen Gelände entstanden zunächst eine Grünanlage und Mitte der 1960er Jahre die Kammerspiele des Schauspielhauses.

Wir gehen geradeaus auf der Königsallee, dann links in die Hattinger Straße bis zum Ausgangspunkt.

Rottstr.
Südring
Hbf Bochum
Hauptpost
Bessemerstr.
Elsaßstr.
Klarastr.
Maxstr.
Feuerwache II
VHS
Kath.K.
Springerpl.
Maximilian-Kolbe-Str.
Ursulastr.
Heintzmann-Zentrum
Viktoria-Quartier
Landesbehördenhs.
Marienplatz
Kath.K.
Jugendgästehs.
Konrad-Adenauer-Pl.
Kortum
Kreuzstr.
Hermannshöhe
Universitätsstr.
BOGESTRA AG
Oskar-Hoffmann-Str.
Hattinger Str.
Bf Bo.-Ehrenfeld
Ehrenfeldstr.
Grottenstr.
Kinderg.
Klinikum Bergmannsheil
Königsallee
Pieperstr.
Schellstr.
Ev.K.
Christstr.
Romanuspl.
Drusenbergstr.
Ehrenfeld
Farnstr.
Rechener Park
Marschstr.
Friederikastr.
Kulmer Str.
Freie Ev.K.
Hunscheidtstr.
Waldring
Bergbau-Berufsgenossenschaft
Schiller-Sch.
Adv.Gde.
Ostermannstr.
Astronom. Beob. St.
Graf-Engelbert-Sch.
Agentur für Arbeit ARGE
Thürmer-Saal
Landeszentralbank
Friederikapark
Schwimmbad
Am Wiesengrund
Wiesental
Mozartstr.
Wagnerpl.
Danziger Str.
Memeler Str.
Wiesenstr.
Wasserstr.
Stensstr.
Ring
Cranachstr.
Frans-Hals-Str.
Rubensstr.
Grünewaldstr.
Erlenstr.
WIEMELHAUSEN
Eickhoff
Büropark
Trimonte
Dienstleistungspark
Knappschaft Bahn See
Tennish.
Altenhm.
1
2
3
4
5
6
7
8
9
10
11
12
13
14
15
16
51

Thema: Hans Ehrenberg (1883–1958)

Günter Brakelmann

In der Bochumer Christuskirche am Rathaus wirkte von 1925 bis 1937 ein evangelischer Pfarrer mit außergewöhnlicher Biographie und außergewöhnlicher Bildung. Geboren und aufgewachsen war er als Sohn jüdischer Eltern in Altona. Die Familie gehörte seit Anfang des 19. Jahrhunderts zum jüdischen Bildungsbürgertum, das sich Zug um Zug in die deutsche Bildungswelt einarbeitete. Ohne ihre jüdische Herkunft zu verleugnen, gestaltete sie die Synthese von Judentum und liberaler deutscher Bürgergesellschaft mit. Einige Ehrenbergs – bekannt als Pädagogen und Hochschullehrer – konvertierten zum Protestantismus. Diesen Weg ging auch Hans Ehrenberg 1909. Vorher hatte er ein Studium der Volkswirtschaft mit einem Dr. rer. pol. abgeschlossen, wandte sich aber in einem zweiten Studium nach Ableistung der Militärpflicht immer mehr der Philosophie zu. Auch in diesem Fach promovierte er mit einer Arbeit über Kant und habilitierte sich mit einer »Kritik der Psychologie als Wissenschaft«. 1910 bekam er eine Dozentur für Philosophie in Heidelberg und befasste sich immer mehr mit religionsphilosophischen und theologischen Fragen. Sein wichtigster Gesprächspartner war in dieser Vorkriegszeit sein Vetter Franz Rosenzweig, der später bekannte jüdische Religionsphilosoph.

Schon vor 1914 war Ehrenberg auf dem Wege, seine philosophische Leidenschaft mit theologischen Fragestellungen zu verbinden. Das reflektierte Erleben des Weltkriegs, den er vom ersten bis zum letzten Tag als Offizier mitmachte, brachte den endgültigen Durchbruch zur evangelischen Theologie, aber immer im Dialog mit jüdischen, katholischen und orthodoxen Positionen. Das christlich-jüdische Gespräch wurde ein zentrales Lebensthema. Begleitet waren die intellektuell-existentiellen Themen von einer politischen Parteinahme für Demokratie und Republik. Noch vor der »Novemberrevolution« trat er der Sozialdemokratischen Partei bei und kämpfte als religiöser Sozialist für eine neue Begegnung von Kirche und Arbeiterschaft.

In der Weimarer Republik wird er bekannter Verfasser philosophischer, theologischer und politischer Bücher. Eine besondere Liebe galt den russischen Schriftstellern und Religionsphilosophen.

Enttäuscht vom durchschnittlichen Betrieb an der Universität und von den dort herrschenden deutschnationalen und völkischen Mehrheiten wagte der Professor für Philosophie nach einem kurzen vorgeschriebenen Theologiestudium mit den entsprechenden Examina den Sprung in eine Pfarrstelle des Ruhrgebiets. Neben der normalen Gemeindearbeit engagierte er sich in Bochum für öffentliche Bildungsarbeit. Ein Blick in die Bochumer Zeitungen zeigte einen stadtbekannten Mann, der philosophische, theologische, soziologische und politische Themen anbot.

Schon 1927 begann für ihn die geistige Auseinandersetzung mit der örtlichen NSDAP. Er wurde der schärfste Kritiker ihrer weltanschaulichen Voraussetzungen und ihrer praktischen antidemokratischen, antirepublikanischen und antisemitischen Politik. Viele Aufsätze vor 1933 befassten sich mit der Bedrohung des Staates und der Gesellschaft durch einen totalitären und sozialdarwinistischen Politikansatz. In seinem letzten Buch vor 1933 »Deutschland im Schmelzofen« analysierte er die beiden großen Bedrohungen einer christlich-humanistischen Ordnungswelt: den Bolschewismus und den Nationalsozialismus.

Unmittelbar nach der Machtübergabe an Hitler begann Ehrenbergs Leidenszeit. In seiner Kirche musste er angesichts der anfänglichen Übermacht der »Deutschen Christen« um das Heimatrecht der Judenchristen und um die Geltung der biblisch-reformatorischen Bekenntnisse kämpfen. Er wurde ein wichtiger Mann der sich bildenden Bekennenden Kirche, formulierte für sie schon 1933 wichtige Bekenntnisse gegen den zeitgenössischen Irrglauben. Nur eine ausgeprägte Solidarität seiner Gemeinde und der meisten Amtsbrüder verhinderte eine schnelle Entlassung aus dem Kirchendienst. Doch 1935 verlor er seine deutsche Staatsbürgerschaft und 1937 wurde er auf Druck der NSDAP aus dem Kirchendienst entlassen. In der Nacht vom 9. auf den 10. November wurde seine Wohnung von der SA zerstört und er selbst zusammen mit Bochumer Juden ins Konzentrationslager Sachsenhausen gebracht. Als »Rassejude« lag er im Judenblock zusammen mit dem Bochumer Rabbiner Dr. David. Über diese Zeit gibt es bewegende Zeugnisse. Wenige Monate vor dem Kriegsausbruch konnte Ehrenberg mit Hilfe des englischen Bischofs Bell mit seiner Familie nach England emigrieren.

Nach dem Krieg konnte er nicht nach Bochum zurückkehren und übernahm einen Sonderauftrag der Westfälischen Kirche in Bielefeld in der Öffentlichkeitsarbeit. Seine Erfahrungen in der NS-Zeit und in der Nachkriegszeit hat er in mehreren Veröffentlichungen beschrieben. Er blieb der Publizist, der er seit seinen Heidelberger Universitätstagen gewesen ist. Die letzten Jahre seines intensiven wissenschaftlichen und politischen Lebens hat er wieder in Heidelberg verbracht.

Für seine Bochumer Zeit gilt: In unserer Stadt hat zwölf Jahre lang ein bedeutender Philosoph, Theologe und politischer Publizist gewirkt, der zu den Opfern der Bochumer Nationalsozialisten gehört hat.

Rund um den Stadtpark
Vom Bergbau zur Vöde

Hans H. Hanke

Ausgangspunkt: Haltestelle »Bergbaumuseum« | Linie U35
Endpunkt: Haltestelle »Rewirpowerstadion« | Linie 308/318/360
Haltestelle »RuhrCongress« | Linie 388
Streckenlänge: 3,5 km | Dauer: 2 Stunden

1 Technische Fachhochschule Georg Agricola

Unser Rundgang berührt viele »Fotomotive« Bochums und beginnt mit einem kräftigen »Glück auf, der Steiger kommt«. Hier darf man das alte Bergmannslied mit Fug und Recht zitieren, denn der Steiger kam und kommt aus der »Technischen Fachhochschule Georg Agricola« (TFH). Den Namen trägt die Lehranstalt seit 1995. Sie besteht aber schon seit 1816, damals gegründet als »Märkische Bergschule«. Seit der Frühphase der Industrialisierung war es wichtig, dem bergmännischen Führungspersonal, meistens also den »Steigern«, ein breites technisches Basiswissen zu vermitteln, um die vielfältigen Arbeiten unter Tage fachgerecht durchzuführen. Spätestens ab 1868 wurde sie unter Hugo Schultz

TFH Georg Agricola, ehem. Bergschule, um 1905.

(1838–1904) zur deutschen Eliteschule. Gelehrt wurden anfangs: »Plan- und Maschinenzeichnen, Teilgebiete der Mathematik, Rechnungswesen, Deutsch, Markscheidekunde und Anfertigung von Ausarbeitungen über bergmännische Gegenstände«. 1840 kamen die wichtigen Fächer Bergbaukunde und Gebirgslehre hinzu. 1865 lernten hier 43 Schüler, 1900 waren es bereits 525. 1899 bezog die Schule dieses Gebäude, das die Architekten Brantzky und Remges aus Köln entworfen hatten. Mit Lehr- und Entwicklungsschwerpunkten wie Geoingenieurwesen, Maschinenbau, Zukunftsenergien, Umwelttechnik, Energietechnik oder Informationstechnologie setzt die TFH heute Zeichen für den Strukturwandel. Als private, staatlich anerkannte Hochschule ist sie international aufgestellt. Insbesondere kooperiert sie mit China, der Türkei und Polen.

Vor dem Gebäude steht seit 1908 das Bronzedenkmal für Hugo Schultz, das der in Deutschland und Australien renommierte Künstler Gustav Pillig (1877 Hattingen – 1956 Melbourne) entwarf. Gestiftet wurde es von seinen Schülern, darunter berühmte Industrielle wie Mitglieder der Haniel-Familie und Emil Kirdorf (1847–1938).

Die Eisenbahnbrücke über die Herner Straße entstand um 1912 nach einem Gestaltungswettbewerb, als die Eisenbahngleise um die Innenstadt auf Dämme verlegt wurden. So beseitigte man die berüchtigten Verkehrsstaus an den Bahnschranken. Beim Brückenbau wurde spielerisch ein Motiv älterer Städte variiert, nämlich die Zolleinnahme und Personenkontrolle an Stadttoren. In seiner vorzüglichen handwerklichen Gestaltung erinnert das ehemalige Toilettenhäuschen mit seinen Arkarden an ein Torhäuschen. Um die einladende Qualität der 17 Brücken um die Innenstadt wiederzugewinnen, werden sie seit 2002 nach und nach zu »KunstLichtToren«. Die ge- und bereinigten Brücken werden durch Künstler und Künstlerinnen mit Symbolik und Licht verschönt. Für diese Brücke an der Herner Straße ist Lichtkünstlerin Claudia Wissmann aus Hannover auserkoren.

2

Deutsches Bergbau-Museum
Öffnungszeiten:
Di–Fr 8.30–17.00 Uhr
Sa, So + Feiertag 10.00–17.00 Uhr

Europaplatz 1: Knöpfe drücken, Puppen schauen, Maschinen betasten, ins Bergwerk hinunter und hinauf zum Förderturm … das Deutsche Bergbau-Museum ist eine lehrreiche Welt für Technikbegeisterte, Geschichtsinteressierte, Kinder, Bergbaufans. 400.000 Besucher kommen jährlich hierher. 1930 wurde es nach langen Anläufen aus einer bedeutenden Sammlung von Anschauungsmaterial der benachbarten Bergbauschule (TFH Agricola) gegründet. Heute zählt das Museum im weltweiten Maßstab zu den größten kulturellen Einrichtungen des Bergbaus, das Exponate aus aller Welt präsentiert. Es ist außerdem ein Forschungsinstitut mit großem Wirtschaftsarchiv und führt internationale Projekte zur Industriearchäologie sowie zur Erhaltung von Kul-

Deutsches Bergbau-Museum.

turdenkmälern durch.1936–1940 entstand der danach mehrmals erweiterte Museumsbau nach Plänen des berühmten Industrie-Architekten Fritz Schupp – freilich im Rahmen des protzigen Ausbaus Bochums zur »NS-Gauhauptstadt Westfalen-Süd«. Fritz Schupp schuf 1932–1935 für die Dortmunder Zeche Germania auch den Förderturm, der dann 1973–1975 von dort hierher versetzt wurde. Der separate Bau rechts neben dem Haupthaus entstand ab 2008 durch die Amsterdamer Architektengemeinschaft Benthem Crouwel, die u.a. durch ihren Neubau für den Amsterdamer »Schiphol Airport« großes Renommee gewannen.

Unter der Wiese vor dem Museum liegt das Anschauungsbergwerk, darauf befinden sich zwei Kunstwerke:

1979/80 kamen neun europäische Künstler zum »Bochumer Symposium Stadt und Bildhauerei«. Leitgedanke war, zeitgenössische Kunst und Lebensalltag zu vereinen. Stahlverarbeitende Firmen spendeten Material, Know-how und Werkstätten. Der Italiener Giuseppe Spagnulo, einer der bedeutendsten Bildhauer der Gegenwart, legte in die Mitte der Wiese Schild und Speer vor die tempelartige Architektur des Museums (Portikus) – und nannte das Ganze »Allegorie auf den Trojanischen Krieg«. Leicht lässt sich hier an die kriegerische Gauhauptstadt denken, aber auch an die harten Bedingungen in der Industrie oder schlicht an Arbeitskampf und den Kampf um Arbeitsplätze.

Der ebenfalls sehr bekannte Künstler Ovis Wende schuf 1990 das große kinetische Raumobjekt »Base Metals II«. Die Idee ist, das Schwanken der Metallpreise sichtbar und hörbar zu machen. Die Metalle Aluminium, Kupfer und Stahl werden durch einen aufliegenden, motorgetriebenen Zylinder in Bewegung versetzt. Der Zylinder wird über das Internet entsprechend den Kursen an der Internationalen Metallbörse London gesteuert. Je nach Kurshöhe drückt die Stahlwalze die gebogenen Platten nach oben oder nach unten. Das ist laut. Dazu kommen Klangmuster nach der Struktur von Atommodellen, die der Komponist Ulrich Müller programmierte. Leider ist das Werk meist ausgeschaltet.

Dort, wo Fritz Kortebusch – sein Denkmal steht in der Innenstadt – früher die Bochumer Kühe auf die Gemeindewiese trieb, entstand ab 1870 eine »Landhaussiedlung« mit großbürgerlichen Villen und dem Stadtpark. Am Rand dieses Bereichs fand sich genügend Fläche, um große öffentliche Bauaufgaben zu verwirklichen.

3

Polizeipräsidium

Neben dem Bergbaumuseum ist das 1929 fertig gestellte Polizeipräsidium bemerkenswert. Die Zusammenlegung der Polizeidirektionen Gelsenkirchen und Bochum machte 1925 den Verwaltungsbau notwendig. Der Entwurf stammt vom Vorstand des Preußischen Hochbauamtes Dortmund, Oberbaurat Scheibner. Er schuf eines der wenigen hervorragenden expressionistischen Gebäude Bochums. Im Inneren ist das hohe Foyer mit blaugrün glasierten Keramikreliefs des Dortmunder Bildhauers Bayer reich und faszinierend geschmückt. Der fast unverändert erhaltene Sitzungssaal wurde besonders repräsentativ ausgestattet: Edelhölzer und Seidendamast verkleideten die Wände, die Beleuchtungskörper waren aus Altsilber gefertigt. Ab 1933 hatte das NS-Regime vollständigen Einfluss auf den Bochumer Polizei-Präsidialbezirk. Die Gestapo, die ihren Sitz bis 1942 im Polizeipräsidium hatte, folterte hier zahlreiche Häftlinge. Besonders grausam ging sie gegen Regimegegner vor. Heinrich König und Karl Springer waren ihre prominentesten Opfer.

Polizeipräsidium Schillerstraße.

Das Präsidium wurde mehrfach erweitert. Am Schillerplatz zwischen Altbau und Neubau steht eine Skulptur aus drei Muschelkalk-Zylindern mit Bronzereifen – die Kombination aus Grundformen natürlicher und industrieller Materialien schuf der Bochumer Künstler und Dozent

»Villa Nora« 2009.

Einweihung des Kaiser-Wilhelm-Denkmals am 18.10.1905.

Diethelm Koch (1943–2008), ein prominenter Vertreter der Konkreten Kunst, zuletzt Professor in Potsdam.

4

Kunstmuseum
Öffnungszeiten:
Di–So 10–17 Uhr
Mi 10–20 Uhr

Um die Jahrhundertwende entstanden als Eingangsszenario zum Villenviertel am Stadtpark die Goethe-Schule in deutscher Neorenaissance, die Villa Nora neugotisch, und die Doppelvilla Marckhoff/Rosenstein als italienischer Renaissance-Bau. 1921 war Bochums erste Städtische Gemäldegalerie eröffnet worden, die Doppelvilla Marckhoff/Rosenstein aus dem Jahre 1900 beherbergt seit 1960 Bochums Kunst-Museum mit Schwerpunkt auf der westdeutschen Nachkriegskunst und osteuropäischen Malerei. 1983 erweiterte man das Museum nach Entwürfen der

Besucherinnen »Räume Träume« 2008/09 von Peter Pabst, langjähriger Bühnenbildner des Tanztheaters Pina Bausch im Kunstmuseum.

Kopenhagener Architekten J. Bo und V. Wohlert. Der sehr dominante Bau besitzt eine »Schaufensterzone«, durch die animierende Blickbeziehungen zwischen Straßenraum und Kunstausstellung möglich sind.

Mehrere Kunstwerke sind im Raum um das Museum zu finden: Einer geöffneten Kugel ähnlich ist die kleine Granitskulptur von Max Bill »Konstruktion 1937« vor dem Neubaueingang, ein großes Eisenrelief am äußeren Sockel zur Bergstraße bietet den Blick von oben auf eine Schlacht (»Bataille«) von Jacques Charles Delahaye (1965/83); vor den Fenstern von Außentreppe zu Außentreppe »schmilzt und fließt« die bronzene Bodenplastik »Sculpture du Sol« von Jiri Hilmar. Reichlich deplaziert steht in einer Nische vor der Tiefgaragenabfahrt Wolf Vostells »Olympia-Hymne 1«: Während der »Bochumer Kunstwochen 1972« verwandelte Vostell mittels Beton eine Fleischertheke in eine Plastik und schuf in der anonymen Konsumgesellschaft ein Denkmal für die fast vergessene Kommunikation zwischen Käufer und Verkäufer.

»La Grande Ruota Ferro Spezzato« (Das zerstückelte große eiserne Rad) lautet der Titel der Skulptur von Giuseppe Spagnulo, die gegenüber dem Kunstmuseum am Stadtparkeingang liegt. Die Idee dieser Arbeit liegt im Bruch von Symbolen der gesellschaftlichen Perfektion. Unmittelbar und eindrucksvoll konfrontiert der Stahlkoloss den Betrachter mit seiner Größe und Masse. Aus der 80 Zentimeter dicken kreisförmigen Scheibe brannte Spagnulo das größtmögliche Quadrat heraus. Durch die Trennung und Aufspaltung der Stahlmasse in zwei Formen scheint

Spagnulos »zerstückeltes eisernes Rad« vor dem Kunstmuseum.

die Schwerkraft aufgehoben und das massive Material wirkt plötzlich seltsam morsch.

Vor dem Neubau steht seit 2008 eine hohe Natursteinstele, die Ulrich Rückriem 1988 für die ehemalige Westfalenbank in der Innenstadt am Husemannplatz schuf. Dort musste sie wegen eines Investoren-Projektes weichen. Am alten Standort reagierten die Stellung und das Material der Stele auf die Architektur. Jetzt ist geblieben: Die Stele weist in der Mitte eine exakt gesägte senkrechte Fuge auf, durch die man hindurchschauen kann. Der gewaltige Steinblock steht so in einem Spannungsverhältnis zu dem Licht, das ihn durchdringt.

5 Stadtpark

Soldat des Ersten Weltkrieges übergibt NS-Soldaten Regimentsfahne, ehem. am Stadtpark-Eingang.

Am Stadtpark-Eingang steht eine Natursteinwand, vor der 1934 bis 1983 zwei »kraftvolle Bronzegestalten«, zwei Soldaten mit Hakenkreuzen am Helm standen. 1983 sägten Unbekannte die Figuren ab. Heute stehen die Figuren irgendwo im Stadtarchiv, eine Mahntafel gegen Krieg und Faschismus hat sie am Stadtpark ersetzt. Ein Stück warnender Anschaulichkeit ging so verloren. Aber sollte man ein Nazi-Denkmal 1983 neu aufstellen?

Der 1876 eröffnete Stadtpark ist der älteste erhaltene Landschaftsgarten im Revier. Deswegen und wegen seiner anspruchsvollen Gestaltung mit Bäumen aus aller Welt wurde er 1990 zum Baudenkmal erklärt. Der Stadtpark Bochum wird geliebt wie Münchens Englischer Garten, Londons Hyde Park oder New Yorks Central Park. Im Sommer bietet er mit seinen zwei Teichen, Spielplätzen, Liegewiesen und Biergärten, im Winter mit Rodel- und Schlittschuhbahnen viel Gelegenheit zur Erholung. Zu seinen Attraktionen gehörten von Anfang an Tiergehege, die 1937 zu einem Tierpark zusammengefasst wurden. Dort gibt es insbesondere das

Stadtpark, Ruderteich.

Seewasser-Aquarium mit vielen bunten Fischen und gefährlichen Haien in fröhlichem Ambiente zu bewundern.

Für dieses ihr ureigenstes Gelände haben die Bochumer 1848 die »VödeRevolution« veranstaltet. Schon lange hatten sie sich gegen eine Teilung der geräumigen Gemeindeweide (Vöde) in kleine Privat-Äcker gewehrt. Gerade die Ärmsten hätten mangels Weidefläche ihre einzige Kuh abschaffen müssen. Als dann nach einem Hungerjahr 1846 die Vöde wieder einmal wegfallen sollte, kam es zu bewaffneten Ausschreitungen gegen die Behörde. Militär rückte an. Letztlich kam ein Kompromiss zustande: Das Weiden endete erst 1870, ein Teil der Vöde wurde 1876 der Allgemeinheit als Stadtpark zur Verfügung gestellt. Das Parkgelände wurde mehrfach erweitert, bekam 1913/14 ein Restaurant und eine »Milchkuranstalt«, das jetzige Tierparkrestaurant. Das feudale Stadtpark-Restaurant war bis 1918 für Veranstaltungen der Arbeiterschaft gesperrt. Statt dort etwa zu politisieren, sollten sie lieber im Park einhergehen und die besseren Stände genau beobachten, denn, so schrieb Bürgermeister Lange 1886: »Gute Beispiele erzeugen gute Sitten.«

Am Ende des kleinen Teiches steht eine dreiteilige, namenlose Stahlcollage, eine Mischung zwischen Urzeitviech und Schanze, an der Kinder große Freude haben. Der Tscheche Ales Veselly schuf sie 1979/80 im »Bochumer Symposium Stadt und Bildhauerei«.

Ein niedriger Findling am Weg zum Ausgang des Stadtparks, ist dem Organisten und Kirchenmusiker August Große-Weischede (1849–1928) sowie dem Dirigenten, Chormeister und Komponisten Lorenz Rebbert (1854–1923) gewidmet. Mit der Lorenz-Rebbert-Allee erinnert der Stein an Bochums über 100 Jahre alte Orchester- und Chortradition, die unter anderem bis heute fortlebt mit den international gefeierten »Bochumer Symphonikern«, dem Internationalen Chorfestival Ruhr »a cappella« und dem Klavierfestival Ruhr.

Auch Erich Mendel liebte die Musik. Der Kantor und Lehrer wirkte von 1922 bis 1939 in der Jüdischen Gemeinde Bochum. Als Komponist, Sammler und Musikgeschichtler pflegte er die Musik der Synagoge. Nach seiner erzwungenen Emigration war er ab 1941 unter dem amerikanisierten Namen Eric Mandell Dozent für synagogale Musik am Gratz-College in Philadelphia (USA). Hier schuf er eine der weltweit größten Sammlungen jüdischer Musik. Er wollte den jüdischen Glauben »in die Herzen singen«.

Am Erich-Mendel-Platz stehen zwei wichtige Gebäude Bochums: das Planetarium und die neue Synagoge. Am besten zur Wirkung kommen sie von der Castroper Straße.

6 Planetarium, Synagoge

Ende der fünfziger Jahre begann der propagandistische und militärische Wettflug ins All, bei dem die UdSSR mit dem Sputnik 1957 die ersten

Planetarium mit viel Programm.

Planetarium Öffnungszeiten (3–5 aufeinander folgende Veranstaltungen, je 1,5 Std.): Di–Freitag meist 9.30–19.30 Uhr Sa meist 14.00–19.30 Uhr So meist 14.00–17.00 Uhr

Punkte machte. Der Bochumer Heinz Kaminski empfing das Sputnik-Piepsen als erster in Mitteleuropa. Die allgemeine Weltraumbegeisterung führte in Bochum dann zum Bau des Planetariums. Der elegante und futuristische Kuppelbau von 1962/64 hat – statisch nach dem Vorbild der Eierschale – am Scheitelpunkt eine nur acht Zentimeter starke Tragschicht. 9.000 leuchtende Sterne kann man hier in einer enorme Brillanz über den Himmel ziehen sehen – auch zu Klängen von Pink Floyed oder Beethoven. Mit seiner raren audiovisuellen Ausstattung gehört es zu den modernsten Einrichtungen weltweit. Um den Projektionssaal herum befindet sich ein umlaufender Gang mit Shop, Dauer- und Wechselausstellungen.

Besondere Freude herrschte in Bochum, als am 16. Dezember 2007 die neue Synagoge eingeweiht wurde. Begleitet vom Geläut aller Kirchenglocken in der Innenstadt, wurden die Thorarollen von der Stele am Dr.-Ruer-Platz, die an die von den Nazis 1938 zerstörte alte Synagoge erinnert, in die neue Synagoge getragen. Der 88-jährige Alfred Salomon, als Überlebender von Auschwitz der einzige in Bochum lebende Jude der Vorkriegsgemeinde, hatte das erste Wort. Leider musste zur Eröffnung auch daran erinnert werden, dass eine Gruppe der NPD gegen den Bau demonstriert hatte. Aus dieser und ähnlich traurigen Erfahrung im modernen Deutschland heraus ist das Gemeindezentrum zwar gut beschirmt, aber dennoch gastfreundlich. Ein Cafe lädt zum Verweilen und zu einer Führung durch die bezaubernden Räume ein. Der lichte Betraum mit der goldgelben Kuppel ist das geistliche Zentrum, hinzu kommen Schulungsräume, ein Sportraum, eine Bibliothek und ein großer Gemeindesaal. Vor allem aber gibt es viel Platz für die Jugendlichen der Gemeinde. Heute hat die »Jüdische Gemeinde Bochum, Herne und Hattingen« wieder 1.200 Mitglieder, so viele wie vor 1933. Sieben Millio-

Synagoge.

nen Euro kostete die neue Synagoge, die Kosten teilten sich zu je einem Drittel die jüdische Gemeinde, die Stadt Bochum und das Land. Der Entwurf stammt von Peter Schmitz, Thomas Riese und Jens Müller aus Köln sowie Ulrike Beuter, Landschaftsarchitektin in der »Planergruppe Oberhausen«. Unabhängig von den sinnbildlichen Qualitäten ist dies sicherlich auch einer der besten Entwürfe, die in den letzten 20 Jahren in Bochum verwirklicht wurden.

Lutherkirche 7

Die Lutherkirche an der Klinikstraße wurde 1910/11 gebaut und von A. E. Fritsche entworfen. Kirche und Pfarrhaus sind durch einen gedeckten Bogengang zu einer schönen Baugruppe des Jugendstils vereint. Das ursprünglich hohe und aufwändige Dach wurde nach Kriegsschäden

Lutherkirche mit Blick zur Landesfrauenklinik, 1911.

durch die jetzige Lösung ersetzt. Dieses »Kirchenzentrum« gibt es in identischen Ausgaben auch in Recklinghausen und Düsseldorf.

8

Bismarckturm Öffnungszeiten: Frühjahr/Sommer: täglich von 10.00–19.00 Uhr (Montag Ruhetag) Der Bismarckturm ist vom Winteranfang bis zum Beginn der Osterferien geschlossen!

Auf einem der größeren Hügel des Parks entstand 1909/10 der Bismarckturm. Sein Architekt war Albrecht Friebe aus Breslau. Der Bochumer Bismarckturm gehört mit 33 Metern Höhe zu den zehn höchsten und teuersten Exemplaren seiner Art – immerhin wurden 233 in Deutschland und den deutschen Kolonien gebaut, von denen noch rund 180 stehen. Der Turm sollte von der Einheit und Stärke des »Bismarck-Reiches« künden und hat mit zahllosen anderen Bismarcktürmen eine Flammenschale gemeinsam: Die Ideen Bismarcks sollten das Reich erhellen. Zu diesen Ideen gehörte auch das Verbot der SPD von 1878 bis 1890, und nun steht da inmitten einer sozialdemokratisch regierten Stadt ein Denkmal für den alten »Sozialistenfresser«. Verständlich, dass man sich lange etwas schwer tat, den Turm zu sanieren. Die voluminöse Flammenschale wurde 1988 neben den Turm gestellt. Seit 2001 ist die Aussichtsplattform wieder offen und bietet nach 149 Stufen einen weiten Blick über Bochum. Im Inneren finden sich viele Informationen zu Turm, Park und Stadt.

An der Alexandrinenstraße steht die einstige Provinzial-Hebammenanstalt, deren Bedeutung im Bereich der Gesundheitsfürsorge und für den Hebammenunterricht nicht unterschätzt werden kann. Sie konnte 1906 eröffnet werden und war neben Paderborn das zweite Institut in Westfalen. Anlass der Gründung war, dass es Ende des 19. Jahrhunderts zu viele und meist schlecht ausgebildete Hebammen gab. Sie entwickelte sich zu einer renommierten Fachklinik unter der Bezeichnung Westfälische Landesfrauenklinik. 1983 wurde die Klinik in bereits existierende Krankenanstalten privater Trägerschaft überführt. Das Gebäude wird seither von einer psychiatrischen Klinik genutzt. Der Klinik gegenüber steht eine Wohnanlage, die 1929/30 von Paul Mebes (1872–1938) entworfen wurde. Er war ein Pionier des menschenfreundlichen Wohnungs-

LWL-Uniklinik für Psychatrie, ehem. Landesfrauenklinik, 1906. Abriss der denkmalgeschützten Villa lks. 2009.

Das Veranstaltungszentrum »RuhrCongress« ist der Nachfolger der »Ruhrlandhalle«.

baus für weniger wohlhabende Schichten. Von seinen 210 Siedlungen entstanden nur 20 außerhalb Berlins, davon 10 in Bochum.

9 Bochums Kongress-, Sport- und Kulturgelände

Eine Investition in die Zukunft und Gegenwart stellt Bochums Kongress-, Sport- und Kulturzentrumsgelände dar, das bisher aus dem VfL-Stadion, dem Ruhr-Congress, der Rundsporthalle, zwei Hotels und der StarlightHalle besteht. Zuwachs wird erwartet.

Das »Rewirpowerstadion«, bekannter als »Ruhrstadion«, ist Heimspielplatz der Fußball-Abteilung des Vereins für Leibesübungen »VfL Bochum 1848«. Außer Fußball betreibt man dort Badminton, Basketball, Fechten, Handball, Hockey, Leichtathletik, Schwimmen, Tanzsport, Tennis, Tischtennis, Turnen und Volleyball. Die Fußball-Abteilung des Vereins spielt trotz ihres relativ bescheidenen Budgets meistens in der 1. Bundesliga, was »den VfL« zum wahren deutschen Meister macht. Das Stadion ist seit seiner Erbauung 1976/79 als eines der schönsten deutschen Fußballstadien bekannt. Die Eröffnung mit einem Spiel des

Leider nur ein Eckenstand am 14.2.2009, aber der VfL besiegte Schalke 2:1.

Seit 1988 hatte »Starlight Express« 12 Mio. Zuschauer.

VfL Bochum gegen die SG Wattenscheid 09 endete 3:0 und die Fischer-Chöre sangen. Es ist die erste reine Fußballarena mit vollständiger Überdachung der Zuschauerplätze. Der Entwurf kam aus dem Hochbauamt Bochum. Im Stadion finden auch Rockkonzerte und Festivals statt. 1982 war das wohl zuerst die Großveranstaltung »Künstler für den Frieden« mit 200 namhaften Künstlern, gerne kommt auch immer wieder Herbert Grönemeyer, weltbester Sänger aus Bochum.

10

Starlight Express

Die Starlight-Halle entstand 1988 für 24 Millionen DM auf Kosten von Stadt und Land als maßgeschneiderter Aufführungsort für Andrew Lloyd Webbers Rollschuh-Musical »Starlight Express«. Die Bauzeit von nur 13 Monaten wurde in das GuinessBuch der Rekorde aufgenommen. Es gibt nur wenige so gezielt konzipierte Hallen auf der Welt. Die Uraufführung fand 1984 in London statt, die New Yorker Broadway-Premiere 1987, die deutschsprachige Erstaufführung am 12. Juni 1988 in Bochum. Mit rund 12 Millionen Besuchern ist Starlight-Express das erfolgreichste Musical der Welt an einem Standort. Das Musical besticht vor allem durch phantastische Kostüme, spektakuläre Bühnentechnik und die akrobatischen Fähigkeiten der Darsteller, die allesamt mit bis zu 60 km/h Rollschuh fahren. Die eingängige Musik ist in etwa das, was man seit 1971 aus Webbers Jesus Christ Superstar, Evita oder Cats erwarten darf.

Die Kurzfassung des Inhalts: Ein kleiner Junge träumt die Wettfahrt lebender Züge. Die liebenswerte, veraltete Dampflok siegt nach harten Rückschlägen gegen ebenso hoch technifizierte wie niederträchtige Die-

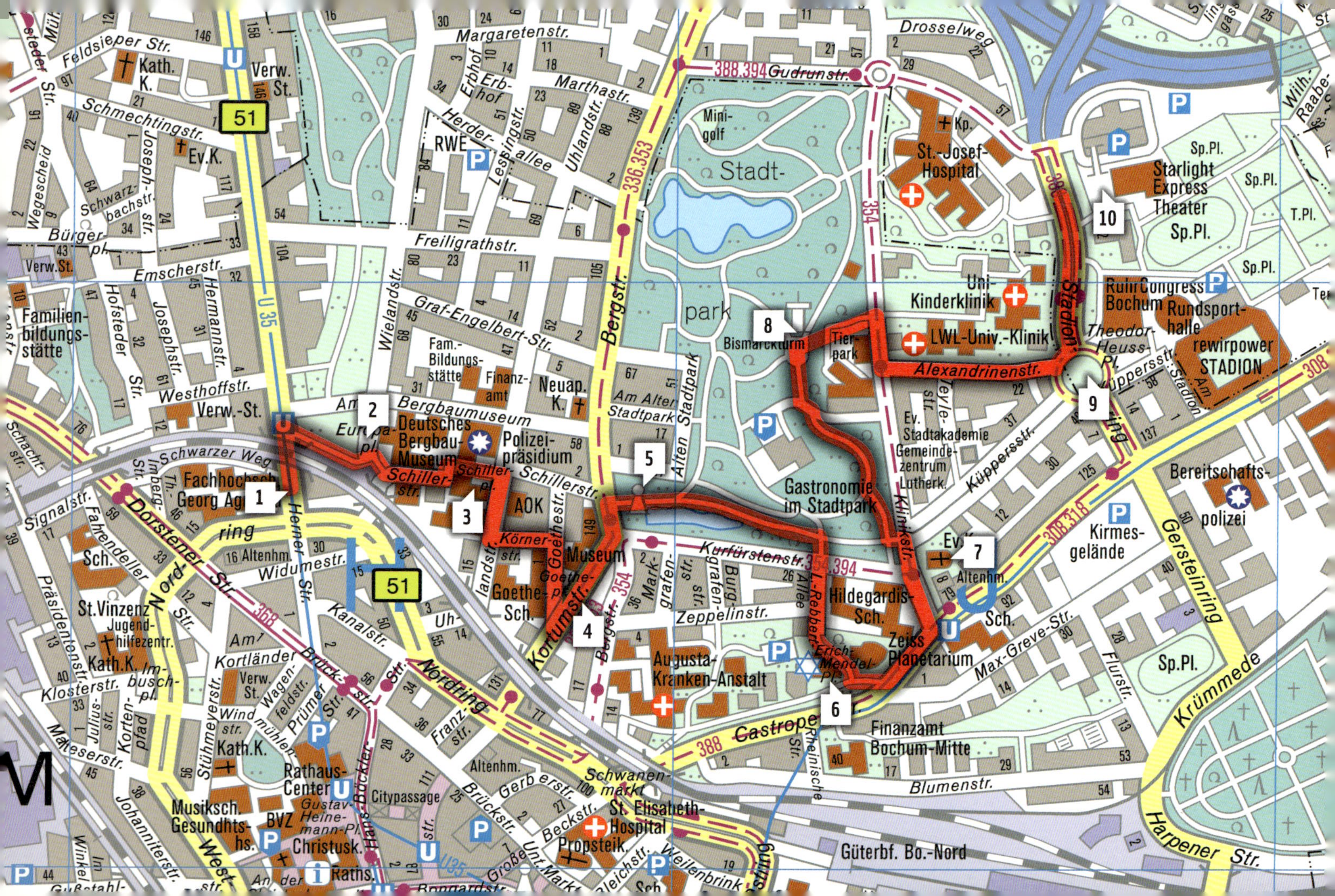
1
2
3
4
5
6
7
8
9
10
Deutsches Bergbau-Museum
Bergbaumuseum
Polizei-präsidium
Schillerstr.
Schiller-str.
AOK
Körnerstr.
Goethestr.
Museum
Kortumstr.
Bergstr.
Alten Stadtpark
Am Alten Stadtpark
Stadt-park
Mini-golf
Bismarckturm
Tier-park
Gastronomie im Stadtpark
Kurfürstenstr.
Klinikstr.
Alexandrinenstr.
LWL-Univ.-Klinik
Uni-Kinderklinik
St.-Josef-Hospital
Gudrunstr.
Drosselweg
Stadion
Starlight Express Theater
RuhrCongress Bochum
Rundsport-halle
rewirpower STADION
Küppersstr.
Theodor-Heuss-Pl.
Ev. Stadtakademie
Gemeinde-zentrum Lutherk.
Hildegardis-Sch.
Zeiss Planetarium
Max-Greve-Str.
Castroper Str.
Finanzamt Bochum-Mitte
Augusta-Kranken-Anstalt
Zeppelinstr.
L.-Rebbert-Allee
Bereitschafts-polizei
Kirmes-gelände
Gersteinring
Krümmede
Harpener Str.
Flurstr.
Blumenstr.
Güterbf. Bo.-Nord
Nordring
Dorstener Str.
Herner Str.
Fachhochsch. Georg Agr.
Widumestr.
Kanalstr.
Brückstr.
St. Elisabeth-Hospital
Propsteik.
Rathaus-Center
Christusk.
Citypassage
Hans-Böckler-Str.
Musiksch.
Gesundhts.-hs.
Westring
Graf-Engelbert-Str.
Wielandstr.
Freiligrathstr.
Emscherstr.
Hermannstr.
Josephstr.
Westhoffstr.
Verw.-St.
Familien-bildungs-stätte
Fam.-Bildungs-stätte
Finanz-amt
Neuap. K.
Uhlandstr.
Marthastr.
Margaretenstr.
Lessingstr.
Herder-allee
Erbhof
RWE
Schmechtingstr.
Feldsieper Str.
U 35
51
308
388
354
336.353
388.394
308.318

sel- und Elektroloks. Frei nach Elvis' »Love me Tender« gibt es auch ein lustiges Hin und Her zwischen allerlei weiblichen Waggons und – natürlich! – männlichen Zugmaschinen. Alles wird gut.

Mit einem Textauszug der Titelsong-Version von 1988, dedicated to the Ruhr-District, schicken wir Sie zum verdienten Ende dieses Spazierganges in den Stadtpark zurück, auf ein Bier und eine Currywurst im Biergarten am Stadtpark-Restaurant:

»Es kommt eine Zeit großer Dunkelheit, wo das Öl versiegt, wo es nichts mehr gibt/Es gibt Sonnenenergie, doch nachts gibt es sie nie/ Atomenergie wollen wir nie/Lasst die Kolben nicht verstummen, Dampflok wird schließlich wiederkommen/Wir sehn ein Licht ganz am Ende des Tunnels/Drum grabt ein Loch und holt die Kohle hoch …«.

So muss es hier wie zu Beginn des Spazierganges heißen: Bochum Glück auf!

Thema: Das jüdische Bochum

Manfred Keller

Die Geschichte der Juden in Bochum ist ein Teil der Bochumer Geschichte. An jüdisches Leben erinnern in den Innenstadtbereichen von Bochum und Wattenscheid heute nur noch Erinnerungszeichen: Gedenktafeln für die zerstörten Synagogen und »Stolpersteine« für jüdische Bürger, die in der Zeit des Nationalsozialismus vertrieben, deportiert und ermordet wurden. Die volle Bedeutung des jüdischen Bochum wird erst sichtbar, wenn der Beitrag jüdischer Menschen zum wirtschaftlich-sozialen, kulturellen und religiösen Leben vor Ort ins Blickfeld rückt.

Einweihung der Synagoge 16.12.2007.

Frühe Geschichte der Juden in Bochum und Wattenscheid

Geschichtliche Belege für jüdisches Leben in Bochum vor dem 18. Jahrhundert sind dünn gesät. Mit letzter Sicherheit konnte bisher nicht geklärt werden, wann die ersten Juden in die Stadt gekommen sind. Erstmals mit Namen genannt werden zwei jüdische Familien – die des »Isaac Judde« und die des »Jacob Judde« – in der ältesten Bochumer Stadtrechnung von 1616.

Die erste Erwähnung von Juden in Wattenscheid datiert aus dem Jahre 1511. 1642 wohnten dort zwei jüdische Familien, 1728 bereits zehn. Anfang des 19. Jahrhunderts war die Zahl der jüdischen Gemeindemitglieder auf 102 angewachsen. Die Synagogengemeinde Wattenscheid, zu der seit 1816 auch die Gelsenkirchener Juden gehörten, war damals eine Untergemeinde der Hauptsynagogengemeinde Hattingen. In Wattenscheid lag die Synagoge regelrecht im Hinterhof versteckt. Seit 1818 gab es dort im Haus Oststraße 12 einen jüdischen Betsaal. Im Hofbereich hinter diesem Haus wurde im Jahre 1829 ein eigenes Synagogengebäude errichtet.

Als Carl Arnold Kortum im Jahr 1790 seine Bochumer Stadtgeschichte veröffentlichte, schilderte er sehr anschaulich und zugleich mit deutlichem Respekt, wie sich die jüdische Gemeinschaft am Ort bis zu seiner Zeit entwickelt hatte: »Es wohnen auch Juden in der Stadt, welche sich vom Handeln, Wechseln und besonders vom Schlachten ernähren.

Sie haben ohngeachtet der geringen Zahl dennoch eine gut eingerichtete Synagoge oder Schule, welche auf der Schützenbahn liegt.«

Die Synagoge, die als Hinterhaus nachweislich seit 1765 an der Schützenbahn stand – dort, wo sich heute der Neubau der Sparkasse befindet –, reichte bereits um die Mitte des 19. Jahrhunderts nicht mehr aus. Die Pläne für eine neue Synagoge entwarf der Bochumer Kreisbaumeister Theodor Haarmann. Er orientierte sich am Vorbild der Dresdner Synagoge, die kein Geringerer als der große Architekt Gottfried Semper entworfen hatte. Die Synagoge bot unten im Hauptraum für die Männer 220 und auf den Emporen für die Frauen 100 Sitzplätze.

Synagoge an der Huestraße, ehem. Wilhelmstraße, 1896.

Im Laufe des 19. Jahrhunderts entwickelten sich Bochum und Wattenscheid zu modernen Industriestädten. In dieser Zeit nahm die Zahl der hier ansässigen Juden beträchtlich zu. Die meisten kamen aus den ländlichen Regionen Westfalens, des Rheinlands, aus Nordhessen und der Rheinpfalz. Erst um die Jahrhundertwende und am Ende des Ersten Weltkriegs erfolgte ein verstärkter Zuzug von Juden aus Osteuropa.

Bereits in den Jahren 1895/96, also nur gut dreißig Jahre nach ihrer Fertigstellung, musste die Synagoge an der Wilhelmstraße erweitert werden. Diesmal beauftragte die jüdische Gemeinde den Kölner Architekten Josef Seché, der nicht nur die Anzahl der Plätze auf insgesamt 500 erhöhte, sondern das Erscheinungsbild der Synagoge durch die üppige Verwendung maurischer Stilelemente innen und außen völlig veränderte.

Zusammen mit der Synagoge hatte die Bochumer jüdische Gemeinde im Jahr 1863 in unmittelbarer Nachbarschaft der Synagoge eine neue Schule gebaut. Auch dieses Gebäude erwies sich schon bald als zu klein. Im Jahre 1887 wurde das Gebäude aufgestockt und um einen Anbau im Hof erweitert. Damit schuf sich die Gemeinde einen Rahmen, der im Laufe der nächsten Jahrzehnte je nach Bedarf variabel genutzt werden konnte und auch unterschiedliche Einrichtungen beherbergen sollte. So befanden sich im Laufe der Zeit in dem Gebäudekomplex ein Kinderhort und die Gemeindebibliothek, außerdem die »Wanderfürsorgestelle«, die im Jahr 1920 für jüdische Arbeiter aus Osteuropa gegründet worden war. Hier befand sich seit den zwanziger Jahren auch ein Betraum für die orthodoxen »Ostjuden«, die – u.a. wegen der Orgel und der liberalen Gottesdienstgestaltung – nicht in die Synagoge gingen.

Religiöses Profil der Jüdischen Gemeinde Bochum bis 1939

Als Rabbiner wirkte in Bochum seit 1901 der aus Gimbsheim bei Worms stammende Dr. Moritz David (1875–1956). Seine Ausbildung hatte David an der liberal-reformorientierten »Hochschule für die Wissenschaft des Judentums« in Berlin erhalten. Die Wahl des jungen Rabbiners war durchaus auch eine Richtungsentscheidung des Synagogenvorstands. Denn die Bochumer Jüdische Gemeinde hatte sich in der zweiten Hälfte des 19. Jahrhunderts der Reformbewegung angeschlossen. Mit dem Neubau der Synagoge an der Wilhelmstraße hielten Orgelmusik, Chorgesang und nach und nach die Predigt in deutscher Sprache Einzug in die Gemeinde.

In der Leitung der Gottesdienste konnte Rabbiner David sich die Arbeit später mit Kantor Erich Mendel teilen. Mendel, 1902 im münsterländischen Gronau geboren, wirkte von 1922 bis 1939 in Bochum als Kantor an der Synagoge und als Lehrer an der Israelitischen Volksschule, wie die jüdische Schule offiziell hieß. Nach der erzwungenen Emigration entfaltete Erich Mendel als Eric Mandell in den USA eine bedeutende Wirksamkeit als Chordirektor und Dozent für synagogale Musik. Bei seinem Tod im Jahr 1988 hinterließ er dem Gratz-College in Philadelphia/Penn. eine der weltweit größten Sammlungen jüdischer Musik.

Synagoge Wilhelmstraße Innenraum.

Jüdische Persönlichkeiten in der Stadtgeschichte

Die Bedeutung jüdischer Bürger für das wirtschaftliche Leben lässt sich an vielen erfolgreichen Geschäftsgründungen in Bochum und Wattenscheid ablesen. So hatte in Wattenscheid Salomon Fryda (1859–1929) im Jahr 1899 ein modernes Warenhaus eröffnet. In der Textilbranche wurde Ferdinand Koppel (1853–1916) am Hellweg in Bochum der Marktführer. Die gesellschaftliche Integration dieser jüdischen Honoratioren spiegelt sich in einem starken sozialen und kulturellen Engagement. Zu den bedeutenden Persönlichkeiten des Bochumer Judentums zählt im 19. Jahrhundert der Kaufmann Philipp Würzburg (1812–1877), der als Stadtrat, Vorstandsmitglied der Industrie- und Handelskammer und Initiator des 1876 geschaffenen Stadtparks das Gesicht seiner Stadt nachhaltig prägte. Großen Einfluss im Wirtschaftsleben hatte Kommerzienrat Hermann Schüler (1840–1926), der nicht nur ein Bankhaus gründete, sondern auch ein bedeutender Kunstsammler war.

Hervorragende Bedeutung erlangten – auf sehr unterschiedliche Weise – Ottilie Schönewald und Else Hirsch. Weit über Bochum hinaus wirkte Ottilie Schönewald (1883–1961), die 1919 als eine der ersten Frauen ins Bochumer Stadtparlament einzog. Später engagierte sie sich im Jüdischen Frauenbund, dessen Vorsitzende auf Reichsebene sie ab 1934 war. Else Hirsch (1889–1944), Lehrerin an der Jüdischen Volksschule in Bochum, organisierte von Januar bis August 1939 elf Kindertransporte nach Holland und England. Sie rettete mehr als hundert jüdischen Kindern das Leben und kehrte jedes Mal nach Deutschland zurück – bis sie selbst nach Theresienstadt deportiert und in Auschwitz ermordet wurde.

Das Ende der Jüdischen Gemeinde Bochum in Nazi-Deutschland

Die letzte Etappe vor der Vernichtung bildeten die Ereignisse in der Nacht vom 9. auf den 10. November 1938, als überall in Deutschland die Synagogen in Brand gesetzt wurden. Auch in Bochum und Wattenscheid brannten die Synagogen bis auf die Grundmauern nieder.

Rabbiner Dr. Moritz David.

Nach der offenen Gewalt in der Pogromnacht 1938 und den anschließenden Massenverhaftungen setzte eine Fluchtwelle ein, die im Jahr 1939 ihren Höhepunkt erreichte. Alle jüdischen Menschen, die blieben, wurden seit Ende 1941 in die Vernichtungslager deportiert, wo die meisten einen schrecklichen Tod fanden. Viele von ihnen hatten wohl gehofft, auf den jüdischen Friedhöfen an der Wasserstraße in Wiemelhausen oder an der Bochumer Straße in Wattenscheid ihren Platz für die ewige Ruhe mit den Vorfahren zu finden. Nur die wenigsten haben überhaupt ein Grab bekommen. Ihre Namen aber sind im Gedenkbuch für die Opfer der Shoah in Bochum und Wattenscheid aufgezeichnet.

Der Neuanfang jüdischen Lebens in Bochum nach 1945

Glücklicherweise ist es den Nationalsozialisten nicht gelungen, jüdisches Leben in Bochum für immer auszulöschen. Denn trotz der schlimmen Erfahrungen wagten es einzelne Juden aus Bochum und Umgebung, in ihre Heimat zurückzukehren und zusammen mit Juden aus Osteuropa, sog. »displaced persons«, die neue »Jüdische Religionsgemeinde Bochum« zu gründen. Im Jahr 1946 hatte diese Gemeinde 53 Mitglieder. Sie kamen zunächst in Privatwohnungen zusammen, bis ihnen die Stadt Bochum im September 1947 im Amtshaus an der Brückstraße einen Betraum zur Verfügung stellte. Durch Auswanderung und Tod nahm die Gemeinde rasch ab, so dass im Jahre 1953 ein Zusammenschluss mit Herne und Recklinghausen zur »Jüdischen Gemeinde Bochum-Herne-Recklinghausen« erfolgte.

Seit 1989 kamen rund 200.000 jüdische Zuwanderer aus der ehemaligen Sowjetunion nach Deutschland. Knapp 100.000 von ihnen wurden Gemeindemitglieder. Viele der jüdischen Einwanderer suchten im Ruhrgebiet eine neue Heimat. Die Mitgliederzahlen entwickelten sich so stark, dass die Gemeinde Bochum-Herne-Recklinghausen Anfang 1999 geteilt werden musste.

Die neue Jüdische Gemeinde Bochum-Herne-Hattingen zählt heute über 1.200 Mitglieder. Dazu gehört auch das Gründungsmitglied Alfred Salomon.

Der 16. Dezember 2007 war ein besonderer Festtag. Unter großer Beteiligung von Menschen aus der Region und in Gegenwart vieler auswärtiger Gäste wurde die neue Synagoge am Erich-Mendel-Platz neben dem Planetarium eingeweiht. Die Pläne stammen von dem Kölner Architekten Peter Schmitz. Der Sakralbau mit seiner Würfelform orientiert sich am Tempel Salomos. Damit folgt Schmitz einer in Deutschland jungen Tradition, die beim Neubau der Dresdner Synagoge im Jahr 2001 überzeugend gestaltet wurde. Auch bei der Gestaltung des Innenraums ist der Blick des Architekten nach Dresden gegangen, wo das »Heilige Zelt« die Konzeption bestimmt – in Bochum weiterentwickelt zu einer Kuppel, die zeltartig den Raum überspannt: Symbol von Wanderschaft und Geborgenheit zugleich.

In seiner Predigt zur Einweihung sagte der frühere Landesrabbiner Henry Brandt: »Das Herz unserer Gemeinde schlägt wieder.« Der großzügige Bau bietet den jüdischen Einwanderern einen angemessenen Rahmen, um – soweit dies nach dem Zivilisationsbruch der Shoah möglich ist – an bedeutende jüdische Traditionen in Bochum anzuknüpfen und neues jüdisches Leben zu gestalten.

Kantor Erich Mendel in der Bochumer Synagoge 1937.

Die Thorarollen im Thoraschrank 2009.

Rundgang 5

Stahlhausen
An der Kathedrale der Industriekultur

Volker Strehl und Axel Schäfer

Ausgangspunkt: Haltestelle »Jahrhunderthalle/Jacob-Mayer-Straße« | Linie 302/310
Endpunkt: Haltestelle »Wattenscheider Straße«
Streckenlänge: 4,5 km | Dauer: 1,5 Stunden

1 TOR 5

Unser Rundgang beginnt am ehemaligen »TOR 5« des Bochumer Vereins. Dieses ist zugleich der Eingangsbereich des Westparks.

An der Ostwand des Torhauses 5 prangt ein 450 m² großes Gemälde, das zu einem weltweiten Kunstprojekt der Agenda 21 gehört. Ziel ist ein internationaler, öffentlicher und gleichberechtigter Dialog sowie künstlerischer Austausch. Hier in Bochum entstand 2000 ein deutsch-cubanisches Gemälde. Von Mai bis Juli waren die cubanischen Maler Abel Morejon Galá und Miguel Angel Salvo Reyes hier zu Gast, um mit ihren Bochumer Kollegen Paul Mangen und Jürgen Chill ein Wandbild zum Thema Agenda 21 zu malen. Interpretiert werden Verbindungen zwischen den Menschen, dem Bergbau und der Erde. An der Organisation des Projektes war neben dem Bochumer AGENDA-Beirat vor allem die Düsseldorfer Initiative »Farbfieber e.V.« beteiligt, die weltweit Ähnliches in Szene setzt, so stammt von deren Künstlern die Bemalung der

AGENDA-Bild am Werkstor 5, im Gebäude die SPD-Zentrale.

Die Alleestraße war einst von Villen gesäumt, hier um 1910.

»Colloseum« am Westpark mit Martinstahlwerk um 1919 und ohne 2008.

Segel des Greenpeace Flaggschiffs »Rainbow Warrior« mit Motiven zum Thema »Rettet die letzten Urwälder«.

Colosseum 2

Links befinden sich Fabrikhallen, am Ende des Innenhofes vom ehemaligen TOR 5 ragt seit 1912 die imposante Stützmauer für das Gelände des Stahlwerks, im Volksmund »Colosseum« genannt, empor. Der Komplex ist 16 Meter hoch, geht 100 Meter in die Tiefe und ist 300 Meter lang. Wegen der Rundbögen erinnert die Konstruktion an römische Bauten. Zu Zeiten der Stahlproduktion waren im Inneren zahlreiche Büros, Materiallager und Waschkauen untergebracht. Vor allem aber stützten die Bögen die riesigen Werkhallen, die auf dem künstlich angelegten Schlackenhügel standen. Nachdem auch dieses Gebäude lange Zeit leer stand, wird es nun seit 2006 im Zuge des Projekts »Innenstadt West« saniert.

Nach der Sanierung sollen die sieben Kunstwerke zurückkehren, die der renommierte Bochumer Künstler Friedrich Gräsel hier 1994 postierte. Es handelt sich um farbige Stahl-Stelen, zusammengeschweißt aus industriellen Normteilen (überwiegend Rundrohren), die zwischen 1985 und 1990 von Gräsel geschaffen wurden.

Jahrhunderthalle 3

Über Treppen kommen wir hinauf zur Jahrhunderthalle. Die transparente Fassade der »Hofspange« wurde 2002 an das Gebäude angebaut. Sie beherbergt unter anderem die Künstlergarderoben und das zweigeschossige Foyer zu den Veranstaltungshallen, die sich auf rund 9.000 m² erstrecken. Um- und Neubauten wurden von Professor Petzinka entworfen. Die Jahrhunderthalle selbst wurde 1902 anlässlich der Düssel-

Jahrhunderthalle als Festspielhalle NRW 2009 und als Ausstellungsgebäude Düsseldorf 1902.

dorfer Industrie- und Gewerbeausstellung als Repräsentationsgebäude für den Bochumer Verein errichtet, von dem sie auch später als Gebläsemaschinenhalle für die Hochöfen genutzt wurde. Dieser »Kathedrale der Industriekultur« diente eine dreischiffige Basilika als Vorbild, jedoch stand sie von vornherein unter der Prämisse einer späteren industriellen Weiterverwendung.

Nach der Stilllegung des letzten Hochofens 1968 blieb das Gebäude lange Zeit leer, ging 1988 in staatliche Hand über und wurde 1991 unter Denkmalschutz gestellt. Der Name »Jahrhunderthalle« entstand

»Kleine Weltausstellung« Düsseldorf 1902, hinten die Jahrhunderthalle.

Feststimmung an der Jahrhunderthalle.

umgangssprachlich, nach dem eine Lokalzeitung im Rückblick auf die Entstehungszeit erstmals diese Bezeichnung verwandt hatte. Mittlerweile macht sie ihrem Namen aber alle Ehre. Hier finden international beachtete Veranstaltungen statt, sei es die Ruhr-Trienale, der Steiger-Award oder die 1Live-Krone.

Bei der Nutzung mit unterschiedlichen Veranstaltungen erkannte man das Potenzial des Baus und wandelte ihn ab 2002 zu einem so einzigartigen Festspielhaus um. Heute ist die Jahrhunderthalle außer für die erwähnten Veranstaltungen auch Forum vielfältiger anderer Großereignisse. Das Besucherzentrum ist dienstags bis sonntags geöffnet. Zusätzlich bieten Hinweistafeln des Regionalverbands Ruhr und der Deutschen Fußballroute Informationen im Außenbereich.

Der gesamte Park ist ein Erbe der ehemaligen industriellen Nutzung der Fläche durch den Bochumer Verein. Nachdem nahezu alle Gebäude abgerissen worden waren, lag das Gelände brach und bald wucherte hier spontane Vegetation. Bei der Gestaltung des Parks als erstem Bestandteil des Projekts »Innenstadt West« erhielt man bewusst das alte, terrassenartige Gelände und die verbliebenen Fabrik- und Anlagereste. So bewegt man sich zwischen Eisenbahnschienen, Rückhaltebecken und anderen Reliquien der Stahlproduktion. Die vorgefundenen Strukturen wurden durch moderne Landschaftsgestaltung und spektakuläre Bauten, wie die drei Stahlbrücken, ergänzt. Es gilt aber auch die eigenen Ohren zu spitzen: Nicht selten kann man hier den letzten Schmiedehammer Bochums hören, den letzten »Puls aus Stahl«, den Grönemeyer besingt. Der Klang tönt herüber vom benachbarten »Bochumer Verein Georgsmarienhütte«, wo bis heute Eisenbahnräder und Radsätze hergestellt werden. Dies in einer Halle von 1863, einer statik-geschichtlichen technischen Sensation. Mit etwas Glück hört man ab 2010 auch wieder das blau-weiße Aus-

4 Bochumer Verein

5 Westpark

stellungsglockenspiel des Bochumer Vereins am Geländeeingang an der Gahlenschen Straße Melodien spielen.

Der Westpark ist seit seiner Eröffnung 1999 ein beliebtes Freizeitziel für viele Bochumer. Am Wochenende tummeln sich auf dem 38 Hektar großen Areal die Spaziergänger, Jogger, Hundefreunde mit ihren Tieren und nicht zuletzt zahlreiche Familien mit Kindern. Der Spaziergang führt weiter an der Weststraße entlang, wo ein Birkenwäldchen den Weg säumt. Von der hundert Meter langen Nordpol-Brücke gelangen wir zu einer außergewöhnlichen Brückenkonstruktion: der Erzbahnschwinge. Das von Statikexperten gerühmte Modell stand lange Jahre im Deutschen Museum in München, bevor es in Bochum 2003 realisiert wurde. Die s-förmig konstruierte Stahlseilbrücke ersetzt die ehemalige Eisenbahnbrücke der Erzbahn, die zur Versorgung mit dem für die Stahlproduktion notwendigen Rohstoff gedient hat.

Im Norden des Parks befinden sich offene Spielflächen, Wiesen, ein altes Eisenbahnhäuschen und verschiedene Aussichtspunkte, von denen man einen wunderbaren Panoramablick auf Bochum mit dem Deutschen Bergbaumuseum und die Nachbarstadt Gelsenkirchen genießen kann.

Einen guten Eindruck des Geländes bekommt man bei der Umrundung der oberen Ebene. Es geht weiter über die Stegbrücke, eine 210 Meter lange Metallkonstruktion. Linker Hand wird sie vom Gelände des Bochumer Vereins begrenzt. Das Unternehmen wurde 1842 als »Gußstahlfabrik Mayer & Kühne« gegründet.

Jacob Mayer wurde 1813 in Württemberg geboren. Schon früh offenbarten sich sein starker Erfindergeist und großes technisches Verständnis. Er interessierte sich insbesondere für die Herstellung von Eisen und

»Bochumer Verein« um 1910, Gelände des Westparks mit späterer Wasserwelt und – Mitte rechts – Jahrhunderthalle.

Stahl, weshalb er unter anderem nach England reiste, dem damaligen führenden Land auf diesem Gebiet. 1842 gründete er zusammen mit Eduard Kühne die »Gußstahlfabrik Mayer & Kühne«. Im Jahre 1847 gelang Mayer die bahnbrechende Vollendung des Verfahrens für den Stahlformenguss, welches vor allem für die Herstellung von Teilen für Eisenbahnen und Schiffe international immense Bedeutung erlangte. 1854 ging das Unternehmen Mayer & Kühne in die Aktiengesellschaft »Bochumer Verein für Bergbau und Gussstahlfabrikation« über. In den Anfangsjahren war die Fabrik, die sich zum bedeutendsten industriellen Faktor Bochums entwickelte, vor allem für die Herstellung weltweit einzigartiger Gussstahlglocken bekannt, die ihrem Erfinder 1855 auf der Weltausstellung in Paris die große Ehrenmedaille in Gold einbrachten. Bochumer Glocken sind auch zu finden in der Reinoldi-Kirche in Dortmund, als »Jahrhundertglocke« in der Frankfurter Paulskirche sowie als die vier »Friedensglocken« in Hiroshima. Jacob Mayer war überdies in der Stadt- und Kirchengemeinde als Amtsträger aktiv. Die Bedeutung seiner Erfindungen für die Entwicklung der Stadt ist unschätzbar.

Schon bald wurden jedoch zunehmend Teile für den Eisenbahnbau hergestellt, darunter vor allem Radsätze, Räder, Radreifen und Ringe. Auch darf nicht verschwiegen werden, dass der Bochumer Verein um Dritten Reich ein »Nationalsozialistischer Musterbetrieb« der Rüstungsindustrie war. Das Unternehmen überdauerte, wenn auch von schweren Zerstörungen betroffen, den Zweiten Weltkrieg. Mitte der 60er Jahre wurden die einzelnen Werke in den Krupp-Konzern eingegliedert und der Firmenname verschwand. Nach einigen Eigentümer- und Namenswechseln ab 1980 erfolgt 1998 der Übergang zu einem unabhängigen, rechtlich selbstständigen und eigenverantwortlichen Partnerunternehmen der Georgsmarienhütte Unternehmensgruppe und die Wiederherstellung des alten Namens. Die »Bochumer Verein Verkehrstechnik GmbH« ist heute mit ca. 580 Mitarbeitern ein weltweit führender Hersteller von rollendem Eisenbahnmaterial für den Fern- und Nahverkehr.

Vor dem Südausgang des Parks liegt ein weiterer Spielbereich, wo der »Stahlwerksdrachen« Groß und Klein begeistert.

6 Jahrhunderthaus

In unmittelbarer Nähe steht das »Jahrhunderthaus«, Sitz der IG Metall Bochum. Es wurde 2005 nach dem Entwurf des Bochumer Architekten Wolfgang Krenz fertig gestellt und lehnt sich eng an die industrielle Tradition der Region an: Stahl, Glas, Aluminium und Ziegel sind die prägenden Materialien.

Die äußere Form des Baus ist konsequent modern und funktional gestaltet. Sie soll in abstrakter Weise an eine geöffnete Hand erinnern. Betritt man das Jahrhunderthaus durch den aus Glas und Metall konstruierten Mittelteil, steht man in einer von Licht durchfluteten Halle

Gewerkschaftszentrale »Jahrhunderthaus« und U-Bahnhof »Bochumer Verein/Jahrhunderthalle«.

mit natürlichen Palmen, die weit in die Höhe ragen. An den Innenhof angrenzend befinden sich die Aufgänge zu Büroräumen und einige Veranstaltungsräume, die in vielfältiger Weise genutzt werden.

Wir überqueren die Alleestraße an der Fußgängerampel der U-Bahn-Station »Bochumer-Verein/Jahrhunderthalle«. Wir biegen rechts in die Metzstraße ein und kommen zum Springerplatz.

Im Juni 1947 taufte die Stadt Bochum den früheren Moltkeplatz in Springerplatz um. Der Platz spielte eine Rolle im Bochumer Widerstand. Als Zentrum der Arbeiterbewegung fanden hier oft Demonstrationen und Kundgebungen statt. 1933 musste ein Fackelzug der NSDAP umgeleitet werden, da die Arbeiter sich ihm entschlossen entgegen stellten. Heute findet hier regelmäßig ein kleiner Wochenmarkt statt. Auffälligstes Gebäude ist der Luftschutzbunker aus dem Zweiten Weltkrieg, der als Veranstaltungszentrum genutzt wird. Gegenüber der Dorotheenstraße steht der Nachbau eines alten Brunnens, der früher als Tränke für Pferde diente.

Benannt ist der Platz nach dem Bochumer Widerstandskämpfer Karl Springer. 1895 in Ostpreußen geboren, siedelte er sich 1912 als Zechenarbeiter in Weitmar an. Er engagierte sich in vielen Bereichen, so auch in den zwanziger Jahren als leitender Redakteur der kommunistischen Tageszeitung »Ruhrecho«. 1926 zog er als Mitglied der KPD in den Bochumer Stadtrat ein. Ab 1933 wurde er von den Nazis brutal verfolgt. Doch sogar eine Inhaftierung in das KZ Esterwegen brach seinen Widerstandswillen nicht. Als er im Dezember 1933 nach einigen Monaten aus dem KZ frei kam, arbeitete er weiter aus dem Untergrund für die KPD. 1936 wurde er zum wiederholten Male verhaftet und so schwer misshandelt, dass er seinen Verletzungen erlag.

7 Antoniuskirche

An der Ecke zur Bessemerstraße/Arnoldstraße liegt der nächste interessante Punkt unseres Rundganges, die Antoniuskirche aus dem Jahr 1902. Nach einer starken Beschädigung im Zweiten Weltkrieg wurde beim Wiederaufbau das Dach der Kirche verändert und ein Seitenschiff nicht rekonstruiert. Zur Zeit ist die Kirche ungenutzt.

Antoniuskirche 1902, Arch. Hermann Wielers, geschlossen 2008.

8 Bochumer Eisenhütte Heintzmann GmbH

Gegenüber erstreckt sich der Komplex eines Werks der »Bochumer Eisenhütte Heintzmann GmbH«. Dieses 1851 von Egmont Heintzmann und Carl Korte gegründete Unternehmen hat sich mittlerweile zu einem internationalen Konzern entwickelt, der sich auf die Unternehmensbereiche Bergbau, Tunnelbau und Wärmebehandlung spezialisiert hat. Aktuell wird der Gotthard-Tunnel von Heintzmann mitgebaut. Berühmt und legendär sind seit der Gründung der Firma die Heintzmann-Bögen, profilierte Stahlbögen, die den untertägigen Streckenausbau wesentlich vereinfachen.

9 Feuerwache II

Die Feuerwache II der Berufsfeuerwehr Bochum ist ein sichelförmiges, über 100 Meter breites dreistöckiges Gebäude, das markant den Baareplatz und die Bessemer Straße abgrenzt. Hier ist auch die Rettungsschule beheimatet. Daneben steht das 1954 gebaute Gesundheitshaus des Bochumer Vereins, ein besonders schönes Stück Architektur der 1950er Jahre. Untergebracht waren hier alle medizinischen Einrichtungen des Werkes.

Gesundheitshaus Krupp 2005.

Sir Henry Bessemer wurde 1813 in Herfordshire/Großbritannien geboren. Als Ingenieur erfand er das erste Verfahren, Stahl bezahlbar in Massenproduktion herzustellen. Kernstück ist die sogenannte »Bessemerbirne«, in der das Windfrischverfahren zur Entkohlung von Roheisen abläuft.

10 Kolonie Stahlhausen

An der Baarestraße beginnt die Kolonie Stahlhausen. Sie hat ihren Ursprung um 1864, als der Bochumer Verein anfing, in unmittelbarer Nähe zum Werksgelände eine Arbeitersiedlung zu bauen.

Louis Baare kam 1821 in Minden/Westfalen zur Welt. Bereits 1854, im Alter von 33 Jahren, wurde dem Kaufmann die Funktion des Direktors des Bochumer Vereins übertragen. Später war er dessen Generaldirektor. In dieser Zeit baute er das Unternehmen zu einem international erfolgreichen Konzern aus. Zudem engagierte er sich in der städtischen Politik. 1863 bis 1897 war er Stadtverordneter im Rat der Stadt Bochum, von 1872 an auch Präsident der Industrie- und Handelskammer. Bedeutung im gesamten Deutschen Reich erlangte er durch die Mitarbeit an der Reichsunfallversicherung in seiner Eigenschaft als preußischer Abgeordneter ab 1879. Die Ehrenbürgerwürde der Stadt Bochum erhielt

Siedlung Stahlhausen und Bochumer Verein erbaut ab 1868, hier 1902.

er 1887. In die Zeit seines Wirkens fällt die Errichtung der Kolonie Stahlhausen.

An der Straße fällt der moderne Turm der evangelischen Friedenskirche ins Auge.

Links an den Hausnummern 45–47 informiert zwischen historischen Rotziegelhäusern eine Hinweistafel ausführlich über die Geschichte der Siedlung.

Wir biegen links in die Jacob-Mayer-Straße ein.

Bunker Baarestraße, Entwurf für Eingang um 1942.

»Beamtenhäuser« in Stahlhausen, erbaut 1897–1900.

Ehem. Mechanische Werkstatt I des Bochumer Vereins, Arch. Emil Mewes 1935/36. Heute Krupp Ersatzteillager.

An der Ecke Windhausstraße lohnt der Blick durch das ehemalige TOR 7, wo eine immer noch brachliegende riesige Industriefläche durch eine hohe, über 200 m lange Backsteinmauer begrenzt wird.

In der Stahlhauser Straße kann man sich anhand der ältesten Arbeiterhäuser mit kleinen Gärten in Westfalen ein Bild der ursprünglichen Bauweise der jeweils für vier Parteien ausgelegten Häuser machen.

Gegenüber beginnt auch der Gewerbepark »Obere Stahlindustrie 4«, wo noch traditionelle Unternehmen vorhanden sind und sich neue Firmen angesiedelt haben. Im wahrsten Sinne des Wortes herausragend

»Öko-Dreieck« mit »Bochumer Verein« um 1910.

ist das ThyssenKrupp-Hochhaus. Es diente von 1963 bis 2007 zunächst als Hauptverwaltung des Bochumer Vereins und zuletzt der ThyssenKrupp Automotive. Es wurde von dem örtlichen Architekten Wilhelm Seidensticker entworfen. Jahrzehnte zuvor hatte er unter anderem für die damalige »NS-Gauhauptstadt Bochum« die monumentale Trauerhalle am Freigrafendamm in Altenbochum gebaut (s. S. 40).

11 Alleestraße

An der Straßenbahnhaltestelle Wattenscheider Straße hat man einen beeindruckenden Blick in die von großen Platanen gesäumte Alleestraße, zur Linken mit einer fast endlosen Fabrikhalle aus Backstein, die 1935 von Emil Mewes als monumentale Zutat zum »NS-Musterbetrieb« Bochumer Verein entworfen wurde. Zur Rechten stehen die Wohngebäude der Siedlung Stahlhausen. Auch die kleine Hausgruppe zwischen Allee-, Wattenscheider- und Kohlenstraße gehörte dem »Bochumer Verein«. 1807 errichtet und mit Bauten der 1950er Jahre ergänzt, wurde sie um 1993 nach ökologischen und denkmalpflegerischen Gesichtspunkten erneuert. Nicht zuletzt eine große Solaranlage im Innenbereich des »Öko-Dreiecks« macht das anschaulich.

»Öko-Dreieck«, Solaranlage 1998.

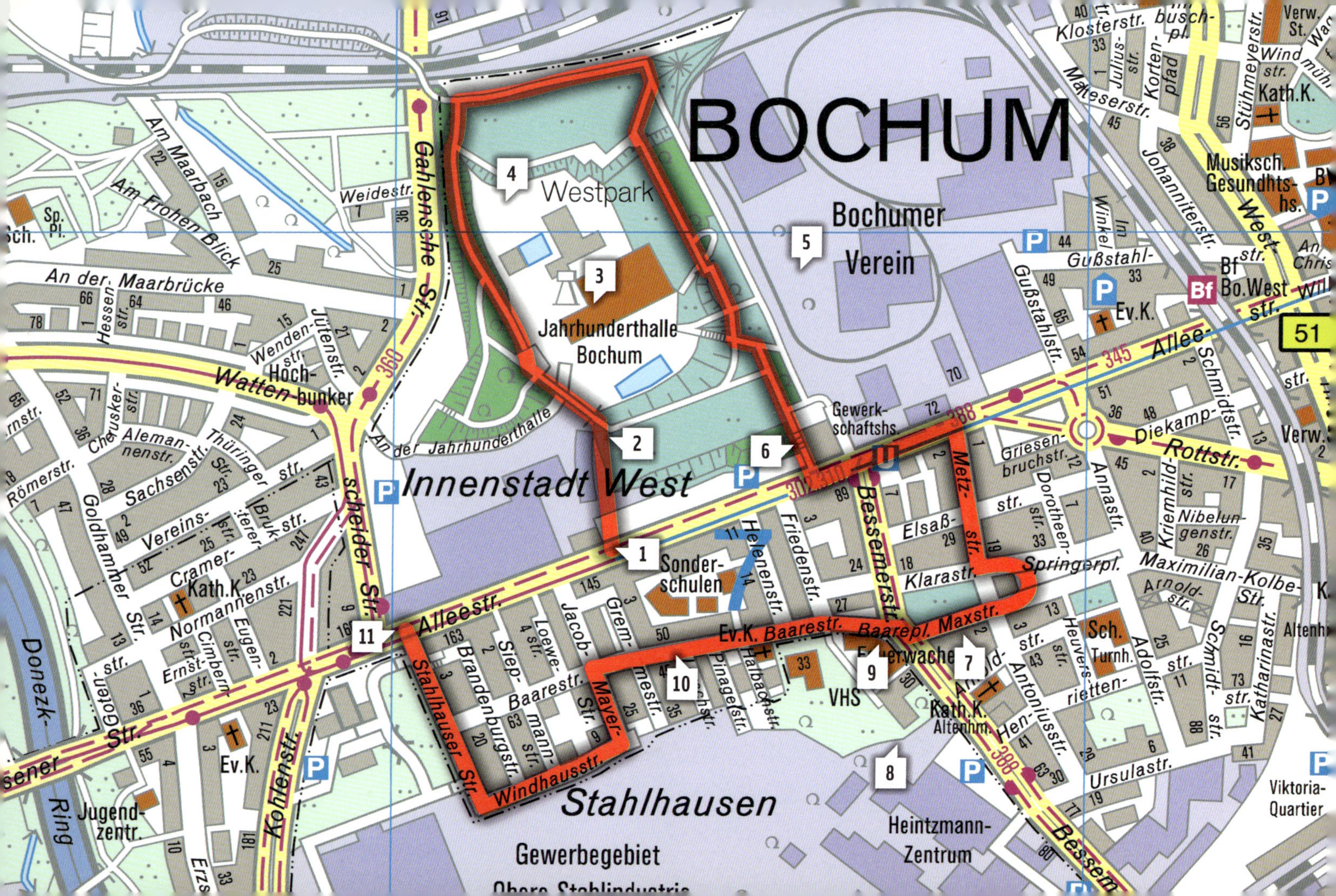
BOCHUM
Westpark
Jahrhunderthalle Bochum
Bochumer Verein
Innenstadt West
Stahlhausen
Gewerbegebiet
Sonder-schulen
Gewerk-schaftshs.
VHS
Heintzmann-Zentrum
Viktoria-Quartier
Hoch-bunker
Gahlensche Str.
Wattenscheider Str.
Alleestr.
Allee-
Bessemerstr.
Baarestr.
Baarepl.
Maxstr.
Metzstr.
Elsaßstr.
Klarastr.
Friedenstr.
Helenenstr.
Gremmestr.
Jacob-Mayer-Str.
Loewestr.
Siepmannstr.
Brandenburgstr.
Stahlhauser Str.
Windhausstr.
Pinagelstr.
Halbachstr.
Springerpl.
Dorotheenstr.
Griesenbruchstr.
Annastr.
Rottstr.
Diekampstr.
Schmidtstr.
Gußstahlstr.
Johanniterstr.
Kohlenstr.
Donezk-Ring
An der Jahrhunderthalle
An der Maarbrücke
Am Maarbach
Am Frohen Blick
Weidestr.
Jütenstr.
Wendenstr.
Thüringer Str.
Sachsenstr.
Alemannenstr.
Cheruskerstr.
Goldhammer Str.
Römerstr.
Vereinsstr.
Cramerstr.
Normannenstr.
Eugenstr.
Cimbernstr.
Ernststr.
Gotenstr.
Maximilian-Kolbe-Str.
Adolfstr.
Antoniusstr.
Ursulastr.
Katharinastr.
Heinrich-Hertz-Str.
Kriemhildstr.
Nibelungenstr.
Arnoldstr.
Klosterstr.
Maltesserstr.
Juliusstr.
Kortenpfad
Stühmeyerstr.
Musiksch. Gesundhts-hs.
Bf Bo.West
Ev.K.
Kath.K.
Sch.
Turnh.
Feuerwache
Jugendzentr.
1
2
3
4
5
6
7
8
9
10
11
51
345
388
360

Gedichte

Heinz Rittermeier

Welch ein Leben

Hier in Bochum
liegen Maloche und Feiern,
graue Stadt und Grün,
Krise und Aufbruch
eng beieinander,
machen das Leben spannend
Manchmal auch
zu spannend

Bochum – eine verrückte Stadt

Als 1960 in Bochum die erste Zeche schloss,
ging ein Maischütze
schwarz wie ein Kumpel von untertage
im Festzug mit
In der Hand trug er eine Grubenlampe
und um den Hals ein Schild:
Bochums letzter Bergmann
Die Menschen am Straßenrand scherzten:
»Der ist wohl verrückt!«
1973 schloss die letzte Zeche
Seit dieser Zeit gibt es in Bochum
keinen Bergmann mehr

Hamme
»Bey dem Rittersitz Overdyck«

Heike Reinecke

Ausgangspunkt: Haltestelle »Bodelschwingh-Platz« | Linie 306
Endpunkt: Haltestelle »Bahnhof Präsident« | Linie 306 oder Bus 368
Streckenlänge: 4 km | Dauer: 2 Stunden

»Hamme bey dem Rittersitz Overdyck, eine halbe Wegstunde von der Stadt Bochum nach Westen gelegen, ist die grate Bauernschaft im Kirchspiel, hat überwiegend lutherische Einwohner und wird in Gold- und Hundhamme eingeteilt.«

So beschrieb der Historiker Diederich von Steinen vor mehr als 200 Jahren Hamme. Noch waren die Veränderungen, die die Industrialisierung kurze Zeit später bewirken sollte, nicht zu bemerken. Noch lebten die gerade einmal 300 Einwohner in Hamme – erstmalig urkundlich erwähnt im Jahre 1050 – vor allem von den Erträgen des überaus fruchtbaren Ackerbodens. Mit der Ansiedlung des Bergbaus und der Eisen- und Stahlindustrie Mitte des 19. Jahrhunderts sollte sich die Struktur der Bauernschaft grundlegend verändern – und sie wurde größer: Um 1870 hatte sich die Bevölkerung in Hamme fast verzehnfacht und noch einmal 25 Jahre später zählte die Ortschaft schon über 8.000 Einwohner. Heute leben im diesem – seit 1904 nach Bochum eingemeindeten Stadtteil – rund 15.200 Einwohner unterschiedlicher Herkunft. Hamme: ein für das Ruhrgebiet typischer lebens- und liebenswerter Stadtteil.

Unser Spaziergang führt vorbei an alten Bauernhöfen, folgt den Spuren der industriellen Entwicklung und endet an einem Biotop.

1 Bodel-schwinapgh-Platz

Beginnen wir am Bodelschwingh-Platz: kein idyllisches Plätzchen, das zum Verweilen einlädt, stattdessen eine der verkehrsreichsten Kreuzungen der Stadt. Es braucht schon ein wenig Phantasie, sich vorzustellen, dass hier einstmals ein Rittergut gelegen hat. 1364 von der Abtei Werden einem Johann Overdyck als Lehen übergeben gelangte das Gut Overdyck 1784 in den Besitz der Familie von der Recke. Phillip von der Recke Volmerstein, Ritter des Johanniter-Ordens und später vom preußischen König in den Grafenstand erhoben, machte sich durch zwei Taten unvergessen. Er war es, der den Braumeister Joachim Schlegel nach Overdyck holte, um dort in einem – heute noch vorhandenen – Felsenkeller bayerisches Bier zu brauen, das bei der Bevölkerung beliebter als das ortsübliche obergärige Bier war. Der Braubetrieb

Wappen der Grafen von der Recke Volmerstein.

Schloss Overdyck um 1820, Zeichnung von Arno Grimm.

musste wegen finanzieller Schwierigkeiten eingestellt werden; Schlegel eröffnete später in der Innenstadt eine eigene Brauerei, die international bekannt wurde.

Wichtiger noch war allerdings die Gründung einer »Freischule«, d.h. einer Schule ohne Schulgeld-Zahlungen, für die Kinder der Bauern, die bis dahin eine sogenannte »Werkschule« besuchten, deren Unterrichtsinhalt sich auf eine reine Bibel- und Katechismuslehre beschränkte.

Von der Recke, überzeugt von den modernen Lehren der Pädagogik, konnte bei der Gründung seiner Freischule zunächst nicht auf die finanzielle Hilfe des Staates oder der Kirche zählen. Er forderte daher die »Nation« zur Hilfe durch Spenden auf und verkaufte eigens angefertigte Kupferstiche, die Motive der Grafschaft Mark zeigten; zu den Stiftern gehörten schließlich namhafte Persönlichkeiten wie der Kronprinz Friedrich von Preußen, von Galen, Fürstenberg, Kettler sowie Kaufleute und Fabrikanten aus der Umgebung. Von besonderer Bedeutung war die Unterstützung durch König Friedrich Wilhelm III., der z.B. die Kosten für die Herstellung der Kupferstiche übernahm.

Die Ernennung der Schule zur »Gnadenschule« und die damit verbundene Zahlung des Lehrergehaltes aus dem Fonds des staatlichen Oberschulkollegiums verbesserte die finanzielle Lage etwas. Allerdings waren die Bauern, die ihre Kinder nur wegen der Schulgeldfreiheit in die neue Schule schickten, noch nicht so recht überzeugt, und besonders der Lehrer Johannes Friedrich Wilberg bekam ihre Ablehnung zu spüren.

Die Bauern wollten nämlich ausschließlich eine reine Christenlehre, die Vermittlung von »bürgerlichen« Kenntnissen und die Schulung des Verstandes hielten sie für neumodisch und überflüssig.

Die andauernden finanziellen Schwierigkeiten veranlassten Wilberg im Jahre 1803 schließlich dazu, Hamme zu verlassen, um in Elberfeld zunächst als Armeninspektor und Erzieher der städtischen Proletarierkinder tätig zu sein und später die Leitung einer Privatschule für Bürgerkinder zu übernehmen. Die finanziellen Belastungen, die sich aus dem Tilsiter Frieden (1807) für Preußen ergaben, wurden auch für Overdyck spürbar – die Schule musste geschlossen und das Experiment einer Schulreform beendet werden.

Adalbert von der Recke (geboren am 28. Mai 1791 in Hamme) setzte die philanthropische Arbeit seines Vaters auf andere Weise fort: Im Jahre 1819 eröffnete er im ehemaligen Schulgebäude eine »Rettungs- und Erziehungsanstalt«, die sich – damals als einzige Erziehungsanstalt in Westfalen – um verwahrloste und streunende Kinder kümmerte. Wie die Freischule wurde auch das Kinderheim fast überwiegend durch Spenden und Erlöse aus Lotterien finanziert. Die Bauern der Umgebung übernahmen die Versorgung mit Naturalien. Nachdem ein Brand das ehemalige Schulgebäude zerstört hatte, konnte im Jahre 1853 ein neues Gebäude eingeweiht werden, das jedoch wegen der steigenden Kinderzahl bald schon nicht mehr ausreichte. Der Bau des heutigen Hauptgebäudes wurde 1883 vollendet; ihm folgten später weitere Anbauten in den Jahren 1954 und 1958. Von der Recke hat aber nicht nur in Hamme seine Spuren hinterlassen: 1860 gründete er im schlesischen Kraschnitz (heute: Krosnice) das Deutsche Samariter Ordensstift für kranke und behinderte Kinder und später ein Diakonissenhaus, das wegen seines Vorbildes, der Anstalt in Bethel, auch das »schlesische Bethel« genannt wurde. In Kraschnitz starb Adalbert von der Recke im November 1878.

Denkmal Von der Recke, Dorstener-/ Gahlensche Straße.

Noch heute fühlt sich das evangelische Kinder- und Jugendheim Overdyck mit seinen inzwischen zahlreichen Angeboten der Kinder- und Jugendhilfe der christlichen Tradition seit der Stiftung durch Adalbert von der Recke verpflichtet. Ihm haben Hammer Bürgerinnen und Bürger das Denkmal auf der kleinen Grünfläche an der Dorstener Straße gewidmet.

Das Gut Overdyck wurde später aus finanziellen Gründen verkauft. Von dem Schloss, das im Jahre 1900 der Hammer Gutsbesitzer Schulte-Vieting erworben hatte und das in Zeiten einer durch die zunehmende Industrialisierung verursachten Wohnungsnot auch als Wohnhaus für Arbeiterfamilien genutzt wurde, ist heute nichts mehr zu sehen – es stand unterhalb der Overdycker Straße etwa auf Höhe der A 40. Die Gebäude des Kinderheims aus der Zeit von 1900 bis 1960 sollen 2009 zugunsten eines Hotelbaus abgerissen werden, denn die Kinder und Jugendlichen des Heimes werden nicht mehr so »anstaltsmäßig« versorgt.

2 Epiphanias-Kirche

Gegenüber von Overdyck – auf der anderen Seite der A 40 – befindet sich die zweite Sehenswürdigkeit am Bodelschwingh-Platz: die Epiphanias-Kirche. Im Februar 1930, nach nur einem halben Jahr Bauzeit eingeweiht, gehört sie zu den wenigen im Ruhrgebiet noch erhaltenen, im Stil des Bauhauses gebauten Kirchen. Entwurf und Bau stammen von Dipl.-Ing. W. Tiefenbach aus Castrop-Rauxel. Das von dem Essener Bildhauer Ernst Hackländer gestaltete Kruzifix »Der universale Christus« und die bleiverglasten Buntfenster lohnen auch einen Blick in das Innere der seit 2005 denkmalgeschützten Kirche.

Über die Adalbert- und die Overdyckerstraße gelangen wir zunächst in die Karolinenstraße – von dort dann über die Untere Heidestraße zur Erzbahntrasse, auf der wir ein wenig den Spuren der Industriegeschichte von Hamme folgen:

Mitte des 19. Jahrhunderts setzte im Ruhrgebiet – vor allem auf der Grundlage der Kohleförderung – die Industrialisierung ein. Mit wahrer »Goldgräbermentalität« wurden auch in Hamme, wie fast überall, Probebohrungen nach Kohlenlagerstätten vorgenommen. Nachdem im Jahre 1844 auf dem Gelände der Overdycker Heide Steinkohlenflöze entdeckt wurden, begannen die Abteufarbeiten für die Zeche Vereinigte Carolinenglück 2/3 oder Glückauf, wie sie bis 1870 hieß. Erst sechs Jahre später wurde im Schacht 1 mit 265 Bergleuten die Förderung von 150 Tonnen

Zeche Carolinenglück und der Ruhrschnellweg 1952.

Kohle täglich aufgenommen; die lange Zeitspanne zwischen Teuf- und Förderbeginn macht deutlich, wie groß die technischen Schwierigkeiten zu Anfang der Industrialisierung gewesen sind. Die Zeche Vereinigte Carolinenglück gehörte mit der Zeche Präsident, auf der bereits seit 1844 gefördert wurde, zu den ersten Zechen im Ruhrgebiet, die unterhalb der Mergelschicht abgeteuft waren und die verkokbare und damit für die Stahlproduktion verwertbare Fettkohle lieferten.

Ierfolgte in den Anfangsjahren der Abtransport der Kohle zunächst mit Fuhrwerken über den Gahlenschen Kohlenweg, so wurde mit der Intensivierung des Abbaus der Transport mehr und mehr auf die Schiene verlegt. Für die Zechen Hannover, Holland und Rheinelbe entstand 1858 eine gemeinsame Anschlussbahn, die bis nach Gelsenkirchen zur Köln-Mindener Eisenbahn führte. Nachdem die Zeche Vereinigte Carolinenglück im Jahre 1900 vom »Bochumer Verein« aufgekauft wurde, der damit den hohen Preisen des Rheinischen Kohlensyndikats entgehen wollte, wurde ein Jahr später die Anbindung der Zeche an dessen Werksbahnnetz gebaut und damit das erste Teilstück der späteren Erzbahn. Um den Transport des Kokses zu beschleunigen, wurde zwischen der Kokerei Carolinenglück und den Hochöfen des »Bochumer Vereins« über der heutigen A 40 und der Gahlenschen Straße eine Gondelseilbahn gebaut, die während der Ruhrbesetzung im Mai 1923 von französischen Truppen gesprengt, aber später wieder errichtet wurde. Im Juni 1964 wurde die Zeche Carolinenglück Opfer der Kohlekrise und stillgelegt. Bis heute erfolgt von hier aus die zentrale Wasserhaltung für mehrere umliegende Zechen.

Abstecher in das ländliche Hamme

Wer mag, unterbricht den Ausflug in die Industriegeschichte mit einem kleinen Abstecher in die bäuerliche Vergangenheit. Der Weg über den Kabeisemannsweg, vorbei am Flugplatz der Modellfluggemeinschaft Otto Lilienthal e.V.:, lässt auch jetzt noch ahnen, wie es einmal in Gold- und Hundhamme ausgesehen haben mag. Die traditionsreichen Namen der Bauern und Gutsbesitzer in Hamme wie Dellmann, Kabeisemann, Schulte-Vieting, Balke, Schulte-Terboven, Surmann oder Stratmann sind vielen älteren Bewohnerinnen und Bewohnern noch ein Begriff. Die meisten Namen wurden bereits 1486 im »Schattboick in Mark«, einem Verzeichnis über Steuererhebungen, erwähnt. Und noch heute deuten einige Straßennamen auf die Bauern und ihre Familien hin: So sind die Robert-, Hildegard-, Elisabeth- und Irmgardstraße nach dem Bauern Surmann und seinen Töchtern benannt. Mit der Industrialisierung verlor die Landwirtschaft zunehmend an Bedeutung. Viele alteingesessene Bauern verkauften nach und nach große Teile ihrer Ländereien an die

3

Modellflug-flugplatz

Zechengesellschaften und zogen nach Ostwestfalen. Die Landwirtschaft spielt heute kaum noch eine Rolle. Die verbliebenen Höfe werden, zum Teil saniert, anderweitig genutzt. Kleiner Tipp: Einen Besuch lohnt die Töpferei (Balkehof 1).

Doch zurück zur Erzbahntrasse:

Entlang der früheren Erzbahn verläuft heute vom Westpark in Bochum (Jahrhunderthalle) über Herne bis zum Rhein-Herne-Kanal nach Gelsenkirchen und über eine Gesamtlänge von 9 Kilometern ein gut ausgebauter Rad- und Wanderweg. Ihm folgend (nach links in Richtung Bochum) hat man einen schönen Blick auf den 1856 über Schacht 2 der Zeche Vereinigte Carolinenglück errichteten Malakowturm und das um 1912 nach der sogenannten Bauart Zschetzsche über Schacht 3 entstandene seltene Strebengerüst.

4 Glückauf-Siedlung

Kurz dahinter bietet die Trasse einen Einblick in die Gärten der Glückauf-Siedlung. Nach dem Erwerb der Zeche durch den »Bochumer Verein« wuchs die Zahl der Belegschaft auf 1.300 Mann an – neue Unterkünfte waren erforderlich. Auf ehemals bäuerlich genutzten Grundstücken wurde 1906 beiderseits der Glückaufstraße eine Bergarbeitersiedlung mit 67 Häusern gebaut. Eine typische Siedlung, aber doch mit einer Besonderheit: Die nach englischem Vorbild gebauten Doppelhäuser wurden nicht, eines wie das andere, monoton gestaltet und aneinander gereiht, sondern unterschiedliche Dachvarianten, Hauseingänge und Fensterformen verliehen ihnen ein wenig Individualität. Nicht verzichtet wurde hingegen auf die für Bergarbeitersiedlungen typischen und angesichts der damaligen Lebensverhältnisse unverzichtbaren Gärten für den Obst- und Gemüseanbau und den Stall für die »Bergmannskuh« (Anmerkung für Zugereiste: die Ziege).

Auch wenn wir sie noch nicht sehen – ihr Geräuschpegel lässt sie schon erahnen: die Autobahn A 40, früher berühmt als »B 1«, wichtigste Ost-West-Verbindung des Ruhrgebietes und leider völlig überlastet. Die in der Trasse des historischen Hellweges verlaufende Straße wurde Anfang der zwanziger Jahre ausgebaut und seitdem eigentlich fortwährend erweitert.

Überqueren wir die A 40 und setzen den Weg noch ein wenig auf der Erzbahntrasse fort. Von der höher gelegenen Trasse hat man einen schönen Blick über Goldhamme. Hier verläuft der Marbach, ein Nebengewässer des Hüller Baches. Der Bach, der heute nur noch eingebettet in Beton der Abwasserbeseitigung dient, lässt kaum erahnen, wie er früher einmal aussah und wozu er genutzt wurde. In der Hauptsache diente er zusammen mit dem Kabeisemann- und dem Goldhammer Bach als Mühlbach für Overdyck. Im Mittelalter war er auch gefürchtet – vermutlich aber wohl nur bei verurteilten Kindsmörderinnen. Sie wurden der

Ruhrschnellweg in Hamme als B 1 1956 und als A 40 2009.

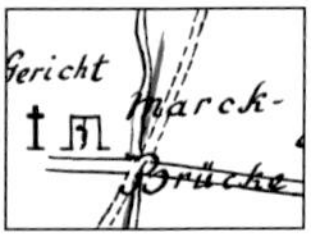

Der Galgen an der Maarbrücke 1755.

Überlieferung nach in einem Sack im Bach ertränkt – nur der Vollständigkeit halber sei erwähnt, dass sie den Sack zuvor selbst hatten nähen müssen. Mitte des 19. Jahrhunderts findet der Bach Erwähnung im Zusammenhang mit der Werbung einer in Bochum ansässigen Firma, die die Erzeugnisse ihrer »an der Maarbrücke an einem schönen fließenden Wasser« gelegenen Druckerei und Färberei anbot. Ob den heutigen Planern diese Werbung in die Hände gefallen ist, wissen wir nicht und ist auch egal. Zu begrüßen ist in jedem Fall, dass der Marbach derzeit renaturiert wird und hoffentlich bald wieder heimischen Pflanzen und Tieren Lebensraum bietet.

Aber bleiben wir noch einen Moment im eher düsteren Kapitel. Nicht nur der Marbach, sondern auch die Umgebung diente als Richtstätte. So befand sich bis zum Jahre 1808 an der Maarbrücke (früher: Magdebrugh oder Madebrügge) ein Galgenplatz, an dem die Todesurteile – wie damals üblich – mit Galgen und Rad vollstreckt wurden. Die Instandhaltung der Gerätschaften oblag stets den benachbarten Bauern, wie Dr. Höfken in seinen »Beiträgen zur Geschichte des Gerichtswesens in Bochum Stadt und Land in älterer Zeit« zu berichten weiß: »Wenn ein armer Sünder an der Magdebrugh [...] justizifiert werden sollte, musste Portmann das Rad, Helf die Leiter dazu verschaffen, Heinrich am Ende musste beide aufrichten; das Holz musste der zum Preinshof in Höntrop gehörige Klöppers-Kotten liefern.« Da die Straße zu jener Zeit aber noch nicht an der Gahlenschen Straße endete, sondern bis zur Stadtmitte führte, wird sich diese Richtstätte etwa auf dem Gelände des späteren »Bochumer Vereins« befunden haben.

Kehren wir wieder zurück in die Zeiten der Industrialisierung.

Vor uns sehen wir in der Ferne den alten Wasserturm des »Bochumer Vereins«. Dahinter erschließt sich heute der Westpark mit der Jahrhunderthalle, aber das ist schon ein anderer Spaziergang.

Links der Erzbahntrasse blicken wir in Richtung des Gewerbegebietes Von-der-Recke, ein rund 20 Hektar großes Areal, das bevorzugt Unternehmen der Automobilbranche beherbergt – worauf der Name der dazugehörigen Bushaltestelle »AutoArena« mit ein wenig Stolz hinzuweisen scheint. Früher wurde auf dem Gelände die gelöschte Schlacke der gegenüberliegenden Hochöfen deponiert. Für die Kinder der Umgebung war der sogenannte »Schlackenberg« ein Vergnügen besonderer Art: Das warme Löschwasser, das sich am Fuß der Halde ansammelte, bot ein ideales Freiluft-Bad. Aber daran werden sich heute nicht mehr viele Bürgerinnen und Bürger erinnern. Ebenso wenig an den 73. Deutschen Katholikentag, der im September 1949 direkt neben dem »Schlackenberg« und vor dem Hintergrund der Hochöfen des »Bochumer Vereins« gefeiert wurde. Er war das erste große Volksereignis, das den

Das Katholikentagsgelände in Hamme 1949, Zeichnung Kurt Hubert Vieth.

Deutschen nach dem Zweiten Weltkrieg gestattet wurde, 500.000 Gäste kamen in die Stadt.

5 Erzbahnschwinge

Über eine der markantesten Brücken der Erzbahntrasse überqueren wir die Gahlensche Straße: die «Erzbahnschwinge« – eine rund 130 Meter lange, doppelt gekrümmte Hängebrücke in S-Form mit seilverspannter Stahlkonstruktion (Entwurf: Prof. Schlaich). Die beiden 32 Meter hohen Brückenmasten sind so angeordnet, dass sie im Schwerpunkt der jeweiligen Brückenhälften stehen, so dass auf Abspannseile verzichtet werden konnte. Über die Treppe am Ende der Brücke verlassen wir die Erzbahn-

Statische Sensation: »Erzbahnschwinge«, gebaut 2003.

»Ihr Adnan Market«: Drei Worte – drei Sprachen: Hamme ist ein multikulturelles Viertel

trasse, setzen unseren Spaziergang über die Gahlensche Straße fort und wandeln auf den Spuren ihrer Vergangenheit.

Mit der Intensivierung des Bergbaus im südlichen Teil Bochums entstanden Pläne, die Ruhr schiffbar zu machen. Der Wasserweg sollte den Kohle-Transport in die bergisch-märkische Gewerberegion, nach Holland und in die Schweiz erleichtern. Politische und besitzstandsrechtliche Schwierigkeiten verhinderten jedoch die Umsetzung dieses Vorhabens.

Um nun auf die Lippe als Wasserweg ausweichen zu können, wurde um 1770 unter Friedrich dem Großen nach den Planungen des Blankensteiner Lehrers und Berggewerken J. G. Müser die Gahlensche Straße gebaut: Sie diente eine Weile als »Kohlenstraße« von der Ruhr über Weitmar, Hamme, Eickel, Dorsten und Gahlen zur Lippe. Der Versuch, die Kohlen der direkt an der Ruhr gelegenen Zechen mit Maultieren über eine schlecht ausgebaute Straße an die Lippe zu transportieren, erwies sich schon bald als nicht zweckmäßig. Als man das Eisenbahnnetz erweiterte, wandelte sich die Bedeutung der alten »Kohlenstraße«. Der Ausbau und die Befestigung der Straße sollten aber noch einige Zeit dauern. Bis dahin war die Gahlensche Straße ein ausgefahrener Landweg, der mit aufeinandergeschichteten Reisigbündeln gegen die regelmäßigen Überschwemmungen durch das vom »Schlackenberg« abfließende Löschwasser gesichert werden musste.

Herz-Jesu-Kirche an der Gahlenschen Str., Arch. Hermann Wielers 1888–1911. Hinten »Bochumer Verein«, rechts Schlackenberg.

Gegenüber vom Gewerbegebiet Von-der-Recke liegt ein hübscher Park, der auf einem Teil des ehemaligen Geländes der Zeche Präsident angelegt wurde. Diese Zeche, auf der auch einmal Freiherr vom Stein Bergdirektor war, entstand 1841. Mit einer Belegschaft von rund 800 Mann und einer Jahresförderleistung von ca. 114.000 Tonnen gehörte die Zeche nach wenigen Jahren zu den größten Anlagen der damaligen Zeit. Aufgrund der schweren Beschädigungen durch Luftangriffe mussten sowohl die Zeche als auch die Kokerei Präsident 1943 stillgelegt werden.

6 Hammer Park

An der Amtsstraße 4 steht die sehenswerte, aber »unsichtbare« Gethsemane-Kirche. Sie ist anläßlich des Katholikentages 1949 an die Rückseite des Gemeindehauses etwas versteckt angebaut worden. Dem Architekten Otto Bartning (1883–1959) ist es zu verdanken, dass nach dem Zweiten Weltkrieg insgesamt 43 solcher Notkirchen auf dem gesamten Gebiet Deutschlands erbaut wurden. Bartning hatte ein Programm mit mehreren Kirchentypen entwickelt, das er den jeweiligen örtlichen Gegebenheiten anpassen konnte. So wurden – im Sinne urchristlicher Gemeinschaft – in Selbsthilfe vorhandene Trümmer als Baumaterial mit einbezogen, es wurden Nägel gerade geklopft und wieder verwendet, von Hand gesäuberte Steine wurden verbaut. Weil Stahl, Eisen oder Beton nicht zur Verfügung standen, kam für die Tragwerke nur Holz in Frage. Und diese gut proportionierte Mischung aus Holz und Ziegeln macht die Kirche zu einem einzigartig wohltuenden Raum der Besinnung.

7 Gethsemane-Kirche

Gethsemane-Kirche innen. Arch. Otto Bartning 1949 und Glocke vor dem Gemeindehaus, gegossen 1898 im Bochumer Verein.

Am Amtsplatz finden wir das »Bürgerhaus«. Als Hamme noch eine eigenständige Landgemeinde war, war es Sitz der Gemeindeverwaltung. Neben den Büros für die Amtsgeschäfte hatte es auch Stallungen, eine Dienstwohnung für den Amtmann und Räume für die ihm unterstehende Polizeiabteilung. Erbaut wurde das Amtshaus 1902, und bereits

Amtsplatz mit Amtshaus als Kinderheim, heute Bürgerhaus.

Bürgerhaus Amtsplatz 2009.

zwei Jahre später hatte es mit der Eingemeindung seine eigentliche Funktion wieder verloren. Trotzdem diente es noch einige Jahre lang als öffentliches Verwaltungsgebäude und bis 1914 als Sitz der Polizeistation. Später war in dem Gebäude das Vincenz-Säuglings- und Kinderheim untergebracht. Heute beherbergt es ein Kinder- und Jugendfreizeithaus.

Viele seiner Bilder hat der Maler Konrad Schikaneder vom Fenster seines Ateliers im Eckhaus Amtsstraße/Dorstener Straße – früher befand sich hier die Apotheke »Zum schwarzen Adler« – gemalt. Am 24. Januar 1888 in Kitzingen am Main geboren, arbeitete er zunächst in München, wo er auch an der Akademie die bildenden Künste studierte. Zahlreiche Werke aus dieser Zeit sind heute noch in der Münchener Pinakothek zu sehen. Nach Hamme kam er 1928. Viele seiner Bilder zeigen Industrieanlagen des Stadtteils oder Portraits seiner Mitmenschen. Er lebte hier bis zu seinem Tod im Jahre 1950.

Über die Dorstener Straße gelangt man zur Feldsieper Straße.

8 Helene-Lange-Realschule

Die heutige Gemeinschaftsgrundschule gleichen Namens kennen mehrere Generationen aus der eigenen Schulzeit. 1908 als evangelische Schule erbaut, wurde sie im Laufe der Jahrzehnte um eine katholische Schule und um konfessionelle Volksschulen erweitert. Später entstand hier die heute noch bestehende Helene-Lange-Realschule. 1969 wurde die konfessionelle Trennung aufgehoben – die Gemeinschaftsgrundschule war enstanden. Zu den bekanntesten Schülern gehört der frühere Bundesfinanzminister Hans Matthöfer (SPD), der in Hamme aufgewachsen ist und die Feldsieper Volksschule in den 30er Jahren besucht hat. Bei beiden Schulen lohnt sich ein Blick auf die gut erhaltenen Verzierungen im Jugendstil, z.B. die Kinderfiguren über dem Eingang der

»Zu den vier Winden« 1910, gegenüber Helene-Lange-Realschule.

Feldsieper Schule oder das in Stein gemeißelte Motto »Ohn' Fleiß kein' Preis« über dem der Realschule.

Neben dem Eingang der Helene-Lange-Schule befindet sich auch die alte Turnhalle, deren Geschichte eng mit dem Turnverein Hamme 1883 e.V. verbunden ist. Zunächst mussten die Vereinsmitglieder mangels Turnhallen oder Spielplätzen in Wirtshäusern trainieren. Erst allmählich entstanden in der Umgebung die Sportplätze und Schulturnhallen. Anfangs waren Turnen und Sport reine Männersache, Frauen durften erst ab 1907 eine eigene Abteilung gründen – zur Ehrenrettung des Sports immerhin zwölf Jahre früher, als ihnen in der Weimarer Verfassung das Wahlrecht zugebilligt wurde. Gleich nebenan hat übrigens der traditionsreiche »BV Westfalia 1911« seinen frisch sanierten Stammplatz.

Turn-Verein HAMME. 8. Kreis Emscher-Gau.
Mitgliedskarte pro III Quartal 1894
für Genosse Jacob Böffel
Hamme, 15/8. 1894
Mitgl.-Verz. Nr. 6
Der Vorstand.
i. A.
z. Z. Kassenwart.
Diese Karte gilt als Ausweis und Empfangsschein für den gezahlten vierteljährlichen Beitrag von 75 Pf. und hat nur für den bez. Zeitraum Gültigkeit.

Mitgliedskarte 1894, Turn-Verein Hamme.

9 Bürgerplatz

Das Viertel rund um den Bürgerplatz wurde vor etlichen Jahren sozialverträglich saniert. Erstmals in NRW und wegweisend, verzichtet man auf eine »Flächensanierung«, also den Abriss des ganzen Quartiers. Ein Konzept, das der damalige Städtebauminister Christoph Zöpel (SPD) in seiner Heimatstadt umsetzte. Viele Häuser aus der Gründer- oder Jugendstilzeit stehen heute unter Denkmalschutz. Nehmen Sie sich ein wenig Zeit und schauen sich die unterschiedlichen Fenster, Türen, Giebel und Verzierungen an. Besonders gelungene Beispiele für eine Altbausanierung sind das Eckhaus Schwarzbach-/Hofsteder Straße mit dem kleinen Backhaus – zu erkennen an dem Stuckbrezel im Giebel – und das Haus zwischen der Hofsteder Straße und dem Wegescheid, das wegen seiner spitzwinkligen Form das »Bügeleisen« genannt wird.

Was fast niemand heute weiß: 1977 inszenierte Peter Zadek, der bis 1975 Intendant am Bochumer Schauspielhaus war, in einer Fabrikhalle an der Haldenstraße das Stück »Hamlet in Hamme«. Der große Erfolg kam daher, dass es in ungewöhnlicher Umgebung aufgeführt und

Bügeleisenhaus.

Bürgerplatz.

Schuster Emscherstraße 11 um 1927.

das Publikum durch die räumliche Nähe zur »Bühne« ins Geschehen miteinbezogen wurde. Die Halle diente später dem Schauspielhaus als Maler- und Kulissenwerkstatt, brannte aus und wurde 2006 abgerissen.

Unser Spaziergang durch Hamme endet in der Grünanlage Präsident. Fast am Ende des Parks, gegenüber dem Teich, erinnert – im Gras versteckt – eine Tafel daran, dass hier ein Schacht der Zeche Präsident gestanden hat. Bänke laden zur Pause ein.

Peter Zadeks »Hamlet« in der Fabrik Haldenstraße 1977 mit Martin Lause, Eva Mattes.

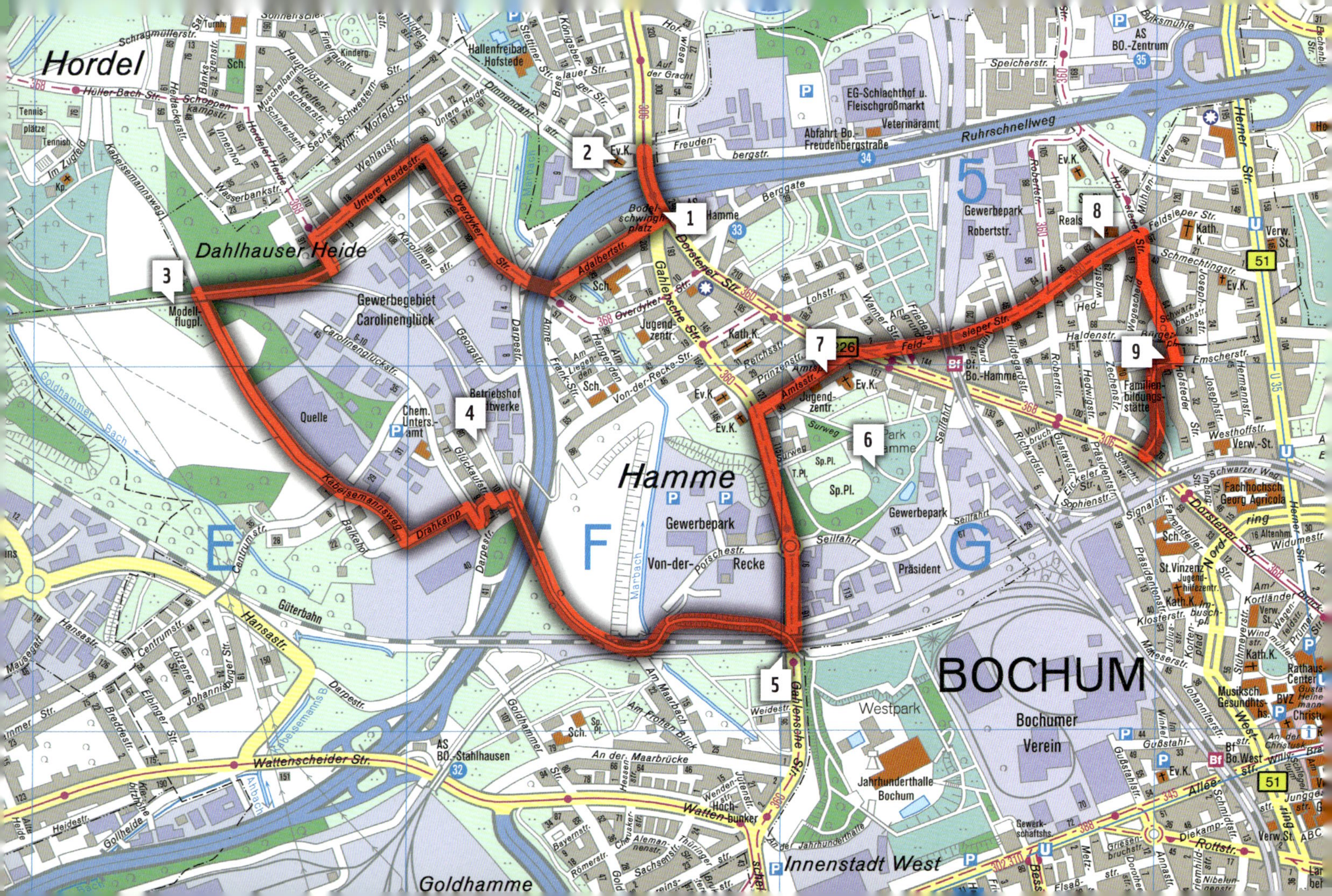
Hordel
Dahlhauser Heide
Hamme
BOCHUM
Goldhamme
Innenstadt West
Westpark
Bochumer Verein
Jahrhunderthalle Bochum
Gewerbegebiet Carolinenglück
Gewerbepark Robertstr.
Gewerbepark Von-der-Recke
Gewerbepark Präsident
Quelle
Ruhrschnellweg
Dorstener Str.
Gahlensche Str.
Herner Str.
Wattenscheider Str.
Hansastr.
Kabeisemannsweg
Overdyker Str.
Güterbahn
EG-Schlachthof u. Fleischgroßmarkt
Hallenfreibad Hofstede
1
2
3
4
5
6
7
8
9
5
E
F
G

Thema: Kohle
Das Grubengold hat uns hoch geholt

Christoph Meer und Norbert Ranft

Knappen im Rathaus 2007.

Der Kohle, liebevoll auch schwarzes Gold genannt, verdankt das Ruhrgebiet seine Weltgeltung als Industrierevier. Bochum galt lange Zeit als die Bergbaumetropole im Herzen dieses Reviers. Es war ein verschlafenes Landstädtchen und wuchs mit der Kohle zur Industriemetropole heran.

Begonnen hat alles schon im späten Mittelalter, als die Bauern im Ruhrtal entdeckten, dass die schwarzen Steine, die dort direkt unter der Erdoberfläche lagen, hervorragend zum Heizen geeignet waren. Ganz allmählich entwickelte sich ein bescheidener Wirtschaftszweig auf handwerklichem Niveau – fast nur zur Eigenversorgung, aber immerhin.

Als im 17./18. Jahrhundert das Holz knapp und teuer wurde, trat die Kohle ihren Siegeszug an, sie wurde zum begehrten Handelsgut weit über die Region hinaus. Die Bergleute kratzten nun nicht mehr nur an der Oberfläche, sondern trieben kilometerlange Stollen in die Ruhrberge. Auf dem Fluss, durch zahlreiche Schleusen schiffbar gemacht, transportierten Kähne die kostbare Fracht zum Rhein.

Der Durchbruch kam im 19. Jahrhundert mit der industriellen Revolution. Moderne Großzechen, nun nicht mehr an die Nähe zur Ruhr gebunden, förderten aus tiefen Schächten, die den Zugang zu kilometerweit verzweigten unterirdischen Streckennetzen bildeten, Hunderttausende von Tonnen des begehrten Rohstoffes. Eisenbahnen, Kanäle, andere Industrien folgten mit dem Aufschwung des Bergbaus. Kurz: die Zeit der großen Industrie an Rhein und Ruhr begann.

Welche Bedeutung dieser Wirtschaftszweig für eine Stadt wie Bochum hatte, mögen einige wenige Zahlen aus der Zeit nach dem Zweiten Weltkrieg belegen. Sieben Bergwerksunternehmen förderten auf 13 Großschachtanlagen mit rund zehn Millionen Tonnen jährlich etwa fünf Prozent der gesamten Ruhrkohle. Mehr als 40.000 Menschen waren in den Bergbaubetrieben beschäftigt, was immerhin die Hälfte aller industriellen Arbeitsplätze und 27 Prozent aller Arbeitsplätze ausmachte, Zulieferbetriebe nicht mitgerechnet.

Aber mehr noch: Bochum war und ist bis heute Sitz der Knappschaft und der Bergbauberufsgenossenschaft, es ist Heimat des weltberühmten Bergbaumuseums, zahlreicher Bergbauschulen und wissenschaftlicher Institute. Die Stadt war mehr als ein Jahrhundert Sitz der traditionsreichen Bergarbeitergewerkschaft. Die unterhält dort seit ihrem Zusammenschluss 1997 mit der Chemie- und Ledergewerkschaft zur IG Bergbau, Chemie, Energie immer noch eine Außenstelle ihrer Hauptverwaltung und hat ihren Landesbezirk Westfalen dort angesiedelt.

Der Bergbau hat das Gesicht der Stadt geprägt. Fördergerüste und Kühltürme, die früher zu Dutzenden alles andere überragten, gibt es zwar kaum noch, aber die Lage der Bergwerksbetriebe entschied darüber, wo und wie ein Stadtteil heranwuchs. Die Bergbauunternehmen bauten die Siedlungen, die über weite Strecken das äußere Bild der Stadt bestimmten, für ihre Beschäftigten.

Der Bergbau hat die Menschen der Stadt geprägt – mehr noch, er hat den größten Teil von ihnen erst hierher gebracht. Hunderttausende kamen in mehreren Wellen vor allem aus dem Osten Deutschlands und aus Polen ins Revier. Sie haben gelernt miteinander zu leben, und außer den Namen unterscheidet sie heute nicht mehr viel. Die Ruhr ist ein Schmelztiegel im guten Sinne des Wortes. Geblieben sind bis heute viele Eigentümlichkeiten der Sprache, der Lebensgewohnheiten und der Alltagskultur, die eine seltsame Mischung landsmannschaftlicher Tradition und bergbaulicher Lebenswelt darstellen. »Der Kumpel geht auf Maloche«, und dass »Stempel« mehr sind als die andernorts bekannten Beamtenwerkzeuge, weiß auch fast jeder Reviermensch. Übrigens: Auch viele türkische Mitbürger kamen zuerst und in großer Zahl ins Ruhrrevier, weil der Bergbau Arbeitskräfte brauchte.

Bergbau bedeutete Reichtum und Aufschwung, für die Stadt und für die, die auf der Seite der Reichen und Mächtigen standen. Bergbau bedeutete schwere Arbeit, Not und Entbehrung für die Bergleute und ihre Familien. Die Gefahr für Gesundheit und Leben war alltäglicher Begleiter der Kumpel. Angeführt von ihrer Gewerkschaft haben sich die Bergarbeiter selbstbewusst in jahrzehntelangen Auseinandersetzungen schließlich die Verbesserung ihres Lebens und ihre Rechte erkämpft, und auch Bochum war immer wieder Schauplatz solcher Ereignisse, die in die Geschichtsbücher eingegangen sind: Von den ersten großen Bergarbeiterstreiks 1889 und 1905 über die Umwälzungen nach 1918 bis zu den Hungermärschen 1948 und den Großdemonstrationen gegen das Zechensterben Ende der fünfziger Jahre. Die größte Demonstration seiner Geschichte erlebte Bochum jedoch später: Am 29. April 1993 protestierten bei einer Kundgebung der IG Bergbau mehr als 100.000 Menschen gegen die Kohlepolitik der Regierung Kohl.

Mit der Bergbaukrise, die 1958 ihren Anfang nahm, ging in Bochum eine Ära zu Ende. Bereits 1972 wurde die letzte fördernde Schachtanlage geschlossen. Dennoch ist die Verbundenheit mit dem Bergbau und seinen Traditionen geblieben, auch wenn manches heute Nostalgie ist. Geblieben sind neben den schon genannten Einrichtungen vor allem Straßen- und Ortsnamen, zahlreiche Denkmäler und das Wissen, dass diese Stadt ihr heutiges Aussehen im Grunde dem Bergbau verdankt. Und geblieben ist bei den Menschen viel von den bergmännischen Charaktereigenschaften: Man hält zusammen, man kann sich auf einander verlassen, man drückt sich nicht vor harter Arbeit, man redet nicht drumherum, sagt sich deutlich die Meinung und trinkt anschließend friedlich zusammen ein Pils.

Knappe »vor Ort« untertage.

Grumme und Riemke
»... es grünen die Wälder, die Höh'n«

Hans H. Hanke

Ausgangspunkt: Haltestelle »Riemker Markt« | Linie U 35
Endpunkt: Haltestelle »Liboriusstraße« | Buslinie 336/360
Streckenlänge: 6 km | Dauer: 2,5 Stunden

Der Weg führt aus dem tobenden Verkehr sofort in Gärten, zu einem herrlichen Aussichtspunkt, einer Seenplatte, erschließt ein geschichtsträchtiges Naturschutzgebiet und endet bei einem historischen Landgasthof.

1

Riemker Markt
Mi und Sa
7.00–13.00 Uhr.

Das alte Dorf lag ein wenig westlich vom Riemker Markt. Die Höfegruppe »Reinbeki« oder auch »Rymbecke«, benannt nach einem Bach, wurde schon im 9. Jahrhundert als abgabepflichtiger Hof des Klosters Werden erwähnt. Die Weide-, Feld- und Waldflächen der Gemeinde gehörten zu den größten Feldmarken zwischen Ruhr, Emscher, Dortmund und Essen. Diese Riemker Mark wurde 1771 bis 1841 aufgeteilt, hier liegt heute Wanne-Eickel (Herne). 1926 wurde Riemke nach Bochum eingemeindet.

Am Riemker Markt entwickelte sich seit 1842 ein Zentrum für Handel und Rast. Manche Gaststätte aus der alten Zeit hat überlebt. Der Markt ist bis heute einer der beliebtesten in Bochum.

Zuerst war hier die Straße. Mit dem Bau der Herner Straße 1838 bis 1842 wurde die »Kunststraße« von Bremen ins Saarland vollständig. Der seit 1836 täglich mehrfach pendelnde Postkutschenverkehr zwischen Bochum und Recklinghausen nutzte nun diese Trasse zu seinem Vorteil. Als 1847 in Herne der Bahnhof »Herne-Bochum« als für lange Zeit einziger Eisenbahnanschluss Bochums eröffnet wurde, steigerte sich der Verkehr fulminant. Nicht zuletzt die Zeche Präsident (1841) und

St.-Franziskus-Kirche, Arch. Hermann Wielers 1892, oben um 1910, links 2008.

Herner Straße um 1900.

das Gussstahlwerk »Bochumer Verein« (1842) nutzten die Herner Straße für den Transport von Rohstoffen und Produkten. Ganz selbstverständlich musste man für die Benutzung der aufwändigen Strecke Gebühren bezahlen. Die Mautstation, ein kleines Fachwerkhaus mit Schlagbaum, lag nicht weit von unserem Startpunkt, aber außerhalb unserer Strecke, an der Herner Straße 399. Dort steht jetzt – ganz passend – eine Tankstelle.

Es wurde immer lebhafter in Riemke: 1870 bis 1875 entwickelte sich der »Bahnhof Riemke« zu einem der bedeutendsten Verschiebebahnhöfe des Ruhrgebietes. Eisenbahntrassen und Bahnlärm machten das alte Dorf Riemke zu einem schwierigen Wohnort, auch darum verlagerte sich das Leben hier zur neuen Chaussee. 1896 nahm Bochums erste elek-

Riemke Markt 1950er Jahre.

trische Straßenbahn den Betrieb über die Herner Straße auf. Die Fahrt auf der sieben Kilometer langen Strecke dauerte 25 Minuten und kostete damals stolze 50 Pfennig, die sich ein Fabrikarbeiter kaum leisten konnte. Die Riemker fürchteten um ihre Kinder, als die Straßenbahn in einem Tempo vorbeiraste, das die Kutschenfahrt um ein Vielfaches übertraf. Man möge »den Unsinn mit der Elektrischen bald wieder abstellen«, hieß es in Protesten. Der Wunsch wurde 1989 erfüllt. Deutschlands erste städteverbindende U-Bahn ersetzte die Straßenbahn. Zwischendurch wurde die Herner Straße nach und nach autogerecht ausgebaut, bekam zwei Autobahnanschlüsse und ist so über die 170 Jahre ihrer Existenz zum mehr oder weniger geliebten Rückgrat Riemkes geworden.

Festkelch Franziskus-Kirche von 1914.

1888 war die große Bochumer Urpfarrei, die weit über das heutige Bochum hinausreichte, sehr reich an Mitgliedern geworden. Darum wurde sie in die Gemeinden Hofstede-Riemke und sechs andere aufgegliedert. Hier am Markt schenkte ein Gutsbesitzer der katholischen Kirche ein Grundstück für den Bau einer Kirche und eines Pfarrhauses. Mit 73 Metern Höhe hat sie einen der höchsten Kirchtürme Bochums. Der 1891/92 entstandene neugotische Backsteinbau wurde 1896 zu Ehren des hl. Franziskus von Assisi benannt. Die gesamte geschnitzte Ausstattung der Kirche stammt aus der Wiedenbrücker Schnitzerschule. Trotz Verlusten und Veränderungen bildet sie noch immer mit dem Kirchenbau ein Ensemble und verweist auf die ehemals prunkvolle Gesamtausstattung. Der Architekt Hermann Wielers hat als Kirchenbaumeister eine große Rolle in Bochum und im Ruhrgebiet gespielt.

2 Franziskus-Kirche

Der zeichenhafte Turm der evangelischen »Trinitatiskirche« (Herner Straße 329) liegt noch in Sichtweite des Marktes, wenn auch schon

3 Trinitatiskirche

Postkarte 1950er Jahre.

auf Hofsteder Gebiet. Die Kirche wurde 1959–1961 nach Plänen der Architekten Walter Arns und Louis Buderus gebaut. Der Herner Bildhauer Werner Hauptmeier hat kunstvolle Fenster in den wohnlichen Andachtsraum eingefügt.

4 ehem. Denkmal

Im hinteren Bereich des Marktplatzes liegt eine baumumstandene kleine »Anhöhe«. Hier wurde 1928 ein »Kriegerehrenmal« enthüllt, das den 232 Männern der Gemeinde gewidmet war, die im Ersten Weltkrieg umgekommen waren. Die etwa fünf Meter hohe Säule war im Vergleich zu anderen Werken der Zeit angenehm unpathetisch gestaltet und beschriftet. Sie wurde in den frühen Nachkriegsjahren beseitigt.

5 Siedlung

Riemke war erstaunlicher Weise bis 1911 frei von Zechen und Siedlungen und galt auch lange danach noch als Gartenstadt mit bäuerlicher Idylle und hohem Freizeitwert. Das änderte sich, nachdem die Zeche Constantin 1912 auf ihren neuen Riemker Schächten 8 und 9 mit rund 1.000 Arbeitern die Förderung aufgenommen hatte. Viele Jahre fehlten nun Wohnungen für den Zuwachs an Riemkern. In Selbsthilfe entstanden nach 1925 drei Bauvereine. Der »Baugewerksbund« schuf hinter dem Markt an der Markscheide eine dörfliche Siedlung. Ganz bewusst scheinen die kleinen Häuser an der Einmündung Windthorststraße mit ihren steilen Dächern westfälischen Bauernhäusern nachempfunden zu sein.

6 Kleingärten

Ein Schild »Sportanlagen am Hausacker« führt uns in die größte Kleingartenanlage in NRW. 1922 wurde der »Schrebergartenverein e.V. Riemke« gegründet, heute heißt er »Kleingärtnerverein«. Man begann mit 80 Gärten, erweiterte bis 1924 um 270 und 1948 nochmals um 64. Von denen sind heute noch rund 380 bewirtschaftet. Etwa 200 Euro pro Jahr und viel Arbeitsfreude muss ein Gartenfreund mitbringen. »Feldmäßige Bestellung und die ausschließliche Nutzung als Ziergarten sind untersagt. Eine angemessene Fläche ist für den Obst- und Gemüseanbau zu nutzen«, sagt die Satzung. Das Ergebnis ist ein herzerfrischend anzuschauender Beitrag zur Umwelt. Tipp: Das ganzjährig geöffnete Vereinsheim (Gaststätte Zum Schrebergarten, Beisingstraße 20 b) besitzt einen Biergarten und eine umfangreiche Speisekarte mit guter preiswerter Kost.

Riemker Post an der Poststraße um 1910.

Kleingärten oder Armengärten entstanden auf Initiative von wohlmeinenden Landesherren, Fabrikbesitzern, Stadtverwaltungen und Wohlfahrtsorganisationen seit Anfang des 19. Jahrhunderts, um des Armenproblems Herr zu werden. Das hatte seine Ursache im sprunghaften Anwachsen der Bevölkerung. So war es dann auch im krisengeschüttelten Ruhrgebiet. Die wenigsten Arbeiter lebten in Siedlungshäusern mit eigenem Garten. Populär wurde diese Form der Hilfe zur Selbsthilfe durch den Leipziger Arzt Dr. Daniel Gottlob Moritz Schreber. Schreber war jedoch nicht der Erfinder der Schrebergartenbewegung, wie landläufig noch immer angenommen wird, sondern nur der Namensgeber.

7 Hof Tappe-Tiemann

Am Weg liegt seit 1824 der Hof Tappe-Tiemann. Er geht zurück auf den an anderer Stelle gelegenen mittelalterlichen Tiemannshof, auf dem die Gerichtsverhandlungen in Riemke stattgefunden haben sollen.

8 Tippelsberg

Der Tippelsberg (Teufelsberg) ist 150 Meter hoch und bietet einen prachtvollen Blick über das Revier. Hier wird gerne eine Opferstätte der alten Germanen vermutet. Und hier entstanden die Märchen der »Wittewiwerkule« und vom »Riesen Tippelus«: In eine Kuhle oder Höhle in der Nähe des Berges lockten einst Weiße Frauen ein Bauersweib, die dann lange dort blieb, bis sie wieder entkam. Vom Riesen Tippelus wird in Märchen berichtet, dass er und seine riesen Kollegen auf der Haard in Erkenschwick und auf dem Mechtenberg bei Essen-Kray sich gerne mit mächtigen Steinen bewarfen und so nachhaltig zur Landschaftsgestaltung beitrugen.

Landschaftsgestaltung ist aber mühsamer: Über 20 Jahre lang wurden auf diesem schon längst hohen Berg des Ardeygebirges große Teile des beim U-Bahnbau anfallenden Aushubs abgekippt. Man spricht von 200.000 Lkw-Ladungen. 2,7 Mio. Tonnen Bau- und Bodenschutt erhöhten den Berg um 20 m auf 150 m N.N. Seit 2007 kann man den neu gestalteten Aussichtspunkt wieder besteigen. Fußspuren des Riesen Tippelus begleiten den Weg auf einen informativen und einladenden Gipfel mit bis zu 80 Kilometer Fernsicht. Zu Silvester ist der Tippelsberg ein beliebter Aussichtspunkt, um das Feuerwerk über der Stadt zu bewundern.

Gipfel des Tippelsberges 2008.

Zillertal um 1910.

Der Abstieg führt nun Richtung Zillertal über eine Brücke der Autobahn A 43 Münster–Wuppertal, die seit 1971 hier entlang tost. Zwei Mühlensteine künden an einem alten Hof von 1880 und jetzigen Reiterhof an, dass der Dorneburger Mühlenbach nicht weit ist. Das Naturschutzgebiet Zillertal! Wer denkt da nicht an Österreich. Und genau das war gemeint, als das quellreiche »Berger Tal« sich wohl ab etwa 1880 zum Naherholungsziel mit opulenter Gastronomie entwickelte und irgendwer auf diesen werbeträchtigen Namen verfiel. Immerhin: Neben dem Tippelsberg umrahmen der Stemberg und der Günzelberg das Tal. Das ganz Besondere ist, dass das Zillertal seit mehr als 100 Jahren

9 Zillertal

Zillertal um 1910.

immer wieder durch den Einsatz von Naturschützern vor dem Untergang bewahrt wurde. Das begann, als 1901 bis 1906 an der Hiltroper Straße oberhalb des Tales die Großschachtanlage Constantin VI/VII in Betrieb ging. Weite Teile des Tales wurden für den Grubenbedarf abgeholzt. Und pro Jahr überfluteten geschätzte 40.000 Tonnen stinkender Schlammfluten aus dem Zechenbetrieb das geliebte Idyll. Der Protest war groß. Erste Kanalisationsversuche für die Phenolbrühe blieben unzureichend, der zwei Kilometer lange Dorneburger Bach verkam zusehends. 1922 entstand dann zum Schutz der Umwelt ein Aquädukt mit geruchsfestem Verschluss. Für das drei Meter hohe und 250 Meter lange Brückenbauwerk heuerte man sogar den »Stararchitekten« Alfred Fischer an. Das Zillertal wurde nun zum »Zechenwald« für Bauholz. Die zahlreichen Erlen sollen aus dieser Zeit stammen. Ziegeleien gewannen an den Hängen Mergellehm bis in die 1970er Jahre. Im »Dritten Reich« erhielt das Tal ein Munitionslager und eine aufwändige Flakstellung am Stembergsbusch. 1956 sollte das Tal dann mit Zechenabraum gefüllt werden, auch das wurde abgewehrt. Die A 43 sollte auf einem enormen Damm geführt werden und das Tal zerteilen, Naturschützer konnten die Autobahnbrücke durchsetzen und damit zumindest das Schlimmere verhindern. 1961 bewarb sich die Stadt Bochum mit dem Tal für die Bundesgartenschau, was genauso wenig wahr wurde wie die Planungen der 1970er Jahre für einen Revierpark mit Skihang, Strandbad, Indianerspielplatz. Eine Schwermetallbelastung ganz eigener Art verursachte der ehemalige Tontaubenschießstand im nordöstlichen Bereich des Tales. Es hätte sich fast gelohnt, die Bleikugeln im Tagebau zurück zu gewinnen. Trotz oder mit all diesen Entwicklungen siedelte sich eine große Anzahl seltenster Fauna und Flora an. Mit Hilfe von Naturschützern der Ruhr-Universität wurde das erkannt und ab 1982 systematisch durch ergänzende Bepflanzungen vor allem an den Teichen geschützt. Zwischen Erlen und Buchen findet sich einer der größten Bestände an Riesenschachtelhalmen in NRW. Ihre älteren und bedeutend größeren Verwandten wurden vor Urzeiten zur Kohle des Reviers. Die Aufzählung seltener Lebensformen ist lange fortsetzbar, jetzt seien nur noch Mäusebussarde, Turmfalken und Libellen genannt.

Die Stembergstraße führt auf einer alten Zechenbahn entlang, die früher den Schacht Constantin X mit dem Bahnnetz verband. Am Ende des Weges liegt die seit dem 13. Jahrhundert bekannte »Berger Mühle« am Mühlteich. Das romantische und liebevoll gepflegte Haus trägt die Inschrift »Erbaut im Jahr 1861 im März von den Eheleuten Georg Schulte und Dorothea Diederichs zu Bergen M.F.A.«. Über einer rückwärtigen Tür steht: »Johann Heinrich Schulte Maria Catarina Weisthof Den 2. Juni 1829«.

Berger Mühle 10

Berger Mühle 2009.

11 Sportplätze Constantin VI/VII

Unser Weg führt schon vor der Mühle rechts bergan auf einer weiteren ehemaligen Zechenbahntrasse nochmals über die Autobahn. Rechts liegen Sportplätze, die zum Deutschen Turnfest in Bochum und Dortmund 1990 angelegt worden sind und die sich auf der anderen Seite der Hiltroper Straße fortsetzen. Der Spaziergang führt ein kleines Stück am Rand dieser hoch gelegenen Grün- und Sportanlage vorbei. Hier erhob sich einst die Großschachtanlage Constantin VI/VII, die von 1901 bis 1905 entstand, 1967 stillgelegt und in den folgenden Jahren abgerissen wurde. Ohne die dörfliche Ruhe wesentlich zu stören, beherrschte die Anlage früher – einer Höhenburg nicht unähnlich – die Grummer Silhouette.

Jenseits dieser Industrie-Romantik standen die schwerwiegenden Umweltprobleme, vor allem aber der bergmännische Alltag. Die Schilderung eines Grummers 1980: »Die Zeche ist mir persönlich immer so vorgekommen wie an der Front. Fast jeden Tag fuhren Krankenwagen da hinaus, irgendetwas passierte fast jeden Tag, mehr oder weniger schwere Unfälle. Mein Vater hatte einen Finger ab, und dreimal haben wir ihn im Krankenhaus wegen Gehirnerschütterungen und anderen Verletzungen besucht. Die Angehörigen der Männer, die auf der Zeche arbeiteten, haben täglich Ängste ausstehen müssen. Man musste immer damit rechnen, dass etwas passierte.« Eine Erinnerung wurde in der Belegschaft besonders wach gehalten: Am 12. April 1921 starben auf Constantin VI/VII bei einer Schlagwetterexplosion 18 Bergleute.

Zeche Constantin, Schacht VI/VII um 1955.

Als Gruppe moderner, niedriger und verschieferter Gebäude ist die »Werkstatt Constantin« (Hiltroper Straße 164) gebaut worden, ein sehr erfolgreiches Wohn- und Arbeitsprojekt für Behinderte. Rechts lugt der 1805 erbaute Niederdrewermann-Hof aus einem Tal.

12 Werkstatt Constantin

Eine hohe und lange Seilbahn führte von Zeche Constantin VI/VII zum Landabsatz bei Schacht II an der Herner Straße, eine Werksbahn führte nach Herne. Von dieser Bahn ist an der Tenthoffstraße eine schöne alte Eisenbrücke mit klassizistisch gestalteten Säulen erhalten, ein Baudenkmal.

13 Tenthoffbrücke

Links am Weg versteckt sich eine recht breite Treppe, die ins Nichts führt. Wie in einer Prozession zogen die Bergleute hier früher zur Schicht. Im schwachen Licht der Laternen mussten sie an Hunderten von Loren und Waggons auf dem Rangiergelände vorbei, das heute bewaldet ist.

Rechts am Weg steht seit 1984 in der Wiese die Europa-Begegnungsstätte, eine Zwölf-Stelen-Anordnung um einen Baum. Die Größenunterschiede und Anzahl der Steine entsprechen angeblich den Mitgliedsstaaten der EU 1990. Wir sind in Grumme.

14 Europa-Begegnungsstätte

Kloster Werden besaß im 12. Jahrhundert in »Grumheim« einen Hof, der als Abgabe Gerste, Roggen und Geld lieferte. Der Name Grumheim/Grummet (= Grünmaht) weist auf Wiesengelände hin oder bedeutet: Heim in der Grume (= im Grunde). Um 1800 gab es sechs freie und fünf verpachtete Höfe, einen freien und fünf verpachtete Kotten (westfälischer Kleinst-Bauernhof) und sieben Tagelöhner-Familien in Grumme. Die großen Höfe bestimmen bis in die Gegenwart das Bild des Ortes,

Helfhof Grumme 2008 mit Hausstein von 1763.

und sei es auch nur als Straßennamen: Dördelmann, Höhne, Vierhaus, Blomberg, Tenthof und Rehlinghaus: 1904 wurde Grumme nach Bochum eingemeindet, Bochum wurde durch diese und andere Eingemeindungen zur Großstadt und bekam deshalb 1909 einen Sitz im Preußischen Herrenhaus.

15 Der Helfhof

Der Helfhof gehört zu den Höfen, deren Existenz sich bis in das 15. Jahrhundert zurückverfolgen lässt. Bis vor etwa 200 Jahren hieß er Dördelmannshof, ein Stein »AO 1763 Jörgen Henderich Dördelmann« und die Initialen (Th. D., M. D. 1868) am großen Giebeltor bezeugen das noch. Schon um 1410 mussten die Bauern auf diesem Hof an das Stift Essen jährliche Abgaben zahlen. Das Alter des oft umgebauten Hauses wird in der urtümlichen und reichen Fachwerkkonstruktion spürbar. Die Deutsche Stiftung Denkmalschutz hat das Baudenkmal durch eine Förderung geehrt.

16 Gummer Seenplatte

Hier liegt die »Grummer Seenplatte«, eine Folge von acht Teichen, die im Laufe der Jahre 1950 bis 1970 entstand. Die Seen waren ein Pilotprojekt zur Renaturierung des verseuchten Bachs »Grumbecke«. Ihren Ursprung hatte die Teichfolge aber darin, dass im 18. Jahrhundert die größte Wasserfläche an der Tenthoffstraße als Mühlenteich und Löschwasserreservoir angelegt wurde. Hier stand schon um 1810 ein Spritzenhaus. Die Grummer Mühle sowie andere Mühlen lagen talwärts.

An diesem größten und ältesten Teich befand sich von 1901 bis 1974 die »Kaiseraue«, ein feudales Gartenrestaurant, das der »Gutsbesitzer«

Kaiseraue um 1900 und 1911.

Helf – so nannten sich wohlhabende Bauern damals – errichten ließ. Das Haus stand in der »Aue«, und in seine Parkanlagen war Kaiser Karl dem Großen ein Denkmal gesetzt worden. Der malerische Neurenaissance-Bau besaß einen Aussichtsturm und einen Jugendstilsaal. Mit Ruderteich, Tennisplätzen und Musikpavillon entwickelte er sich zum Prominenten-Treff mit Sommerfesten, Feuerwerk und romantisch illuminierten »italienischen Nächten« im Park. Der Teich kann damals nicht größer gewesen sein als heute, darum glaubt man kaum, dass er zu einer bekannten Sportstätte im Ruhrgebiet wurde. Hier fanden die Westdeutschen Schwimm- und auch Kanumeisterschaften statt. Seit 1912 endete an der Kaiseraue auch die erste Straßenbahnverbindung mit Bochum. Bis in die 1950er/60er Jahre blieb die Kaiseraue Ort für vergnügte Feste.

Die Kehrseite der glänzenden Medaille ist die Geschichte der Kaiseraue während der Kriege. Im Ersten Weltkrieg diente sie als Lazarett, 1940 wurden hier französische, dann polnische und schließlich bis 1944 russische Zwangsarbeiter untergebracht.

Am Kriegsende war die Kaiseraue Lebensmittellager. Sofort nach der Kapitulation plünderten es Grummer Bürger. Selbst vermeintlich sinnlose »Eroberungen« wie ein Fässchen Senf oder ein Karton Backpulver konnten auf dem Schwarzmarkt nützlich werden.

In den 1960er Jahren wurde die Kaiseraue als »Gastarbeiter«-Unterkunft vernachlässigt und schließlich sinnlos abgerissen. Etwa an Stelle der »Kaiseraue« entstand 1980/81 das »Ökumenische Seniorenzentrum Kaiseraue« nach Entwürfen des Bochumer Architekten Roman Reiser.

Entlang des Kaiseraue-Teiches findet seit 1980 alljährlich im August ein sehr beliebtes See-Fest statt.

Der Äskulapstab mit Schlange stammt vom griech. Gott der Heilkunde. Die List der Füchse steigert die ärztliche Kunst.

Gasthaus Goeke 2008 und 1909.

Das Haus Josephinenstraße 46 mit dem Äskulapstab, dem von einer Schlange umwundenen Stab, ist der einzige repräsentative Villenbau aus der Zeit um die Jahrhundertwende in Grumme-Dorf. Wahrscheinlich wohnte hier ein Arzt oder Apotheker. Die Straße ist nach der Frau des erwähnten Gutsbesitzers Helf benannt.

17 Gasthaus Goeke

Wir erreichen unseren Rastplatz, das Gasthaus Goeke, ursprünglich ein 1547 schon erwähnter Kotten, der laut Torbalkeninschrift 1784 wiedererrichtet worden ist: »Wir haben hier keine bleibende Stehte, sondern die zukunftige suchgen wir/Von alterDom (= Altertum) bin ich geworfen Nieder. Durch Gotes Macht und Menschen Hielfe steh ich wieder. Anno 1782 DZ October«. Goeke war seit 1886 die Kneipe der Grummer Pohlbürger, seit 1896 zapft und kocht hier Familie Goeke. Bis zu fünfzig Vereine haben hier in den 30 Jahren getagt. Vor dem Haus liegt ein Biergarten. Von dort ist der Grummer Dom zu sehen.

St.-Liborius-Kirche, Arch. Hermann Wielers 1891, 2008.

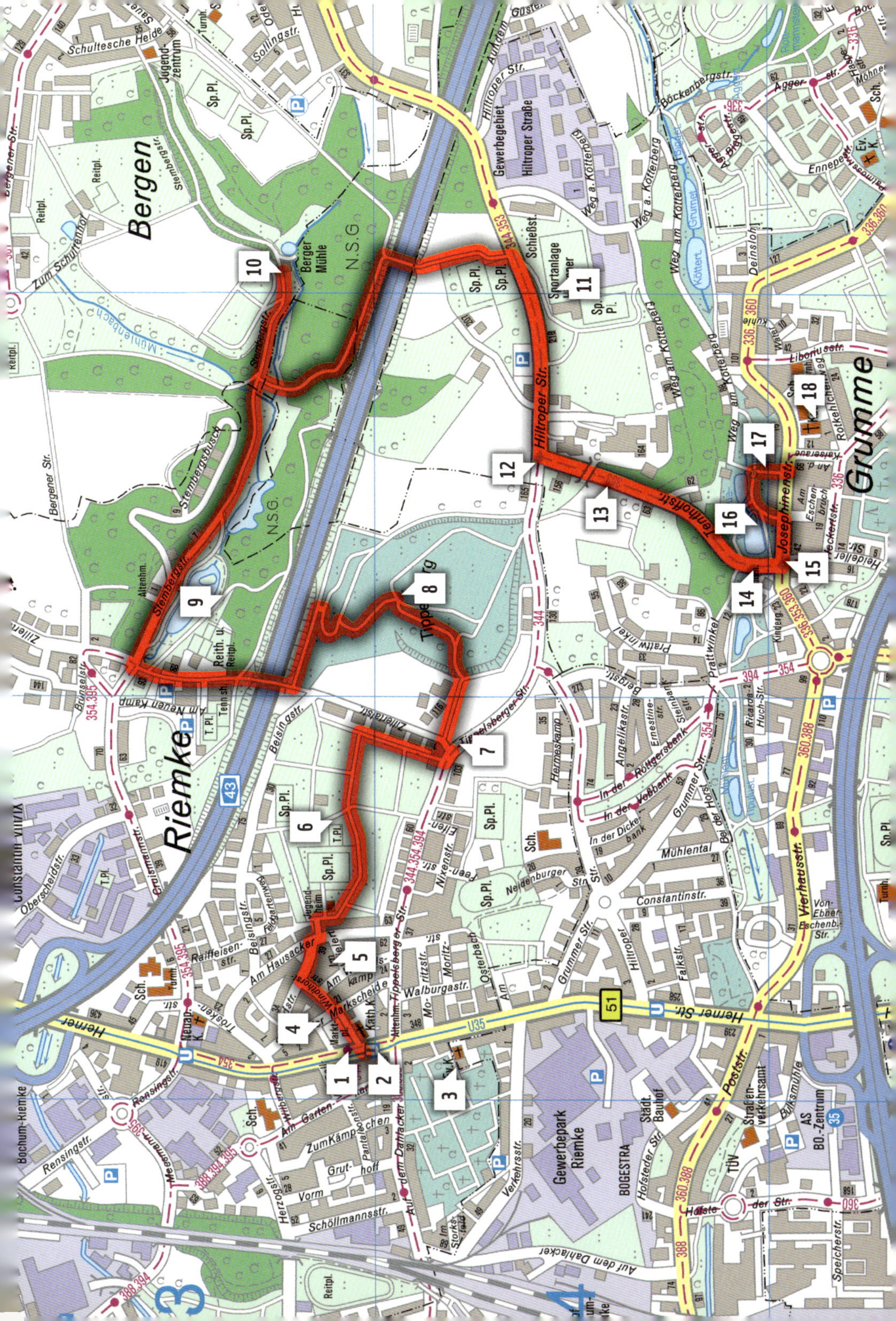

Bergen
Riemke
Grumme
1
2
3
4
5
6
7
8
9
10
11
12
13
14
15
16
17
18
Berger Mühle
N.S.G.
Hiltroper Str.
Hiltroper Straße
Gewerbegebiet
Sportanlage
Tippelsberg
Tippelsberger Str.
Stembergstr.
Stembergsbusch
Zum Stuttenhof
Mühlenbach
Bergener Str.
Schultesche Heide
Jugendzentrum
Sollingstr.
Böckenbergstr.
Weg a. Kötterberg
Weg am Kötterberg
Tenthoffstr.
Josephinenstr.
Liboriusstr.
Deinsloh
Vierhausstr.
Herner Str.
Poststr.
Gewerbepark Riemke
BOGESTRA
Städt. Bauhof
Straßenverkehrsamt
TÜV
Auf dem Dahlacker
Schöllmannsstr.
Markscheide
Am Hausacker
Raiffeisenstr.
Beisingstr.
Oberscheidtstr.
Rensingstr.
Brunsteinstr.
Am Neuen Kamp
Reith. u. Reitpl.
Zillertalstr.
In der Vöhbank
In der Röttgersbank
Angelikastr.
Grummer Str.
Mühlental
Constantinstr.
Neidenburger Str.
Hermeskamp
Pratt winkel
Walburgastr.
Moritzstr.
Osterbach
Falkstr.
Bei der Hornstr.
Ricarda-Huch-Str.
Kindeg
Grut-hoff
Zum Kämpchen
Pantaleonstr.
Verkehrsstr.
Herzogstr.
Am Garten
Speicherstr.
Bulksmühle
43
51
U35

18 St.-Liborius-Kirche

Eine Kirche gab es hier früher nicht, die Grummer gingen in die Propsteikirche nach Bochum. Die St.-Liborius-Kirche ist erst 1891 gebaut worden. Wie schon die Riemker Basilika, entwarf Herman Wielers auch diese neugotische Kirche. Ihre Errichtung wirkte höchst politisch: Mit ihrem zunächst ungenehmigten Bauplänen erzwang Grumme 1891 die Erhebung zur Kirchengemeinde. Bei zahlreichen Renovierungen – 1928 mussten wegen Bergschäden sogar die Gewölbe ausgetauscht werden – verlor sie am Turmdach Fialtürmchen und den Dachreiter auf dem Hauptdach. Ihr Bronzegeläut wurde im Ersten Weltkrieg eingeschmolzen und erst 1928 durch Glocken aus dem Bochumer Verein ersetzt. Die meisten Fenster in der Kirche schuf der Paderborner Künstler Heinrich (Enrico) Zappini (1915–1974).

Ein letzter Blick: Der Bochumer Künstler Detlef Vordenbäumen hat das 1905 neben Goeke errichtete Haus 1991 zu einem Kunstwerk umgestaltet.

Zeche Constantin VI/VII, Aquarell Felix Kaul oder M. Komma um 1956.

Hofstede und Hordel
Kohle, Kapps und Knochen-Karl

Martina Schnell

Ausgangspunkt: Haltestelle »Zeche Constantin« | Linie U 35
Endpunkt: Haltestelle »Hannibal Einkaufszentrum« | Linie 306, Bus 368
Streckenlänge: 6 km | Dauer: 2,5 Stunden

Wer heute über die Dorstener Straße oder die Herner Straße nordwärts Richtung Hofstede fährt, wird mit Verwunderung hören, dass er sich auf ehemals landwirtschaftlichem Gebiet befindet. Doch schon der Name sagt es aus: Hofstede kommt von Hof-Stätte, womit bäuerliche Ansiedlungen gemeint waren. Die Besiedlung von Hofstede und dem später eingemeindeten Marmelshagen geht auf das 4. Jahrhundert zurück, urkundlich erwähnt ist »Hofstade« und »Marmelshagen« ab dem 14. Jahrhundert.

Wir beginnen unseren Rundgang an der U-Bahn-Haltestelle »Constantin«, dem Kreuzungsbereich der Herner Straße mit Vierhausstraße und Poststraße im östlichen Hofstede. Hier steht das Ehrenmal vom »Knochen-Karl« auf dem Gelände des ehemaligen Schacht 1 der Bochumer Kohlenzeche Constantin der Große, die 1849 gegründet worden war und erst in den siebziger Jahren abgerissen wurde.

1 Knochen-Karl

»Knochen-Karl«, Künstler Joseph Enseling 1937.

Auf der Plattform erhebt sich die schlichte Gestalt eines Bergmannes, der sich auf die Hacke stützt, zu Füßen eine Wetterlampe, eine Schöpfung von Professor Enseling von der Essener Folkwangschule. Die Einweihung erfolgte 1937. Der Bergmann und spätere Fahrsteiger Karl Mieling hatte 1937 zum Gedenken an die Kriegs- und Bergbauopfer auf Bitten der ehemaligen Gewerkschaft Vereinigte Constantin der Große Modell gestanden. Wegen seines markanten Körperbaus trug er schon lange auf der Zeche den Spitznamen »Knochen-Karl«, der bis heute für die Skulptur in der Bevölkerung populär geblieben ist.

Die kleine Grünanlage rund um das Ehrenmal entstand nach Plänen des Architekten Fritz Grasshoff. Entdeckt wurde »Knochen-Karl« in den achtziger Jahren von Heinz Esken, einem Bochumer Kommunalpolitiker und Hofsteder Bürger, auf dem Gelände der damaligen Hibernia Verwaltung in Herne, wohin das Mahnmal nach dem Abriss der Bergbauverwaltung Constantin verschwunden war. Auf Eskens Initiative hin und mit Unterstützung aus dem Düsseldorfer Städtebauministerium sowie der Ruhrkohle AG und der Bergbau AG Lippe kam Knochen-

Karl zurück an den Standort von Schacht 1 der Zeche Constantin. Der kleine Park wurde zeitgleich errichtet. Zur feierlichen Einweihung des Denkmals am 7. November 1987 war Karl Mieling von seinem Alterssitz in Idstein/Taunus nach Bochum eingeladen worden.

Die U-Bahn-Haltestelle am Knochen-Karl wurde nicht, wie vorgesehen, Hiltroper Straße genannt, sondern »Constantin«, als Erinnerung an eben diesen Zechenstandort. Der Bahnsteig ist einem Zechenraum nachempfunden worden.

Das Bergwerk war 1849 entstanden und neben der weiteren Hofsteder Zeche Hannibal, die 1846 gegründet worden war, maßgebend für die Entwicklung des ländlichen Hofstede zum Bergarbeiterort mit ausgedehnten Schachtanlagen. 1905, ein Jahr nach der Eingemeindung Hofstedes zu Bochum, arbeiteten bereits 4.350 Bergleute in Hofstede. Die Zahl der Einwohner betrug schon 9300, während noch im Jahr 1855 lediglich 524 Hofsteder Bürger registriert waren. Anfang des 20. Jahrhunderts waren 20–25 Prozent aller Schulkinder polnischer Herkunft. In der Nähe der Zechen bauten die Grubenbesitzer für ihre Arbeiter eigene Wohnkolonien.

Wendet man sich nun vom Knochen-Karl aus östlich durch die Grünanlage, so erreicht man zunächst die Straße Mühlental und dann die Constantinstraße.

Beide Straßen waren als ursprüngliche »Coloniestraße« 1873 als erste Wohnsiedlung für die Constantin-Bergleute entstanden. Zu dieser Zeit waren die Herner Straße und die Dorstener Straße nach heutigem Ermessen nur bessere Feldwege, tatsächlich aber damals recht gut ausgebaute Chausseen. Die Straße Mühlental ist heute eine Privatstraße. Geht

Mühlental 2007.

Kirschschblüte Grummer Straße im April.

man hier weiter über die Straße Bei der Horst erreicht man die Grummer Straße, die sich in jedem Frühjahr in eine Kirschblütenallee verwandelt.

Zu einer Rast lädt hier Haus Halstrick, das mit seinem kleinen, aber schönen Biergarten und seiner netten Örtlichkeit an der Stadtgrenze Hofstedes zu Grumme liegt.

Von hier biegt man rechts in die Grünanlage ein und folgt dem Spazierweg entlang des Mühlenbachs.

Mühlenbach 2

Im Jahre 1900 wird die Stadt Bochum von zwei Bächen durchflossen, dem bei der »Wieschermühle« entspringenden Hofsteder Bach in Richtung Norden und dem Marbach, der in der Nähe des Bahnhofs Weitmar entsteht, den Dybergsbach aufnimmt und in südwestliche Richtung weiterfließt.

Grummer Mühle.

Beide Bäche vereinigen sich, nachdem der Hofsteder Bach noch den Grummer Bach (die »Grume«) aufgenommen hat, zwischen Marmelshagen und Hordel und fließen als Mühlenbach, dann als kleine Emscher schließlich in die Emscher.

Entlang des Mühlenbachs sind die »Grummer Teiche« entstanden, ein künstlich angelegtes Band kleiner Seen, die zu einem beschaulichen Spaziergang einladen.

Auf unserem Spazierweg, von der Grummer Straße kommend, stehen wir vor den beiden letzten Teichen, dem Mühlenteich, über den eine kleine Brücke führt, und – nur durch einen kleinen Weg getrennt – dem Tippelsteich, der eine kleine Enteninsel beherbergt.

Kleine Erklärungstafeln an den Teichen erzählen von ihrem Ursprung und der Legende um den Riesen Tippulus, der den benachbarten Tippelsberg an der Hiltroper Straße/Tippelsberger Straße durch einen Steinwurf geschaffen haben soll.

Grummer Teiche.

Man verlässt nun den kleinen, etwa eine halbe Stunde dauernden Rundweg über die Poststraße Richtung Hofstede-Marmelshagen bis zur Kreuzung Dorstener Straße.

Entlang der Dorstener Straße findet man hier die Häuser der höheren Beamten der ehemaligen Zeche Hannibal, die bereits 1973 geschlossen wurde und einem modernen Einkaufszentrum gewichen ist.

Die Hordeler Straße, in die man von der Dorstener Straße einen Blick bis hinunter werfen kann, ist ebenfalls eine ehemalige Zechensiedlung.

3 St. Nikolaus von Flue

Die katholische Kirche Sankt Nikolaus von Flue, in den Jahren 1952–1956 nach den Plänen des Architekten Otto Weicken erbaut, ist mit Werken der aus Bochum stammenden Künstlerin Elisabeth Treskow ausgestattet. Gegenüber hat sich ein kleines Nahversorgungszentrum entwickelt, das trotz des benachbarten Hannibal-Einkaufsparks auf dem Gelände der ehemaligen Zeche Hannibal von den Hofstedern gut angenommen wird.

Architekt: Otto Weicken 1955/56.

Neben der Sparkasse biegt man links in die Braunsberger Straße ein, folgt dem Straßenverlauf nach links und biegt dann sogleich wieder links (in Höhe der Hausnummer 94) Richtung Grünzug Nord ab.

Besucher des Ruhrgebietes wundern sich nicht selten über das viele Grün in den Stadtteilen. Hier in Hofstede und Hordel geht die Begrünung der Straßenränder und freien Plätze ebenfalls auf den Bergbau zurück. Denn schon bei der Erstellung der Zechensiedlung in den Jahren 1864 bis 1900 wurde besonderer Wert darauf gelegt, dass jedes Häuschen seinen kleinen Garten bekam und Straßenbäume angepflanzt wurden.

Der Leiter der Zechen Hannover/Hannibal, Bergrat Windmöller, sorgte außerdem schon vor der Jahrhundertwende dafür, dass die Steinhalden der Zechen Hannover begrünt wurden. Seine Nachfolger, die Bergassessoren Fromme und Lange setzen diese Arbeit fort. Heute geht von Grumme über Riemke, Hofstede, Hordel bis nach Wattenscheid ein grünes Band, der Grünzug Nord, das für viele zur Naherholungszone geworden ist. Konzipiert wurden dieser und andere Grünzüge im Ruhrgebiet durch den Siedlungsverband Ruhrgebiet (SVR heute: RVR) seit den zwanziger Jahren.

4 Grünzug Nord

Wir folgen hier dem Emscher-Radweg geradeaus und überqueren die linker Hand gelegene Brücke über den Marbach, der im Volksmund aufgrund seiner Funktion als Abwasserkanal meist »Köttelbecke« genannt wird. Er ist Teil eines ab 1900 durch die Emscher-Genossenschaft errichteten Klärsystems, mit dem man erstmals in der Welt das neu entstandene Umweltproblem in den Griff bekam.

Marbach, noch als »Köttelbecke« 2007.

Auf dem vor uns liegenden Gelände des ehemaligen Bauern Wember entstand eine große Wohnhaussiedlung, die sich von der Dorstener Straße bis hin nach Hordel zieht. Außerdem entstand hier das Nord-West-Bad, das heute Hofsteder Bad heißt

Wir folgen dem Emscher-Radweg weiter bis zur Dinnendahlstraße/Ecke Mathildenstraße und gelangen in den Stadtteil Hordel. Hordel hieß ursprünglich »Horlaon«, ein Name, der auf eine wellige Landschaft hinweist. Hordel wurde erst 1926 nach Bochum eingemeindet und hatte zu dieser Zeit ein rund 1.000 Jahre altes dörfliches Eigenleben hinter sich. Wie Hofstede ist auch Hordel ein Bergarbeiterort. 1855 wurde hier die Zeche Königsgrube, 1856 die Zeche Hannover gegründet. Die ehemalige

Hordel mit Zeche Hannover I/II, Haus Dahlhausen, Restauration Toenshoff um 1900.

Siedlung »Dahlhauser Heide«, genannt »Kappskolonie«.

dörfliche Bewohnerschaft stieg damit von 75 Menschen im Jahre 1818 und 270 im Jahre 1850 schon auf 755 im Jahre 1871 und im Jahre 1895 bereits auf 3.325. Im Jahre 1910 lebten hier fast 8.100 Menschen.

5 Siedlung Dahlhauser Heide

Die grundlegende und gleichzeitig auch abschließende Entwicklung wurde aber erst 1905 mit dem Aufbau der Arbeiterkolonie Dahlhausen angelegt, die in den Jahren 1905–1913 auf dem Gelände des früheren Rittergutes Dahlhausen (seit 1228 urkundlich erwähnt) als Siedlung Dahlhauser Heide entstand. Krupp-Architekt Robert Schmal entwarf sie.

Straßenzug in »Dahlhauser Heide«.

Diese Bergarbeiter-Kolonie mit 715 Beamten- und Arbeiterwohnungen wird bis heute im Volksmund Kappskolonie genannt. Denn zu jedem Haus gehörte ein kleiner Garten, in dem Gemüse jeder Art, und insbesondere auch Kohl, genannt »Kapps«, angebaut wurde.

Im Gegensatz zu der Industrialisierungsepoche in unseren Nachbarländern, in denen die Arbeiter vielfach unter sehr

»Dahlhauser Heide«, Zugangskontrolle Dinnendahlstraße wohl 1920er Jahre.

schlechten Wohnverhältnissen litten, war man hier in Hordel sehr um ein gutes Wohnklima der Beschäftigten bemüht, die nahe bei der Zeche in besserer Umgebung leben sollten.

Nach dem Vorbild der englischen Gartenstadt entstand so ein Wohnviertel, das sowohl dem Arbeitgeber wie auch den Arbeitnehmern viele Vorteile bot. Man gab sein Geld auch in der Siedlung aus, Schulen, Kindergärten, Gaststätten und zwei Kruppsche Konsumanstalten – mit Rabatt für Werksangehörige – sorgten für eine umfassende Infrastruktur. Die Mieten lagen rund 30 Prozent unter dem Durchschnitt, Gartennutzung und Viehzucht waren auf den Grundstücken möglich.

Außenseite der Siedlung und Seilscheibe.

Wir folgen nun dem Verlauf der Sechs-Schwestern-Straße, die – wie die meisten Straßen und Wege in Hordel – den Namen eines Kohleflözes trägt, bis zu Hordeler Heide. Auf dem kleinen Platz links neben uns sehen wir eine Seilscheibe, ein Bergbaurelikt, das uns wie fast alles hier an die Zeit des florierenden Bergbaus erinnert. Dazu gehören die vielfach in Vorgärten als Pflanzenkübel dekorierten Kohleloren, wie z. B. vor Haus Nr. 143 zu sehen.

Wenn wir hier rechtsherum der Hordeler Heide folgen, gelangen wir zu den Häusern Hordeler Heide 160–168 a, dem so genannten Beamtenplatz. Heute mit einer Seniorenwohnanlage ausgestattet, wohnten hier ehemals die (leitenden) Angestellten der Zechen, auch als Beamte bezeichnet. In der Mitte des schönen, ruhigen Platzes sprudelt ein Springbrunnen aus Bergbaustempeln. Zurück auf der Hordeler Heide sehen wir gegenüber die Kindertagesstätte und die Hordeler Grundschule, die ebenfalls auf die Zeit der Industrialisierung zurückgehen.

6 Beamtenplatz

Beamtenplatz.

7

Zeche Hannover LWL-Industrie-museum
April–Oktober
Sa 14–18 Uhr
So & Feiertags 11–18 Uhr

Ein wuchtiger Malakowturm ist das Markenzeichen der Zeche Hannover. Sie ist als LWL-Industriemuseum (LWL = Landschaftsverband Westfalen-Lippe) von April bis Oktober geöffnet. Im Maschinenhaus der Zeche dreht sich das Schwungrad der ältesten Dampffördermaschine (1893), die noch am Originalstandort zu sehen ist.

Attraktion für junge Museumsgäste ist das Kinderbergwerk »Zeche Knirps« im hinteren Geländeteil. Hier können die Kids einen echten »Pütt« mit Stollen, Schacht und Hängebahn, einem hölzernen Malakowturm und einer pedalgetriebenen Fördermaschine erleben.

Zeche Hannover mit Markus Kiel: »Fortschritt«, 1998. 350 Paar Bergarbeiterschuhe ziehen von der Waschkaue zum Förderturm.

Zeche Knirps.

Wenige Meter vor dem Zechenplatz befindet sich die Kleinkolonie »Am Rübenkamp« mit drei Arbeiterhäusern aus den 1890er Jahren. Die heute ebenfalls zum LWL-Industriemuseum gehörenden zweistöckigen Häuser wurden Ende der 1990er Jahre unter Denkmalschutz gestellt und behutsam renoviert. Einzigartig sind die teilweise erhaltenen und nach Originalfarbbefunden restaurierten bunten Wandbemalungen und Schablonenmalereien der Wohnräume.

Von der Zeche Hannover lohnt ein weiterer kleiner Abstecher in die Günnigfelder Straße. Nach ca. 300 Metern Richtung Westen ist ein Teil

Arbeiterhäuser Am Rübenkamp.

der Erzbahntrasse erreicht. Ein beeindruckendes Brückenbauwerk, das auf zwei wuchtigen Mittelpfeilern etwa 100 Meter überspannt und mit seiner Dammlage von zwölf Metern das Landschaftsbild dominiert, bietet von der Dammkrone eine gute Aussicht auf den umliegenden Landschaftsraum.

Die Trasse verband einst über neun Kilometer den ehemaligen Bochumer Verein mit dem Gelsenkirchener Hafen Grimberg am Rhein-Herne-Kanal. Der Regionalverband Ruhr (RVR), vormals Kommunalverband Ruhr (KVR) begann 2001 einen durchgehenden und kreuzungsfreien Panoramaweg zwischen der westlichen Innenstadt an der Jahrhunderthalle Bochum und dem Rhein-Herne-Kanal zu errichten. Dabei werden für den Rad- und Wanderweg die zahlreichen historischen Stahlbrücken genutzt.

Die Erzbahntrasse schließt sich zwischen der Essener Zeche Zollverein und dem Gelsenkirchener Landschaftspark Mechtenberg an den 230 Kilometer langen Emscher Park Radweg an, dem wir schon im Grünzug Nord an der Grenze von Hofstede und Hordel begegnet sind.

Wir führen nun unseren Rundgang an unserem ursprünglichen Ausgangspunkt, der Grundschule Hordel an der Hordeler Heide, fort: Hier folgen wir der Straße hinab zum Sportplatz des SV Hordel, biegen rechts ab und gelangen schließlich in Höhe der Linkskurve wieder in den Grünzug Nord, der sich auf unserer linken Seite erstreckt.

Wir erkennen die ehemalige Kläranlage an der Grenze zwischen Hofstede und Hordel. Hier vereinigen sich Hofsteder Bach und Maarbach. Der Hofsteder Bach wird zurzeit renaturiert und der Abwasserkanal in Betonröhren unterhalb des Bachbettes verlegt.

Während des Zweiten Weltkrieges war hier auf dem Gelände an den Klärbrunnen ein Lager errichtet worden, wo die zwangsverpflichteten Ostarbeiter untergebracht waren. Auf der gegenüberliegenden Seite entstand ein Kriegsgefangenenlager. Beide Lager wurden durch Bomben fast völlig zerstört.

Am Ende des Rad-Wanderweges erreichen wir wieder die Ortelsburger und Tilsiter Straße in Hofstede. Diese münden wiederum in die Braunsberger Straße und damit kehren wir zu unserem Ausgangspunkt an der Sparkasse an der Dorstener Straße zurück.

Hinweisschild Hundewiese.

Wer noch ein bisschen Zeit hat, kann dem Emscher-Radweg auch noch ein Stück weiter folgen, ein kleiner Spazierweg führt zum gut angelegten Hofsteder Spielplatz, vorbei an der »Hundewiese«, auf der alle Hunde ohne Leine und Maulkorb in umfriedetem Gelände toben dürfen, bis auf die Hordeler Straße. Hier geht man links und gleich wieder rechts zur Riemker/Dorstener Straße. Ein wirklich seltenes Exemplar von Tankstelle ist eine an der Dorstener Straße 420 für die Zeche Hanni-

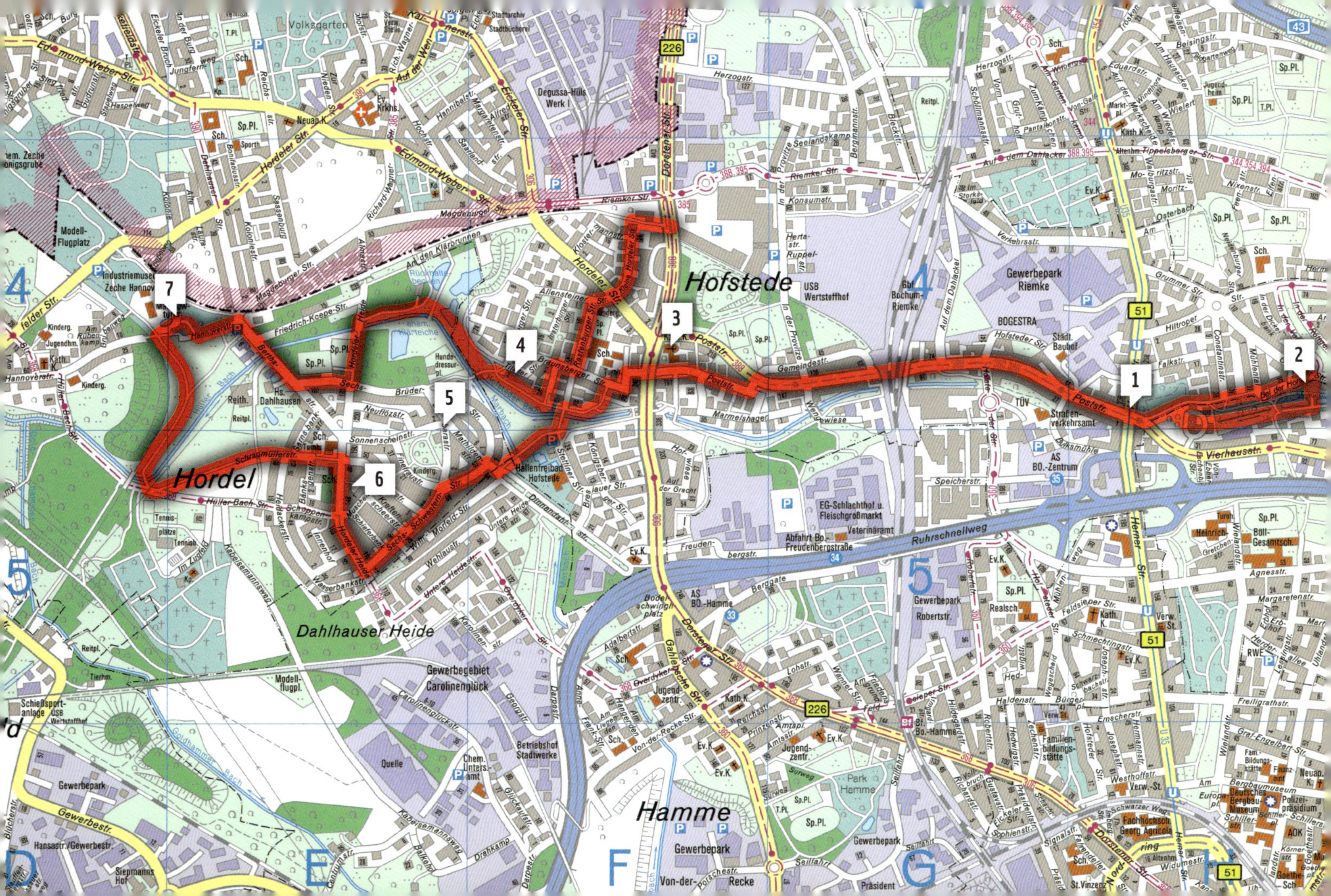
Hofstede
Hordel
Hamme
Dahlhauser Heide
Gewerbepark Riemke
Gewerbegebiet Carolinenglück
Ruhrschnellweg
Herner Str.
Dorstener Str.
Poststr.
Hordeler Str.
Eickeler Str.
Edmund-Weber-Str.
Gahlensche Str.
Industriemuseum Zeche Hannover
Hallenfreibad Hofstede
1
2
3
4
5
6
7

Ehem. Tankstelle Hannibal/ARAL um 1965.

bal 1953/54 errichtete Tankstelle mit »Pilzsäulen«. Ab 1964 diente sie als ARAL-Tankstelle. Lange fristete sie später ein verbrettertes Dasein als Verkaufsraum eines Campingwagengeschäftes. Seit 2007 ist das elegante, denkmalgeschützte Gebäude als Speiseraum eine Fastfoodkette zu neuer und alter ästhetischer Qualität gelangt. Mit Neonlicht und bunter Ausstattung ist sie ein Highlight in Hordel und Bochum.

Wir steigen in Straßenbahn Linie 306 oder die Buslinie 395, lassen Hordel und Hofstede noch einmal an uns vorbeiziehen und ruhen uns dabei aus.

Thema: Bochum mit Kindern (er)leben

Martina Schnell

Wer heute als Kind in Bochum aufwächst oder aber der Stadt einen Besuch abstattet, hat eine große Auswahl an Freizeitangeboten. Ob Spiel, Sport, Kultur, Unterhaltung, für jeden kleinen Bochumer Entdecker ist sicher etwas dabei.

Wer sich gerne draußen in der freien Natur aufhält, sollte im Bochumer Süden den Botanischen Garten, die Ruhrauen und den Kemnader Stausee besuchen.

Im Südwesten der Stadt ist das Weitmarer Holz beliebtestes Ausflugsziel in der freien Natur.

In der Bochumer Mitte lädt der Stadtpark mit vielen Teichen, Spielplätzen und nicht zuletzt dem Bochumer Tierpark zu einem ausgedehnten Spazier- und Erlebnistag ein.

Der Tierpark ist täglich geöffnet (von April bis September von 9–19 Uhr, von November bis Februar von 9 bis 16.30 Uhr und im März und Oktober von 9 bis 18 Uhr) und bietet als besondere Attraktion das Seehundbecken sowie das Aquarien- und Terrarienhaus, das auch bei schlechtem Wetter für gute Stimmung bei den Kleinen sorgt.

Auch der ehrwürdige Kuhhirte in der Innenstadt freut sich über Kinder.

Der Südpark in Wattenscheid-Eppendorf/Höntrop gehört ebenfalls zum Pflichtprogramm der naturbegeisterten jungen Bochumerinnen und Bochumer.

Bochum pflegt aber auch eine vielseitige Kinder- und Jugendkultur.

Neben den zahlreichen Vereinen und Verbänden, die Musik, Sport und Unterhaltung anbieten, lädt die Stadtbücherei Bochum neben dem Bochumer Rathaus mit einer Kinderbücherei, Musikbücherei und Familienbibliothek zu einer ruhigeren Art der Freizeitgestaltung.

Neben der Hauptbücherei bieten die Zweigstellen in den Stadtteilen Langendreer, Linden, Wiemelhausen, Querenburg, Gerthe und Wattenscheid-Mitte ein reichhaltiges Bücher- und Unterhaltungsangebot.

Wer gerne ins Kino geht, kommt in Bochum sicher auf seine Kosten. In der Innenstadt befinden sich die Kinos »Bofimax« auf der unteren sowie das »Union Kino« auf der oberen Kortumstraße. Zusätzlich gibt es Programmkinos im »Casablanca« auf der Kortumstraße, im »Metropolis« am Hauptbahnhof und im »Kino Endstation« im Bahnhof Langendreer. Das UCI im Ruhrpark-Einkaufszentrum in Harpen bietet außerdem in 13 geräumigen Kinosälen ein umfassendes Kinoerlebnis.

Bochum bietet zusätzlich auch eine ausgeprägte Museumslandschaft.

Viel Programm für Kinder. Hier Kinderumwelttag 2004.

Das Deutsche Bergbaumuseum in der Nähe der Innenstadt sowie die Zeche Knirps an der Günnigfelder Straße in Hordel, die zum Westfälischen Industriemuseum Zeche Hannover gehört, sind sicherlich die spannendsten Kindermuseen, die die Stadt zu bieten hat.

Im Bergbaumuseum (Montag geschlossen, Dienstag bis Freitag 8.30 Uhr bis 17 Uhr, Samstag/Sonntag 10–17 Uhr geöffnet) können sich Kinder auf Schatzsuche in den nachgebauten Kohlestollen begeben oder aber hoch hinauf auf den Förderturm steigen.

Im Bergwerk Knirps können kleine Besucher spielerisch und realistisch den Betriebsablauf in einem Bergwerk erleben. Gefördert wird Kies statt Kohle, mit einer Fördertechnik, die 1877 auf der Zeche Hannover entwickelt wurde und noch heute weltweit im Bergbau eingesetzt wird.

Spannend ist aber auch das Deutsche Eisenbahnmuseum Bochum-Dahlhausen an der Dr.-C.-Otto-Straße, in dem alte Dampf- und Dieselloks darauf warten, erkundet zu werden.

Wer gerne wissen möchte, wie Schule zur Kaiserzeit, also um die Jahrhundertwende, war, findet alles darüber im Schulmuseum an der Cruismannstraße in Riemke, wo nicht nur ein originales Klassenzimmer aus der damaligen Zeit eingerichtet ist. Besichtigungstermine müssen mit dem Schulverwaltungsamt vereinbart werden.

Das Bochumer Planetarium an der Castroper Straße, nicht weit vom Zentrum entfernt, bietet täglich ein Kinderprogramm und lädt ein in die Welt der Sterne und Planeten.

Auch die Sternwarte Bochum in Sundern bietet ein Kinder- und Jugendprogramm, das man auf Einladung auch in den Schulunterricht holen kann.

Wer gerne eine tolle Abendveranstaltung erleben möchte, sollte nicht den Auftritt des »Starlight-Express« verpassen, der täglich am Stadionring ein Musical-Ereignis der besonderen Art bietet.

Radbegeisterte Kinder und Familien sollten sich nicht eine Radtour entlang der Erzbahnstrecke entgehen lassen.

Die Trasse verband einst den Bochumer Verein mit dem Gelsenkirchener Hafen und diente der Versorgung der Zechen und Stahlwerke mit Kohle und Erz.

Heute verläuft hier ein durchgehend kreuzungsfreier Rad- und Wanderweg zwischen der Bochumer Jahrhunderthalle am Westpark und dem Rhein-Herne-Kanal. Zahlreiche historische Stahlbrücken bieten einen guten Ausblick auf die Landschaft von Stadt und Umland.

Die Trasse schließt sich zwischen der Essener Zeche Zollverein und dem Gelsenkirchener Landschaftspark Mechtenberg an den 230 Kilometer langen Emscher Park Radweg an.

Den umfassendsten Kinderservice bietet übrigens das Bochumer Kinderbüro, das im Rahmen der Stadtverwaltung unter der Telefonnummer (0234) 910–2930 erreichbar ist und über Spielplätze, Spielmobile, Spielzeuggeschäfte, Schwimmbäder, aktuelle Angebote, Freizeithäuser und Jugendverbände informieren kann.

Wer eine preiswerte Übernachtung in einer Jugendherberge benötigt, der ist im Naturfreundehaus Hedtberg willkommen, das in idyllischer Lage am Waldrand in Dahlhausen gelegen ist. In Kornharpen am Schleipweg 20 begrüßt das »Bochumer Gäste- und Tagungshaus« gerne auch Familien zu sehr günstigen Preisen. Gleiches gilt seit 1852 für das Kolpinghaus an der Maximilian-Kolbe-Straße 14–18. Seit 2008 gibt es die Jugendherberge an der Humboldstraße 58–63, mitten in der City.

Viel Spaß in Bochum!

Wattenscheid-Mitte
Die kleine Stadt im Westen

Norbert Konegen und Ingo Meyer

Ausgangspunkt: Haltestelle »Watermannsweg« | Linie 302
Endpunkt: Haltestelle »Stadtgartenring« | Linie 363
Streckenlänge: 5 km | Dauer: 2,5 Stunden

Obwohl Wattenscheid zu den traditionsreichsten Orten des Ruhrgebietes zählt, ist es der jüngste Bochumer Vorort. Die damals ca. 82.000 Einwohner zählende Stadt wurde am 1. Januar 1975 nach Bochum eingemeindet. Die Wattenscheider wehrten sich lange Zeit dagegen, nur noch ein Bochumer Stadtbezirk zu sein. Als die Eingemeindungspläne des nordrhein-westfälischen Innenministeriums 1972 bekannt gegeben wurden, sprachen sich in einer spontanen Bürgerbefragung 93,7 % der Bevölkerung für die Selbständigkeit der Stadt aus. Auch die Bemühungen einer überregionalen Bürgerinitiative, ein nach der Landesverfassung mögliches Volksbegehren einzuleiten, blieben ohne Erfolg. Zwar stimmten in Wattenscheid 71,4 % gegen die kommunale Neugliederung, doch wurde landesweit die erforderliche Stimmenzahl nicht erreicht. Auch Verfassungsklagen scheiterten.

Heute ist die Eingemeindung längst Realität. Obschon nicht wenige ältere Einwohner sich immer noch als »selbständige Wattenscheider« fühlen und die Bezeichnung »Bochumer« empört von sich weisen, haben sich die jüngeren zumeist damit abgefunden. Dennoch hat der Stadtteil sich ein Eigenleben bewahrt.

1 Watermannsweg

Wir beginnen unseren Rundgang an der Haltestelle Watermannsweg der Linie 302 an der Stadtgrenze zu Gelsenkirchen.

An der Ückendorfer Straße stehen einige Wohnhäuser, deren Architektur an die Gründerzeit erinnert. Auf einigen Fassaden kleben noch heute Ruß und Abgase der letzten 50 Jahre. Die zwei- bis dreistöckigen Fassadenreihen, die sogenannten »D-Züge«, sind typisch für die ehemalige Hauptstraßenarchitektur Wattenscheids und des Ruhrgebietes. Ähnlich wie bei den kleineren Bergarbeiterhäusern befinden sich im Hinterhofbereich kleine Anbauten, Schuppen und Gärten, die es früher den Arbeiterfamilien erlaubten, das niedrige Haushaltsbudget durch Selbstversorgung aufzubessern.

Charakteristisch für den Ballungsraum Ruhrgebiet ist die Stadtgrenze zwischen Gelsenkirchen und Wattenscheid.

Stadtgrenze Wattenscheid-Gelsenkirchen.

Nur das Ortseingangsschild deutet darauf hin, dass die Bewohner des unteren Straßenzugs nicht Bochumer, sondern Einwohner des Gelsenkirchener Stadtteils Ückendorf sind. Wattenscheid war wie das gesamte Ruhrgebiet noch bis Ende des 18. Jahrhunderts ein industriell rückständiges, idyllisches Fleckchen Erde. Auch die Landwirtschaft war, gemessen an preußischen Verhältnissen, von untergeordneter Bedeutung. Nach der Industrialisierung wurde die räumlich-soziale Entwicklung von den Bedürfnissen des Montankapitals bestimmt. Weder Gemeindegrenzen noch gewachsene Siedlungsstrukturen zählten; allein ökonomische und technische Gesichtspunkte waren für die Standorte von Zechen und Eisen erzeugender Industrie entscheidend. Um die Schacht- und Produktionsanlagen – in Wattenscheid die Zeche Holland, in Gelsenkirchen-Ückendorf die Zeche Rheinelbe und das Gussstahlwerk gruppierten sich schnell ausgedehnte Industriegemeinden, die dann ineinander wuchsen.

Allee in Grün – die Hollandstraße.

Verlässt man die Ückendorfer Straße in Richtung Lohrheide Stadion, fällt zuerst der parkähnliche Charakter der Hollandstraße auf.

2 Hollandstraße

Viele solcher dicht begrünter Straßenzüge findet man in Wattenscheid nicht nur in den teuren Wohngegenden, sondern, wie hier, in den Arbeiterquartieren. Sie hatten schon frühzeitig in der vom Rußgeprägten Arbeitswelt des Ruhrgebietes die Funktion einer »Grünen Lunge«.

3 Olympiastützpunkt

Hinter den Bäumen am Ende der Hollandstraße tauchen die weißen, fast fensterlosen Fassaden eines Gebäudes auf, dessen Äußeres auf den ersten Blick eher an eine Produktionsstätte der High-Tech-Branche als

Der Olympia-stützpunkt von oben.

an eine Sporthalle erinnert und daher von vielen Wattenscheidern »Athletenfabrik« genannt wird.

Seit 1987 ist dies der Olympiastützpunkt in Bochum. Neben dem Lohrheidestadion dient die Leichtathletikhalle als Trainingsquartier des TV Wattenscheid 01, der einer der erfolgreichsten Leichtathletikvereine Deutschlands ist. Von 1974 bis 1980 wurde der Verein in ununterbrochener Folge Deutscher Mannschaftsmeister der Männer. In dieser Zeit holten die Leichtathleten auch dreimal den Europapokal der Landesmeister nach Wattenscheid. Bereits 1983 wurde hier ein Teilinternat für junge Talente errichtet. Der Verein wurde mehrfach für seine vorbildliche Nachwuchsarbeit ausgezeichnet.

4 Lohrheide-Stadion

Seit Ende der sechziger Jahre ist die SG Wattenscheid 09 im Lohrheide-Stadion zu Hause. Das Stadion wurde 1954 als kombiniertes Stadion für Leichtathletik und Fußball errichtet und 2002 für die Austragung der Deutschen Leichtathletik-Meisterschaften ausgebaut. Die goldenen Zeiten des Herrenfußballs sind allerdings längst vorbei, die Siege gegen Bochum (1992) und Bayern München (1991 und 1993) in der 1. Liga aber nicht vergessen. Immerhin stemmte sich vier Jahre die Wattenscheider Fußballfamilie erfolgreich gegen die Fußballriesen aus der nationalen Eliteliga, obwohl Uli Hoeneß, Manager des bundesdeutschen Renommierclubs Bayern München, gar den Freitod von mindestens zwölf Schatzmeistern der Eliteclubs prophezeite, falls sie gezwungen wären, eins ihrer Heimspiele gegen die Nobodys aus dem Bochumer Vorort auszutragen. 2007/2008 spielte das Lady-Team in der Frauenfußball-Bundesliga.

Das Lorheide-stadion.

Bevor der Stern der 09er, tatkräftig unterstützt durch den Wattenscheider Textilfabrikanten Steilmann, aufging, bestimmte vor allem der SV Höntrop das Wattenscheider Fußballgeschehen. Während die Höntroper zur Zeit in der Bezirksliga kicken, belegten die »roten Teufel vom Hellweg« in den dreißiger Jahren in der damaligen Gauliga Westfalen mehrmals Platz zwei hinter dem FC Schalke 04, der in dieser Zeit zur Fußballlegende wurde.

Beim SV Höntrop gab es auch den größten Widerstand gegen die nationalsozialistische Vereinnahmung der Wattenscheider Sportvereine. Der langjährige Vorsitzende, Otto Borberg, stand der SPD nahe und sollte auf Weisung des Stadtsportführers durch den linientreuen Rechtsanwalt Jordan ersetzt werden. Die Mitglieder des Vereins votierten noch am 14. Juni 1933 eindeutig für Borberg und verweigerten sich dem Diktat der Nazis, den »Parteigenossen Jordan« an die Spitze ihres Vereins zu stellen. Dem Konflikt um die Vorstandsbesetzung kam eine überregionale Bedeutung zu, weil der SV Höntrop durch seine sportlichen Erfolge sehr bekannt war und die Gleichschaltung des Vereins für die Nazis zur Prestigefrage im roten Ruhrgebiet wurde. Selbst das Parteiorgan sah sich veranlasst, das Hurrageschrei über das Vordringen der NSDAP in alle gesellschaftlichen Bereiche zu unterbrechen und der unverschämten Provokation unter dem Titel »skandalöse Missstände im Höntroper Spielverein« einen längeren Artikel zu widmen. Denn während sich vor Wochen sämtliche Wattenscheider Spiel- und Sportvereine der Gleichschaltung unterworfen haben, bereitet der Höntroper Spielverein stets Schwierigkeiten«. Trotz persönlicher Verunglimpfungen, versteckter Drohungen und offener Warnungen gelang es den Nazis nicht, Jordan durchzusetzen. Schließlich sahen sie sich gezwungen, einem Kompromiss zuzustimmmen. Neuer Vorsitzender wurde ein »neutraler« Mann, der Rektor Trautine.

Vom Lohrheide-Stadion an der Hollandstraße biegen wir links in die Lohrheidestraße. Nach etwa 100 Metern begeben wir uns rechts in die Erwin-Topp-Straße und gelangen auf das ehemalige Gelände der Zeche Holland. Die Schachtanlage Holland war die am längsten in Wattenscheid betriebene Zeche, bis sie 1974 stillgelegt wurde. Heute gilt der Förderturm als Denkmal einer durch den Kohlenbergbau geprägten Wirtschaftsgeschichte. 1974 wurde hier die letzte Kohle gefördert.

5 Zeche Holland

Beim größten Bergarbeiterstreik des 19. Jahrhunderts, im Mai 1889, kam es anders als bei den umliegenden Schachtanlagen im Bereich der Zeche Holland nicht zu den blutigen Auseinandersetzungen mit dem Militär. Zeitungsmeldungen deuten darauf hin, dass sich die Bergleute auf eine große Solidarität in der Wattenscheider Bevölkerung stützen konnten. Möglicherweise war es gerade diese öffentliche Solidarität, die eine Eskalation des Streiks verhinderte.

Um wenigstens ihre Grundbedürfnisse zu sichern, waren die meisten Familien gezwungen, freie Schlafstellen an Kostgänger zu vermieten. Das für den Ruhrbergbau typische Kostgängertum unterschied noch bis in die zwanziger Jahre drei Kostformen: »halbe Kost«, »volle Kost« und »volle Kost voll«. So berichtet der Steiger Georg Werner: »Bei halber Kost war im Logispreis außer der Wohnung nur Mittagessen und Morgenkaffee enthalten. Dafür zahlte ich 28 Mark. Dagegen musste man sich Brot und Zubehör selbst kaufen, was ungefähr ebensoviel erforderte. Bei voller Kost deckte der Logispreis von etwa 60 Mark

Förderturm der Zeche Holland.

alles. Bei ›voller Kost voll‹ war der Preis der gleiche, aber die Kostmutter inbegriffen.«

Im Bereich der Zeche Hannover, im nordwestlichen Teil Wattenscheids, nahmen von 190 Bergarbeiterfamilien 189 Kostgänger auf. Angesichts des zur damaligen Zeit hohen Männerüberschusses im Revier übernahm das Kostgängertum häufig die Funktion der Ehevermittlung. Nicht selten mussten Kostgänger die Töchter ihrer Vermieter, der so genannten Kostbauern, heiraten. (Anmerkung: Diese Aussage lassen wir heute unkommentiert so stehen.)

Das Hollandgelände lag lange Zeit brach, bis 1986 die Landesentwicklungsgesellschaft NRW das Areal kaufte mit dem Ziel, aus der Brache einen Gewerbepark entstehen zu lassen. Arbeiten im Park lautet das Konzept. 1990 wird das Gelände saniert. Am Ende entstand ein Areal aus ökologischer Landschaftspflege, mit einer Büro- und Wohnbebauung. Interessant hier vor allem das Konzept einer Wohnbebauung, die einerseits an ökologischen Maßstäben orientiert ist und gleichzeitig Familien, alten Menschen und Behinderten ein angenehmes Zuhause bieten will. Bei der Gewerbeansiedlung wird auf zukunftsorientierte Branchen gesetzt. In der ehemaligen Schwarzkaue ist das Technologiezentrum ECOTextil untergebracht hier findet man auch Tagungs- und Konferenzräume. Damit sich die Anwohner vom Gewerbe nicht gestört fühlen grenzt ein Regenrückhaltebecken in Form eines Wasserbogens Wohn- und Gewerbebereich ab.

Die ehemalige Brache lädt zum Spazierengehen ein und ist typisch für den Strukturwandel in der Region. Hier findet sich jede Menge Natur mit Wald-, Wiesen und Heckenpflanzen.

Sinnbild für den Strukturwandel auf dem Gewerbepark der ehemaligen Zeche Holland.

Der Gertrudisplatz in vergangenen Tagen.

6 Markt

Auf dem Getrudisplatz steht heute ein modernes Einkaufszentrum. Der Gertrudisplatz, früher Marktplatz, zählte in den ersten beiden Jahrzehnten des vorigen Jahrhunderts zu den ältesten Sportstätten in Wattenscheid.

Dass es sich dabei aber aus heutiger Sicht mehr um einen Bolzplatz gehandelt haben muss, macht eine Zeitungsnotiz aus der AWZ (Allgemeine Wattenscheider Zeitung) vom 21.4.1931 deutlich: »seit dem Eintritt des schönen Wetters ist auf dem Gertrudisplatz ein reges Leben von Fußballspielern zu beobachten. Von den Spielern wurde bisher immer ein provisorisches Tor aus Pflaster- und Ziegelsteinen hergerichtet, worüber in der Dunkelheit schon mancher zu Fall gekommen ist und sich Verletzungen zugezogen hat. Nun hat die Stadtverwaltung sich erbarmt, diesem Übel abzuhelfen, und für die Spieler eine Vergünstigung geschaffen. In der Nähe des Feuerwehrsteigerturms und am Rande des Gertrudisplatzes nach der Gertrudis- und Lyrenstraße hin hat sie zwei Holztore für die Fußballspieler aufstellen lassen. Den ganzen Tag herrscht jetzt Sport und Spiel auf dem großen Platz. Diese Neueinrichtung wird im Allgemeinen sehr begrüßt, besonders von den vielen Erwerbslosen, die ohne Kosten Sport treiben können.«

1932 war der Gertrudisplatz Schauplatz eines Ereignisses, das unter dem Titel »Plünderungen auf dem Wochenmarkt« auch außerhalb von Wattenscheid Schlagzeilen machte. Auf die Weltwirtschaftskrise reagierten die Wattenscheider Zechen mit Massenentlassungen, die die Stadt an den Rand des Ruins trieben. Über 33 Prozent der Wattenscheider Bevölkerung waren auf die kommunale Wohlfahrtsunterstützung angewiesen. Im Herbst war die Stadt nicht mehr in der Lage, den Arbeits- und Erwerbslosen Unterstützungsleistungen zu zahlen. Als die Wohlfahrtsunterstützung für Oktober nur zum Teil ausgezahlt wurde, kam es zu Hungerdemonstrationen. 300 Erwerbslose drangen dabei ins Rathaus vor und verlangten die ausstehende Restzahlung. Die Stadtverwaltung ließ das Rathaus und den Rathausvorplatz von der Polizei räumen. Die Demonstranten flohen vor den Polizeiknüppeln zum nahe gelegenen Gertrudisplatz, auf dem gerade der Wochenmarkt abgehalten wurde. Dort plünderten die Hungernden Stände mit Fleisch und Wurstwaren.

7 Rathaus

In den fünfziger und sechziger Jahren pulsierte das Leben in der Innenstadt.

Trotz vieler Versuche, das Erscheinungsbild der Innenstadt Wattenscheids aufzuwerten, besteht die City in weiten Teilen noch immer aus einer nach Geschäftsschluss menschenleeren Einkaufszone.

Vor diesem Hintergrund ist die Entwicklung am Alten Markt, dem Viertel zwischen Propsteikirche, altem Rathaus und Gertrudisplatz ein positiver Lichtblick. Durch die längeren Öffnungszeiten der Einkaufzentrums ist der Platz vor allem an warmen Sommerabenden belebt, hier findet man auch Gastronomie und Cafes, die städtisches Flair bieten.

Wer bei Tage Wattenscheid besucht, sollte nicht versäumen, einen Blick auf das Rathaus zu werfen, das sich hinter den Häuserzeilen am nordöstlichen Teil des Platzes befindet. Ein geschmackloser Neubau direkt gegenüber dem historischen Gebäude blockiert die Sicht auf die schöne, im Stil der Spät-Renaissance erbaute Fassade mit dem Zwiebelturm über dem mittleren Gebäudevorsprung.

8 ev. Kirche

Damals von 1676 bis 1763 entstand die alte evangelische Kirche Wattenscheid. In den schwierigen Zeiten nach dem Dreißigjährigen Krieg

Feierabendatmosphäre in der Innenstadt.

Das historische Rathaus von Wattenscheid.

Das Gertrudis-Fenster im Rathaus Wattenscheid.

bedurfte es tausender Einzelspenden und fast 90-jähriger Bauzeit, bis das bescheidene Kirchlein fertig war. Wirkliche Prunkstücke sind der barocke Kanzelaltar von 1694 und die Rokoko-Orgel.

9 Gertrudis-Kirche

Wir gehen zurück über den Alten Markt zur Gertrudiskirche und über den geschmackvoll gestalteten Kirchplatz oberhalb des Marktes. Die neugotische, fünfschiffige Kirche wurde zwischen 1868 und 1872 erbaut und ist das Wahrzeichen des alten Wattenscheids. Der aus dem Mittelalter stammende frühromanische Taufstein der Propsteikirche

Das Wahrzeichen von Wattenscheid, die Gertrudiskirche.

Der Charm der Siebziger.

offenbart die überregionale Bedeutung der Pfarrei und der Kirche zu dieser Zeit.

Gegenüber dem »Weißen Riesen«, einer Verkörperung der ungetrübten Modernisierungseuphorie der siebziger Jahre, liegt die Stadthalle Wattenscheid.

Sie ist gleichzeitig die Aula der angrenzenden Märkischen Schule, eines der größten Gymnasien von Bochum. Bis auf die hitzigen Debatten während der Hochzeiten der Schülerbewegung hat sie ein eher beschauliches Dasein geführt. Doch einmal drohte sie aus allen Nähten zu platzen. Auf dem Höhepunkt der 68er-Bewegung war sie Schauplatz einer Diskussion zwischen Rudi Dutschke und dem damaligen Vorsitzenden der SPD-Landtagsfraktion Johannes Rau.

Zurück auf der Oststraße, der Fußgängerzone, gelangt man nach wenigen Schritten zu einer geschichtsträchtigen aber unauffälligen Seitenstraße: Im Brauhof 12.

10

ehem. Synagoge

Hier erinnert eine Gedenktafel in einer kleinen Passage an den ältesten Betraum der jüdischen Gemeinde Wattenscheids. Aus dem Betraum wurde dann später eine Synagoge. Der zwischen 1827 und 1829 errichtete Neubau musste hinter den Häuserzeilen der Oststraße errichtet werden, da Synagogen

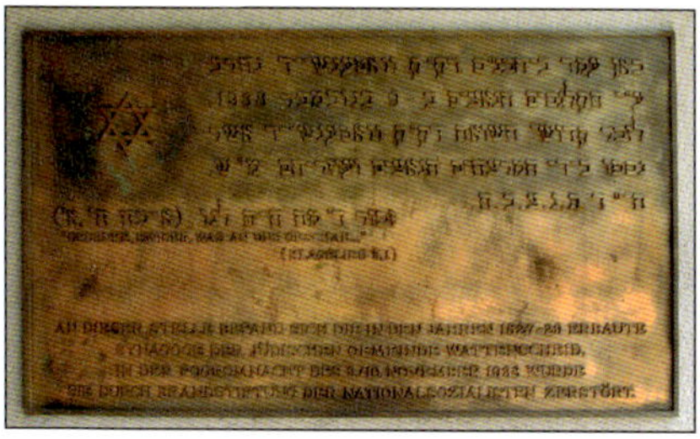

Gedenktafel der jüdischen Gemeinde Wattenscheid.

Der August-Bebel-Platz.

damals nicht direkt an der Straßenfront gebaut werden durften. Wie so viele Synagogen fiel auch diese der Reichspogromnacht zum Opfer.

11 August-Bebel-Platz

Wir folgen der Fußgängerzone in Richtung August-Bebel Platz. Um die Jahrhundertwende entstand um diesen Platz (damals hieß er noch Kaiserplatz, ab 1933 Adolf-Hitler-Platz) ein neues kommunales Zentrum, das als Markt- und Kirmesplatz diente. Wegen der zentralen Lage fanden hier in der Weimarer Republik auch nahezu alle größeren Kundgebungen und öffentlichen Protestaktionen der Arbeiterbewegung statt. Heute deutet außer der Namensgebung kaum noch etwas auf diese Tradition hin. Der alte Platz musste einer Durchgangsstraße weichen. Die darum gruppierten neuen Häuserzeilen besitzen zumeist den diskreten Charme einer rein funktionalen Architektur der 50er Jahre, deren wirtschaftswunderlicher Fortschrittsglaube keine Rücksicht auf historisch gewachsene Strukturen nahm.

Wir überqueren den Platz in nordöstlicher Richtung zur Voedestraße, folgen ihr bis zur nächsten Kreuzung und biegen links in die Parkstraße. Sie gilt als eines der vornehmen Viertel in Wattenscheid. Hier findet man noch ein paar Gründerzeitvillen und alten Baumbestand. Ziel ist der Westeingang des Wattenscheider Stadtparks.

Wir kommen auf unserem Weg mehrmals an Trinkhallen vorbei, »Klümpkes- und Seltersbuden«, wie sie im Ruhrgebiet genannt werden. Sie gehören im gesamten Ruhrgebiet ebenso zum Straßenbild wie die alten Bergarbeitersiedlungen. Man findet sie in fast jedem Viertel. Diese Trinkhallen entstanden gegen Ende des 19. Jahrhunderts auf Initiative von Mineralwasserfabrikanten, die den Absatz ihrer Produkte durch den Straßenverkauf steigern wollten. Die städtischen Behörden förderten die Einrichtung der »Seltersbuden« damals tatkräftig, um den ihrer Meinung nach besorgniserregenden Alkoholkonsum der Arbeiter einzuschränken. Das Angebot der Kioske ist längst nicht mehr auf »Klümpkes« (Bonbons) und »Selters mit oder ohne Geschmack« (Limonade oder Mineralwasser) beschränkt. Vom frühen Morgen bis spät nach Geschäftsschluss an Sonn- und Feiertagen ist an den meisten Trinkhallen von Eiern, Milch und Kaffee bis zum Bier und »Schnäppsken« für den unerwartet eingetroffenen Besuch alles erhältlich, was beim Einkauf schon einmal vergessen wird. Darüber hinaus haben sich die meisten »Buden« wegen ihrer zentralen Lage im Viertel zu Kommunikationspunkten entwickelt, an denen man erfährt, was in der Gegend los ist.

12 Kiosk

Typisch für das Ruhrgebiet sind die Seltersbuden, wie hier in der Parkstraße.

Der 1889 geschaffene Park ist Ausdruck der mit der Industrialisierung und Verstädterung verbundenen Parkkultur des 19. Jahrhunderts. Das zu Grunde liegende Konzept einer den Charakter des Menschen bildenden und erbauenden Parklandschaft, wie es in den Verwaltungsberichten der damaligen Zeit zu finden ist, entsprach einem Selbstverständnis, das Öffentlichkeit auf das Bürgertum reduzierte. Dass die häufig zwar als »Volksgärten« bezeichneten Stadtparks nicht immer für das gemeine Volk angelegt waren, macht das Bürgerbuch der Stadt Bochum von 1909 deutlich. Dort heißt es unter Punkt 1 der »Polizeiverordnung betr. Stadtpark«: »Personen, welche nicht ordentlich und anständig gekleidet sind, dürfen den Park nicht betreten.« Die Benutzung des Parks war darüber hinaus an streng geregelte Öffnungszeiten gebunden, so dass sich einem um 1900 noch in der Regel zehn bis zwölf Stunden arbeitenden Berg-

13 Stadtpark

Der Stadtpark in den Sechzigern.

Die Freilicht-bühne im Stadtpark.

mann kaum eine Gelegenheit bot, die so genannten Volksgärten zu besuchen. Nach 1919 wurde Wattenscheids Stadtpark um einen botanischen Garten, einen Gondelteich und im Norden um Grünflächen erweitert.

14 Freilicht-bühne

Mit Hilfe des so genannten Erwerbslosenarbeitsdienstes begann 1932 der Bau einer Freilichtbühne, die erst 1937 fertig gestellt wurde. Die notwendigen Arbeiten leisteten vorwiegend Arbeitslose bei einem Stundenlohn von 25 Pfennigen. Die Freilichtbühne wurde 1937 von den Nationalsozialisten als Thingstätte eingeweiht und seinerzeit großspurig als Amphitheater bezeichnet. Mit Ausnahme der Kriegsjahre 1943 und 1944, als der Spielbetrieb wegen der zahlreichen Bombenangriffe eingestellt werden musste, ist sie bis heute ein beliebter Standort für Open-Air-Konzerte aller Art.

15 Sportplatz

Auf dem Sportplatz am Osteingang des Parks, der erst Mitte der sechziger Jahre in die Parkanlage integriert wurde, kam es im April 1931 zu einem denkwürdigen sportlichen Aufeinandertreffen der Freien Sportvereinigung aus Wattenscheid mit kombinierter Mannschaft, vermutlich so etwas wie die Wattenscheider Fußball-Altstars, und dem jüdischen Fußballverein Bar-Kochba Gelsenkirchen. Vor dem Hintergrund der damals bereits weit verbreiteten antisemitischen bzw. antijüdischen Tendenzen war der freundschaftliche Charakter des Spiels sowie der friedliche Ablauf der gesamten Veranstaltung eine Demonstration für ein nachbarschaftliches Zusammenleben unterschiedlicher Kulturen, deren Bedeutung aus heutiger Sicht oftmals unterschätzt wird. Die Wattenscheider Auswahl verlor den Vergleich mit 3:6 Toren, was den Lokalreporter der AWZ zu dem lakonischen Kommentar veranlasste: Man hätte seitens der Wattenscheider besser getan, eine andere Manschaft dagegen aufzustellen.

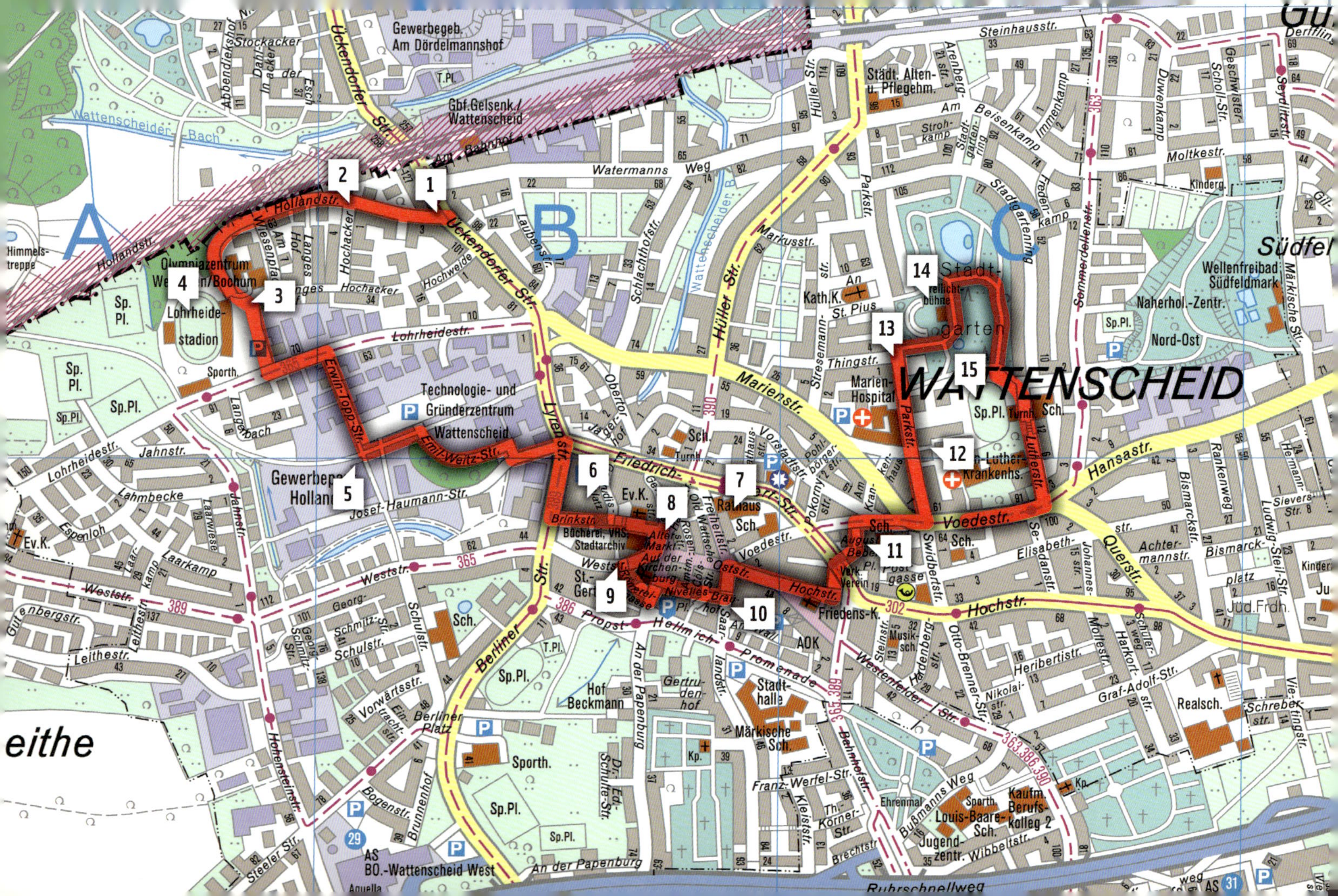
WATTENSCHEID
A
B
C
1
2
3
4
5
6
7
8
9
10
11
12
13
14
15
Gewerbegeb. Am Dördelmannshof
Gbf.Gelsenk./ Wattenscheid
Wattenscheider Bach
Ückendorfer Str.
Watermanns Weg
Hollandstr.
Olympiazentrum Wattenscheid/Bochum
Lohrheide-stadion
Lohrheidestr.
Erwin-Topp-Str.
Emil-Weitz-Str.
Technologie- und Gründerzentrum Wattenscheid
Josef-Haumann-Str.
Lyrenstr.
Brinkstr.
Bücherei, VHS, Stadtarchiv
Friedrich-Ebert-Str.
Rathaus
Voedestr.
Oststr.
Hochstr.
Parkstr.
Lutherstr.
Marienstr.
Marien-Hospital
Hüller Str.
Stadtgarten
Freilichtbühne
Martin-Luther-Krankenhs.
Hansastr.
Querstr.
Wellenfreibad Südfeldmark
Naherhol.-Zentr. Nord-Ost
Sommerdellenstr.
Steinhausstr.
Städt. Alten- u. Pflegeheim
Weststr.
Berliner Str.
Propst-Hellmich-Promenade
Stadthalle
Märkische Sch.
Westenfelder Str.
Bahnhofstr.
Hof Beckmann
An der Papenburg
Berliner Platz
Hohensteinstr.
AS BO.-Wattenscheid West
Ruhrschnellweg
Realsch.
Louis-Baare-Sch.
Kaufm. Berufskolleg 2
Friedens-K.
AOK
Südfel
eithe

Thema: Dutschke »glattrasiert und im Anzug«

Norbert Kozicki

Wattenscheid 1968: Rudi Dutschke trifft Johannes Rau.

»Nun kann man ihn bald auch im Ruhrgebiet bestaunen: Rudi Dutschke, den Chefideologen des Sozialistischen Deutschen Studentenbundes und Anführer der antiparlamentarischen Opposition von linksaußen. So weltfremd der junge Mann mit dem Rollkragenpulli, unrasiertem Gesicht und Haartolle auch anmutet, er hat es verstanden, die Diskussionen über das Unbehagen der Jugend im allgemeinen und die Hochschulreform im besonderen für seine Zwecke auszunutzen. Von Kiel bis München vergeht kaum eine Woche ohne Diskussionen mit diesem Star aller Demonstrationen. Der heute 28-jährige Soziologiestudent hat erreicht, was längst nicht alle Nobelpreisträger und Professoren geschafft haben: eine bundesweite Publizität«, kommentierte im Jahre 1968 die Ruhrgebietspresse, kurz bevor Rudi Dutschke am 4. Februar 1968 in der Wattenscheider Stadthalle mit dem damaligen Fraktionsvorsitzenden der sozialdemokratischen Landtagsfraktion Johannes Rau ein politisches Streitgespräch führte.

Auf Einladung des »Aktuellen Forums Wanne-Eickel« reiste Dutschke ins Revier, um seine Ideen und Utopien auch im Kohlenpott zu propagieren. Der Oberstadtdirektor der Nachbarstadt Bochum, Alfred Hufeid, hatte städtische Räume verweigert, so dass die Wattenscheider Stadthalle zum Schauplatz des historischen Ereignisses wurde.

Die »Außerparlamentarische Opposition« erreichte in jenen Tagen am Jahresbeginn 1968 ihren politischen Höhepunkt mit massenhaften Demonstrationen, Diskussionsveranstaltungen und ersten terroristischen Aktionen einer Gruppe um Andreas Baader und Gudrun Ensslin. Zechensterben, Bildungsnotstand, Fahrpreiserhöhungen, Notstandsgesetze und der Vietnamkrieg bestimmten die brisanten politischen Diskussionen.

Das Interesse an dieser Podiumsdiskussion mit den beiden Kontrahenten war riesengroß. Allein aus der bergischen Stadt Wuppertal bestellte eine Organisation über 2.000 Karten. Die Wattenscheider Stadthalle fasste nicht mehr als 1.000 Zuhörer.

Zwei Stunden vor Beginn der Veranstaltung am Sonntagmorgen um 10 Uhr war der Saal schon überfüllt. Dutschke brauchte über 20 Minuten, bis er die Bühne erreichte. In der Pausenhalle der Märkischen Schule und den Nebenräumen stellte man Fernsehgeräte für alle diejenigen auf, die nicht mehr in den Hauptsaal hineinkonnten. An diesem Sonntagmorgen trat Rudi Dutschke zur Überraschung vieler im blauen Anzug auf. Die Presse meldete: »Dutschke glattrasiert und im Anzug«. Im Flugzeug aus Westberlin überredete Micki Beinert den Studentenführer, nicht in seiner traditionellen Kluft – quergestreifter, weiter Pullover und Jeans – im Ruhrgebiet aufzutreten. Im Düsseldorfer Flughafen tauschten beide ihre Klamotten.

Das Streitgespräch zwischen den so unterschiedlichen Kontrahenten entwickelte sich zum Streifzug durch die große und kleine Politik. Dutschke griff permanent die bestehenden Institutionen und das Parlament an. Die internationale Politik, z.B. der Vietnamkrieg und das Obristenregime in Griechenland, kam ebenfalls nicht zu kurz. Dutschke legte bei seinem Auftritt im Revier besonderen Wert auf die perspektivische Feststellung, dass Arbeiter und Studenten eine Einheitsfront gegen das kapitalistische System bilden müssten.

Besonders Dutschkes argumentatives Eintreten gegen die militärische Aggression der USA in Vietnam überzeugte viele Menschen von der Notwendigkeit eigenen politischen Handelns. »Er hat damals schon entwickelt, wie dieser Krieg zu Ende gehen würde, und so ist es auch eingetreten«, erinnert sich der Diskussionsleiter Friedrich Steffen, damals Stadtkämmerer und Kulturdezernent der Stadt Wanne-Eickel.

Zum Abschluss des Streitgesprächs reichte Johannes Rau dem Kontrahenten ein Präsent: »Hier, Rudi, eine rote Strampelhose für deinen Sohn – er darf später auch SPD-Mitglied werden«. Der rote Rudi griff zögernd zu und verzog sein Gesicht zu einem gequälten Grinsen. Weniger das Geschenk schien ihn zu irritieren als vielmehr die überraschend vertrauliche Anrede, die Johannes Rau gebrauchte. Zwei Stunden lang hatte Dutschke den nordrhein-westfälischen SPD-Spitzenpolitiker mit »Genosse Rau« angesprochen. Sein Kontrahent war beim distanzierenden »Herr Dutschke« geblieben.

Höntrop und Eppendorf
Karneval beim Gänsereiten

Andreas Halwer

Ausgangspunkt: Straßenbahnhaltestelle »Höntrop-Kirche« | Linie 310
Endpunkt: Bushaltestelle »Schützenstrasse/Thorpe Heimatmuseum« | Linie 345
Streckenlänge: 5 km | Dauer: 2 Stunden

Höntrop und Eppendorf gehören zu den Wattenscheider Stadtteilen, die bereits im Werdener Heberegister genannt sind. In diesem Einkünfteverzeichnis des Klosters Werden, begonnen im 9. Jahrhundert, werden die Abgabepflichtigen und deren Wohnort aufgeführt.

Die beiden Dörfer haben jeweils einen Kern, der im Laufe der Jahrhunderte durch die Besiedlung gesprengt wurde. Der alte Höntroper Dorfkern befindet sich zwischen den Straßen Mattenburg, Op de Veih und Höntroper Straße. Der Eppendorfer Kern gruppiert sich rund um den »Thie«, den Versammlungsplatz im Dorf. Beide Ortsteile haben einzelne Gehöfte außerhalb der Dorfkerne.

Teile von Höntrop und Eppendorf 1890.

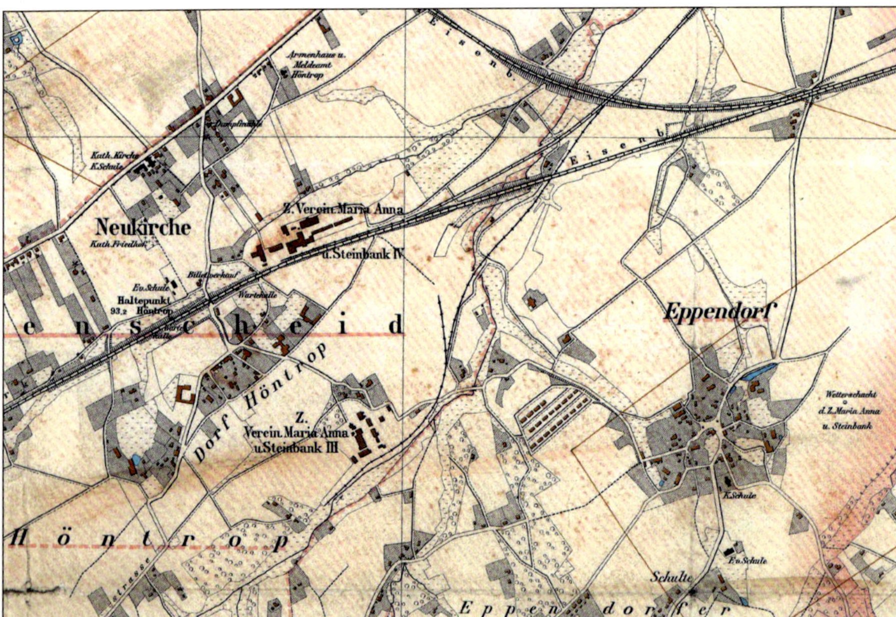

Die alte katholische Kirche von Höntrop und die Straßenbahn-Endstelle um 1910.

Der Ausgangspunkt unseres Stadtrundgangs durch Höntrop und Eppendorf ist die Kreuzung des Wattenscheider Hellwegs mit der Westenfelder Straße und der Höntroper Straße. Die Haltestelle heißt Höntrop Kirche und ist erreichbar mit der Straßenbahnlinie 310 und den Buslinien 363, 365, 389 und 390. Parken kann man am Rande des Wattenscheider Hellwegs westlich der Haltestelle und auf dem Parkplatz neben dem katholischen Friedhof an der Vincenzstraße.

Der Teil von Höntrop, den wir zuerst erkunden, trägt die Bezeichnung »Neukirche«. In diesem Viertel stand das älteste Höntroper Gotteshaus, die Leprosenkapelle. Wahrscheinlich im 15. Jahrhundert entstand ein Siechen- oder Leprosenhaus samt Kapelle am Hellweg, der damals die Hauptstraße in West-Ost-Richtung war und deshalb auch den Pilgern als Reiseroute diente. Stifter war Eberhard von der Brüggeney.

Denkmal 1

An der Einmündung Höntroper Straße und Wattenscheider Hellweg befindet sich eine Grünfläche. In ihrer Mitte steht seit 1988 ein Denkmal, das an den in Höntrop und Sevinghausen bestehenden Brauch des Gänsereitens erinnernt. Vor dem Zweiten Weltkrieg befand sich ein ähnliches Denkmal in der seinerzeit neu gebauten Siedlung des Bochumer Vereins an der Röntgenstraße. Das ursprüngliche Denkmal endete als Metallspende im Zweiten Weltkrieg.

Die Höntroper Katholiken erhielten 1862/63 an Stelle der Leprosenkapelle ihre erste Kirche. Die heutige Grünfläche und ein Teil der Höntroper Straße waren ihr Standort. Nach dem Neubau der benachbarten und heute noch erhaltenen Kirche wurde sie 1925 abgebrochen. 1928 entstand an Stelle der Kirche der Durchbruch der Höntroper Straße zum Bahnhof Höntrop und 1930 eine Tankstelle mit Wartehalle auf der heutigen Grünfläche. An die Grünfläche schließt die Kirchschule an. Die einzelnen Gebäudeteile entstanden über einen Zeitraum von fast 100 Jahren. Mit dem Wachsen der Einwohnerzahl wurden immer wieder Erweiterungen nötig, zuletzt im Jahre 1909.

Direkt an den Schulbau grenzt der Kirchplatz. Links, fast von der Kirche verdeckt, befindet sich das Pfarrhaus. Es entstand 1894, als die katholische Kirchengemeinde von Höntrop als erste Wattenscheider Gemeinde unabhängig von St. Gertrud wurde. Die Kirche St. Maria-Magdalena, 1914/15 gebaut, hat zum Kirchplatz hin drei Türen, die Motive aus der Höntroper Geschichte zeigen. Neben dem Wappen von Eberhard von der Brüggeney, einem der Stifter der katholischen Kirche, sind die alte Kirche von 1862/63 und die ehemalige Leprosenkapelle dargestellt.

Vom Kirchplatz aus gehen wir über die Vincenzstraße weiter Richtung Süden. Rechts liegen ein Altenheim und das Pfarrzentrum. Beide entstanden nach dem Abriss des Vincenzhauses. Das 1904 gebaute und 1926 erweiterte Gebäude diente in verschiedenen Epochen als Kindergarten, Weiterbildungseinrichtung, Unterkunft für Durchreisende und als Pfarrheim. In dem Gebäude gab es eine Kapelle. Lange Jahre waren Vinzentinerinnen in dem Haus, das von einem großen Garten umgeben war.

Wir folgen weiter der Vincenzstraße. Links befindet sich der katholische Friedhof, angelegt 1894, rechts der Kindergarten und eine Kleingartenanlage. Bis in die 1920er Jahre befand sich an dieser Stelle eine Ziegelei. Nicht weit entfernt befand sich bis 1968 die Höntroper Mühle, an die heute nur noch die Mühlenstraße erinnert. Hinter dem Friedhof ist das 1954 gebaute katholische Jugendheim. Unmittelbar dahinter schließt sich die ehemalige evangelische Schule an, zur Kaiserzeit Luisenschule genannt. Nach der Schulreform von 1968 war sie eine Hauptschule. Zuletzt diente das Gebäude als Flüchtlingsunterkunft.

2 S-Bahnstrecke

An der Straßeneinmündung geht es weiter nach links entlang der Hönnebecke. Der Name der Straße erinnert an den hier verlaufenden, heute verrohrten, Bach. Die Straße läuft parallel zur S-Bahnstrecke. Die Bergisch-Märkische Eisenbahn nahm den Schienenstrang 1862 in Betrieb. In Höntrop war zuerst kein Bahnhof vorhanden. 1886 finanzierte die Gemeinde Höntrop eine Haltestelle, an der jedoch nur je drei Züge pro Richtung anhielten. Erst 1910 ging das heutige Empfangsgebäude in Betrieb. Seit 1974 wird die Strecke durch Höntrop von der S-Bahn befahren.

Ein Blick links in die Höntroper Straße lässt die Evangelische Kirche von Höntrop erkennen. Vor der Industrialisierung war Höntrops Bevölkerung katholisch. Mit dem Beginn des Bergbaus zogen auch Protestan-

Blick vom Bahnhof Höntrop auf die Höntroper Straße und die evangelische Kirche um 1910.

ten zu. Die im Volksmund »Kapelle« genannte Kirche stammt aus dem Jahr 1903.

Wir wenden uns nach rechts und unterqueren die S-Bahnstrecke. Die Brücke stammt aus dem Jahre 1929. Sie ersetzte eine schmalere Unterführung, die nur für kleinere Fuhrwerke geeignet war. Um den Verkehr Richtung Eppendorf zu verbessern, verbreiterte man die Unterführung. Ebenfalls 1929 wurde die von Wattenscheid kommende Straßenbahnstrecke vom Hellweg zum Höntroper Bahnhof verlängert. Der Weiterbau der Strecke nach Eppendorf und Hattingen fiel der Weltwirtschaftskrise und dem Konkurs der Straßenbahngesellschaft zum Opfer.

Die Höntroper Straße führt nun bergan. Nach wenigen Metern mündet die Straße Op de Veih in die Höntroper Straße. Im Winkel beider Straßen ist eine kleine Grünanlage, in deren Mitte sich ein Findling befindet, der bei der gärtnerischen Gestaltung des Südparks entdeckt wurde. Grünanlage und Straße entstanden Ende der 1920er Jahre. Zwischen den Straßen Op de Veih und Mattenburg liegt der historische Dorfkern von Höntrop. Die Op de Veih führt vom Dorf Höntrop weiter nach Westen zur ehemaligen Höntroper Vöde.

An der Einmündung der Mattenburg in die Höntroper Straße befindet sich der ehemalige Henkens Hof. Seit dem Ende der 1920er Jahre wird das Gebäude als Turnhalle genutzt. Auf der Rückseite hat die Höntroper Feuerwehr ihr Domizil gefunden. Zeitweise war in dem Gebäudekomplex die Höntroper Polizeiwache untergebracht.

Kurz hinter der Einmündung der Mattenburg beginnt der Reiterweg, der in den Südpark führt. Auf der linken Seite hinter einer Mauer ist die Villa Baare. Erbaut wurde sie für den ehemaligen Direktor des Bochumer Vereins Louis Baare. Hier im Grünen, trotzdem nicht weit von der Eisenbahnstation, erholte er sich von den Mühen des Tages. Den Begriff »im Grünen« empfindet man heute so, zur Bauzeit der Villa, 1888, stand in geringer Entfernung die Zeche Maria-Anna und Steinbank mit ihrem Schacht III. Die Zeche war bereits seit 1868 im Besitz des Bochumer Vereins. Die Villa diente bis 1945 den Familienangehörigen Baare als zu Hause. Für kurze Zeit war sie danach Quartier der britischen Besatzung, anschließend diente das Gebäude als Tuberkuloseheilanstalt. Heute ist hier der Waldorf-Kindergarten Zuhause. Außerdem wird im ehemaligen Gewächshaus des Anwesens eine Töpferwerkstatt betrieben.

Gegenüber der Mauer liegt das Vereinsheim des Sauerländischen Gebirgsvereins. Am Ende des Weges befindet sich der Reitstall des Ländlichen Reit- und Fahrvereins Wattenscheid auf dem Gelände und in den noch erhaltenen Gebäuden von Zeche Maria-Anna und Steinbank Schacht III. Die Zeche Marianne, wie sie im Volksmund genannt wurde, hatte insgesamt vier Schächte. Der erste befand sich am späteren Elchweg in der Nähe der heutigen Marienkirche. Schacht II war weiter östlich an der heutigen Straße Spelbergs Busch, Schacht IV nördlich der Eisenbahnstrecke in Höhe der heutigen Brücke zwischen Emilstraße und Realschule. Der Schacht III diente bis 1904 zur Kohleförderung. Die Kohlen wurden am Rande des Abhangs auf Eisenbahnwaggons verladen, das natürliche Gefälle nutzend. Die Schienen lagen parallel zur Schembecke, dem Bach, der zu Füßen der Zeche verläuft, und führten an der Zeche Engelsburg vorbei zum Bochumer Verein.

Am Reiterhof vorbei führt der Weg westlich weiter in den Südpark. Der Südpark entstand Ende der 1920er Jahre nach der Eingemeindung von Höntrop nach Wattenscheid. Die Stadt und die ehemals selbständige Gemeinde Höntrop hatten sich im Vorfeld der Eingemeindung auf verschiedene Infrastruktur-Projekte geeinigt. Zur Anlage des Südparks gehörte die Waldbühne. Südwestlich vom heutigen Reiterhof wurde die Freiluftbühne im Jahre 1929 mit Shakespeares »Ein Sommernachtstraum« eröffnet. Seit 1930 finden hier regelmäßig die Märchenspiele für Kinder statt. Neben der Waldbühne entstand auch der Reitplatz für die Höntroper Gänsereiter.

3 Höntroper Schwimmbad

Weiter am Reiterhof vorbei geht es bergab in die Senke. Hier fließt die Schemmbecke etwa parallel zum Weg. Neben dem Bach befinden sich Spielgeräte und ein Tiergehege. Am Ende des Weges in westlicher Richtung beginnt die Liegewiese des Höntroper Schwimmbades. Direkt hinter dem Zaun befand sich das 1929 in Betrieb genommene 50 Meter lange Schwimmbecken. Parallel zur Längsseite des Beckens waren die Umkleidekabinen und eine kleine Gastronomie untergebracht. Ein Biergarten befindet sich heute an dieser Stelle.

Das »Sonnenheim« im Südpark lädt die Kinder 1929 zum Planschen ein.

Nun geht es bergauf nach Süden zum heutigen Schwimmbad. Oberhalb des ehemaligen Beckens entstand Ende der 1960er Jahre das neue, beheizte Becken. Die Anlage ist so gestaltet, dass sie Wettkampfbedingungen erfüllt. Ein 10-Meter-Sprungturm erfreut im Sommer die Mutigen. In den 1970er Jahren wurde die Anlage durch das Hallenbad ergänzt.

An der Stelle des heutigen Hallenbades entstand bereits 1927 das Sonnenheim. Es bestand aus einem Gebäude und einem Planschbecken. Das Gebäude hatte eine Küche und eine große, verglaste Halle, die auch im Winter ein Sonnenbad gestatten sollte. Die im Wattenscheider Norden wohnenden Kinder konnten so erholsame Tage im Südpark verbringen. Eine Übernachtungsmöglichkeit gab es nicht.

Wir verlassen nun den Südpark über den Parkplatz und die Straße In der Mark. Am Rande des Parkplatzes überschreiten wir die Grenze zwischen Höntrop und Eppendorf.

Wir folgen der Straße in der Mark abwärts nach Osten und erreichen in der Senke die Gartenstraße. Diese verbindet die Eppendorfer Mark mit Höntrop. Sie verläuft zum großen Teil parallel zum Grenzgraben. Der Bach hat seinen Ursprung in der Nähe der Straßen Hollenhagen und Eichenhagen. Zwischen 2005 und 2009 wurde der Bach renaturiert. Stadt und Emschergenossenschaft haben sich entschlossen, das Abwasser vom Quellwasser zu trennen. So entstand ein idyllischer Bachlauf, während die Abwässer durch ein Rohrsystem kanalisiert wurden. Die 1899 gegründete Emschergenossenschaft hatte zusammen mit den Ruhrgebietskommunen in den ersten Jahrzehnten nach ihrer Gründung ein System von Abwasserleitungen zur Emscher umgesetzt. Meistens wurden hierfür die vorhandenen Bäche zweckentfremdet.

Auf der anderen Seite der Gartenstraße befand sich die Arbeitersiedlung der Zeche Marianne zwischen Ringstraße und Kräutergarten. An ihrer Stelle befinden sich heute schmucke Eigenheime.

Die Gartenstraße gehen wir bergan und biegen links in die Holzstraße ein. An der Einmündung der Straße In der Rohde befindet sich die evangelische Kirche von Eppendorf. Die evangelische Kirchengeschichte von Eppendorf weicht von der Kirchengeschichte der restlichen ehemaligen Wattenscheider Amtsgemeinden ab. Die Eppendorfer orientierten sich nicht nach Wattenscheid, sondern nach Weitmar. In Weitmar bestand seit dem Ende des 16. Jahrhunderts bereits eine evangelische Kirche, die Silvesterkapelle auf Haus Weitmar. Seit 1902 gab es in Eppendorf einen eigenen Geistlichen, der innerhalb der Kirchengemeinde Weitmar für Eppendorf zuständig war. Es war die dritte Weitmarer Pfarrstelle. 1906 entstand für diesen Geistlichen ein Pfarrhaus an der heutigen Elsa-Brändström-Straße. Das Gemeindezentrum In der Rohde wurde 1940 mit einem Betsaal eröffnet. 1953 erweiterte die Kirchengemeinde das Gebäude. Mit dem Jahre 1964 wurde die Eppendorfer Kirchengemeinde selbständig von Weitmar, verblieb aber im Gegensatz zu den anderen Wattenscheider Kirchengemeinden, die zum Kirchenkreis Gelsenkirchen-Wattenscheid gehören, beim Kirchenkreis Bochum. 1979 entstand am Nelkenweg das neue Gemeindezentrum neben dem schon bestehenden Kindergarten.

4

Friedhof Eppendorf

Der Holzstraße folgend erreichen wir den Eingang des kommunalen Friedhofs von Eppendorf. Er entstand in den 1950er Jahren und wurde in den 1970er Jahren erweitert. Vor dem Eingang auf der Wiese befinden sich gleich mehrere Mahnmale. Die Eppendorfer gedachten mit ihnen der Kriegstoten ihrer Gemeinde. Sie standen ursprünglich mitten im Dorfkern von Eppendorf und entstammen verschiedenen Zeitepochen. Das älteste Denkmal wurde bereits zum Gedenken an den Krieg 1866 errichtet. Auf dem Platz am Thie stand im 19. Jahrhundert neben den Mahnmalen eine Friedenseiche. 1961 wurden die Denkmale aus dem Ortskern verbannt und am Friedhof wieder aufgestellt.

Die Kriegerdenkmale von Eppendorf vor dem Kommunalfriedhof.

Der Holzstraße weiter folgend erreichen wir die katholische Kirche von Eppendorf. Während der Reformation war Eppendorf zunächst evangelisch geworden. Durch die Zuwanderung während der Industrialisierung stieg jedoch die Zahl der Katholiken. Sie mussten zunächst die Gottesdienste in der Gemeinde St. Franziskus in Weitmar besuchen. 1931 bekam Eppendorf eine eigene Kirche, die der Heiligen Theresia vom Kinde Jesu geweiht wurde. Patres übernahmen die Seelsorge als Pfarrvikare. Formell gehörte die Katholische Kirche in Eppendorf bis 1960 zur Weitmarer Gemeinde und kam auch erst mit der Selbständigkeit zum Dekanat Wattenscheid.

Kotten Bodde heute und vor der Renovierung.

Über die Straßen Wegmanns Hof und Im Kattenhagen geht es in den ehemaligen Dorfkern von Eppendorf. Das historische Eppendorf war ein Haufendorf. Es lag rund um den Ortskern, den Thie oder Versammlungsplatz. Rund um diesen Platz gruppierten sich die Fachwerkhäuser und Gehöfte, die zum größten Teil dem Stadtwandel geopfert wurden. Nur noch wenige Häuser zeugen von der alten Bausubstanz. Ein gutes Beispiel, wie man alte Bausubstanz und moderne Nutzung miteinander verbinden kann, ist der Kotten Bodde. Er befindet sich in der Straße am Thie, links vom Kattenhagen. Das schmucke Fachwerkhaus wurde im 17. Jahrhundert gebaut. Es beherbergt seit 1996 eine Gastwirtschaft mit einem gemütlichen Biergarten vor dem Gebäude.

Kotten Bodde 6

Im südlichen Teil der Straße Am Thie befindet sich der Platz, an dem die Kriegerdenkmäler gestanden haben. Heute ist hier eine dreieckige Grünfläche, auf der sich seit einigen Jahren Skulpturen stehen. Der einstige Dorfkern ist heute zur Verkehrsfläche degeneriert, mit etwas Phantasie kann man sich aber die alte Situation vorstellen. Zwischen Im Kattenhagen und Am Thie wurde Ende der 1980er Jahre der Bußmanns Hof abgerissen und machte damit Platz für den neuen Gebäudekomplex. Rund um den Thie sind einige Fachwerkhäuser noch vorhanden, so in der Finkenstraße und an der Einmündung der Holzstraße und Wegmanns Hof. Beeindruckend ist auch die ehemalige Villa Backhaus am Backhausweg.

Skulpturen 5

Eppendorfer Postkarte, um 1920.

Am Rande der Schützenstraße zur Rechten lag früher ein Teich, Hunnepoth genannt. Auch er musste der modernen Bebauung weichen. Zur Linken geht es zum Bergbauwanderweg von Höntrop nach Eppendorf.

Der Weg zum Endpunkt unserer Wanderung ist nicht mehr weit. An der nächsten Einmündung beginnt links die Engelsburger Straße. Das Haus Nummer 9 beherbergt das Museum des Eppendorfer Heimatvereins. Das Museum dokumentiert nicht nur Eppendorf. Ein Schwerpunkt ist die Darstellung bäuerlicher Lebensweise und die Veranschaulichung

7 Eppendorfer Heimatverein

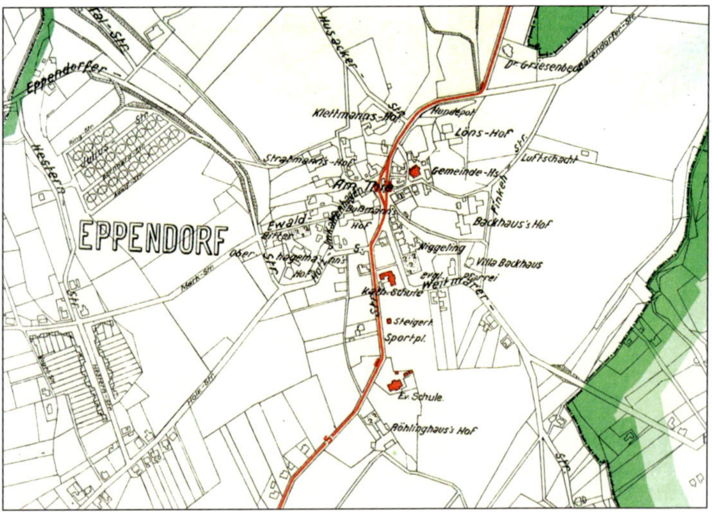

Der Eppendorfer Ortskern 1926.

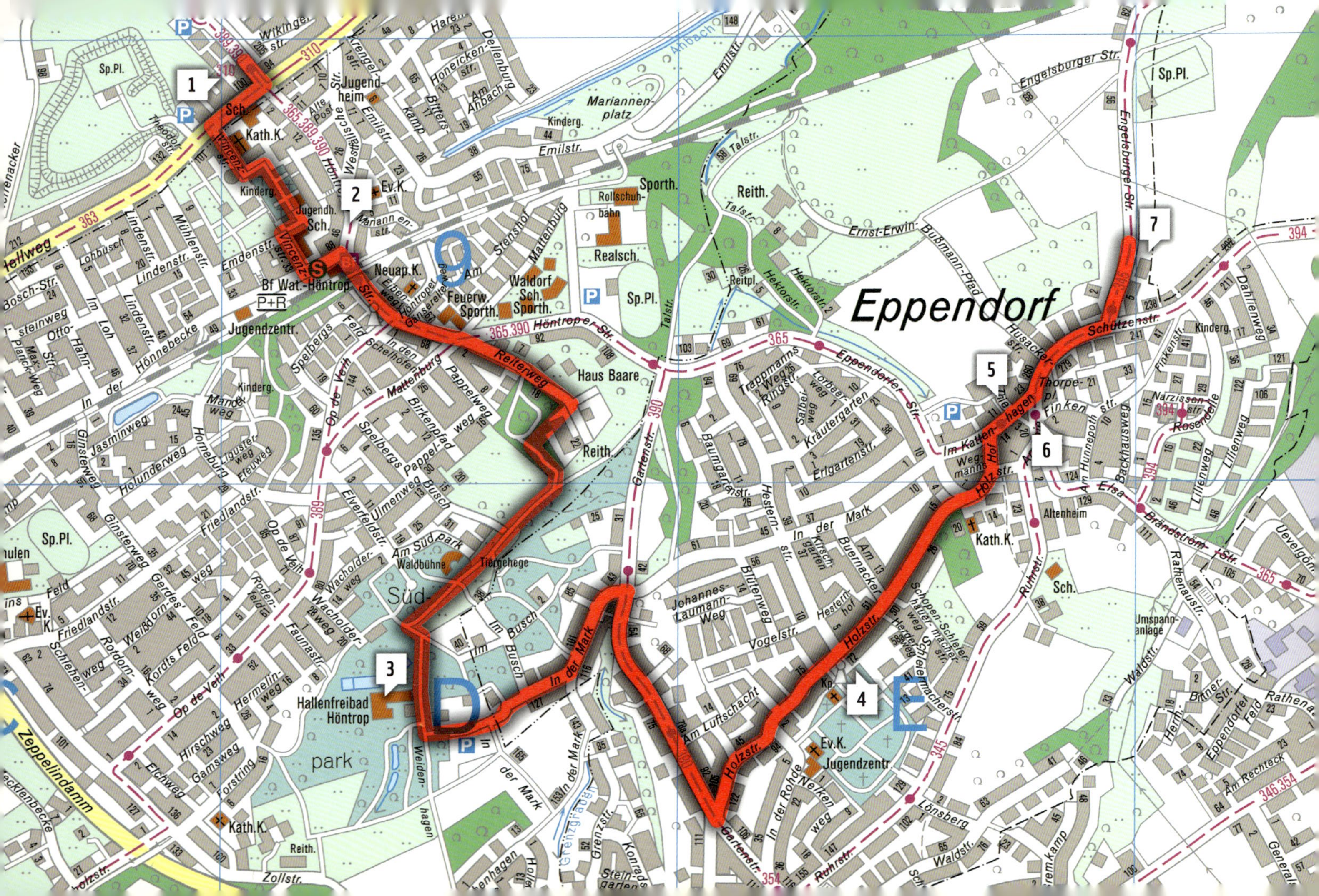

Eppendorf
1
2
3
4
5
6
7
Engelsburger Str.
Dahlienweg
Lilienweg
Schützenstr.
Brandström-Str.
Rathenaustr.
Backhausweg
Am Hunnepoth
Husackerstr.
Ruhrstr.
Altenheim
Kath. K.
Im Kattenhagen
Holzstr.
Schleiermacherstr.
Am Buernacker
Eppendorfer Str.
Ernst-Erwin-Bußmann-Pfad
Hektorstr.
Talstr.
Emilstr.
Anbach
Mariannenplatz
Gartenstr.
Haus Baare
Reiterweg
Pappelweg
Birkenpfad
Höntroper Str.
Waldorf Sch.
Sporth.
Realsch.
Rollschuhbahn
In der Mark
Im Busch
Tiergehege
Süd-
park
Waldbühne
Weidenhagen
Hallenfreibad Höntrop
Jugendzentr.
Ev.K.
Vincenzstr.
Bf Wat.-Höntrop
Lindenstr.
Mühlenstr.
Op de Veih
Wacholderweg
Faunastr.
Zeppelindamm
Hellweg
Blütenweg
Vogelstr.
Baumgartenstr.
Hesternstr.
Grenzgraben
Konradstr.
Zollstr.
Elchweg
Ginsterweg
Horneburg
Spelbergs Busch
Ulmenweg
Elverfeldstr.

Richtfest für das Wohnhaus am Thorpe-Museum im Juli 2002.

von landwirtschaftlichen Arbeitsprozessen. In der Scheune finden regelmäßig Veranstaltungen statt. Auch die Theatergruppe tritt hier auf. In unmittelbarer Nähe des Museums liegt die Bushaltestelle Schützenstraße/Thorpe Heimatmuseum.

Thema: Wattenscheid-Sevinghausen
Bartholomäuskapelle und Helfs Hof

Andreas Halwer

Bartholomäuskapelle

Unmittelbar am Hellweg befindet sich in Sevinghausen die Kapelle St. Bartholomäus. Sie wurde bereits Ende des 14. Jahrhunderts urkundlich erwähnt. Das heute noch stehende Gebäude ist im 17. Jahrhundert nach dem Dreißigjährigen Krieg wiederaufgebaut worden. Der Grundriss der Kapelle wurde dabei nicht verändert. Das Gebäude ist ein Renaissance-Bau aus Sand- und Backstein. Der einschiffige Bau besitzt Kreuzgewölbe in zwei Jochen. Seit 1972 ist die wiederum renovierte Kapelle als Autofahrerkapelle geöffnet.

Bartholomäuskapelle um 1910.

Heimatmuseum im Helfs Hof

In Sevinghausen liegen in der Nähe des Hellwegs noch einige Bauernhöfe. Einer davon, der Helfs Hof, wurde in den 1970er Jahren vor dem Abriss bewahrt. Das Vierständerfachwerkhaus ist im Haupthaus noch erhalten, die Nebengebäude wurden abgerissen.

Ende 1974 entstand in einem Teil des Gebäudes das Wattenscheider Heimatmuseum. Mittelpunkt des Museums ist die Fleetküche. Das Museum zeigt neben bäuerlichem Hausrat und landwirtschaftlichen Geräten auch bürgerliche Wohnungs-Accessoires.

Das Museum ist mittwochs, samstags und sonntags geöffnet.

Darüber hinaus wird auch die Stadtgeschichte dargestellt. Von geologischen Funden über Urkunden zum Stadtmodell um 1900 ist ein weiter Bogen gespannt.

Gerthe und Kirchharpen
Ruhrpark und Kulturwerk, Katholikendorf und Rosenberg

Gerd Kivelitz und Monika Remlinger

Ausgangspunkt: Haltestelle »Heinrichstraße« | Linie 308/318
Endpunkt: Haltestelle »Nordbad« | Linie 308/318
Streckenlänge: 16 km | Dauer: 4 Stunden

Wir beginnen unseren Rundgang am westlichen Rand des Stadtteils, unmittelbar am Eingang zum Hiltroper Busch, der als Grüngürtel im unteren Bereich der Hiltroper Landwehr in den Gysenberg übergeht.

1 Kitsch-Bude

Vor uns befindet sich ein ehemaliger, unter Denkmalschutz stehender Kiosk, von der Gemeinde 1928 erbaut, nach seinem ersten Pächter im Volksmund »Kitsch-Bude« genannt. Seit 2005 wird dieses in repräsentativer Torhausarchitektur erbaute Gebäude vom Bochumer Kulturrat e.V. als Kulturstätte genutzt. Wir biegen in die gegenüberliegende Heinrichstraße ein, benannt nach einem Direktor der Zeche Lothringen, Heinrich Grimberg.

Auf der linken Seite sind die 1927 erbauten Beamtenhäuser noch erhalten, während die Häuser der Zechenarbeiter auf der rechten Stra-

Beamtenhaus an der Heinrichstraße.

Restaurierte Zechenhäuser an der Schwerinstraße.

ßenseite dem Bau des Schulzentrums mit Heinrich-von-Kleist-Schule, Anne-Frank-Realschule und Stadtbücherei weichen mussten. Die für diesen Wohntyp charakteristischen Siedlungsverhältnisse finden sich noch heute ansatzweise in der Schwerinstraße, die links abzweigt und ihren Namen auf die ehemalige Schwesterzeche von Lothringen in Castrop, Zeche Schwerin, zurückführt. Typisch waren große Gärten und Stallgebäude zur Kleintierhaltung, auch von Ziegen, genannt »Bergmannskühe«, die den »Püttleuten« eine Verbesserung des schmalen Lohns ermöglichten.

Taubenschläge waren für viele selbstverständlich. Die ersten Koloniehäuser entstanden bereits in den achtziger Jahren des 19. Jahrhunderts. Im Jahre 1878, nur sieben Jahre nach Gründung der Gewerke, begann Lothringen mit dem Bau der Zechensiedlung »Auf dem Kray«. 1886–1898 folgten die Kolonien auf der Karl-Ernst-Straße und auf der Hiltroper Landwehr. Dadurch wurde das Wohnungsmangelproblem in Gerthe jedoch nur ansatzweise gelöst. Bis 1914 gab es eine fortlaufende Erweiterung der Kolonien und Beamtenhäuser durch Lothringen, so dass Gerthe sein Gesicht grundlegend veränderte. Hatte der Ort 1871 etwa 300 Einwohner gehabt, so waren es im Jahre 1917 bereits 18.466.

An der Kreuzung Schwerinstraße/Heinrichstraße steht die ehemalige »Gaststätte Hanholz« in bemerkenswertem Art Deco-Stil, lange Zeit offizielles Vereinslokal von SuS Gerthe 11 (heute Spielvereinigung Gerthe). Die Beziehung zur Zeche Lothringen war eng. Viele Spieler arbeiteten in der Grube oder über Tage. Die »hohen Herren« vom

Amtshaus Gerthe.

Pütt, die Steiger, Betriebsführer und Direktoren, waren entweder Mitglieder im Verein und bekleideten dort Vorstandsämter, oder sie waren als Jagd- oder Kegelfreunde mit dem Wirt Paul Hanholz verbunden. Nach den Meisterschaftsspielen wurden schöne »Kommerskes« gefeiert. Nachdem wir an der Hans-Christian-Andersen-Schule, einer Gemeinschaftsgrundschule mit Kindertagesstätte, vorbeigekommen sind, gelangen wir zum Gerther Amtshaus.

2 Gerther Amtshaus

Gerthe, Alte Schule und Gaststätte Hubbert.

Dieses wurde 1910 nach Plänen des Bremer Architekten Maehl in schöner Gründerzeitarchitektur errichtet, nachdem Gerthe infolge des rasanten Bevölkerungswachstums durch die Zechenansiedlung die angrenzenden Orte Hiltrop und Harpen wirtschaftlich und politisch überflügelt hatte. Heute ist der 1986 sanierte denkmalgeschützte Bau mit der symmetrischen Anordnung der Fassade, den Rundbogenfenstern, dem großzügigen Innentreppenhaus und insbesondere seinem repräsentativen Saal Sitz der Verwaltungsstelle und der Bezirksvertretung Bochum-Nord. In Blicknähe, jenseits der Gerther Straße, die über die Bauernschaften nach Harpen führt, befindet sich das Sportzentrum Am Ehrenmal. Sein Name erinnert an ein Kriegerdenkmal, das im Zweiten Weltkrieg ebenso wie etwa die Bronzefigur des Bochumer Kuhhirten zu Rüstungszwecken eingeschmolzen wurde. Heute erinnert ein schlichter Gedenkstein an die Opfer der Weltkriege. Der Bau der Turnhalle stammt aus dem Jahr 1929. Für den Besuch des Gerther Marktplatzes benutzen wir die Gerther Straße, früher Heuweg nach einer alten Flurbezeichnung, und passieren auf halbem Wege die Christopherus-Schule, eine Einrichtung der Anthroposophen. Das heute privatisierte Gebäude der »Sonderschule für seelenpflegebedürftige Kinder und Jugendliche« auf der Grundlage der Pädagogik Rudolf Steiners wurde 1899 für die erste katholische Volksschule, die Heuwegschule, errichtet.

3 Ehrenmal

4 Christopherus-Schule

Christopherus-Schule an der Gerther Straße.

Nach dem Zweiten Weltkrieg fanden hier auch die Zeugen Jehovas mit ihren Gebetsräumen Unterkunft, bis sie an der Fischerstraße ein neues Gebäude erhielten.

Die Wohnbebauung der Gerther Straße weist rechtsseitig noch schöne »Zeitzeugen« der typischen Bergbauarchitektur auf.

5 Gerther Marktplatz

Mit dem Gerther Marktplatz erreichen wir einen zentralen Ort des Stadtteils. Ursprünglich befand sich hier seit 1896 die erste katholische Kirche in neoromanischem Stil, die bei dem Luftangriff Pfingsten 1943 erhebliche Zerstörungen erlitt. Nach der Errichtung der neuen St. Elisabethkirche an der Hiltroper Landwehr anno 1910 wurde das nunmehr nicht mehr konsekrierte Gebäude als Turnhalle genutzt, 1949 schließlich abgerissen. Die karreeförmige Bebauung durch Wohn- und Geschäftshäuser hat infolge der Kriegszerstörungen und des Strukturwandels vielfach ihr Gesicht verloren. Wenige Gebäude erinnern an die alten urbanen Architekturen wie die angesiedelte Gastronomiezeile an der Nordseite belegt. Sommertags findet der Spaziergänger hier einen Platz zum Verweilen. Die funktionale Gliederung des Martplatzes erlaubt eine vielseitige Nutzung sowohl als Wochenmarkt wie auch für festliche Aktivitäten. Im Marktgarten erinnern zwei Objekte aus dem Bergbau an die industrielle Vergangenheit: der letzte Kohlenwagen der Zeche Lothrin-

Seilscheibe am Gerther Markt.

gen I/II und die Seilscheibe der Nachbarzeche Erin in Castrop, auf der viele »Lothringer« nach der Schließung der Gerther Schachtanlage ihren Arbeitsplatz gefunden hatten.

Wir verlassen den Marktplatz über die Brandenbuschstraße und folgen ihr bis zur Kreuzung mit der Hegelstraße. Vor uns liegt das immer noch repräsentative Schulgebäude, 1924 für eine Mittel-, später Oberrealschule, im Stil des Historismus erbaut. Seit 1929 waren auch Mädchen zugelassen. 1938 wurde die Schule als Heinrich-von-Kleist-Schule höhere Lehranstalt für Jungen, die Schulleiterstelle wurde mit Dr. Hüper besetzt, der auch als NSDAP-Ortsgruppenleiter die politi-

5 Heinrich-von-Kleist-Schule

Peter-Petersen-Schule, ehemals Heinrich-von-Kleist-Schule.

schen Aktionen im Stadtteil steuerte. Im Jahre 1977 erfolgte aus räumlichen und reformpolitischen Gründen die Umsiedlung des Gymnasiums in das Schulzentrum an der Heinrichstraße. Heute befindet sich hier die Peter-Petersen-Schule, eine städtische Sonderschule für Lernbehinderte.

Der Hegelstraße folgend, stoßen wir in südlicher Richtung auf das städtische Jugendfreizeitheim. Ursprünglich befand sich hier seit 1929 die sogenannte weltliche Hegelschule mit Schwerpunkt lebenskundlicher Unterricht und Religionsgeschichte im Gegensatz zu den üblichen Bekenntnisschulen. Hier trafen sich bis 1933 auch die Arbeiterwohlfahrt, die sozialistische Jugend, die Arbeiterjugend und die Roten Falken. An der Vorderseite des Gebäudes erinnert eine im Jahre 1983 angebrachte Gedenktafel an die Verbrechen der Nationalsozialisten, die im sogenannten »Folterkeller« begangen wurden. Hier ist heute die Jugendkneipe »Flash« untergebracht.

7

Städtisches Jugendfreizeitheim

Nach 1933 wurden in dem Gebäude zwei Klassen der evangelischen Schule untergebracht, die restlichen Räume nutzten die SA, die NSDAP und der BDM als Arbeitsräume. Wie in anderen Stadtteilen bemächtigten sich die Nazis gerade der Treffpunkte und Institutionen ihrer politischen Gegner, um sie hier zu demütigen. Von Anfang Februar bis Ende Juli 1933 wurden in einem der Schulkeller mehr als 40 Nazigegner misshandelt und gefoltert. Fünf Kommunisten und der Gerther Jude Ortheiler starben an ihren Verletzungen. Letzterer wurde später auf dem jüdischen Friedhof an der Wiemelhauser Straße beigesetzt. An den ermordeten kommunistischen Gemeindeabgeordneten Heinrich Fischer erinnert

Die Hegelschule wird heute als Jugendfreizeitheim genutzt.

heute die Fischerstraße in der ehemaligen Gerther Bergarbeitersiedlung im Norden des Stadtteils.

In Gegenrichtung mündet die Hegelstraße in die Gerther »Renne«, die Lothringer Straße, heute Fußgängerzone. An der Ecke Hegelstraße/Lothringer Straße fällt der Blick auf das ehemalige jüdische Kaufhaus Fröhlich, ein repräsentatives Gebäude im späten Jugendstil. Das Konfektionsgeschäft wurde in der Reichspogromnacht 1938 angezündet und geplündert. Seine Bewohner wurden vertrieben, ihre Leidenswege verlieren sich im Dunkel der Geschichte.

8 Kaufhaus Föhlich

Haltestelle Gerthe Mitte mit Blick auf die ehemalige Glückauf-Apotheke.

Die Lothringer Straße war über Jahrzehnte eine belebte Geschäftsstraße, durch die die Straßenbahnlinie 7 in Richtung Castrop führte. Wir wenden uns zunächst nach links in Richtung Castroper Hellweg. An der Ecke Lothringer Straße/Castroper Hellweg befand sich die Gaststätte »Westfälischer Hof«, ein beliebter Treffpunkt, zumal die Boxwettkämpfe im anliegenden Biergarten einen sportlichen Höhepunkt darstellten. Den gegenüberliegenden Eckpunkt der Ampelkreuzung/Einmündung Hiltroper Landwehr markiert das Gebäude der ehemaligen Glückauf-Apotheke aus dem Jahre 1908, deren Name Bezug nimmt auf den ortsansässigen Bergbau, ebenso wie die Barbara-Apotheke in der Lothringer Straße an die Schutzpatronin der Bergleute erinnert.

9 St. Elisabethkirche

Wir überqueren die Kreuzung und damit den topografisch höchsten Punkt im Bochumer Norden mit 135 Metern – die benachbarte Haltestelle der Linie 308/318 heißt Gerthe Mitte – und biegen in die ehemalige alte Heerstraße Hiltroper Landwehr ein. Linkerhand stoßen wir auf die St. Elisabethkirche, neben der Christuskirche an der Lothringer Straße, dem Amtshaus, der Fördermaschinenhalle Lothringen 1 und der »Kitsch-Bude« ein Gebäude unter Denkmalschutz. Nach der Bevölkerungsexplosion im Zuge der Industrialisierung, insbesondere durch katholische Bergarbeiter aus östlichen Ländern und Regionen, wurde sie als Nachfolgerin der kleinen Marktkirche auf einem von der Zeche gespendeten Grundstück errichtet. Das Gotteshaus im neoromanischen Stil mit den typischen Merkmalen der Rundbögen, Pfeiler, Figuren und Ornamente wurde 1913 konsekriert. Am Bau des 60 Meter

Katholische St. Elisabethkirche. 1911–1913, Architekt Joh. Franz Klomp.

hohen Kirchturms wirkten hauptsächlich Maurer und Steinmetze aus Italien. Drei Stahlglocken vom Bochumer Verein aus der Nachkriegszeit und eine alte Bronzeglocke bilden heute das Geläut.

Auf dem angrenzenden Grundstück befindet sich das Maria-Hilf-Krankenhaus, dessen Kerngebäude anno 1922 nach Plänen des Baubüros Lothringen errichtet wurde. Unter dem Dach der Kirchengemeinde lag die Obhut des Hauses bis 1965 in den Händen der Schwestern des hl. Vinzenz von Paul. Lange gewährleisteten das Krankenhaus und seine Ambulanz die gesundheitliche Versorgung des Bochumer Nordens, seit 2002 arbeitet es in einer Allianz mit drei weiteren katholischen Krankenanstalten in Bochum. Den Rückweg zum Castroper Hellweg nehmen wir über den Kirchplatz vorbei am Vereinshaus, im Volksmund »Vatikan« bezeichnet, wo seit Jahrzehnten Vereine unterschiedlichster Couleur beheimatet sind und Gäste die bürgerliche Gastronomie genießen. Nach diesem Rundgang folgen wir dem Castroper Hellweg in Richtung Castrop-Rauxel bis zur Einmündung Sodinger Straße. Diese führt in Richtung Herne unmittelbar am Naherholungsgebiet Gysenberg mit dem beliebten Freizeitpark vorbei. Wir überqueren die Ampelkreuzung und erblicken auf der Ecke Hans-Sachs-Straße einen wuchtigen Hochbunker, der im Zweiten Weltkrieg Zuflucht gegen die schweren Luftangriffe bot. Ein Schild weist auf den neben dem Bunker beginnenden Verbindungsweg Gerthe-Mitte – Oberes Ölbachtal hin, auf dem man bis zur Steilkantenhalde Lothringen I/III gelangt, an deren Fuß ein IBA-Radwanderweg in Richtung Dortmund-Bövinghausen zum Westfälischen LWL-Museum Zollern II führt. Die Hans-Sachs-Straße mündet oben auf die Lothringer Straße. Das Eckhaus hinter der neuen Sparkasse beherbergte über viele Jahre die Gaststätte Borgmann mit einem dahinterliegenden Lichtspielhaus. Vor der Umstrukturierung zum Geschäftshaus wurde es als Asylbewerberheim genutzt. Zu Bergbauzeiten fanden hier die bei Kumpeln beliebten »Lohntütenbälle« statt. Die »Knappschaftsbrille« gehörte dazu.

Evangelische Christuskirche 1909–1910. Architekt: Karl Siebold.

Der Lothringer Straße folgend, fällt uns alsbald die evangelische Christuskirche ins Auge, deren Baugeschichte auch eng mit der Zeche Lothringen durch eine Stiftung des Grund-

10 Christuskirche

stücks verbunden ist. Der technische Direktor von Lothringen, Otto Gehres, der einzige Ehrenbürger von Gerthe, war ihr erster Kirchenmeister. Die »Zechenbarone« verstanden es, sich durch soziale Stiftungen einen Namen zu machen und zugleich ihre Steuerlast zu mindern, aber auch die Bevölkerung an den Zechenstandort zu binden. Die Pläne für das ausgefallene Jugendstilgebäude mit reicher Ornamentik im klar gegliederten Kirchenraum und dem markanten 44 Meter hohen Kirchturm stammen von Regierungsbaurat Siebold aus Bielefeld und dem Architekten Hegemann. Schmuckstücke im Innern sind das prächtige Taufbecken und die parallel gestaltete Kanzel sowie die von Kaiserin Auguste Viktoria gestiftete Altarfibel mit eigenhändiger Widmung. Einige Villen der Bergwerksdirektoren neben der Kirche sind noch erhalten, sie werden von der evangelischen Kirchengemeinde genutzt oder sind vermietet. Auf dem Grundstück eines Pferdesportgeschäfts befand sich bis zu dem folgenschweren Pfingstangriff 1943 die Gaststätte Blome, in der mancher Kumpel vor und nach der Schicht sein Bierchen einnahm. Neben einer der Anfang der siebziger Jahre abgebrochenen Villen wurde übrigens das erste Postamt untergebracht, eröffnet am 1. April 1900. Einige Schritte weiter treffen wir auf die neue Seniorenwohnanlage der AWO, zu deren Komplex das historische Gebäude »Weißes Haus« gehört, ein Relikt des einstigen Gasthofs Lothringen mit seinem »Kalthoff‹schen Saal«. Hier fanden die Belegschaftsversammlungen und Festlichkeiten der Zeche statt. Der Saal ist heute nicht mehr vorhanden.

11

Zentralschachtanlage Lothringen I/II

Die gegenüberliegende Straßenseite wird noch immer vom Areal der Zentralschachtanlage Lothringen I/II beherrscht, einer der größten Zechenanlagen Bochums, Abteufen Schacht 1 1872. Die Namensgebung

Ehemalige Zechenanlage Lothringen.

erfolgte in Anlehnung an den Krieg von 1870/71 gegen Frankreich, an dessen Ende das französische Lothringen an den deutschen Sieger fiel. Der Name war geprägt von der nationalen Gesinnung jener Zeit. Der Stilllegung im Jahre 1967 folgte eine Phase von Abriss, Verwahrlosung und pflanzlichem Wildwuchs. Mit der Fördermaschinenhalle von 1907 hinter dem Verwaltungsgebäude ist ein besonderes Juwel der Industriearchitektur mit Mauerwerksbau aus gelben und roten Ziegeln im Reichsformat erhalten. Beachtung finden die Merkmale des späten Jugendstils wie Tonnendach in Kreissegmentform mit gläserner Lüftungslaterne, stählernes Fachwerkgerüst, Fassadengliederung durch Lisenen und Gesimse und Rundbogengiebel an der Schaufassade. Heute ist das gesamte Gelände ein Symbol des Strukturwandels.

Das Magazingebäude beherbergt seit 1988 das vom Bochumer Kulturrat betriebene soziokulturelle Zentrum Kultur-Magazin Lothringen mit einem breiten Spektrum künstlerischer Aktivitäten, während die Maschinenhäuser mit EU- und Landesmitteln zum kulturwirtschaftlichen Gründerzentrum Kulturwerk Lothringen KWL ausgebaut wurden. Eigentümerin ist weiterhin die EGR Bochum, Betreiberin ist die TGR GmbH. Vom Gelände aus öffnet sich der Blick Richtung Kirchharpener Straße auf einen haldenartigen Umlagerungskörper, auf dem drei Gittertürme an die »drei großen Herren«, drei markante Lothringenkamine, erinnern. In dieser Halde, durch Folien gesichert, befinden sich kontaminierte Böden des einstigen Zechenareals. Nach der Erstansiedlung durch Discounter erfolgte die weitere Bebauung des »Gewerbeparks Lothringen« zögerlich. Mittlerweile hat sich hier jedoch eine Art »Neue Gerther Mitte« herausgebildet, allerdings unter Beeinträchtigung der alt eingesessenen Geschäftswelt. Einen touristischen Zugewinn bedeutet der Ausbau der alten Zechenbahntrasse zu einem Radwanderweg Richtung Hiltrop. Über die Amtmann-Ibing-Straße, benannt nach dem einzigen Bürgermeister des noch unabhängigen Amtes Gerthe, erreicht man die Kirchharpener Straße, vorbei am einstigen Bahndamm, wo die »Honigburg« lag.

Gerther Kultur-Magazin.

Der Name trägt die Erinnerung an die bis ins 19. Jahrhundert betriebenen Imkereien, die neben der Hammerstielfertigung aus Buchenholz ein Hauptgewerbezweig des alten Gerthe war. Ein Abstecher über den Kreisverkehr an der Kirchharpener Straße zur Bergehalde Lothringen I/III ist lohnenswert. Zur Sicherung und Markierung der Steilkantenhalde entwarf die Künstlerin Kirsten Kaiser aus Münster ein 220 Meter langes LED-Lichtband in Ost-West-Ausrichtung, benannt »über(n)ort«. Der sanfte Anstieg wird durch einen eindrucksvollen Blick über die Felder und den Ruhrpark bis in die Ruhrberge belohnt. Diese Aussicht ruft in Erinnerung, dass vor der Industrialisierung der Region bäuerliche Arbeit das Leben bestimmte.

12 Sigma Kalon Deutschland GmbH

Oberhalb der Kirchharpener Straße fällt der Blick auf die Sigma Kalon Deutschland GmbH, Anbieter von Farben und Beschichtungen. Das Firmengelände war schon seit 1908 Standort der »Chemischen Werke Lothringen«, die Salpeter und Salpetersäure zunächst für schlagwettersichere Sprengstoffe im Bergbau erzeugten. 1915 wurden auf Anordnung des Kriegsministeriums die Fabrikanlagen wesentlich erweitert. Ein Mitarbeiter erinnert sich (Bochumer Anzeiger 14.8.1934): »Ein Riesenbetrieb war das da draußen (in Gerthe), morgens um 5 die ersten Straßenbahnwagen waren geproppt voll von Bauarbeitern und Handwerken, Hilfskräften und allen möglichen Leuten. So viele Schüler oder ältere Männer, die in den ersten Jahren noch zurückgestellt waren, fuhren damals zusammen raus, um so den Krieg hinter der Front mitzumachen. Am 1. Mai 1915 wurde dann die Fabrikation aufgenommen (…) und wir waren stolz auf unsere Munitionsfabrik.« Die Firma wurde in den dreißiger Jahren stillgelegt, nach 1945 produzierte die ORGANA auf

Firma Sigma Kalon Deutschland GmbH.

dem Gelände Bautenschutzmittel und ging 1967 in der Firma Unitecta auf. Das alte Labor-Backsteingebäude links vorn im Blick ist noch Teil des ursprünglichen Werks von 1908. Gegenwärtig macht sich die Firma Sigma Kalon einen Namen in der Umwelttechnologie und entwickelt eine Fassadenfarbe, die mittels Nanopartikeln den Schmutz aus der Luft filtert.

Entlang der Kirchharpener Straße erhält man noch eine Ahnung davon, dass die Gemeinden Gerthe und Harpen aufgrund erstklassigen Lehmbodens und klarer Bäche bis Mitte des 19. Jahrhunderts rein landwirtschaftlich geprägt waren. Die Äcker und Kornfelder hinter dem heutigen Gut Heckhuesen (Kirchharpener Straße 53) reichten bis Dortmund, der Mühlenbach bildete die Grenze. Zeugen dieser mittelalterlichen Vergangenheit der Bauernschaft »Gerthrium« sind die Höfe Fleige, Schulte-Mausbeck und Oberhöffken (heute Gut Heckhuesen), die bereits in den Heberegistern des Klosters Werden im 11. Jahrhundert benannt sind.

13 Gut Heckhuesen

Gut Heckhuesen.

Die Kirchharpener Straße leitet ihren Namen vom alten »Kerkpad« nach Harpen ab, als es in Gerthe noch keine Kirchen gab und die Gläubigen aus Gerthe in die Nachbargemeinde Harpen pilgern mussten. Die Kirchengemeinde Harpen umfasste im 19. Jahrhundert die drei Ortschaften Harpen, Kornharpen und Gerthe. Der Friedhof befand sich, nachdem der Kirchhof um die Vinzentiuskirche in Harpen zu klein wurde, seit 1863 an der Maischützenstraße (noch heute kann man dort viele verwitterte Grabsteine wohlhabender Bauernfamilien sehen), und erst ab 1905 konnten Beerdigungen auf dem neuen kommunalen Friedhof erfolgen.

14 Friedhof

Denkmal »Grubenunglück« auf dem Kommunalfriedhof.

Auf diesem läuft man geradeaus direkt zu einem von grüner Patina überzogenen Denkmal für die 112 Bergknappen der Zeche Lothringen, die am 9. August 1912 einer Schlagwetterexplosion zum Opfer fielen. Kaiser Wilhelm II, der sich anlässlich der Hundertjahrfeier der Kruppwerke gerade in Essen aufhielt, besuchte einen Tag später den Unglücksort.

Die alten Gerther und Harpener Höfe bildeten ursprünglich keine zusammenhängende Stadt, sondern lagen einzeln im

Blick in den Kornweg auf die Scheune von Schulte Mausbeck.

ländlichen Raum. Ein Abstecher in den Kornweg würde zum ehemaligen Hof Schulte Mausbeck führen, von dem jedoch nur noch eine mietbare Festscheune steht, das Landhaus Mausbeck brannte 2002 ab.

15 Reiterhof Fleige

An der Kirchharpener/Ecke Gerther Straße befindet sich der heutige Reiterhof Fleige. Er hatte im 15. Jahrhundert eine gänzlich andere Bestimmung. So wurde er 1438 von seinem Besitzer, dem Ritter Johann von der Dorneburg, der Stadt unter der Bedingung vermacht, »daß man von dem vurgenampten gude (dem in Gerthe gelegenen Bauernhof Fleige, damals genannt »Rodden Gut«), den ellenden armen und kranken broider in dem Hospital und gemeynen Gasthuse, dat man na datum

Reiterhof Hof Fleige.

disses brenffs to Boichem maken und stichten sal, spysen und laven sal to ewigen dagen«. Und diesem Stiftungszweck, den heimatlosen und armen Leuten eine Gaststätte zu bieten, die dann in Eickel eingerichtet wurde, hat das Haus während der ganzen Zeit seines Bestehens bis in das letzte Jahrhundert gedient.

16 Brinkhoff's Stammhaus

Wir folgen der Gerther Straße bis zur Kreuzung mit dem Harpener Hellweg. Brinkhoff's Stammhaus, linkerhand am Harpener Hellweg 157 gelegen, bietet die Möglichkeit einer ruhrgebietstypischen Erfrischung. Das jetzige Gebäude aus dem Jahre 1906 wurde an Stelle eines 1905 abgebrannten Lokals erbaut. Friedrich Brinkhoff, Sohn des ehemaligen Wirts, erlernte das Bierbrauen und schuf 1887, als technischer Direktor der Dortmunder Union-Brauerei, das noch heute gültige Rezept des hellen Bieres, das 1977 nach ihm als Brinkhoff's No.1 benannt wurde.

17 St.-Vinzentius-Kirche

Den Harpener Hellweg überquerend gehen wir den Vinzentiusweg hinunter und kommen zur St.-Vinzentius-Kirche (Vinzentiusweg). Sie ist Harpens evangelische Kirche. Das bei Grabungsarbeiten freigelegte Chorraumfundament in Form eines »Fischgrätenmusters ottonischer Baukunst, eine Silbermünze aus der Regierungszeit der schwäbischen Herzöge Hermann II. und III. (997–1012) sowie das Fragment des ältesten jemals in Bochum gefundenen Grabsteins stellen Belege für das Alter der Kirche dar«. Die Vinzentiuskirche ist so alt wie die Stiepeler Dorfkirche (1008), aber im Unterschied zu dieser in ihrer Bausubstanz noch erhalten.

Sie unterstand damals dem Kloster Werden. Ihr Namenspatron ist Vinzenz von Valencia, der während der letzten großen römischen Christenverfolgung im Jahr 304 einen Märtyrertod starb. Im Jahre 1150

Brinkhoff's Stammhaus.

Die evangelische St.-Vinzentius-Kirche.

wurde die dreischiffige, zweijochige romanische Pfeilerbasilika errichtet. 1470 wurden der gotische Chorraum errichtet und das gotische Gewölbe eingezogen. Von 1905 auf 1906 wurde im neugotischen Stil der Nordsüdflügel angebaut. Einschneidendes Erlebnis für viele Harpener war ein Orkan, der am 14. November 1940 den Turm zum Einsturz brachte. Die im Februar 1942 ablieferungspflichtig erklärten Glocken aus dem 15. Jahrhundert entgingen nur knapp der Zerschlagung und Einschmelzung. Sie wurden nach Ende des Kriegs auf dem Lünener Glockenfriedhof entdeckt und konnten der Kirche wieder übergeben werden. Die heutige Stahlkonstruktion der Kirchturmspitze mit Kupferkreuz wurde 1952 anlässlich der 800-Jahr-Feier auf den Unterbau des alten Backsteinturmes gesetzt.

Das Innere der Kirche ist nach Voranmeldung zu besichtigen und birgt zahlreiche Kostbarkeiten: die Altarplatte der Vorkirche (um 1000), den Taufstein (1050), die Sakramentsnische (1300), das Dreikönigsrelief (1400) sowie den Barockaltar von 1699. Die farbigen Bergmannsfenster im Südschiff zeugen von der Zechenkultur der Region. Wer neugierig

Das imposante Kirchenschiff mit Blick auf den Barockaltar.

geworden ist, kann sich – auf telefonische Voranmeldung – im Rahmen einer Führung zur Geschichte der Kirche auch das Zwillingsgeläut im Glockenturm vorführen lassen und dem Harpener Glockenkrimi lauschen.

Vom Lütgendorpweg aus kann man, den Rundgang erweiternd, die Fußgängerbrücke zum Ruhrpark benutzen. Wer hier den Verlockungen des überdachten Shoppings erliegt, den gelüstet es vielleicht, im Anschluss im Restaurant »Pastorat« (Ausfahrt Ruhrpark/Werner Hellweg) neue Kräfte zu sammeln. Das Gebäude stammt aus den Jahren 1831–1834 und war der Wohnsitz des Pastors Rosenbaum. Nach den ersten Kohlefunden auf dem Gebiet des Kirchdorfs Harpen Mitte des 19. Jahrhunderts gründete sich im Januar 1856 die Zechengesellschaft Harpener Bergbau AG. Ihre Ingenieure planten im Pastorat die Anlage und Erschließung der Grubenfelder Altenbochums und Wernes.

18 Ruhrpark

Symbol des Ruhrparks, das gelbe Zeltdach.

Uns genügt der Blick auf den 1964 eröffneten Ruhrpark. Die Idee eines Mr. Roberts aus den USA, ein Einkaufszentrum außerhalb der Innenstadt zu bauen, war zur damaligen Zeit revolutionär. Er erwarb das Grundstück, um ein zentral gelegenes, mit dem Auto von allen Ruhrgebietsstädten bequem zu erreichendes »Shopping-Center« zu schaffen, das als einheitlicher Komplex mit fußläufigem Geschäftsangebot und kostenlosen Parkplätzen als zweites seiner Art in Deutschland und erstes im Ruhrgebiet geplant wurde. Im Gegensatz zu späteren shopping malls wurde es in offener Bauweise errichtet, die Vordächer erlauben jedoch das Flanieren auch bei Regen. Der Ruhrpark ist heute 60 Fußballfelder groß und 7.500 kostenlose Parkplätze locken jährlich 16 Millionen Besucher in die mehr als 120 Geschäfte, Gastronomiebetriebe und das Multiplexkino.

19 Auf dem Knust

Die Straße Auf dem Knust verläuft parallel zur ehemaligen B1, der heutigen A 40, und ist vor dieser durch eine Lärmschutzwand geschützt. Die Siedlung wurde 1952 fertig gestellt und bot damals den Bergleuten der umliegenden Schachtanlagen 118 Siedlerstellen mit Garten für Viehhaltung und Gemüseanbau, die jedem Siedler das Gefühl verschaffen sollten, in Licht und Sonne zu wohnen. Die alte Gewannenbezeichnung »auf dem Knust« (westfälisch mundartlich für »Knorren«) zieht sich in der Tat wie ein Auswuchs am Holz parallel zum Harpener Hellweg hin, bis zu dem sich noch im 19. Jahrhundert der Gemeindewald Bockholt erstreckte. Einer anderen Deutung zufolge liegt die Siedlung wie ein Knust (Brocken, erhöhtes Gelände) in der Harpener Feldmark, die sie überhöht. Bei Ausgrabungen zu der heutigen Siedlung wurden Funde gemacht, die an dieser Stelle schon auf ein jungsteinzeitliches Dorf der ersten sesshaften Ackerbauern schließen lassen.

Auf dem Harpener Hellweg folgen wir ein Stück der alten Handelsstraße, die über die Hansestadt Dortmund nach Soest und Paderborn weiterführte. Der Name Hellweg leitet sich wahrscheinlich von dem Salzhandel ab (mittel-hochdeutsch: hal = Salzwerk). Seit dem Frühmittelalter wurde in Westfalen Salz gewonnen. Seine besondere Bedeutung verdankt der Hellweg dann Karl dem Großen, der um 800 n.Chr. im Abstand von jeweils einem Tagesmarsch befestigte Quartiere, so genannte Königshöfe, anlegte, die zu befestigten Plätzen ausgebaut wurden, in deren Schutz sich Handwerker und Händler ansiedelten. So konnte dann auch die Vinzentiuskirche, zunächst als katholische Kirche, erbaut werden. Die in der katholischen Zeit zwei Vikarien waren mutmaßlich Stiftungen von ortsansässigen Adligen, der Familie derer »von Harpen«, die ihren Stammsitz in Kornharpen hatte und bis ins 16. Jahrhundert existierte. Mit der Reformation erlosch dann der katholische Glauben in Harpen und die Bauernschaften Kirchharpen und Kornharpen blieben bis Mitte des 19. Jahrhunderts rein protestantisch. Der Hellweg trennte den Ortsteil Kirchharpen (rund um die Vinzentiuskirche) von Kornharpen, der reichen Kornkammer der Gemeinde. Er war zu allen Zeiten die zentrale Achse des Ortes und erhielt schon 1907, infolge der nach der Ruhrepidemie 1904/05 nötigen Kanallegung für die Abwässer, als erste und einzige Straße eine Kleinpflasterdecke.

20 Heilig-Geist-Kirche

Vom Harpener Hellweg nach rechts zweigt die Laurentiusstraße ab und an ihr befindet sich die katholische Kirche Harpens, die 1921 von dem Architekten Hellrung als schlichte Saalkirche ohne Seitenschiffe konzipierte Heilig-Geist-Kirche. Die Buntscheiben für die Rundfenster im Chorraum und das Glasmosaik über dem Portal schuf der Bochumer Künstler Ignatius Geitel (1913–1985), der in der Zeit des Nationalsozialismus zu den nicht konformen Künstlern zählte. Auf dem Bochumer Katholikentag 1949 wurde in der Heilig-Geist-Gemeinde der Beschluss gefasst, ein Katholikendorf »für die ärmsten unter den Volksgenossen« rund um den Schleipweg zu errichten. Bis Juli 1953 wurden mit beträchtlichem Anteil an Eigenarbeit, Spendengeldern und Landesunterstützung 76 Siedlerstellen mit Garten und Stall errichtet. Unter den 144 Familien, die einzogen, befanden sich 13 Kinderreiche, 37 Bombengeschädigte, 13 Flüchtlinge, acht Kriegsgeschädigte und sieben Familien aus Elendsquartieren. In Monika- und Augustinusstraße sieht man noch den ursprünglichen Haustyp.

Heilig-Geist-Kirche. Architekt: Karl Hellrung 1953/54. Rundfenster und Taube Ignatius Geitel 1954

21 Harpener Bockholt

Gegenüber der Maischützenstraße gelangen wir durch den Steffenhorst in den Harpener Bockholt. Dieser Wald in seinem heutigen Umfang ist der letzte Rest einer ehemaligen bedeutend größeren Markenwaldung. Sie war gemeinsamer Besitz der ältesten Bauernhöfe. Besondere Bedeutung erhält das Wäldchen einmal jährlich am Wochenende vor dem 1. Mai. Der Marsch der Bochumer Maischützen ins Harpener Bockholt ist alte Bochumer Tradition, liebevoll gepflegt von der Maiabendgesellschaft 1388 e.V. Dieses »Maiabendfest geht auf das heidnische Fest der Frühlingswiederkehr zurück: Am 1. Mai findet die Göttin Frigg, Wodans Weib, nach langem Suchen in der langen trüben Winterzeit, ihren in ferne Lande gezogenen Gemahl glücklich wieder und der Frühling vereinigt beide wieder in seliger Liebe; so wurde am 1. Mai die selige Neuvermählung beider durch ein zwölf Tage dauerndes Früh-

Original Katholikentagskreuz »Gerechtigkeit schafft Frieden« im Katholikendorf.

lingsfest begangen. Dabei zog dann die Jugend aus und fällte im Gemeindewald einen Baum, den sie an zentraler Stelle des Dorfes aufstellte und schmückte; anschließend wurde ein Fest veranstaltet.« Die Straßennamen im Umkreis des Bockholts, Suitbert-, Freyaweg und Wodanstraße, halten die germanische Götterwelt lebendig. Im Mittelalter entwickelten sich diese heidnischen Maifeste dann zu bürgerlichen Waffen- und Schützenfesten. Die Bochumer Maiabendgesellschaft 1388 e.V. bringt das Maiabendfest mit der Überlieferung einer Stadtfehde mit Dortmund im Jahre 1388 in Verbindung. Demnach sollen Bochumer Junggesellen am 17. September 1388 Bewaffneten aus der freien Reichsstadt Dortmund Vieh, das letztere in Kamen gestohlen hatten, abgenommen und den rechtmäßigen Eigentümern zurückgegeben haben. Anschließend habe Graf Engelbert III. von der Mark, um seine Anerkennung zu zeigen, das Fest zu Ehren der Bochumer Junggesellen gestiftet. Als historisch gesichert kann aber lediglich gelten, dass in Bochum jüngere Mitglieder der Schützengilde am Vortag des 1. Mai in den Gemeindewald, den Bockholt, zogen, dort eine Eiche fällten und sie in die Stadt brachten.

Und dieses wird nun alljährlich im blau-weiß geschmückten Stadtteil zelebriert: Nach der traditionellen Aufforderung des Junggesellenhauptmanns »Auf nach Harpen!« ziehen an die 90 Gruppen von Maimädels und Maikerls und über 2.000 Marschierer mit der Stadtspitze über den Har-

Maischützenzug zum Bockholt.

pener Hellweg hinaus nach Harpen in den Bockholt, wo frisch gezapftes Pils und warme Erbsensuppe warten. Es gibt Efeukränze für die Honoratioren, Platzkonzerte und dann endlich die Eiche, mit der die Junggesellen zu dem alten Spruch »Sunne, Sunne, der Baum is usse« vor Sonnenuntergang wieder in die Innenstadt ziehen, wo der Baum eingepflanzt wird. Den Rest des Jahres diente und dient der Volkspark der Erholung von Körper und Geist. So schrieb am 7.1.1942 schon der Bochumer Anzeiger in der Rubrik »Lustige Dönekes«: Bernd von Harpen und sein Freund Wilhelm Grumme hatten sich an einem schönen Sommertag im Bockholt unter einer mächtigen Buche im Schatten gelagert, um sich zu aalen. Sie sagten nur ab und zu ein Wort und ihre Gedanken arbeiteten nur recht langsam. Plötzlich gab sich Bernd einen Ruck und richtete sich halb auf. »Wilm«, so sprach er bedächtig, »mich beschäftigt ein Gedanke«. Sieh mal, was hast du lieber, die Sonne oder den Mond?« »Na, das versteht sich, den Mond«, entgegnete Wilm. »Und warum?« Wilm machte ein überlegenes Gesicht: »Der leuchtet doch des Nachts, am Tage ist es von selbst hell.« »Ja, da hast du recht«, sagte Bernd. Dann schwiegen die beiden Philosophen und dösten weiter.

22

Rosenberg-siedlung

Wir verlassen den Park durch den Ausgang Wodanstraße und gelangen auf der Rosenbergstraße in die ab Herbst 1965 gebaute Rosenbergsiedlung. Sie ist ein für die sechziger Jahre typisches Großwohngebiet:

Charakteristisch für den Rosenberg sind die Hochhäuser.

Entlang eines unregelmäßigen Straßengrundrisses mit geschwungener Linienführung gruppieren sich lose die Häuser in gemischter Bauweise. Ins Auge fallen die Punkthochhäuser an der Händelstraße, den größten Anteil an der Bebauung haben aber drei- bis viergeschossige Mehrfamilienhäuser mit Balkonen nach Süden oder Westen. Ende der sechziger Jahre wurden diese Häuser ergänzt durch Einfamilienhäuser. Insgesamt wurde durch die Mischung der Häuser in Bezug auf Größe, Länge und Anordnung, die Straßenführung und die Rasenflächen versucht, einem monotonen Eindruck entgegenzuwirken. Belebt wurde diese Siedlung tatsächlich durch den in den ersten Jahren hohen Anteil junger Familien.

Am Castroper Hellweg/Ecke Dietrich Benkingstraße erreichen wir unseren Endpunkt, die Linie 308/318.

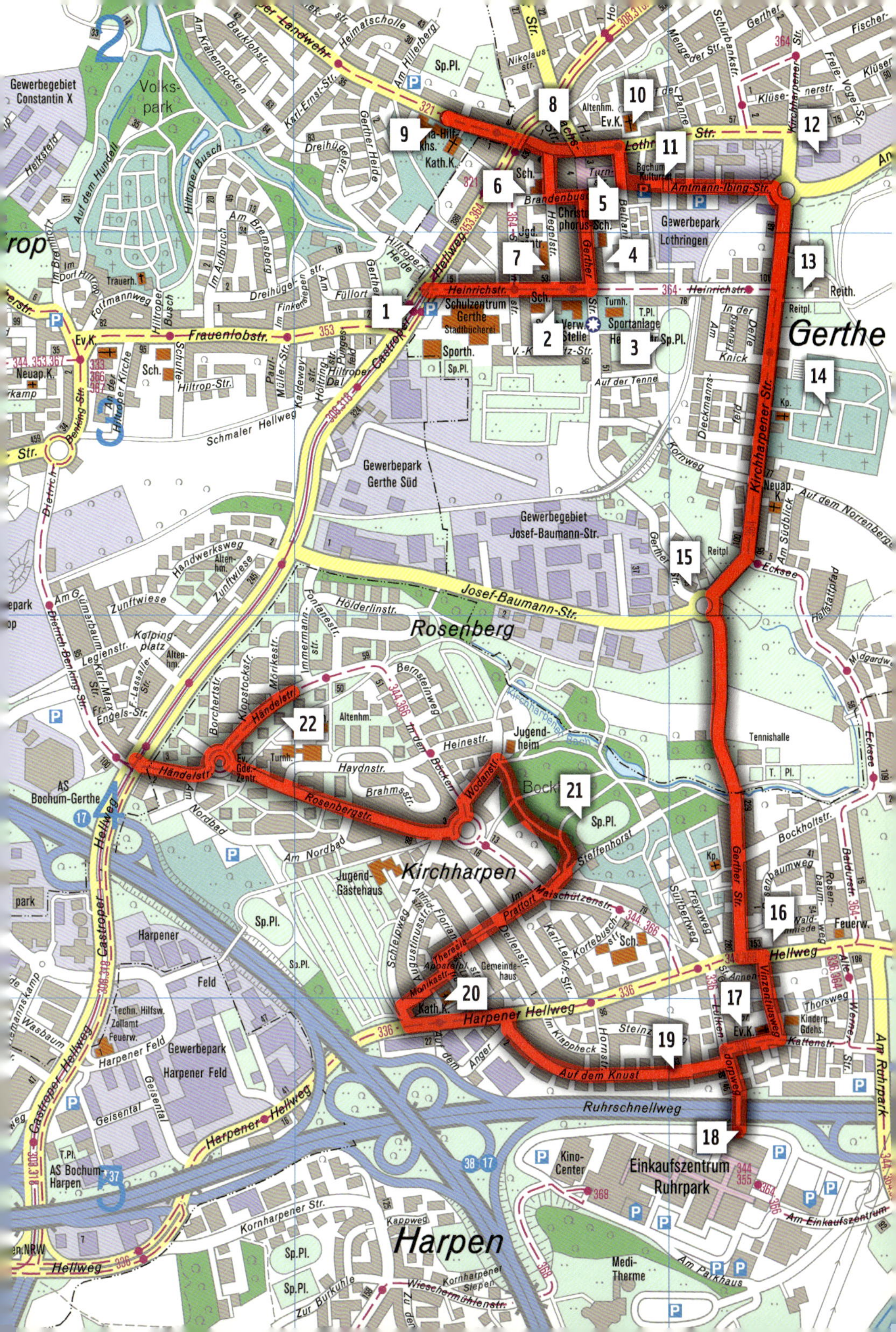

Gerthe
Rosenberg
Kirchharpen
Harpen
Volkspark
Gewerbegebiet Constantin X
Gewerbepark Lothringen
Gewerbepark Gerthe Süd
Gewerbegebiet Josef-Baumann-Str.
Gewerbepark Harpener Feld
Einkaufszentrum Ruhrpark
Schulzentrum Gerthe
Jugend-Gästehaus
Medi-Therme
Kino-Center
AS Bochum-Gerthe
AS Bochum-Harpen
Ruhrschnellweg
Josef-Baumann-Str.
Kirchharpener Str.
Gerther Str.
Heinrichstr.
Amtmann-Ibing-Str.
Lothringer Str.
Castroper Hellweg
Hellweg
Harpener Hellweg
Auf dem Knust
Rosenbergstr.
Händelstr.
Wodanstr.
Frauenlobstr.
Schmaler Hellweg
Dietrich-Benking-Str.
Hiltroper Landwehr
1
2
3
4
5
6
7
8
9
10
11
12
13
14
15
16
17
18
19
20
21
22

Bergen und Hiltrop
Über die Alpen zur Mühle ins Dorf

Hans-Friedel Donschen

Ausgangspunkt: Evangelische Erlöserkirche Hiltrop | Bus 333, 344, 353, 366, 367
Endpunkt: Evangelische Erlöserkirche Hiltrop | Bus 333, 344, 353, 366, 367
Streckenlänge: 7,5 km | Dauer: 2,5 Stunden

Die Ortsteile Hiltrop und Bergen können bis auf 4000 v. Chr. zurückblicken. Darauf lassen Ausgrabungsfunde bei Bergbau-Siedlungserrichtungen um 1950 schließen, die der »Rössener Kultur« zugeordnet wurden (eine Kultur in Mitteleuropa der mittleren Jungsteinzeit 4500–4300 v. Chr. Sie ist nach dem Gräberfeld von Rössen in Sachsen-Anhalt benannt).

Im 13. Jahrhundert wird erstmalig der Name Hiltrop als »Hildorppe« erwähnt. Er lässt auf die heilende Wirkung der hier entspringenden Wasserquellen schließen. Andere Deutungen nehmen Bezug auf die Hügellage oder die Hellwegnähe. Hiltrop gehörte bis 1897 zum Amtsbezirk Herne, wurde dann dem Amt Baukau und 1902 dem Amt Harpen zugeteilt. Es folgte 1929 die Eingliederung in die Stadt Bochum. Der Name Bergen taucht urkundlich im 14. Jahrhundert auf und wird auf die kleine Anhöhe zurückgeführt, auf der die Ortschaft liegt. Bergen zählte bis 1881 zum Amt Bochum, kam dann zum Amt 1

Historisches Kraftwerk Lothringen IV.

Nord, wechselte zum Amt Hofstede und später zum Amt Hordel. 1926 wurde der Ortsteil Bergen in die Stadt Bochum eingegliedert. Mit der Industrialisierung seit Ende des 18. Jahrhunderts, besonders durch den Aufbau von Zechen im gesamten Bochumer Norden, zog es viele Arbeiter aus deutschen Landen und dem umliegenden Ausland in diese Region. Mit der Teufung der Schachtanlagen Lothringen IV und Constantin X im Jahre 1910 bzw. 1911 und der Errichtung der Kokereien entwickelten sich Hiltrop und Bergen zu typischen Industriestandorten der Ruhrregion mit hohem Anteil von Bergbautätigen, geprägt von qualmenden Schloten, drehenden Seilscheiben und glühendem Koks. So entstanden nach dem Ersten Weltkrieg die Häuserreihen und Siedlungsstrukturen entlang der Wiescher, Bergener, Dietrich-Benking- und Hiltroper Straße und am Grümerbaum. Saniert, modernisiert und umgebaut prägen sie auch heute noch in weiten Teilen das Ortsbild von Hiltrop und Bergen, wobei Bergen seinen eher ländlichen Charakter erhalten konnte. Der Bedarf an Arbeitskräften und Wohnraum war mit dem Wiederaufbau nach dem Zweiten Weltkrieg enorm. Zunächst wurde ein Bergarbeiter-Auffanglager für den gesamten Ruhrbergbau an der Bergener Straße errichtet.

Bereits ab 1948 entstand die Bergarbeitersiedlung in Bergen (220 Wohneinheiten) und wenig später die MSA-Siedlung (Marshall-Plan-Siedlung) in Hiltrop.

Ein harter Schnitt und Strukturwandel begann dann Ende der sechziger Jahre mit den Schließungen der Zechen Lothringen IV und Constantin X. 1975 stellte das Kraftwerk seine Stromproduktion – 21,5 MW – ein und somit auch die Dampferzeugung. Hieraus resultierte der Bau

Bergarbeiter-Siedlung in Bergen 1948.

Hiltrop Dorf um 1930.

des Block-Heiz-Kraftwerkes Hiltrop. In den folgenden Jahrzehnten fand dann der komplette Abriss der Zechenanlagen und die Sprengung der Schlote statt. Es wurden sehr umfangreiche Sanierungen sowie Isolierungen der kontaminierten Flächen vorgenommen, die wohl auch zukünftig noch weiter fortgesetzt werden. Heute zeigen sich Hiltrop und Bergen mit recht schönen Grünzügen auf alten Bahntrassen, großflächigen Grünbereichen auf Zechenbrachen und einer Harmonie schmucksanierter Altbauten und angepasster Neubebauung.

1 Anfangspunkt

Der Rundgang beginnt an der inzwischen 80-jährigen evangelischen Erlöserkirche in Hiltrop. Sie wird gerade umfangreich im letzten Bau-

Wahrzeichen von Hiltrop: Evangelische Erlöserkirche, Arch. Karl Siebold 1925/27.

abschnitt, von derzeit drei geplanten, instand gesetzt und saniert. Die enormen Kosten trägt ein hierfür eingerichteter Förderkreis. Die Kirche gilt als Wahrzeichen von Hiltrop, wurde 1927 festlich eingeweiht und ist untrennbar mit dem Wirken von Pfarrer Heinrich Fortmann verbunden. Vorher fanden die Gottesdienste in einem Betsaal an der Wiescher Straße statt.

St. Joseph, Arch. Gottfried Böhm 1960/63, geschlossen 2008.

Die rege römisch-katholische St.-Joseph-Gemeinde besteht seit 1921. Die heutige Kirche Am Hagenacker mit einem besonders prächtigen Kreuzgang – nur 100 Meter von der evangelischen Erlöserkirche entfernt – wurde leider inzwischen geschlossen, die Gemeinde der Pfarrstelle Gerthe eingegliedert.

Ein Gotteshaus der neuapostolischen Kirche befindet sich ebenfalls Am Hagenacker/Winterkamp, direkt hinter der Sparkasse, Zweigstelle Hiltrop. Unterhalb der evangelischen Erlöserkirche, an den Haltestellen, steht ein Erinnerungs-Denkmal »25 Jahre Krieger- und Landwehrverein Hiltrop (1884–1909)« mit den Gedenktafeln für die Gefallenen des Ersten Weltkrieges.

2 Hiltroper Alpen

Der Weg führt auf der Dietrich-Benking-Straße entlang in Richtung Hiltroper Straße, über den Kreisverkehr hinweg, vorbei an dem REWE-Einzelhandel zum Hiltroper Gewerbegebiet.

Kriegerdenkmal Erster Weltkrieg.

Wir befinden uns auf dem inzwischen sanierten ehemaligen Zechengelände Lothringen IV. Als Erkennungsmerkmal dient eine hier aufgestellte, auffallend große Förderseilscheibe. Tausende von Tonnen kontaminierten Bodens des Zechengeländes wurden hier einige Meter tief ausgehoben und zu zwei weit sichtbaren Hügeln aufgeschüttet, verdichtet und mehrschichtig isoliert.

Historischer Blick auf Lothringen IV.

Hiltroper Alpen mit Förderseilscheibe.

Im Volksmund werden die beiden Hügel die »Hiltroper Alpen« genannt. Die höhere Erhebung ist bis zu einem Aussichtsplateau begehbar und einem achteckigen Löschturm nachempfunden, der durch acht Pappeln auf dem Plateau symbolisiert wird. Von hier aus hat man eine gute Aus- und Übersicht auf die Nord-Region Bochums.

Wo ehemals Schlote, Industriegebäude, Schienenstränge, Stahlkonstruktionen, Rohre, giftgelbe Abgase, übel riechende Dampfwolken, Industrielärm und dunkelgraue Wohnhäuser das Umfeld bestimmten, blicken wir nun auf riesige fast idyllische Grünflächen mit inzwischen ansehnlicher, angepasster Randbebauung und freundlich sanierten Altbauten. (Nach dem Willen der Bezirksvertretung Bochum-Nord sollen die Grünkorridore als Permanent- Durchlüftungspotenzial auch zukünftig nicht gemindert werden.)

3 Siedlung Bergen

Der direkte Fußweg, parallel zur Hiltroper Straße in Richtung Blockheizkraftwerk der SWB, ist nur ein kleines Stück begehbar (eine Fuß-/Radwegverbindung ist aber in der Planung) und es geht vorbei an den neuen Häusern zur Hiltroper Straße. Hier biegt man nach wenigen Metern rechts in die Bergener Straße ein, vorbei am 1993 eingeweihten Senioren-Zentrum Jochen-Klepper-Haus, und gelangt links in die Anfang der fünfziger Jahre fertig gestellte Bergener Bergbausiedlung. Zurzeit ist man bemüht, trotz Vermarktung, Privatisierung, Sanierung und Umgestaltung dieser Häuser, die charakteristische Architektur und Siedlungsgestaltung weitgehend zu erhalten.

Der weitere Weg streift nördlich die 1953 großflächig neu erbaute Eifel-Volksschule. Modern und Licht durchflutet enthielt die Schule gleichzeitig noch eine »Badeanstalt«, verfügte bereits über eine eigene

Neubebauung des ehemaligen Lothringer Kraftwerks.

Nachwuchs am Ball.

Ehemalige Eifel-Schule, heutige Hilda-Heinemann-Schule.

Turnhalle und neben einem großen Schulhof über weitere großzügige Freiflächen.

Seit der Umwidmung zur überbezirklichen Sonderschule für geistig behinderte Kinder wurde aus der Eifel- die Hilda-Heinemann-Schule.

Sportanlage 4

Rechts an der Schule vorbei geht es weiter über einen schmalen Fußweg auf die alte Constantin-Bahntrasse, die von der Wiescher/Bergener Straße kommt. So gelangt man auf die städtische Sportanlage Hunsrückstraße, am Rande des Zillertals. Sie verfügt über einen Kunst- und einen kleinen Trainings-Rasen-Platz, die hauptsächlich von den beiden örtlichen Sportvereinen SC Union Bergen und djk Hiltrop-Bergen für die Fußball-Aktivitäten genutzt werden.

Zilltertal 5

Im weiteren Verlauf der alten Bahntrasse, kurz nach dem Zugang zur Sportanlage, führt rechts ein steiler Pfad ins Zillertal hinunter, ins Naturschutzgebiet Tippelsberg/Bergener Mühle (Stembergstraße).

Das Gebiet gilt als Lebensraum für seltene Pflanzen und Tiere. Seine feuchte Umgebung lässt hier noch den Riesenschachtelhalm wachsen. Die Berger Mühle wurde bis ins 20. Jahrhundert betrieben und befindet sich im Privatbesitz. Am Mühlenteich tummeln sich heute zahlreiche Wasservögel. Westlich vom Mühlenbach geht es hoch zur Bergener Straße mit dem schönen Ausblick nach Bochum-Riemke (alte Flakstellung), weiter bis zur Bochumer Reiterschaft am Kreisverkehr Vöde-/Bergener Straße. In diesem Bereich liegt der Hof von Bauer Becker – früher Schulte-Ümmingen – und gegenüber hinter den jetzigen Reitplätzen stand einmal eine Ziegelbrennerei und dahinter die Zeche Constantin 4/5.

Naturschutzgebiet Bergener Mühle.

6

Lager Constantin

Häuser des ehemaligen Zwangsarbeiterlagers.

Unweit der Schulteschen Heide/Bergener Straße befindet sich das ehemalige Zwangsarbeiterlager aus der NS-Zeit. Die Baracken dienen heute als Wohnraum und Versammlungsstätte.

Bevor es gegenüber der Bergener Straße über Ackerland (anfangs öffentlicher Privatweg) ins alte Constantingelände 4/5 (saniert) geht, kann noch etwas oberhalb der Bergener Straße das Kriegerdenkmal aus dem Ersten Weltkrieg aufgesucht werden.

Kriegerdenkmal mit Gedenktafeln.

Nach der Feldüberquerung geht es entlang einer Schrebergartenanlage über die Wiescher Straße hinweg in ein kleines Waldstück. Da man auf der Hiltroper Seite, entlang der Herner Stadtgrenze bis ins Zechengebiet Constantin X, nicht weitergehen kann, führt der Weg nun ein Stück über Herner Waldgebiet bis zur Hiltroper Landwehr. Gleich hier an der Stadtgrenze beginnt die Straße im Brennholt, die durch die Felder längs der ehemaligen Zeche Constantin X, vorbei am völlig erneuerten Düppe-Fachwerkhaus, bis an den Hiltroper Busch verläuft. Einige Meter in Richtung Gerthe liegt auf der linken Seite ein von

Christopher Stromberg Mitte des 18. Jahrhunderts erbautes besonderes Fachwerkhaus. An diesem idyllisch gelegenen und geschichtsträchtigen Bauernhaus fließt der aus dem Hiltroper Busch kommende und weiter nach Herne fließende Ostbach vorbei.

7 Hiltroper Busch

Der Hiltroper Busch – zwischen 1930 und 1933 von Erwerbslosen und Pflichtarbeitern der Stadt Bochum hergerichtet – mit seinem parkähnlichen Charakter im Bochumer Norden, seinen sehr vielen Quellen (über viele Jahre wegen der hohen Wasserqualität gerne als Trinkwasser verwendet) und dem alten Baumbestand hat bis heute seinen hohen Freizeit- und Naherholungswert erhalten können. Bis in die fünfziger Jahre wurden in der Parkanlage noch ein Schwimmbad und ein sehr beliebtes Kaffeehäuschen betrieben. Die folgende Umgestaltung führte zur Einstellung des Badebetriebes, zum Abriss des Kaffeehäuschens und zur Begradigung der Bachverläufe. Dank der Erkenntnisse in der Ökologie und Landschaftsgestaltung folgte in den vergangenen Jahren die Renaturierung und Neugestaltung des Volksparks. Es entstand eine gelungene Komposition aus Biotopen und Freiräumen für die Tier- und Pflanzenwelt, einem beliebten Spiel- und Freizeitbereich und der Um- und Ausgestaltung des Ostbaches mit Wasserrückhaltung. Besonders auf dem Ententeich tummelt sich eine Vielfalt von Wasservögeln. Der abwechslungsreiche Spielplatz und die Spielwiesen sind häufig Stätte für Freiluftveranstaltungen und Freizeitsport der unterschiedlichsten Art. Der angrenzende weitläufige Friedhof bietet einen Ort der Stille.

Stromberg-Fachwerkhaus aus dem 18. Jahrhundert.

8 Gedenktafel Grubenunglück

Eine Freiluftveranstaltung ist die jährliche Feierstunde der Gerther Knappen am 8. August an der Gedenktafel im Hiltroper Busch. Diese

Hiltroper Park vor 1950.

Gedenktafel des Knappenvereins BKV Glückauf.

befindet sich auf der Wegeverbindung, die über die Bogenbrücke des kleinen Ententeiches verläuft, links von der Bogenbrücke aus Spielplatzsicht.

Anlass ist eines der schwersten Unglücke, die den deutschen Bergbau getroffen haben. Am Morgen des 8. August 1912 erfolgte eine Schlagwetterexplosion auf der Schachtanlage Lothringen 1/2 in Gerthe, bei der 112 Bergleute ums Leben kamen und viele schwer verletzt wurden. Sie stürzte die Bevölkerung im Bochumer Norden in tiefe Trauer. Das Unglück ereignete sich genau in 325 Metern Tiefe an der Position der Gedenktafel. Der Chronik zufolge kam Kaiser Wilhelm II zur Anteilnahme persönlich nach Gerthe. Auf dem Gerther Friedhof befindet sich ein großes Bergwerksdenkmal für die verunglückten Bergleute.

9 Elisabeth-Kirche

Interessant ist der Weg aus der Parkanlage heraus über die große Holzbrücke, Karl-Enst-Straße in das Neubaugebiet Hugendiekstraße, die Genossenschaftssiedlung Heimatscholle aus den dreißiger Jahren, an der Sportanlage Am Hillerberg vorbei – hier ist der BV Hiltrop sportlich aktiv –, zu einem Besuch der Anfang des 20. Jahrhunderts erbauten katholischen Elisabeth-Kirche (1911–1913, Arch. J.F. Klomp, s.S. 190f.) an der Hiltroper Landwehr gelegen. Gleich nebenan steht das Maria-Hilf-Krankenhaus, das zum Katholischen Klinikum gehört (Geriatrie, Venenzentrum und Ambulante Dienste). Der Weg führt über die Hiltroper Landwehr in die nach dem Zweiten Weltkrieg, in den fünfziger Jahren errichtete MSA-Siedlung zurück in den Hiltroper Busch.

Von der Bergmanns-Gedenktafel führt der Weg weiter durch den Park direkt zur Frauenlobstraße oder über den Hiltroper Friedhof. Eingänge befinden sich am Hauptweg vom Spielplatz kommend und von der Straße Auf dem Hundell zur Friedhofspforte an der Straße Hiltroper Busch. Der Hiltroper Kommunalfriedhof ist die integrierte Fortführung

MSA-Siedlung Gerthe. 1953–55 baute das Ruhrgebiet Bergarbeitersiedlungen mit neuen Methoden, vorfinanziert aus dem Marshallplan. Bei 20.000 DM pro Haus und 400–600 DM Monatslohn durften Abzahlungen 40–50 Jahre dauern.

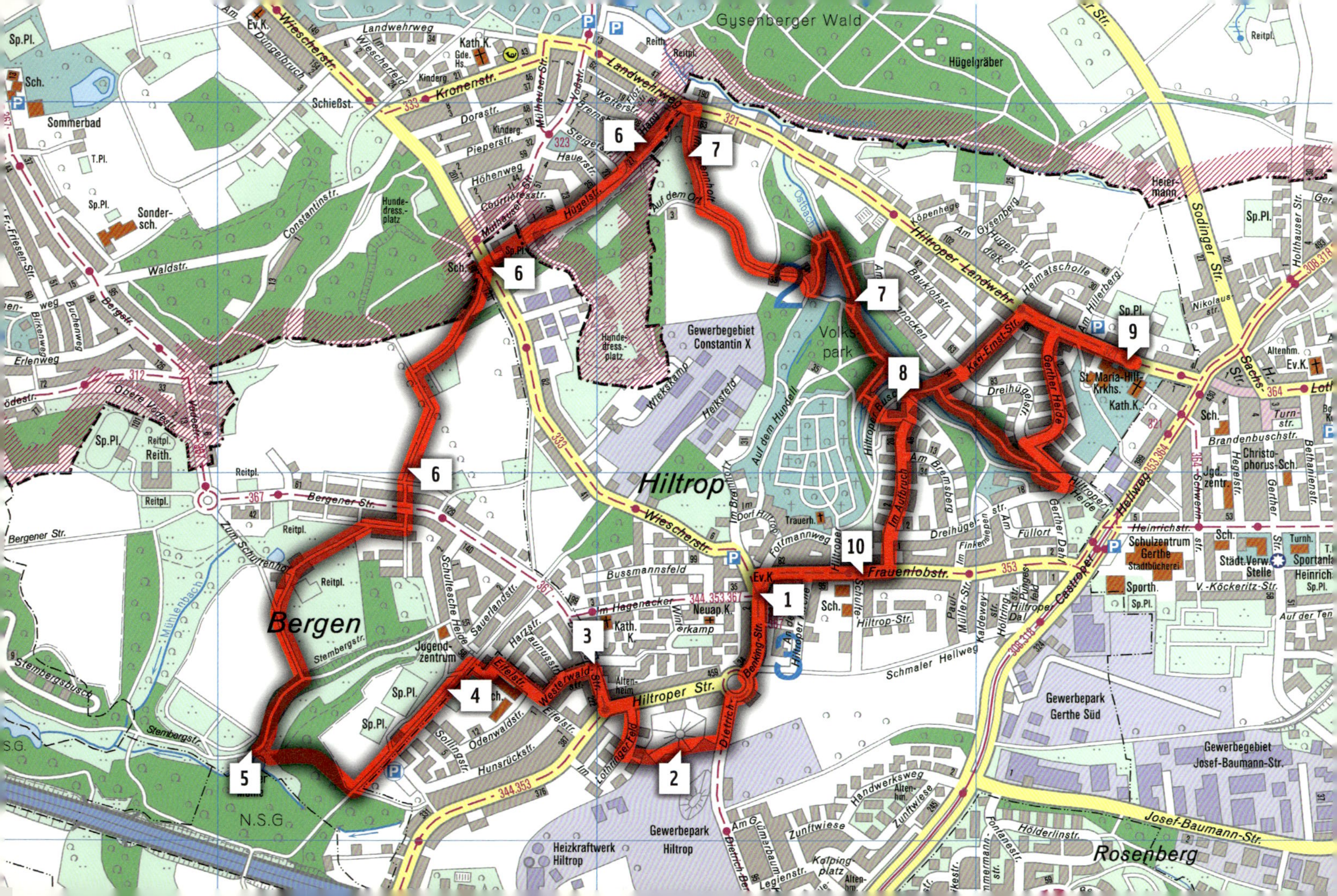

Hiltrop
Bergen
Gysenberger Wald
Rosenberg
Volkspark
Hügelgräber
Gewerbegebiet Constantin X
Gewerbepark Hiltrop
Heizkraftwerk Hiltrop
Gewerbepark Gerthe Süd
Gewerbegebiet Josef-Baumann-Str.
Sodinger Str.
Hiltroper Landwehr
Landwehrweg
Wiescherstr.
Kronenstr.
Castroper Hellweg
Frauenlobstr.
Hiltroper Str.
Benking-Str.
Josef-Baumann-Str.
Bergener Str.
Schultesche Heide
Gerther Heide
Im Aufbruch
Zum Schürenfeld
Mühlenbach
Sternbergstr.
Hügelstr.
Ostbach
N.S.G.
1
2
3
4
5
6
7
8
9
10

Frauenlob-schule.

Fachwerkhaus Schulte-Hiltrop von 1822.

der Hiltroper Parkanlage. Beide Wege führen direkt auf die um 1915 errichtete Frauenlobschule zu (die ersten Schulen gab es zuvor im Dorf Hiltrop und an der Wiescher Straße).

Schräg gegenüber, in Höhe der Erlöserkirche, steht das erhaltene Fachwerkhaus Schulte-Hiltrop aus dem Jahre 1822. Etwas weiter gelangt man über den Fortmannweg (Heinrich Fortmann war Superintendent und Hiltroper Gemeindepfarrer bis 1948) ins Dorf Hiltrop (Im Dorf Hiltrop, Auf dem Hundell, Im Brennholt, Wiescher Straße). Viele der alten Häuser wurden beim Bombenangriff im Zweiten Weltkrieg zerstört, andere umgebaut und erneuert (alte Post, Schmiede). Von den Dorfkneipen hat sich nur noch das Wirtshaus Hubbert gehalten. Auf dem Grund des Punge Hofes steht jetzt ein Wohn- und Geschäftsgebäude und die Villa Schewe (ehemalige Schule und Gebetsstätte) wich einem Einzelhandelsgeschäft. Für die Hiltroper Bauernschaften stehen heute noch die Namen Trösken, Schulte-Hiltrop und Koch.

10 Dorf Hiltrop

Im Dorf Hiltrop, in unmittelbarer Nähe des Ausgangspunktes, unterhalb der Erlöserkirche und an den Haltestellen der Bus-Linien 333, 344, 353, 366 und 367, endet der Streifzug durch Hiltrop und Bergen. Gelegenheit sich in der Traditions-Wirtschaft Hubbert zu stärken, wenngleich nicht im ursprünglich alten Ursprungs-Fachwerkhaus. Die Getränke sind kühl und vielfältig, die Küche ist bekannt für schmackhafte und gut sortierte Speisen. (Endpunkt)

Gastwirtschaft Hubbert.

Thema: Taubenväter

Tanja Grewing

Die Liebe zu den Brieftauben zeichnet einen Züchter aus. Horst Deilmann sorgt sich seit vielen Jahren um das Wohlergehen seiner gefiederten Freunde und wenn es ihnen gesundheitlich an etwas fehlt, sorgt neben den Tierärzten die Taubenklinik in Essen für eine schnelle Genesung.

Brieftauben, das Rennpferd des kleinen Mannes?

Der Taubensport gehört zu Bochum wie die Kohle und der Stahl und nicht umsonst sang Herbert Grönemeyer in seiner Hymne auf Bochum? »Du bist das Himmelbett für Tauben«.

So mancher Bergmann und Stahlkocher hielt auf dem »Balken« in der Kolonie seine Rennpferde der Lüfte und hoffte mit einer besonders guten Züchtung auf den großen Erfolg. Da wurde oftmals der Monatslohn auf eine Brieftaube gesetzt in der Hoffnung, den Einsatz zu verdoppeln und wenn das Tier ausblieb, musste die Familie sehen wie sie über die Runden kam.

Nach der Blütezeit des Taubensports in den sechziger und siebziger Jahren mit über 100.000 Mitgliedern im Verband der Deutschen Brieftaubenliebhaber hat sich inzwischen die Zahl halbiert. In den noch bestehenden Bochumer Reisevereinigungen Bochum 05, Nord und Wattenscheid zählt man etwa 500 Züchter, die sich im Regionalverband mit Witten und Herne um gut 200 erhöhen.

Den »kleinen Mann« im Taubensport gibt es nicht mehr, da in der heutigen Zeit die Haltung von Brieftauben unter dem Hausdach einer Mietwohnung selten geduldet wird. Unter den Züchtern dieser Generation sind kaum noch Arbeiter zu finden. Es sind Angestellte, Beamte oder Akademiker, die sich ein Taubenhaus im Schrebergarten oder auf dem eigenen Grundstück in den Vororten leisten können und sich fast auf wissenschaftliche Weise den Brieftauben nähern.

Wer sich der Verantwortung eines Taubenvaters verschrieben hat, benötigt einen Acht-Stunden-Tag, um sich um seine Lieblinge zu kümmern, und wer noch nicht zu den Rentnern zählt, bewältigt dies mit einer Schlaggemeinschaft, bei der man sich in Schichten ablöst.

Große Gewinne sind bei den Wettflügen, die bis nach Österreich an die 650 Kilometer betragen können, auch nicht mehr zu erzielen. Was zählt, sind die ideellen Wert in der Tabelle, wie bei der Bundesliga im Fußball mit einer schnellen Taube, die über 100 km/h erreichen kann, ganz vorne zu stehen. Durch einen Chip im Ring und einen Scanner am Schlag sind schon kurz nach der Eingabe im Zentralcomputer der Reisevereinigung die Ergebnisse des Preisflugs über Videobeamer und

Internet zu sehen und zu erfahren, wer zu dem Drittel der ausgesetzten Preise zählt.

Seine Entspannung findet der Brieftaubenzüchter, wenn er ohne Handy und Trubel der hektischen Gesellschaft wie ein »Pferdeflüsterer« mit seinen Tauben reden kann, er lernt ihr Verhalten zu deuten, sie zu beschützen und ihnen mit ihren Jungen ein Heim zu bieten, in das sie gerne zurückkehren und oftmals zur Belohnung einige Erdnüsse erhalten.

Langendreer
»Wir verstehen nur Bahnhof«

Hans H. Hanke

Ausgangspunkt: Haltestelle »Alter Bahnhof«, S-Bahn-Station »Bochum-Langendreer-West« | Linie 310, Bus 364, 366, 370, 372
Endpunkt: Haltestelle »Bahnhof Langendreer/Wallbaumweg«, S-Bahn-Station »Bochum-Langendreer« | Bus 345, 355, 372, 377, 378, 379
Streckenlänge: 4 km | Dauer: 1,5 Stunden

Langendreer besteht aus mehreren Ortskernen. Unser Spaziergang führt vom »Alten Bahnhof« durch das »neue Zentrum« zum »Dorf« und endet an einem Jugendstil-Bahnhof mit einem überregional bekannten Kulturzentrum. Die Alte Bahnhofstraße geleitet uns durch eines der schönsten »Kaiserreich«-Viertel Westfalens.

Langendreer ist einer der großen Stadtteile Bochums. Geprägt wurde die ehemalige Kleinstadt hauptsächlich durch einen der raumgreifendsten Verschiebe- und Containerbahnhöfe Deutschlands, die früheren Zechen Mansfeld und Bruchstraße sowie die Opelwerke II/III. Waren es vor 100 Jahren überwiegend Eisenbahner und Bergleute, so wohnen hier heute auch viele Studenten, denn die Mieten in den Häusern aus der Jahrhundertwende sind preiswert und der Weg zur Uni ist nicht weit.

Die Entstehungsgeschichte Langendreers ist der anderer Vororte Bochums nicht unähnlich. Aus einem kleinen Hof mit dem Namen »Threiri« anno 882 wuchs ein Dorf, das sich mit Beginn der industriellen Kohleförderung binnen kurzer Zeit zur Stadt ausdehnte, bis 1929 die Eingemeindung nach Bochum kam.

Burghof

1

Am Anfang der Alten Bahnhofstraße, an der Ecke Ümminger Straße, erhebt sich ein pompöses Bauwerk aus der Gründerzeit, der »Burghof«. Das Baujahr 1860 ist in einem

Der Kaisersteg.

Schmuckband eingelassen. Es ist das alte Haupthotel für Bahnreisende. Direkt hinter diesem Haus befanden sich das aus Holz gebaute Stationsgebäude und der Güterschuppen. Die Ümminger Straße endete früher hier, eine Unterführung gab es nicht. Ab 1875 bis in die 1960er Jahre überquerte die Gleise eine Brücke, der legendäre »Kaisersteg«. Der alte Bahnhof der Bergisch-Märkischen Bahn von 1860 bekam 1874 wachsende Konkurrenz durch den Bahnhof der Rheinischen Bahngesellschaft, der tatsächlich ab 1908 allein für den Güter- und Personenverkehr sorgte und am Ende des Rundganges liegt.

2 Hochbunker

Nach dem alten ehemaligen Bahnhof Langendreers ist jedenfalls dieser Ortsteil »Alter Bahnhof« benannt. Er wurde 1875 bis 1914 dicht bebaut und war 1933 längst auch dicht bevölkert. Ab 1940 planten die Nazis hier zum Schutz der Bevölkerung einen Hochbunker. Während aber die meisten Bunker als Betonrohbauten äußerlich unvollendet blieben, erhielt dieser Bunker in Langendreer 1941 seine vollständige »Tarnarchitektur«. Er wirkt wie eine moderne Kirche, ist aber ein Dokument des vom NS-Regime begonnenen verheerenden Luftkrieges. Die Wirkung des »immer häufiger einsetzenden Fliegeralarms« und der damit verbundenen Bedrohung der Menschen beschrieb der Pfarrer der benachbarten Marienkirche Ende 1944 so: »Die Nervosität der Bevölkerung nimmt bei den vielen Luftalarmen ständig zu. Schon bei Voralarm eilt die Bevölkerung Langendreers, das Notwendigste in Paketen, Taschen und Koffern tragend, in den Hochbunker an der Straße ›In den Langenstuken‹, der für 3.000 Personen berechnet, meist von 4.000–4.500 Personen besetzt ist. Weil die schwersten Angriffe gewöhnlich abends erfolgen, sieht man täglich schon ab 5 Uhr viele, besonders Frauen und

Bunker Langenstuken.

Kinder, zum Bunker gehen, um sich einen Sitzplatz zu sichern, wo sie dann bis 10 Uhr bleiben.« Heute üben hier Bands.

In der Alten Bahnhofstraße waren noch bis in die 1970er Jahre nahezu unversehrte und einfallsreiche Fassaden der Zeit um 1900 zu bestaunen. Trotz etlicher Verluste ist aber auch heute noch das Flair des kaiserzeitlichen Einkaufszentrums deutlich spürbar.

3

Kirche St. Marien

Am Weg liegt die Kirche St. Marien, die 1900/02 nach Plänen des Kölner Architekten Carl Moritz errichtet und 1950/55 nach Plänen des Architekten Ernst Horst wiederaufgebaut wurde. Sie war ein kraftvoller Ausdruck der ersten, nach über dreihundert Jahren im evangelischen Umland wieder errichteten katholischen Pfarrei.

Den Ruheplatz Alte Bahnhofstraße, Wartburgstraße und Hohe Eiche ziert seit 1989 die Stahlplastik »Mensch und Arbeit« des Bochumer Künstlers Horst-Dieter Gölzenleuchter. Die Figurengruppe aus Stahlblech, Zahnrad und Eisenbahnschienen erinnert an die von Bergbau, Industrie und Eisenbahn geprägte Geschichte Langendreers. 1991 gesellte sich eine Familie aus Bronze hinzu, die die Stahlplastik betrachtet und von Paul Mangen stammt. Der Luxemburger Künstler lebt in Bochum.

Die Häuserfronten der Wartburg- und der Wittenbergstraße in ihrem eindrucksvollen Formenreichtum sind etwa 1905–1914 erbaut worden. Die Bauherren waren Beamte der Zeche Mansfeld. Sie kamen aus dem Mansfelder Raum – von Wittenberg und Eisleben –, um hier Kokskohle für die heimische Kupferproduktion zu fördern. Den Straßen gaben sie die Namen ihrer Herkunftsorte. Diese Häuser sind für Bochum eine architektonische Besonderheit.

Wittenbergstraße, gebaut für Zuwanderer aus dem Mansfelder Raum 1905–1914.

Lutherkirche, Arch. G.A. Fischer 1902–1905.

4 Lutherkirche

Am Ende der Straße stößt man auf die schöne neugotische Lutherkirche, die nach Plänen von Gerhard August Fischer und seinem Sohn Richard Fischer-Ludvigsen 1902–1905 errichtet wurde. Der 1901 eigens hierfür gegründete Kirchenbauverein sammelte Spenden zur Finanzierung des Projekts. Die Kirche zeigt im Grundriss eine Kreuzform und besitzt einen Turm von 70 Metern Höhe. Das Innere mit den neugotischen Fenstern, Hochaltar und Kanzel sowie der Ausmalung von 1950 durch Heinrich Rüter ist sehenswert.

Lutherkirche innen, Chorgemälde Heinrich Rüter 1950.

Das Kirchengrundstück wurde vom Langendreerer Bauunternehmer Friedrich Wilhelm Maiweg (1832–1905) gestiftet, der dafür den Bauauftrag und die Bauleitung bekam. Ihm ist die Straße neben der Kirche gewidmet. Maiweg gehört zu den berühmten Bürgern Langendreers. Ab 1856 entstanden seine ersten großen Industriebauten auf Zechen, hinzu kamen Arbeitersiedlungen, Wohnhäuser, Kirchen und Verwaltungsgebäude. Außerdem stiftete er eine Kinderschule damals neuester Prägung. 1893 bis 1905 war er auch Gemeindepolitiker. Überregional bekannt wurde er durch Großprojekte wie die Oberpostdirektion Münster (1878), das Landgerichtsgebäude in Dortmund (1879), den Düsseldorfer Hauptbahnhof (1885) sowie die Hauptpostämter Witten und Bochum. Der Park Langendreer liegt auf dem Gelände zweier großer Feldziegeleien, die dem Bauunternehmer Maiweg und dem Schulten Grieb gehörten. In Langendreer ging über Generationen wohl nichts ohne die Maiweg-Familie.

Durch den Zuzug von Verwaltungsangestellten, Reichsbahn- und Justizbeamten kam eine neue Bevölkerungsschicht nach Langendreer, die ihre eigenen Vorstellungen vom Wohnen hatte. Um diese zu realisieren, gründeten sie eine Genossenschaft mit dem Namen »Familienwohl«. Die große Zahl an Mitgliedern machte es möglich, moderne Architekten und Stadtplaner zu beauftragen, eine neue Siedlung als Stadtmittelpunkt zu errichten. Die markanten Ziegelhäuser an der Alten Bahnhofstraße 131–137 weisen angedeutete Bogengänge auf.

5 Krieger-denkmal

An der Kreuzung Alte Bahnhofstraße/Unterstraße steht ein Kriegerdenkmal. Die mit einer bekränzten (Welt)kugel gekrönte Säule trägt den Reichsadler der Weimarer Republik. Davor steht ein Soldat. Das Monument wurde 1929 errichtet, um an die 956 im Ersten Weltkrieg gefallenen Bürger Langendreers zu erinnern. 1968 wurden die Bronzeziffern »1939–1945« ergänzt. Ein Unbekannter stahl 1987 aus Protest gegen »Krieg, Unterdrückung und Faschismus« den Kopf des Kriegers. Als der Kopf um 2003 ersetzt wurde, hat der Steinmetz ihn zu klein proportioniert, was die Figur etwas kurios aussehen lässt.

Die Gemeinde Langendreer war schon an der Wende zum 20. Jahrhundert bemüht, eine Verbindung zwischen dem Ortsteil Langendreer-Dorf, einem zu diesem Zeitpunkt noch bäuerlichen Ortsteil mit Fachwerkbauten, und dem städtisch gebauten Teil »Alter Bahnhof« zu schaffen. Zwischen den Ortsteilen lagen weithin Felder, hier war Raum für den Traum von der »Stadt Langendreer«.

6 Carl-von-Ossietzky-Platz

Ein erster Erfolg der städtebaulichen Zielvorstellungen ist schon von weitem erkennbar: der heutige Carl-von-Ossietzky-Platz und frühere Kaiser- bzw. Amtsplatz. Dort entstanden das Amtshaus, das Amtsgericht und die Reichsbank. Durch die Wahl dieses Platzes wollte man eine

Amtshaus und Amtsgericht am Amtsplatz 2009.

Anbindung beider Ortsteile erreichen und rundum eine der Mittelstadt gemäße Bebauung ankurbeln.

Das im Jahr 1900 nach Plänen von Karl Maiweg und Amtsbaumeister Seyffert errichtete Amtshaus lässt auch heute noch ahnen, dass man eigentlich das künftige Rathaus der »Stadt Langendreer« verwirklichte. Neben diesem heutigen Sitz der Bezirksvertretung Bochum-Ost steht die Villa für den Amtmann.

Es folgte 1907 bis 1909 das stolze Amtsgericht, um dessen Ansiedlung sich die Gemeinde bis hin zur Übernahme der Baukosten erheblich bemüht hatte. Das neobarocke Natursteingebäude entwarf Kreisbauinspektor Breidenhoff. Der Balkon über dem Haupteingang diente den Gemeindevertretern bei festlichen Anlässen für Ansprachen. Zu diesem Bauwerk gehörte im Hinterhof ein Gefängnis.

Unverzichtbar für eine künftige Stadt war natürlich eine Filiale der Reichsbank. Der neoklassizistische »Geldtempel« konnte ebenfalls 1909 eröffnet werden. Heute dient das Haus privaten Zwecken.

Auf dem so entstandenen Kaiserplatz eröffnete die Gemeinde im selben Jahr als weitere wichtige Strukturmaßnahme einen Wochenmarkt. Jetzt steht hier Roman Signers »Atmende Säule«, die sich durch den Wasserdruck aus den angeschlossenen pavillonartigen Regenschalen nebenan hebt und senkt. Das Werk des Schweizer Künstlers besteht aus virtuos verarbeiteten Materialresten und entstand innerhalb des »1. Bochumer Symposiums Stadt und Bildhauerei 1979/80«. Neun europäische Künstler schufen damals in stahlverarbeitenden Betrieben Bochums Großplastiken für selbst gewählte Standorte.

Christuskirche 2009.

Der Weg erreicht allmählich Langendreer Dorf. Die alte evangelische Dorfkirche »Christuskirche«, stammt mindestens aus der Mitte des 12. Jahrhunderts, vielleicht auch schon aus dem 9. oder 10. Jahrhundert. Insbesondere der Turm mit seinem massiven Bruchsteinmauerwerk, den Schießscharten und den frühromanischen Fenstern deutet das an. 1980 bestätigten Ausgrabungen einer Grabkammer und alter Fundamente im Innenbereich, dass hier ältere Vorgängerbauten standen. Die Kirche ist mehrmals zerstört und wieder aufgebaut worden. Ein Neubau des Kirchenschiffes erfolgte 1743, eine Chorerweiterung 1886. Nachdem sie 1944 durch einen Bombentreffer schwer beschädigt worden war, erhielt sie ihre aktuelle Gestalt 1956. Die Ausmalung entspricht nicht ganz der ehemaligen, auch wurden die Kanzel, der Altar und der Tabernakel erneuert. Vor der Kirche erinnern einige neu aufgestellte historische Grabsteine und an der Kirchenwand angebrachte Epitaphe an Gräber um

7

Christuskirche

Christuskirche innen.

Christuskirche Grabkammer 1980.

und in der Kirche. An den Sieg im deutsch-französischen Krieg 1870/71 mahnt die »Kaiserlinde« auf dem Kirchhof.

Gegenüber der Kirche liegt das historische Gasthaus »Landau«, das in Räumen aus der Zeit um 1900 und einer ansprechend modern umgebauten Scheune portugiesische und spanische Küche serviert.

An der Ecke Alte Bahnhof-/Hauptstraße steht der Sockel eines weiteren Kriegerdenkmals. Es wurde 1883 für die Kriege von 1866 und 1870/71 errichtet, die darauf stehende stolze Germania hat den Umwelteinwirkungen nicht standgehalten und wurde vor vielen Jahren ins Stadthisto-

Langendreer Denkmal um 1910 rechts, oben Relief am Sockel »Abschied von der Familie«.

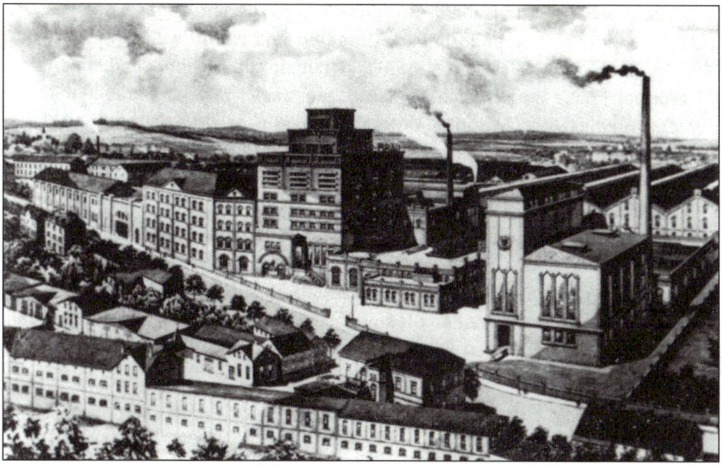

Müser-Brauerei um 1930.

rische Zentrum umgesetzt (siehe Rundgang 1). Das Sockel-Relief stellt »Die Verabschiedung des Kriegers von der Familie« dar, es stammt vom seinerzeit bekannten Künstler Wilhelm Gardy.

Von hier hat man dorfauswärts einen Blick auf den Brauturm der ehemaligen Müser-Brauerei, ein Wahrzeichen Langendreers. Eine Diskothek ist hier eingezogen, das legendäre »Matrix«. 1806 gründete Wilhelm Johann Müser an der viel befahrenen Hauptstraße einen Laden mit einer Schankwirtschaft. Er braute das Bier und brannte den Schnaps selbst. Damit schuf er die Grundlage für eine Großbrauerei, die seine Söhne

Alter Hof an der Oberstraße.

Wilhelm und Heinrich Müser 1866 als Dampfbrauerei Gebr. Müser fortführten. Über hundert Beschäftigte produzierten das westfälische Nationalgetränk 1891. 1960 übernahm die Berliner Schultheiß-Brauerei Müser, 1975 kam die Schließung.

8

Brennerei Eickelberg

Der Schornstein mit einem großen »E« zeigt den Standort der ehemaligen Brennerei Eickelberg an, die bereits 1866 gegründet worden war. Das heutige Gebäude stammt aus dem Jahr 1935 und diente bis 1970 seinem Zweck. Die Innenausstattung stammt ebenfalls aus der Zeit bzw. wurde früher gebaut und 1935 in die Brennerei übernommen. Das Gebäude und die Einrichtungsgegenstände bilden ein einmaliges Beispiel brautechnik-geschichtlichen Entwicklungsstandes der 1920er Jahre. Alles wurde 1989 bis 1993 sorgfältig restauriert und mit einer guten Gastronomie ausgestattet. Die hoch engagierte Eigentümerin wurde dafür 1996 mit dem westfälischen Preis für Denkmalpflege ausgezeichnet. Das italienische Restaurant »La Vechia Trattoria« hat eine sehr individuelle Note mit dem besonderen Reiz des Unkonventionellen.

»Klockerigge«, ein romantisches Sträßlein.

9

Haus Langendreer

Eine winzige, aber reizvolle Ansiedlung kleiner Kötterhäuser im Umkreis des Adelssitzes Haus Langendreer trägt die Bezeichnung »Klockerigge« (Glockerei). Die überlieferte Geschichte, der zufolge dort nur Hörige des Hauses Langendreer gewohnt hätten, die beim Erklingen der Glocke des Rittersitzes Hand- und Spanndienste zu leisten hatten, ist nach neueren Forschungen nicht haltbar. Immerhin ist dies ein in der Struktur ursprünglich erhaltener Bereich alt Langendreers.

Haus Langendreer.

Geheimgänge und Folterkammern, Ritterturniere, festliche Gelage, Jagden in den weiten Wäldern, Edelfalken und Minnegesang – prachtvoll soll es seit dem 13. Jahrhundert zugegangen sein auf Haus Langendreer. Einer ernsthaften Überprüfung hält dieses Bild vom Adelsleben in Langendreer nicht stand, immerhin bewahrte die schöne Vorstellung den historischen Turm, das Torhaus und die Wehrmauern des alten Adelssitzes vor dem Abriss. Es waren engagierte Bürger, die sich 1977 »allgemein und teilweise fast leidenschaftlich« für den Erhalt und Ausbau des Hauses Langendreer einsetzten.

Die Existenz eines dauerhaften Hauses in Langendreer wird schon für die Zeit vor 884 durch das berühmte Werdener Urbar belegt, das Einkommensverzeichnis der überragenden Benediktiner-Abtei im heutigen Essen-Werden. Ende des 13. Jahrhunderts gelangte hier die Familie »Schulten von Drere« zu Rang und Namen. 1388 gehörten deren Familienmitglieder »Dyderich und Wessel« sogar zu den Rittern, die es wagten, der freien Reichstadt Dortmund die »Große Fehde« anzusagen. Im Jahr 1643 begannen die Arbeiten am mittlerweile verlorenen barocken Herrenhaus. Es entstand ein stattlicher zweiflügeliger Bau mit einem Turm, der von einer geschweiften Haube bekrönt wurde. 1792 verließ die Familie Langendreer.

Bis 1905 blieb das verpachtete Gelände halbwegs unverändert. In diesem Jahr verkaufte der königliche Kammerherr Alhard Freiherr von der Borch auf Schloss Löseck bei Hannover den alten Familienbesitz mit sämtlichen Ländereien an die Zeche Bruchstraße. Auf Haus Langendreer selbst, besonders aber auf den umliegenden Ländereien, entstand in der Zeit um 1910 ansehnlicher Wohnraum für die Bergarbeiterfamilien. Der Bergbau mit seinen Grundwasserabsenkungen hatte aber dem Holzfundament des Haupthauses endgültig den Garaus gemacht. Im Jahre 1908 wurde das verfallene Gebäude abgerissen. Zeche Bruchstraße wurde 1962 geschlossen.

1969 kaufte der Landschaftsverband Westfalen-Lippe das Haus Langendreer und gründete hier die »Schule am Haus Langendreer«. Die LWL-Förderschule hat den Schwerpunkt körperliche und motorische Entwicklung. Hier ist man stolz auf die Geschichte des Hauses, viele Schüler haben in Unterrichtsprojekten zur Erforschung und Erhaltung der Gemäuer beigetragen.

10 Bahnhof Langendreer

Der Bahnhof Langendreer, 1908 mit einem repräsentativen Empfangsgebäude ausgestattet, ist architektonisch eine Backsteinversion des Jugendstils und mittlerweile eine überregionale Institution der Soziokultur. Obwohl etwas abseits vom Zentrum gelegen, hatte der Bahnhof nicht nur für Langendreer die Funktion eines Zentralbahnhofes, um dessen Vorplatz sich Hotels, Kneipen und Läden gruppierten. Er war darüber hinaus ein Verkehrsknotenpunkt, an dem mehr Strecken zusammenliefen als am Hauptbahnhof Bochum. Als die Bundesbahn den Rotstift ansetzte, verlor er allerdings zunehmend an Bedeutung. 1983 ging die neue S-Bahnverbindung von Bochum nach Dortmund in Betrieb und der Haltepunkt Langendreer wurde um einige hundert Meter nach Süden verlegt. Das Empfangsgebäude sollte abgerissen werden. Nach heftigen Protesten wurde der Bahnhof aber unter Denkmalschutz gestellt. Anders als zu Beginn der 1980er Jahre, als die Forderung nach einem autonomen Kulturzentrum noch auf taube Ohren stieß, entstand hier mit städtischer

Bahnhof Langendreer …

Förderung endlich das hart erkämpfte Zentrum der freien Kulturszene. Die »Bahnhofsinitiative« baute das Gebäude vornehmlich in Eigenregie aus, unterstützt durch öffentlich finanzierte Arbeitskräfte und Sachmittel für Renovierung und Betrieb. Als Reaktion auf die Förderung des Populär-Musicals Starlight durch die Stadt Bochum und das Land NRW wurde der Bahnhof Langendreer im Dezember 1986 unter dem Titel »Alle reden von Starlight! Wir verstehen nur Bahnhof« eröffnet. Der Kultur- und Kneipenbetrieb basiert heute auf fließenden Übergängen zwischen städtischer Subvention und Eigenökonomie. Das Programmangebot ist vielfältig: Kino, Filmtage, Konzerte, Vorträge, Diskussionen, Workshops umreißen in etwa das Programm. Beliebt sind die Tanzabende in unterschiedlichster Musikfarbe und Gruppierungen: Über 30, nur Frauen, Schwule und bunt Gemischtes kommen gern in den für sie reservierten Nächten in die historische Empfangshalle. Zu Kunst, Politik und Lebensfreude gehört auch die Gastronomie in der alten Güterhalle. Dort ist das Essen gut und preiswert.

… großer Bahnhof für Kultur, viel Betrieb.

Endstation!, bitte einsteigen.

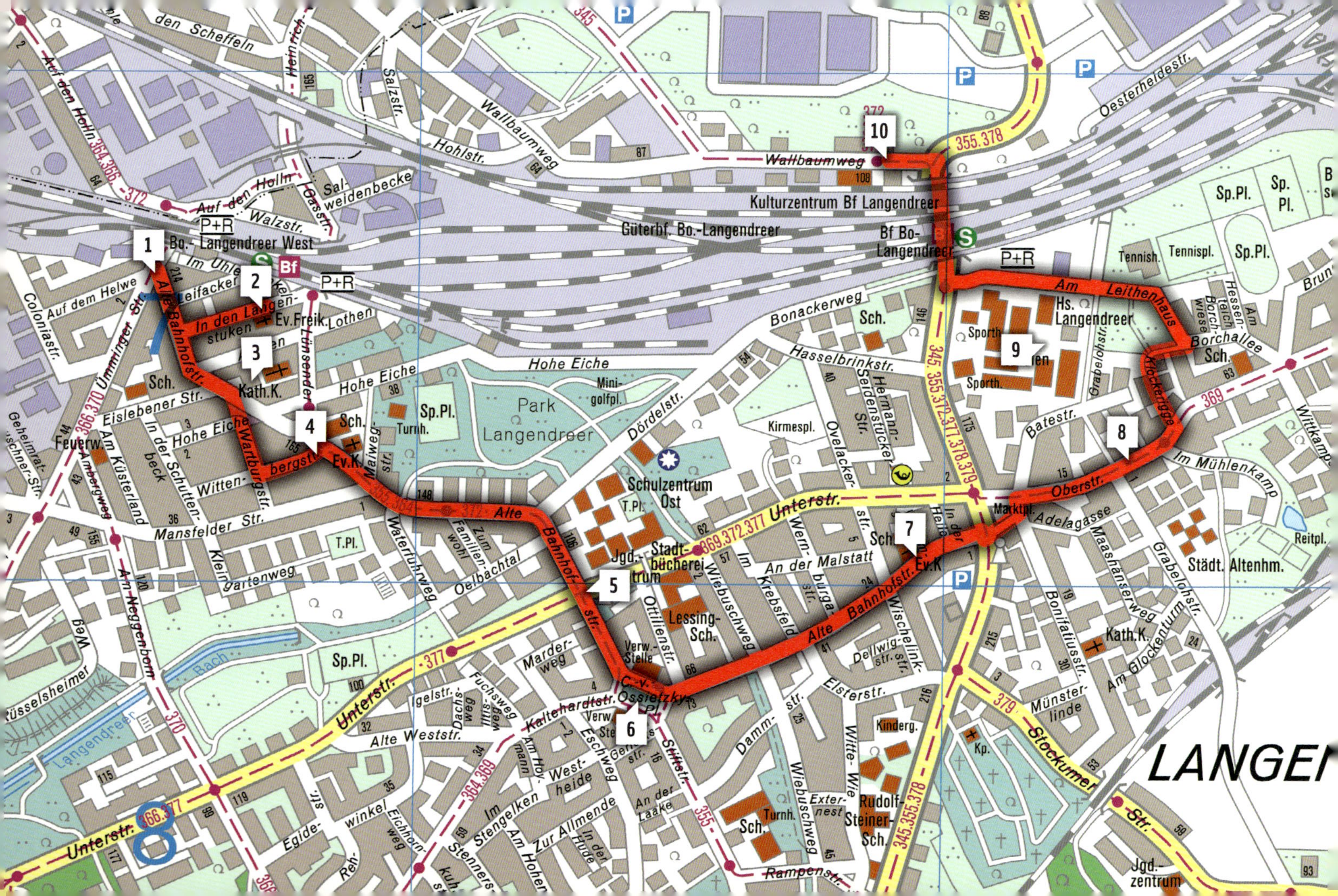

LANGE
Bf Bo-Langendreer
Güterbf. Bo.-Langendreer
Kulturzentrum Bf Langendreer
Bo.-Langendreer West
Wallbaumweg
Am Leithenhaus
Hs. Langendreer
Klockeriigge
Borchallee
Oberstr.
Marktpl.
Adelagasse
Unterstr.
Alte Bahnhofstr.
Park Langendreer
Schulzentrum Ost
Jgd.-Stadtbücherei
Lessing-Sch.
C.-v.-Ossietzky-Pl.
Stockumer Str.
Hohe Eiche
Wartburgstr.
In den Langenstüken
Kath.K.
Ev.K.
Ev.Freik.
Lünsender Str.
Ümminger Str.
Auf den Holln
Hohlstr.
Dördelstr.
Hasselbrinkstr.
Bonackerweg
Hermann-Seidenstücker-Str.
Ovelacker-str.
Kirmespl.
Waterfuhrweg
Oelbachtal
Mansfelder Str.
Am Neggenborn
Am Küsterland
Städt. Altenhm.
Im Mühlenkamp
Batestr.
Grabelohstr.
Bonifatiusstr.
Maashanserweg
Wiebuschweg
Krebsfeld
Alte Weststr.
Stiftstr.
Rampenstr.
Rudolf-Steiner-Sch.

Thema: Außer Rand und Band – die heißen Fünfziger

Norbert Kozicki

Der gefährliche Rock'n'Roll.

»Das wäre also der Film, der die Jugend Amerikas und Englands außer Rand und Band gebracht hat. In Bochum war es gestern genauso. Man trampelte, klatschte, schrie, pfiff und gab bei einer besonders wilden und heißen Tanzeinlage sogar einige Schreckschüsse ab. Ob das der Sinn des Filmes ist? Nun, wir wollen uns darüber lieber keine Gedanken machen. Rock'n'Roll heißt der Bazillus, der durch den Streifen geistert und die jugendlichen Massen in Ekstase bringt«, formulierte der Journalist der Westfälischen Rundschau in der Ausgabe vom 6. Oktober 1956 in der Filmkritik über den Streifen »Rock Around The Clock«, der in jenen Tagen in den Bochumer Kinos anlief. Bereits zwei Tage früher frozzelte der Kollege von den Ruhr-Nachrichten: »Deutschlands Kinobesucher gehen herrlichen Zeiten entgegen. Alles, was in den letzten Wochen unter dem Sammelbegriff ›Halbstarke‹ zusammengefaßt wurde, wird vor ihren Kasse Schlange stehen. Die Jazz-Fans verschlucken schon seit Monaten die Berichte über eine Welle, die ohne Haltezeichen aus Amerika kommt, England bereits überspült und Westdeutschland gerade erreicht hat. Sie nennt sich Rock'n'Roll.«

Bochum war die erste Stadt im mittleren Ruhrgebiet, die von der Rock'n'Roll-Welle erfasst wurde. Der Bazillus ergriff die Jugendlichen. Die schockierte Öffentlichkeit reagierte auf ihre Weise. Das Bochumer Jugendamt verteilte am 13. Oktober 1956 ein Heft in einer Zehntausender-Auflage mit praktischen Tips zur Beruhigung von randalierenden Jugendlichen. Gegen unerfreuliche Jugendtumulte und Krawalle empfahl das Jugendamt: Dichterlesungen, Theaterbesuche, Reiseberichte und Lehrgänge für Puppen- und Laienspiel. Die Arbeiterjugendlichen von Bochum, die gerade die Chance zur Befreiung vom Mief und Muff der Wirtschaftswunderjahre nutzten, sollten mit kulturpädadogischen Aktionen von Jugendpflegern eingelullt werden.

Das Bochumer Jugendamt und seine Pädagogen gaben sich liberal. Mit Kontrollen, Verboten und schärferen Gesetzen sei den Rock'n'Roll-besessenen Jugendlichen nicht beizukommen: »Interessantes und Gutes muß angeboten werden.« Auch der heute an der Ruhr-Universität dozierende Soziologe und Marxist Leo Kofier unterstützte diese Linie. Während einer Tagung der Naturfreundejugend, auf der es um die Frage ging »Warum gibt es Halbstarke?«, referierte Kofier am 24. Oktober 1956, dass nicht alle Jugendlichen vergnügungs- und tanzsüchtig seien. Nicht alle läsen Groschenhefte und sähen Wild-West-Filme. Trotz aller jugendpflegerischer und soziologischer Bemühungen: die Rock'n'Roll-Welle rollte weiter. In der Bochumer Nord-Süd-Halle präsentierte ein gewisser H. Mattner am 27. November1956 »die beste Rock'n'Roll-Schau des Jahres« mit dem Conférencier Chris Howland. Neben den Schlagerstars Lou van Bourg, Margot Eskens und Ralf Bendix erlebten die Besucher Rock'n'Roll.

Den von den Jugendlichen heiß erwarteten Streifen kündigten die Kammerspiele an: »Turbulenter als hier kann es in einem Tanzmusikfilm kaum hergehen. Da kredenzen die weltberühmten Jazzbands Bill Haley und seine ›Comets‹, Tony Martinez, The Platters und Freddie Bell und seine ›Bellboys‹ einen feuerfarbenen Strauß aufreizender und dissonanzreicher Rhythmen. Die Folge der nervenkitzelnden ›schrägen Leckerbissen‹ wird durch eine spielfilmähnliche Handlung verbunden, die zugleich die Karriere der Bands illustriert. Und wenn dieser ›Hexenkessel‹ bizarrer, wiehernder, prustender, näselnder, sprühender und quirlender Töne die öligen, samtfarbenen Songs ablöst und sich zu sinnverwirrenden Höhepunkten steigert, dazu die Solisten ihre grotesken Untermalungsexzesse starten – dann gibt es kein Halten mehr: auf der ganzen Linie siegt die ›schräge Linie‹, die Begeisterung der Jazzfans kennt keine Grenzen, so daß in dem Tohuwabohu johlender, pfeifender, singender, händeklatschender, strampelnder, freudeschluchzender Begeisterung selbst Platzpatronenschüsse kaum zur Wirkung kommen. Alles ist eben außer Rand und Band.«

Dieses Dokument der Zeitgeschichte lässt erahnen, welche Phantasien diese Filmankündigung bei Eltern, Erziehern und Polizisten entstehen ließ.

Werne
Dampfmaschine, Draht und Puppenspiel

Peter Kracht

Ausgangspunkt: Haltestelle »Heinrich-Gustav-Straße« | Bus 364 und 366 oder Haltestelle (unweit nordöstlich) »Werne Amt« | Bus 345, 364, 366
Endpunkt: Haltestelle »Am Koppstück« | Bus 345, 372
Streckenlänge: 5,5 km | Dauer: 1,5 Stunden

»Das Dorf zählte in jenen Jahren, von denen hier die Rede ist, mehr als ein Dutzend große und kleine Gehöfte. Regellos zerstreut, breit und behäbig, lagen sie da, umgeben von Baumhöfen und, wo der Raum es zuließ, auch von Gemüse- und Blumengärten. Nach alter westfälischer Sitte breitete sich dasselbe große Dach über die Wohnung der Menschen und Ställe. Das Eichenholz der Fachwerkwände war in der Werner Mark gewachsen. Man pflegte es schwarz zu streichen, die gemauerten Fache aber zu weißen. Ganz aus Eichenholz waren die Scheunen zur Aufbewahrung des Getreides, der Wagen und Geräte gezimmert. Bei den Häusern stand der Backofen, auch wohl das Backhaus, das zugleich zum Trocknen des Obstes diente. Hier und da wohnten im Dorfe Handwerker und in der Landwirtschaft oder im Bergbau tätige Arbeiter in niedrigen Fachwerkhäuschen. Ein einziges kleines Haus in der Nähe der Schule gab es, in dem ein Einwohner Namens Köster eine Schenkwirtschaft, eine Bäckerei, eine Handlung und eine allerdings geringfügige dazugehörige Landwirtschaft betrieb. Viele Wege und Zufuhren zu den Höfen durchzogen den Ort.

So wäre Werne ein Dorf gewesen wie viele andere, wenn es sich nicht einer besonderen Eigentümlichkeit hätte rühmen können. Es lag nämlich da, […] ein großer, hauptsächlich von Quellen gespeister Teich, ein frosch- und fischreiches, etwas trübes Gewässer, die Wonne der Werner Enten und Gänse. Lakendiek nannte man diesen Teich, wohl deshalb, weil an seinen grasigen Ufern die im Dorfe gewebten leinenen Laken gebleicht wurden. Von ihm zog sich ein schmales Bächlein durch das Dorf. Es bildete bei einer Anzahl von Höfen kleinere Wasserbecken, wandte sich darauf nach Süden, nahm dann, am Wiethoffschen Hofe noch einmal sich zu einem Teiche verbreitend, vom Dorfe Abschied und schlich endlich müde in die nahe gelegenen Wiesen.«

Heute ist nichts mehr von dieser Idylle der 1860er Jahre geblieben und es fällt schwer, sich am Ausgangspunkt des Rundgangs – im Mittelpunkt des ehemaligen Dorfes Werne – die geschilderte Situation vorzustellen. Außerhalb des Dorfes lagen nur wenige Einzelhöfe an der Nord- und Westgrenze von Werne und ein einzelnes Haus stand am Werner Hellweg. Es war die Zeit, in der die Schächte der Zechen Heinrich Gustav, Amalia und Vollmond abgeteuft wurden und wenig später das Drahtwerk in Produktion ging. Durch den Zuzug vieler Menschen von nah und fern, die als Bergleute anlegten, in der Drahtfabrik arbeiteten oder als Handwerker, Kaufleute und Dienstleister tätig waren, wuchs die ehemalige Bauerschaft zum Industrieort mit veränderter Infrastruktur.

Ein Relikt der dörflichen Zeit findet sich im Hof Kohlleppel, dessen Überlieferung bis ins Jahr 1326 zurück reicht. Als wohlhabender Dorfbauer veräußerte er während der Industrialisierungsphase Teile seiner Liegenschaften, auf denen dann die Tagesanlage der Zeche Heinrich Gustav Platz fand, die evangelische und die katholische Kirchen gebaut wurden und der Friedhof entstand, der daher auch als »Kohlleppels Kamp« bezeichnet wird.

Noch einmal wird Fantasie gefordert, um sich die Lage des einstigen Kapellen- und Schulgebäudes sowie der »Germania« vorzustellen. Hier stand eine kleine Kapelle mit Schulraum, die Mitte des 18. Jahrhunderts als schlicht und mit einer kleinen Glocke beschrieben wurde. Der von den Werner Bauern unterhaltene evangelische Vikar hielt dort Gottesdienst, war jedoch nicht dazu berechtigt, Sakramentshandlungen vorzunehmen, diese wurden in der zuständigen Kirche in Lütgendortmund gespendet. Etwas später ist in einem Bericht über den Lehrer zu lesen, dass er Zimmermann und des Lesens und Schreibens unerfahren gewesen sei.

Kapellen und Schulgebäude, 1897 abgerissen.

Kriegerdenkmal »Germania«, beim Bombenangriff am 15. Januar 1945 zerstört.

1801 rissen die Bauern Kohlleppel und Schulte Limbeck das nun baufällige Gebäude in einer Nacht-und-Nebel-Aktion ab, um dadurch einen Neubau zu erzwingen. Dafür wurden sie zu einer neunmonatigen Zuchthausstrafe verurteilt, die später in eine Geldleistung umgewandelt wurde. Der neu errichtete Doppelbau mit einer Betstube für ca. 150 Personen und einem Schulraum war bis zur Errichtung der evangelischen Kirche in Betrieb und wurde 1897 abgetragen. Danach entstand dort eine kleine Grünanlage, in deren Spitze zum Amtsgebäude hin das Kriegerdenkmal »Germania« stand. Beim schwersten Luftangriffe auf Werne am 15. Januar 1945 wurde es zerstört.

Die eingangs erwähnte Schankwirtschaft Köster mit Bäckerei und kleiner Handlung befand sich auf dem Grundstück Wittekindstraße 89. Nachweislich gab es bereits 1664 hier einen Braukessel »im Bett«, also eine – im Gegensatz zu transportablen und mietbaren Sudkesseln – fest installierte Braueinrichtung.

Abgesehen von der napoleonischen Ära, wurde Werne lange Zeit von Langendreer aus verwaltet. Am 1. Oktober 1886 wurde die Gemeinde zum eigenständigen Amt erhoben, welches die Geschicke des Ortes lenkte und bis zur Eingemeindung nach Bochum am 1. August 1929 bestand.

Da der Platz im ersten Verwaltungsgebäude, welches sich links an das heutige anschloss, nicht ausreichte, wurde das bestehende Amtshaus in den Jahren 1898/99 errichtet. Die Planung lag in den Händen des Architekten Gustav Adolf Fischer aus (Wuppertal-)Barmen, die Ausführung erfolgte durch die Baufirma Adolf Zipp, hierselbst.

Im Jahre 1975 kam es durch die Bildung des Stadtbezirks Bochum Ost mit Sitz in Langendreer und der damit einhergehenden Schaffung eines

Amtshaus Werne.

Bezirksparlaments und einer Bezirksverwaltung in manchen Bereichen wieder zu einer stärkeren Dezentralisierung von der Stadt auf die zum Bezirk Ost zählenden Stadtteile Laer, Langendreer und Werne. Das Verwaltungsgebäude wird heute als Außenstelle von einigen städtischen Ämtern genutzt.

Im Jahre 1884 erhielt Werne ein selbständiges Postamt und bekam 1904 ein Postgebäude, das aber im Zweiten Weltkrieg zerstört wurde. 1954 wurde Am Heerbusch 2 das Postgebäude an selber Stelle neu gebaut und damals als einer der »schönsten Bauten aus den Jahren 1945–1957«

Bereich Postamt Werne um 1910.

durch die Stadt Bochum belobigt. Mit Ablauf des Jahres 2004 schloss die Post in Werne.

Ebenfalls durch den Architekten Fischer und den Bauunternehmer Zipp wurde die evangelische Kirche konzipiert und gebaut; die Einweihung fand im Oktober 1896 statt. Erst wenige Jahre zuvor wurde Werne ein selbständiger Gemeindebezirk (1891) und trennte sich zwei Jahre später von der Muttergemeinde in Lütgendortmund.

Das erste evangelische Gemeindehaus befand sich bis zu seinem Abriss 1980 auf dem Gelände Lütge Heide 18–26. Dafür entstand das Erich-Brühmann-Haus 1978/79 nach den Plänen des Architekten Karl Friedrich Gehse. Brühmann (1908–1978) war Pfarrer in Altenbochum, Superintendent des Kirchenkreises Bochum und Angehöriger der Bekennenden Kirche.

Vor dem Haus befindet sich das Bergbaudenkmal des Werner Künstlers Paul Epp. Es symbolisiert in seiner Form ein Schachtgerüst und zeigt auf den vier Bronzeplatten Motive aus dem Bergbau (im Uhrzeigersinn): Streckenauffahrung, Kohlengewinnung mit dem Abbauhammer, Kohlenladestelle sowie Hauptstreckenförderung und Füllortbetrieb.

Der Rundgang führt weiter durch die Straße Lütge Heide, den direkten Weg zwischen dem Dorf Werne und Lütgendortmund. Dort befanden sich die zuständigen Kirchen beider Konfessionen, dort wurden die Werner bestattet.

Im Haus Nr. 10/12 befand sich die 1866 erbaute »Friedhofschule«, von der der Mitteltrakt als Lehrerwohnhaus und der erdgeschossige linke Teil des damals beidseitig zweigeschossigen Schulgebäudes noch vorhanden sind.

Die Villa Wortelmann (Nr. 34) ist das Elternhaus vom Theaterwissenschaftler und Verleger Fritz Wortelmann (1902–1976), dem Gründer des Deutschen Instituts für Puppenspiel, seit 1992 Deutsches Forum für

Rekonstruktion der ehemaligen Friedhofschule.

Villa Wortelmann.

Figurentheater und Puppenspielkunst. Auf dem alle zwei Jahre stattfindenden Festival Figurentheater der Nationen (FIDENA) wird durch die Stadt Bochum ein Preis vergeben, der seinen Namen trägt.

2

Denkmal für die Opfer des Kapp-Lüttwitz-Putsches

Ein Gang über den Friedhof (Eröffnung 1891) führt nahe der Trauerhalle zum Denkmal für die Opfer des Kapp-Lüttwitz-Putsches im März 1920. Der rote, etwa 1,9 Meter hohe, 65 Zentimeter breite und ebenso tiefe Sandstein wurde in den 1920er Jahren aufgestellt und trägt die Inschrift: »*Das Leben nahmen sie uns/aber nicht den Geist./Zum Gedenken an die Freiheitskämpfer 1920/Sei ein Rebell B auf zur Tat.*« Während des Dritten Reiches sollte das Denkmal zerschlagen werden, wurde jedoch versteckt, 1946 wieder am ursprünglichen Platz aufgestellt und durch zwei flache Steine ergänzt, durch die an die Opfer des spanischen Freiheitskampfes 1936–1939 und des antifaschistischen Widerstands gegen die Nazidiktatur in den Bochumer Stadtteilen Langendreer und Werne erinnert wird.

Ein nachhaltiger Schachzug gelang den Werner Gemeindeverordneten mit dem Bau des Freibades und der Turnhalle sowie der gegenüberliegenden Parkanlage. Mit Blick auf die bevorstehende Eingemeindung Wernes nach Bochum am 1. August 1929 und die gut gefüllte Gemeindekasse beschlossen die gewählten Volksvertreter Anfang September 1928, die zuvor genannten Projekte auf den Weg zu bringen, um das Geld für die hiesige Bevölkerung sinnvoll zu verwenden und nicht der eingemeindenden Stadt Bochum zu überlassen. Das Freibad und der Park wurden im Frühjahr 1930 eröffnet, die Turnhalle sechs Jahre später. Im Anschluss an die Wettkämpfe 1936 in Berlin gehörte das Werner Bad zu den Austragungsstätten der Nacholympischen Spiele, an denen neben Einzelathleten auch die National-Wasserballmannschaften von Japan, Österreich und Holland teilnahmen. Noch heute erfreut sich das Bad bei schönem Wetter großer Beliebtheit.

Die Bebauung dieses Teils des uralten Hellweg-Systems und Verbindungswegs zwischen Bochum und Dortmund erfolgte, nachdem die Harpener Bergbau AG fernab vom ehemaligen Dorfbereich 1863/64 ihre Bergarbeiterkolonie »D-Zug« linksseitig der Limbeckstraße und sechs Jahre später die Kolonie »12 Apostel« rechts an der Heroldstraße zur Unterbringung eines Teils ihrer Zechenbelegschaft und deren Angehörigen quasi in Insellage erbaut hatte. Beim zuvor genannten »D-Zug« handelte es sich um zwei, in der Form eines Zuges hintereinander gereihte eineinhalbstöckige Gebäude, die jeweils zehn Familien Platz boten; die zwölf zweieinhalbstöckigen Doppelhäuser für jeweils vier Familien an der Heroldstraße waren mit ihrer westlichen Giebelseite zur Straße ausgerichtet. Sie standen mit nur ca. sieben Meter Abstand traufseitig hintereinander. Aufgrund ihrer Bauweisen erhielten beide Kolonien ihre Namen.

Kurz hinter der Heroldstraße liegt das älteste Haus am Werner Hellweg (Nr. 525), welches um 1830 erbaut wurde und über viele Jahre als einziges Haus in Werne an dieser Straße stand.

Der Werner Hellweg stellt eine typischen Wohn-/Geschäfts-Straße aus der Zeit der Industrialisierung dar: Geschäfte im Erdgeschoss – wo es sich anbot mit Eckeingang – und Wohnraum in den oberen Geschossen. Trotz vieler Geschäfts- und Branchenwechsel im Laufe der Jahre ist zu beobachten, dass sich die heute noch vorhandenen Gaststätten an angestammten Plätzen befinden.

Die Benennung der beiden vom Werner Hellweg nach Norden führenden parallelen Straßen Deutsches Reich geht auf die in der Baufolge dritte Bergarbeiterkolonie im Ort zurück. Unter dem Eindruck der damaligen Reichsgründung und der Tatsache, dass nach hierhin Arbeiter aus allen Teilen des Reichsgebietes gezogen waren, bekamen die 1874 bezugsfertigen 32 Doppelhäuser für jeweils vier Familien und sieben dreigliedrigen »Beamtenhäuser« (1898) ihren Namen. An die Bauerlaubnis war die Bedingung geknüpft, eine Schule zu errichten (1885). Nach Um- und

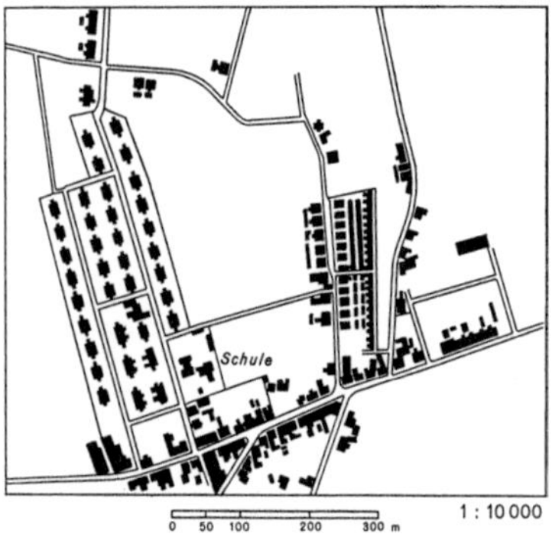

Siedlungen Deutsches Reich, Zwölf Apostel Heroldstraße und D-Zug Limbeckstraße (v. lks. n. r.).

Zubauten beherbergt die ehemalige Deutsche-Reich-Schule heute die Oberstufe der Willy-Brandt-Gesamtschule.

Mittlerweile ist zwar der Gesamteindruck der einst geschlossenen Siedlung durch Teilabriss und Neubebauung verloren gegangen, eine gewisse Vorstellung des damaligen Zustands ist jedoch noch zu erahnen.

Die Verbindungsstraße (Zur Werner Heide) zwischen den ehemaligen »Polbereichen« Dorf und Bergarbeiterkolonien war über viele Jahrzehnte durch eine ausgeprägte Wohn- und Geschäftsbebauung gesäumt. Im Rahmen der Wohnumfeldverbesserung wurde die Straße 1983 als eine der ersten in Bochum verkehrsberuhigt. Seitdem – und nicht zuletzt auch durch den allgemein veränderten Trend im Einkaufsverhalten und die relative Nähe zum Ruhrpark-Einkaufszentrum – ist hier ein steter Rückbau von Geschäftslokalen zu beobachten.

Die Villa Zipp (Nr. 15) wurde 1885 durch den gleichnamigen Bauunternehmer gebaut, der neben vielen Wohnhäusern in Werne auch das Amtshaus, die evangelische Kirche und die Amtmann-Kreyenfeld-Schule erstellte.

So wie am Eingang zum 1903/04 angelegten alten Park, finden sich auch an weiteren Stellen dieser Grünanlage seit 2001 Installationen zum Kunstprojekt »LichtOrt«, deren Wirkung sich dem Betrachter erst bei Dunkelheit erschließt.

Der Hochbunker wurde in den Jahren 1941/42 zum Schutz von 600 Personen gebaut. Am 15. Januar 1945 wurde der größte Luftangriff auf Werne geflogen, bei dem um die 200 Menschen starben.

Werne war über viele Jahrhunderte eine Filiale der Pfarrei in Lütgendortmund. Später gingen diese Pfarrrechte an (Dortmund-)Kirchlinde über. Im Jahre 1886 wurden die Katholiken im östlichen Teil von Werne nach Lütgendortmund und die im westlichen Teil nach Langendreer zugeordnet. Nachdem die Bevölkerung in Werne stark angewachsen war, kam es am 1. März 1910 zur Errichtung der Pfarrei Herz Jesu durch das Bistum Paderborn. Bereits fünf Monate zuvor wurde der Grundstein der katholischen Kirche gelegt, die am 24. Juli 1910 eingeweiht wurde. Die Pläne stammten vom Architekten Josef Franke, der im Ruhrgebiet eine Vielzahl sakraler und profaner Bauwerke schuf.

3 Herz-Jesu-Kirche

Ihre einhundertjährige Geschichte hat die Pfarrei um 18 Monate verfehlt, weil sie im Rahmen der strukturellen Umgestaltung im Bistum Essen am 31. August 2008 aufgehoben wurde und als Gemeinde in der neu gebildeten (Groß-)Pfarrei Liebfrauen mit Sitz in Altenbochum aufging.

Bereits die ersten Pläne von Juli 1929 zur Errichtung eines Ehrenmals für die Gefallenen des Ersten Weltkriegs sahen eine parkähnliche Gestaltung der Anlage vor. Die Nationalsozialisten begannen mit dem

Bau und weihten das Ehrenmal 1937 ein. Bei nötigen Erhaltungsmaßnahmen im Jahre 2002 wurden die seitlichen Treppenaufgänge entfernt und die Breite des Denkmals von 15 Meter auf etwa 6 Meter reduziert. Die beiden neu angebrachten Bronzeplatten verweisen auf die gleichzeitige Umwidmung in ein Mahnmal gegen politische Gewalt und als Bekenntnis zu Frieden, Gerechtigkeit und Toleranz.

Vom ehemaligen Dorfbereich führt der Weg vorbei an den jüngeren Gebäudeteilen des bereits 1486 erwähnten Hofes Wiethoff (Nr. 56) zur Willy-Brandt-Gesamtschule (Errichtung 1988). Auf diesem Gelände stand früher zur Wittekindstraße hin die katholische Bismarck-/Freiheitsschule (1892). Das oberhalb liegende alte Schulgebäude aus den Jahren 1895/1911 beherbergte damals die evangelische Arnoldschule und wird heute von der Gesamtschule genutzt. Links des Weges befindet sich die Gemeinschaftsgrundschule Wittekindstraße.

Der Blick fällt bereits auf das Fördergerüst, welches sich über dem Schacht Arnold der am 31. März 1968 stillgelegten Zeche Robert Müser erhebt. Die Abteufarbeiten begannen 1858; vier Jahre später wurde die Förderung aufgenommen und ab 1896 war er Hauptförderschacht der Zechen Heinrich Gustav. Als es im Juli 1929 zum Zusammenschluss der Einzelzechen Heinrich Gustav, Amalia, Caroline und Prinz von Preußen zur Großschachtanlage Robert Müser kam, wurde der Schacht auf 7,6 Meter Durchmesser erweitert und das noch vorhandene, in seiner Konzeption gelungene und damals beispielhafte Fördergerüst gebaut, welches sich 57,2 Meter über dem Schacht erhebt und rund 300 Tonnen wiegt; die Seilscheiben haben einen Durchmesser von 7 Metern. Heute dient das Gerüst weiterhin zur Befahrung, jedoch nicht mehr für Bergleute, sondern für das Personal zur Wartung der Wasserhaltung. Das Maximum der Belegschaftsstärke der Harpener-Bergbau-AG-Zeche lag 1930 bei rund 3.800 Mann. Seit der Schließung der Zeche am 31. März 1968 wartet die Industriebrache auf eine weitere Nutzung.

4 Verwaltungsgebäudes der Zeche Robert Müser

Am Haus Von-Waldthausen-Straße 70 lässt sich noch der Rumpf des ehemaligen Verwaltungsgebäudes der Zeche Robert Müser erkennen. Es entstand in den Jahren 1930/31 durch Um- und Ausbau des damaligen Betriebsdirektorhauses. Der vorgesetzte Trakt wurde nach der Zechenschließung angebaut und der Altbestand in Wohnungen umgewandelt.

Hinter der Brücke über die Rheinische Bahn führt der Weg auf den früheren Friedrichplatz. An dessen Seite zur Eisenbahntrasse lässt sich aufgrund der Bauweise und der noch vorhandenen, obgleich verwitterten Details des Hauses Nr. 1/3 erahnen, dass es sich um die Direktorenvilla aus dem Jahre 1898 der einstmals angrenzenden Drahtwerke handelt. Das Werksgelände schloss sich in Verlängerung auf der linken Seite der

Straße Auf den Holln an. Bereits Anfang der 1870er Jahre wurde hier ein Puddel- und Walzwerk betrieben, welches in den Folgejahren wiederholt die Besitzer wechselte und 1931 stillgelegt wurde. In den besten Jahren waren hier knapp über 1.000 Menschen beschäftigt, die Draht und Drahtprodukte produzierten. Während des Zweiten Weltkriegs nutzte die Gebäude der Bochumer Verein zur Rüstungsproduktion; heute sind sie teilweise abgerissen oder von Kleinbetrieben bewirtschaftet.

Verwaltung Zeche Robert Müser, 1931 bezogen, nach Stillegung 1968 Wohnhaus.

Die Chemische Fabrik Dr. Wirth, Waldthausen und Schulz ging 1887 auf dem Ziegeleigelände des Letztgenannten in Betrieb. Dort wurden die Nebenprodukte, die bei der Koksherstellung entstanden, zu Pech, Bitumen, Naphtalin, schweren Ölen etc. verarbeitet. In besten Zeiten waren hier bis 250 Menschen beschäftigt. Im Jahre 1918 kaufte die Firma Raschig in Ludwigshafen die Anlage. Bis 1972 wurde hier noch Teer destilliert, 2007 schloss das Werk. Der Miteigentümer Kommerzienrat Hugo von Waldthausen (1853–1931) stammte aus der Essener Bankiers- und Industriellenfamilie und wohnte im Haus Nr. 24. Er setzte sich als Gemeindevertreter für die Belange des Ortes und der evangelischen Gemeinde ein, weshalb die vorbeiführende Straße nach ihm benannt wurde.

Wenige Meter von der »Teerfabrik« entfernt und in angrenzender Nachbarschaft (Haus Nr. 16–20) produzierte die Kesselfabrik August Reinshagen ab 1882 Dampfkessel als mittelständischer Betrieb.

Entlang der im weiteren Verlauf der Rüsingstraße parallel verlaufenden, weitläufigen Gleisanlage, deren Anfänge auf die Bergisch-Märki-

Ehem. Friedrichsplatz mit Direktorenvilla der Drahtwerke.

Zeche Vollmond um 1900.

sche Eisenbahngesellschaft zurückgehen und teils zum Rangierbahnhof Bochum-Langendreer gehören, kommt man in der Innenkurve des Straßenknicks an der Gaststätte Stratenhoff vorbei, seit 1870 einer der ältesten Wirtschaften im Ort und bis vor kurzer Zeit noch durch die Familie geführt. Über die in der Straße noch zum Teil vorhandenen Straßenbahnschienen fuhr bis Ende Juni 1969 die Linie 20 zwischen Oberdahlhausen und Langendreer Bahnhof.

1879 nahm die ehemalige Vollmondschule – später Gemeinschaftsgrundschule Rüsingstraße – ihren Betrieb mit zwei Klassen auf, 1888 waren es vier und 1909 neun Klassen in acht Räumen. Das Gebäude in der heutigen Struktur wurde 1904 errichtet.

So wie der Weg in der Vergangenheit begann, endet er an der letzten Station mit einigem Vorstellungsvermögen.

5 Kleinzeche Vollmond

Bis zum Bau der Autobahn A 40 lag im Bereich der Auffahrt in Richtung Münster der Hof des Bauern Hellbrügge. Gleich westlich vom Hof befand sich bereits vor mehr als 200 Jahren die Kleinzeche Vollmond, auf der Kohle im Stollen- und anfänglichen Schachtbetrieb abgebaut wurde. Hier war der Ort, wo 1802 die älteste Dampfmaschine im Ruhrkohlenbergbau zur Wasserhaltung unter der Mithilfe von Franz Dinnendahl aufgestellt und in Gang gebracht wurde, ein erwähnenswertes Ereignis für die Weiterentwicklung des beginnenden Tiefbaus. 1821 wurde der Kohleabbau an dieser Stelle eingestellt.

Werne, ein Ort dessen Entwicklung auf der Förderung von Kohle und der Produktion von Draht gründet: keine »Perle« des Reviers, dafür mit typischen Zügen vergangener Zeiten und individuellen Eigenheiten.

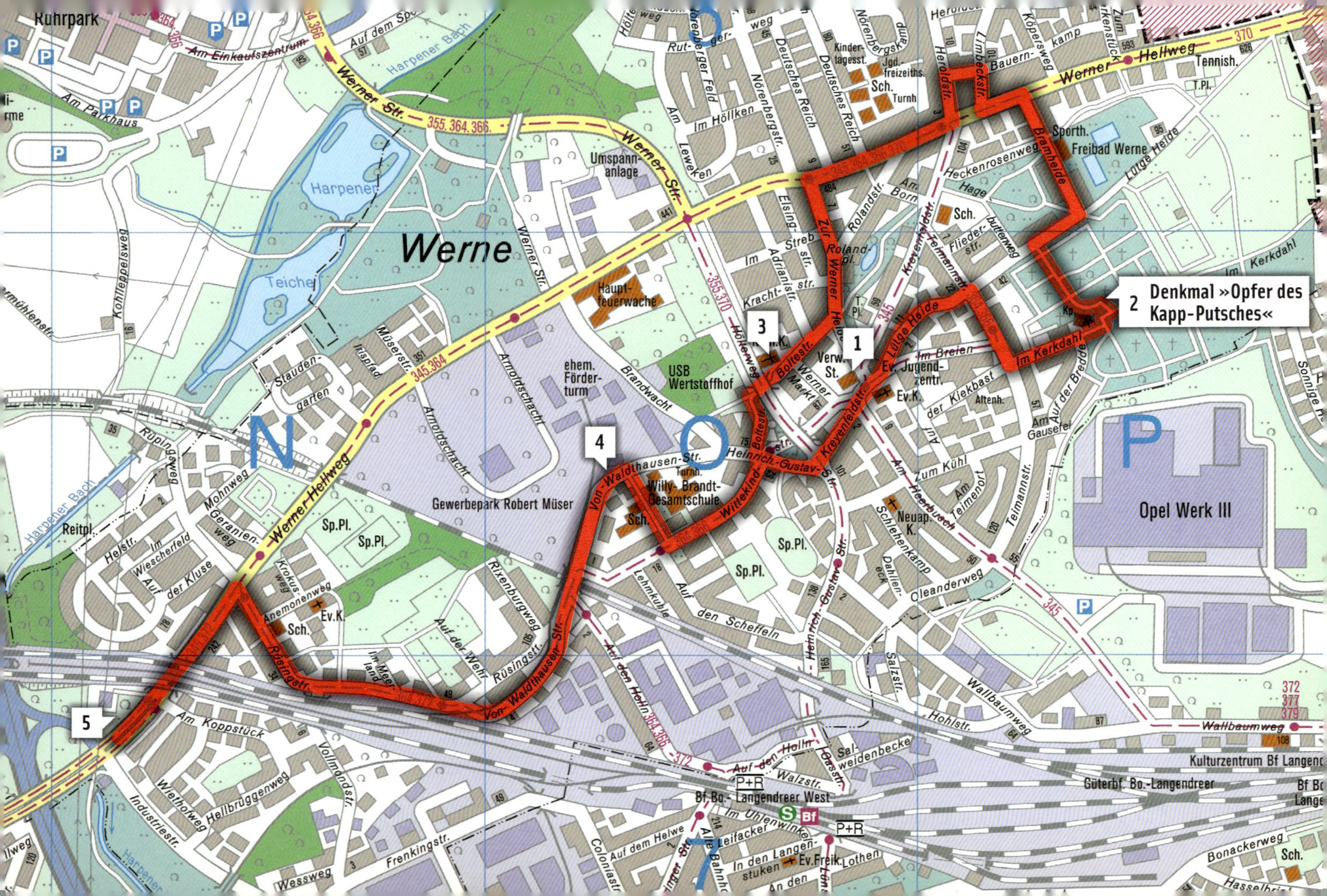

2 Denkmal »Opfer des Kapp-Putsches«
1
3
4
5
Werne
Opel Werk III
Werner Hellweg
Werner Str.
Gewerbepark Robert Müser
Willy-Brandt-Gesamtschule
USB Wertstoffhof
Haupt-feuerwache
Umspann-anlage
ehem. Förder-turm
Harpener Teiche
Freibad Werne
Kulturzentrum Bf Langendreer
Güterbf. Bo.-Langendreer
Bf Bo.-Langendreer West
Ruhrpark
Am Einkaufszentrum
Am Parkhaus
Im Kerkdahl
Lüige Heide
Bramheide
Krevenfeldstr.
Heinrich-Gustav-Str.
Von-Waldthausen-Str.
Rüsingstr.
Wallbaumweg
Arnoldschacht
Brandwacht
Höfkerweg
Boltestr.
Wittekind-str.
Zur Werner Heide
Limbeckstr.
Heroldstr.
Deutsches Reich
Nörenbergstr.
Rixenburgweg
Auf der Bredde
Teimannstr.
Oleanderweg
Lehmkuhle
Auf den Scheffeln
Auf den Holln
Am Koppstück
Industriestr.
Frenkingstr.
Vollmondstr.
Mohnweg
Rüpingsweg
Kohleppelsweg
Müserstr.
Harpener Bach

Thema: Opel

Hans H. Hanke und Hans Reppel

OPEL – der Zuverlässige? 1960 fiel die Entscheidung der Adam Opel AG/General Motors zum Bau von drei neuen Werken in Bochum. Am 10. Oktober 1962 rollte der erste Opel-Kadett A vom Band, erfolgreich konstruiert als »perfekter Anti-VW«. Bis zum Ende der Produktion 1991 liefen fast 4 Mio. Kadett vom Bochumer Band. Dazu kamen aus Bochum ab 1968 der legendäre »Kumpel-Porsche« Opel GT, ab 1970 – bei 20.000 Beschäftigten – auch der kultige Opel Manta sowie der Ascona. 2003 arbeiteten in Bochum noch etwa 11.000 Opelaner.

2004 dann die Schreckensmeldung: Werksschließung 2010! Es folgte ein wilder Streik, eine machtvolle Solidarisierung der Region, eine selbst auferlegte und durchlittene Neuorientierung der Belegschaft und der Produktion. Es blieben 6.000 Arbeitsplätze für die Produktion von Astra und Zafira, laut Vereinbarung sogar über das Jahr 2012 hinaus.

Mit der Weltwirtschaftskrise 2008, die General Motors sehr schnell in die Knie zwang, änderte sich wieder alles dramatisch: Der Autoverkauf brach zunächst ein, in allen Opel-Werken kam es ab Oktober zu mehrwöchigen Produktionspausen, ab 2009 zu Kurzarbeit.

Bochum war gerettet, als 1960 Opel nach geheimen Verhandlungen kam. Geheim, weil der Bergbau die Konkurrenz heller, sauberer und gut bezahlter Arbeitsplätze auf dem Arbeitsmark nur ungern sah. Opel erhielt eine Garantie für eventuell auftretende Bergschäden. Eine Autobahn wurde eigens gebaut und nicht zuletzt wurde das Gelände Zeche Dannenbaum und Zeche Bruchstraße günstig abgetreten.

Die neue Arbeitswelt brachte nicht nur Vorteile sondern auch »heimlich« gesteigerte Bandgeschwindigkeit, die Anstrengungen der Arbeit über Kopf, die krankmachende Eintönigkeit der Montage. Ein Ex-Bergmann:«Es ist ein sehr großer Unterschied, ob du unter Tage mit deinen Arbeitskollegen gemeinsam in einen Gedinge gearbeitet hast oder ob du bei Opel, am Band isoliert und der Kumpel nur noch in Sichtweite, unter ständiger Kontrolle der Produktionskette stehst.« 1990 kam die Einführung der gesundheitsruinierenden 3. Schicht in der Nacht. Hier ging es um die Frage, ob nach Bochum letztlich in der gesamten bundesdeutschen Automobilindustrie das Drei-Schicht-Modell eingeführt wird. Die Befürworter setzten sich mit dem Argument durch, dass so der Standort Bochum gesichert werden könne und dass dies zusätzliche Arbeitsplätze bedeute. Heute kämpft die Belegschaft um die Erhaltung der Nachtschicht. Und immer wieder zeigte sich die Erpressbarkeit der Gewerkschaften und Regionen durch einen internationalen Multi wie General Motors.

In der Fähigkeit zu einer internationalen Sicht- und Arbeitsweise liegt der Schlüssel, mit dem auch in Zukunft die Interessen der abhängig Beschäftigten verteidigt und gestaltet werden können. Der erste erfolgreiche Einsatz in diesem Sinn war wohl der Arbeitskampf 2004 bis 2006, bei dem alle europäischen Opel-Belegschaften solidarisch und erfolgreich zusammen wirkten. Ende März 2009 heißt es: Opel soll vielleicht wieder eigenständig werden, möglichst massive staatliche Unterstützung erhalten und mit prima neuen Modellen verlorenes Image zurück gewinnen. Hoffentlich klappt das – zuverlässig!

Querenburg
Wo der Beton grünt

Thomas von Roznowski und Axel Schäfer

Ausgangspunkt: Haltestelle »Uni-Center« | U-Bahn 35
Endpunkt: Haltestelle »Uni-Center« | U-Bahn 35
Streckenlänge: 6 km | Dauer: 2,5 Stunden

Querenburg veranschaulicht mehr als deutlich, wie gründlich Menschen eine Landschaft um- und aufwühlen können – nicht nur durch Bomben, sondern auch mit Beton. Wir sehen aber zugleich, dass man inmitten von Beton und der darin entstandenen Kultur gut leben kann, vor allem, wenn sich ringsherum viel grüne Natur dazugesellt. Dagegen kann man den geschichtlichen Hintergrund dieses Stadtteiles nur schwer erkennen. Mit großer Wahrscheinlichkeit streiften schon vor über 25.000 Jahren, in der Altsteinzeit, Jäger durch dieses Gebiet. Das belegt der Fund eines Quarzitgerätes, welches Archäologen unter einer eiszeitlichen Lössschicht auf dem heutigen Universitätsgelände entdeckten. Es stellt zugleich das älteste Zeugnis menschlichen Aufenthaltes im Raum Bochum, vielleicht auch für weitere Teile des Ruhrgebietes, dar.

Die erste urkundliche Erwähnung findet sich um 890 in den Werdener Urbaren. Diese klösterlichen Hebelisten führen die »Villa Quern-

Für manche früher eine Horrorkulisse, heute ein geschätzter Anblick ist die Ruhr-Universität von Süden.

berga« auf, was soviel wie Mühlenberg bedeutet. Die hier genannten drei Höfe lagen wahrscheinlich am Ölbach, südlich des Kalwes. Eine zweite Ansiedlung, »Vrielinghausen« genannt, entstand in der Gegend der heutigen Westerholtstraße. Das Schatzbuch der Grafschaft Marck von 1486 fasst die 16 Höfe beider Orte unter dem Namen »Vrylinchuysen« zusammen. Später setzte sich die Bezeichnung Querenburg durch.

Historische Ereignisse von Bedeutung gibt es nicht zu vermelden. Die Streusiedlung der Bauernschaft dehnte sich in Zeiträumen von Jahrhunderten nur langsam aus: 1661 lebten hier 215 Menschen, 1866, damals dem Landkreis Bochum zugehörig, rund 1.400 und 1929, im Jahr der Eingemeindung in die Stadt Bochum, 2.894.

Die Entwicklung Querenburgs verlief auch während der stürmischen Industrialisierung im 19. Jahrhundert eher gemächlich: Vor 100 Jahren standen hier Höfe und Kotten. In Querenburg lebten Bauern, Arbeiter und Bergleute, die in die nahegelegenen Zechen einfuhren. »Klosterbusch« hieß der Pütt im Lottental, der noch bis 1961 Kohle förderte. Auch auf Mansfeld, Schacht VI/V fanden sie ihre Arbeit. Darüber hinaus gab es bis nach dem Zweiten Weltkrieg eine Reihe sogenannter Kleinzechen, z. B. Bellenkamp. 1961 endete mit der Schließung von »Klosterbusch« nicht nur eine Epoche, sondern es begann fast zeitgleich etwas ganz Neues: der Aufbau der Ruhr-Universität Bochum (RUB) mit einer Rahmenstadt für ca. 15.000 Menschen. Die Sorge um die Arbeitsplätze nach dem großen Zechensterben verschwand – ebenso wie weite Teile des alten Querenburg. Die Errichtung der Hochschule verwandelte diesen dörflich geprägten Vorort zuerst in die größte Baustelle Europas, dann in einen strukturell völlig veränderten Stadtteil.

1

Ruhr-Universität

Zum Campus, dem Universitätsgelände, gelangen wir über die Dr. Gerhard-Petschelt-Brücke. Wie fast alle Verkehrswege innerhalb der Hochschule besaß sie jahrelang keinen Namen. Die ins Auge gefassten spektakulären Politikernamen verblassten nach wenigen Jahren. Petschelt, damals Oberstadtdirektor in Bochum, schaffte es mit Ausdauer und Schläue, die Uni als erste Hochschulgründung des Ruhrgebiets in diese Stadt zu holen, gegen mächtige Dortmunder Konkurrenz.

Am Eingangsplatz der RUB zeigt ein Orientierungsplan, dass die Universität aus 13 gleichartig und symmetrisch gestellten Institutsgebäuden besteht, die sich zu den Bereichen Medizin, Geistes-, Ingenieur- und Naturwissenschaften gruppieren. Nie vor 1961 war eine solche Kombination in der Lehre gewagt worden, nie zuvor durfte man all diese Bereiche in Kombination studieren. Quer zu den Institutsgebäuden liegen zentral und gut erreichbar für alle die Verwaltung, das Musische Zentrum, die Bibliothek, das Auditorium maximum (Audimax), das Hörsaalzentrum Ost und die Mensen. Jedes dieser Gebäude ist individuell

Das Auditorium Maximum, Architekt: Hentrich-Petschnigg & Partner 1967, fertig 1978.

von namhaften Architekten gestaltet worden, der Gesamtplan stammt von Hentrich, Petschnigg & Partnern. Zwischen den Institutsgebäuden finden sich grüne Ruhezonen. Beachtenswert ist der japanische Garten zwischen den I- und den N-Gebäuden mit seinem Bachlauf. Überall sind seit den 1960er Jahren Kunstwerke internationaler Größen platziert, in den Kunstsammlungen und in der Verwaltung liegt ein kleiner Führer zur Kunst kostenlos aus. Max Imdahl, der an der RUB der Kunst des 20. Jahrhunderts weltweit wissenschaftliche Reputation verschaffte, hat bei der Auswahl entscheidend mitgewirkt. Der Gang über den Campus wird durch Wegweiser mit Farbleitsystem erleichtert, und fast überall findet sich eine behindertengerechte Ausstattung. Das Siegel der RUB zeigt Prometheus, der den Göttern das Feuer raubte und den Menschen brachte, und Epimetheus, seinen Bruder, den Nachdenklichen, mit einer Schriftrolle.

Noch vor dem Brückenende lohnt sich ein Abstecher in das Musische Zentrum rechts. Es ermöglicht den über 30.000 Studierenden und rund 5.000 im Wissenschafts- und Verwaltungsbereich Tätigen vielfältige kulturelle Aktivitäten wie Chor, Orchester, Schauspiel, Lesungen und bildende Kunst. Der Konzert- und Theatersaal, ein sehr plastischer Bau, bietet einen ersten Eindruck davon, wie mit aufgelockerten Durchblicken »natürlicher« und in vielfältigen Oberflächen verwendeter Beton zur Wirkung gebracht werden kann – »Beton Brut« heißt das.

Ein Blick in die Universitätsbibliothek kann nicht schaden. Die skulpturale Haupttreppe ist ein Kunstwerk für sich. Das großzügige Treppenhaus lenkt Tageslicht von oben durch alle Etagen. Mit zwei Millionen

Haltestelle Ruhr-Uni.

Büchern ist die Bibliothek eine der größten Bibliotheken im Land. Alle Bücher sind in Freihandregalen erreichbar. Arbeitsplätze bei den Büchern bieten Möglichkeiten zu ruhiger Lektüre bei bestem Ausblick über den Campus in das Ruhrtal. An der 1974 nach einem Entwurf des Architekten Lambart vollendeten Bibliothek befindet sich zwischen den Haupteingängen eine wellenförmige Ziegelwand des Künstlers Henryk Dywan. Die beiden Fassaden des Gebäudes tragen seit 2003 Lichtinstallationen von Mischa Kuball.

Im Souterrain der Bibliothek liegt die Musische Sammlung. Der Eingang wird durch eine Röhrenplastik Yaacov Agams »Toute Directions« von 1970 betont. Man kann die Sammlung dienstags bis freitags von 11 bis 17 Uhr und samstags und sonntags von 11 bis 18 Uhr besichtigen. Der Eintritt ist frei. Über 380 Exponate – vorchristliche Schöpfungen wie z. B. die Löwenkanne aus Milet, die Trinkschale des Makron und das Porträt des Aristoteles, Bearbeitungen der Laokoon- und der Polyphem-Gruppe einerseits und Werke von Josef Beuys, Richard Serra, Günter Fruhtrunk sowie bedeutend Werke der zeitgenössischen Fotografie andererseits bieten reichlich Möglichkeiten für Studien.

Die Sammlung beherbergt auch eine numismatische Ausstellung mit mehr als 1.000 Stücken, darunter auch die 123 Münzen des Querenburger Schatzes, der im Bereich des heutigen GB-Gebäudes seit etwa 1450 verborgen war. Bei Bohrungen stießen Bauarbeiter auf Scherben eines Tonkruges mit einer unbekannten Zahl von Gold- und Silbermünzen, die sie unter sich aufteilten. Erst als die Ehefrau eines Arbeiters sechs Münzen einem Geldinstitut zum Kauf anbot, machte ein aufmerksamer Bankan-

Ferdinand Kriwet, NEON-TEXTE 1973, Mensafoyer. Die Uni ist auch eine Kunstlandschaft mit Werken von Künstlern ersten Ranges, z. B. Josef Albers, Günter Fruhtrunk, Victor Vasarely und Rupprecht Geiger.

Eine der komfortabelsten Bibliotheken Deutschlands, die Uni-Zentralbibliothek. Arch. B. Lambart 1974.

gestellter den Fund publik. Karl Brandt, dem damaligen Bodendenkmalpfleger für Bochum, gelang es in beharrlicher Kleinarbeit, auch mit Hilfe der Kriminalpolizei, die Bauarbeiter zur Herausgabe von 123 Münzen zu bewegen. Insgesamt umfasst die universitäre Münzsammlung über 3.000 Exemplare.

2

Forum

Vor uns liegt das Forum, unter dem sich das Labyrinth des großen Parkhauses befindet und dessen weitläufige Oberfläche den Kernbereich des alljährlichen Uni-Festes bildet. Zu diesem Großereignis, das immer im Mai vor Himmelfahrt stattfindet, kommen Menschen aus dem gesamten Revier nach Querenburg.

An das Forum grenzt das Auditorium Maximum, ein Entwurf des Büros Hentrich, Petschnigg & Partner. Wer es schafft, ins Innere des Gebäudes vorzudringen, gewinnt einen außergewöhnlichen Eindruck des futuristisch anmutenden Rundbaus mit seinen etwa 1.500 Sitzplätzen: ästhetisch, funktional, mit nachträglich eingebauter großer Klais-Orgel (82 Register, 6.400 Pfeifen) und mit zur Verbesserung der Akustik eingehängter Zwischendecke. Das Audimax überzeugend monumental innen und außen, scheint aus der Entfernung wie eine Zackenkrone zwischen den Institutsgebäuden zu schweben. Hier finden Konzerte der Bochumer Symphoniker, Ehrendoktor-Verleihungen und Universitäts-Jubiläen statt. Die 36 Mio. Euro Kosten lösten bei der Einweihung heftige Proteste bei den Studenten aus, die statt dessen den Bau von Wohnungen forderten.

Ursprünglich war geplant, über die Mensa und das Audimax ein gemeinsames Dach zu ziehen. Das wäre aber noch viel teurer geworden. Die Zackenkrone ist inzwischen neben dem Siegel zum Symbol der Ruhr-Universität geworden.

Wir gehen um das Audimax herum in die Mensa. Hier lässt sich der künftige Standard der noch viele Jahre laufenden Sanierung des Campus bereits erleben. Das Foyer verbreitet einen Hauch von Luxus. Ferdinand Kriwet erfreut mit einem 2007 vollständig erneuerten Werk über der Espresso-Theke, das er ursprünglich 1971 schuf.

3 Mensa

Von der riesigen Terrasse der Mensa genießen wir einen ungewöhnlich schönen Ausblick: Rechts sehen wir die Höhen von Stiepel, ein bevorzugtes Wohngebiet im Bochumer Süden, wohin es bis vor kurzem manchen Professor zog, der in der Universitäts-Rahmenstadt kein Haus von der Stange erwerben wollte. Inzwischen wohnt man auch in Stiepel gestapelt und benötigt für die Fahrt zur Uni ein Auto, während in Querenburg ein Fahrrad und notfalls auch zwei Füße reichen. Links sehen wir das Waldgebiet des Kalwes, Querenburgs höchster Erhebung: Wir schauen auf die jenseitigen Ruhrhöhen von Witten und direkt vor uns auf das reizvolle Lottental: ein Bild mit Feldern, Wäldern und alten westfälischen Höfen, überhaupt kein Ruhrpott, wie er in den Köpfen mancher Fremder immer noch herumgeistert. Vor lauter Grün kann man nicht erkennen, dass dicht vor uns der Botanische Garten liegt. Rechts außerhalb der Mensa führen Treppen abwärts zu einem behindertengerechten Aufzug oder zu den Treppen zur Südstraße der Uni, und von dort geht es weiter zum Botanischen Garten.

4 Botanischer Garten
Öffnungszeiten: April bis September 9–18 Uhr und Oktober bis März 10–16 Uhr

Diese wunderschöne Anlage gehört zum Botanischen Institut und stand von Anfang an für jedermann offen. Die unermüdlichen Aktivi-

Pause in der Uni-Mensa »a la terasse«.

täten von Prof. Karl Esser in den Aufbaujahren der Ruhr-Universität machten diesen Teil der Uni zu einem Kleinod: Hier kann man Ruhe finden – und gleichzeitig neue Welten entdecken. Erlebnisse besonderer Art vermitteln das Tropenhaus mit seinen Mangroven, Epiphyten und Orchideen; das Sukkulenten- und Savannenhaus, der Hochmoorbereich mit den vielen kleinen Fröschen und – zu ihrer Zeit – die Dahlienarena, die Rosen und die Rhododendren. Weiter unten im Botanischen Garten steht der Chinesische Garten, ein Geschenk der Tongji-Partneruniversität in Shanghai. Man sieht dieser wunderschönen Anlage mit ihrer majestätischen Ruhe nicht an, dass sie zur Jahrtausendwende schon baufällig war. Die Dachziegel aus Südchina waren unserem Klima nicht gewachsen. Regen und Frost hatten tragende Teile zerstört. Dank großzügiger Spenden besonders von der Sparkasse Bochum konnte der gemeinnützige Verein »Chinesischer Garten e.V.« die Anlage für 230.000 Euro sanieren lassen.

Auch Beckmanns Hof, ein behutsam renoviertes Bauernhaus inmitten des Botanischen Gartens, das die Universität als Internationales Begegnungszentrum (IBZ) nutzt, hat seine Geschichte: mehr als zwei Jahrzehnte lang haben Beckmanns Erben den Kauf durch das Land verhindert. So stand der Hof viele Jahre als Enklave im Botanischen Garten.

5 Alte Mensa

Wir gehen durch den östlichen Ausgang des Botanischen Gartens zur »Alten Mensa«. Sie liegt gegenüber dem rotgerüsteten Gebäude der Fachhochschule Bochum mit rund 8.000 Studenten.

Hier ereignete sich anno 1968 folgende Geschichte: Die Qualität des Essens bot damals ständig Anlass zur Kritik. Die unmittelbaren Auswirkungen belegten wissenschaftliche Studien: Während studentische Mensa-Benutzer zumeist an Untergewicht litten, stellte man bei professoralen Nicht-Mensa-Benutzern mehrheitlich Übergewicht fest. Schlagen auf Blechnäpfe, wie aus Hauptmann-von-Köpenick-Verfilmungen noch in Erinnerung, kam mangels solcher nicht in Betracht, ein Boykott versprach wenig Wirkung, höchstens weitere Gewichtsverluste.

Die Kommilitonen des rädelsführenden SDS (= Sozialistischer Deutscher Studentenbund) gingen deshalb dialektisch vor: Sie nahmen Kontakt zur bäuerlichen Bevölkerung auf und liehen sich unter dem Vorwand, eine richtige Schweinerei (sprich: Aktfotos) machen zu wollen, eine kapitale Sau aus. Das Borstentier stand nun angeleint vor der Mensa, weigerte sich jedoch standhaft, den Ort universitärer Gastronomie zu betreten. Statt dessen ließ das Schwein erst einmal die Sau raus – sehr zum Ärger des Hausmeisters, der die übelriechenden Exkremente nicht beseitigen wollte. Das nunmehr auf dem Boden unter freiem Himmel servierte Essen umfasste Suppe als Vorspeise, mehrere Hauptgerichte, zum Nachtisch Joghurt.

Schnell bildete sich eine große Menschentraube, zusätzlich über Megaphon angelockt –, »Seht euch die Schweine vom SDS an!«, um das sati(e)rische Experiment zu beobachten. Der gefräßige Vierbeiner jedoch verschmähte alle Speisen, bis auf den Joghurt. Und der macht bekanntlich auf Dauer weder ein Schwein noch einen Studenten satt.

6 Lennershofsiedlung

Wir gehen weiter zur Lennershofsiedlung, 1920 erbaut. Sie verdankt ihre Entstehung vor allem dem sozialdemokratischen Kommunalpolitiker August Bahrenberg, der von 1918 bis fast zur Eingemeindung mit kurzer Unterbrechung das Amt des Gemeindevorstehers innehatte.

Der gelernte Bergmann (Püttrologe), eine durchaus nicht unumstrittene Persönlichkeit, »machte die schwierigen Dinge einfach, war unbürokratisch, herzlich, aber auch hartnäckig, wie es sich für einen Westfalen zu gehören scheint. August der Starke wurde er unter den Kollegen genannt – eine Auszeichnung.« So beschreibt ihn der Autor Kurt H.F. Gaertner in seinem Buch »Querenburg – wie es war, wie es ist«.

Bahrenberg starb 1933 nach Verfolgung durch die Nazis, die seine Gesundheit ruiniert hatten.

In den sechziger Jahren sollte die Lennershofsiedlung den Kern einer Gartenstadt bilden. Dieser Plan ließ sich nicht verwirklichen – statt dessen entstand die Universität und veränderte Querenburg von Grund auf. Die Siedlung aber blieb. Mit ihren zweigeschossigen Häusern von vielen ehemaligen Bergleuten bewohnt, mit Vorgärten und Grünzügen stellt sie fast eine Idylle im Schatten der Großgebäude dar.

7 Le Clochard

Eine Fußgängerbrücke verbindet die durch die Universitätsstraße zerschnittene Siedlung. An der Ecke vor uns steht die Gaststätte »Le Clo-

Das »Le Clochard«, Treff in der Hustadt.

chard«, eine Szenekneipe, die den Umbau Querenburgs glücklicherweise überstanden hat.

Sie ist für eine kleine Pause auf unserem Rundgang empfehlenswert. Hier beginnt der Buscheyplatz, der fast die Dimension einer großstädtischen Piazza erreicht. Seine Planung und Gestaltung führten Anfang der achtziger Jahre in dem für das Sanierungsgebiet »Auf dem Aspei« gewählten Beirat zu langen Redeschlachten. Schließlich gelang eine Komposition zwischen Altem und Neuem, zwischen Fachwerk und modernen Arkadengängen, so dass man (fast) von einem Ensemble sprechen kann. Das einzige Großgebäude am Platz, ein Behindertenwohnheim, erwies sich als planerischer Glücksfall. Eine Esskastanie aus dem verschwundenen Garten einer alten Querenburger Familie bildet den Mittelpunkt des Platzes.

»Auf dem Aspei« liegt die »Altstadt« des Quartiers.

Zu diesem Sanierungsgebiet gehört auch die Straße Auf dem Aspei. Sie verbindet die Siedlungsschwerpunkte Uni-Center und Hustadt und ermöglicht es, Querenburg auf einer Länge von drei Kilometern als Fußgänger oder Radfahrer zu durchqueren. Diese Straße zeigt die Problematik städtebaulicher Neuordnung.

Seit 1965 über 15 Jahre lang mit »Veränderungssperre« belegt, kamen die von der Kommune gekauften und zum Abriss vorgesehenen Häuser zunächst immer mehr herunter. Das damalige Konzept, eine mehr als zehngeschossige Skyline zwischen den Hochhäusern des Uni-Centers und denen der Hustadt zu errichten, scheiterte sowohl am Widerstand der Bevölkerung als auch an der Erkenntnis, dass so viele Wohnungen gar nicht gebraucht wurden. Man renovierte die alten Häuser (soweit noch möglich) und baute neue, der Umgebung angepasste. Das Fachwerkhaus Soldnerstraße 8 konnte die Umstrukturierung überstehen und das Haus Auf dem Aspei 41 hat seine ursprüngliche Backsteinfassade behalten. Im ehemaligen Lokal Bäcker (bzw. Apel) mit einem Saalbau fanden einst Mai-Feiern der sozialdemokratischen Arbeiterbewegung statt. Am unteren Ende des Aspei steht ein weiterer Backsteinbau aus alter Zeit, früher eine beliebte Kneipe mit dem typischen Tresen, an dem schon vormittags Männer mit Zigarette und Bier die Welt verbesserten, heute ein kleines Hotel »Schmerkötter«.

8

Fachwerkhaus Soldnerstraße 4

9

evangel. Gemeindezentrum

An der Hufeland-Grundschule und dem evangelischen Gemeindezentrum vorbei erreichen wir die Innenzone der Hustadt. In früherer Zeit bildete die »Hausstadt« den Siedlungsbereich derer, die für das Rittergut Haus Heven arbeiteten. Heute steht hier ein großer Teil der Hustadt, ursprünglich »Universitäts-Rahmenstadt« genannt und zunächst überwiegend von Hochschulangehörigen und Opel-Mitarbeitern bewohnt. In der verkehrsberuhigten Innenzone Auf dem Backenberg kommt man mit dem Auto kaum bis zur Haustür. Wer aber schleppt schon gerne

Auf dem Backenberg.

Möbel und Bierkästen fünfzig Meter weit? Also fahren und stehen nun die Wagen herum. Wegen steigender Mieten zogen viele Hochschulangehörige woanders hin. Die Stadtverwaltung belegte die leeren Wohnungen mit »sozialen Problemfällen« und Migranten.

Die »Aktion Bessere Hustadt (ABH)«, 1967 gegründet und damit eine der ältesten Bürgerinitiativen in Deutschland, konnte bis etwa zum Jahre 1990 für den Erhalt der Wohnqualität arbeiten, verlor aber immer mehr Mitstreiter. Ein neuer Förderverein mit dem Namen »HuT« (= Hustadt-Treff, Auf dem Backenberg 15, Anfang 1991 in einer ehemaligen Kneipe eröffnet) versucht die Wohnqualität zu bessern. Inzwischen ist auch der größte Vermieter in der Hustadt, die VBW (Vereinigte Bauen und Wohnen) dabei, durch Renovierungen die Wohnungen wieder attraktiver zu machen.

10 katholische Kirche

Weiter geht es zum Brunnenplatz mit der katholischen Kirche. Der Brunnen ist weg. Seine Unterhaltung wurde der Stadt Bochum zu teuer. Wir gehen diagonal nach rechts über die Rampe an den Häusern Auf dem Backenberg 21, 23, 25 vorbei und rechts um die Ecke weiter abwärts zum Hustadtring, am Kreisel zur Schattbachstraße und dort über die Fußwegverbindung zum Feldrand. Der Blick geht über Felder und Wiesen. Nur wir wissen, dass hinter uns eine Trabantenstadt aus den siebziger Jahren des letzten Jahrhunderts steht. Wir gehen weiter. Links liegen die Häuser und Gärten wohlhabender Neubürger, rechts die Felder, wie vor vielen Jahrhunderten. Wir überqueren die Schattbachstraße, sehen rechts vor uns Pferdekoppeln und dahinter die Gebäude von Haus Laer, um 940 als Wasserburg erbaut, ab 1243 urkundlich bekannt, heute ein

Der Brunnenplatz hat bald wieder einen Brunnen.

beliebter Ort für Familienfeiern und Firmenjubiläen. Noch weiter dahinter sehen wir die Silhouette des Bochumer Opelwerkes mit dem markanten Schornstein der Lackiererei, aus dem – so sagt man – nur heiße Luft kommt, denn es handelt sich hier um die erste lösungsmittelfreie Produktion der Welt. Wir gehen weiter durch den Bereich der früheren Kleinzeche Schattbach, in der um 1950 Fettkohle abgebaut wurde. Weiter geht's durch das Laerholz, einen Teil des Grüngürtels, der fast ganz Querenburg umgibt.

Laerholz.

Das Laerholz ist ein etwa zwei Kilometer langer und bis zu 300 Metern breiter und zum Teil tiefer Siepen mit herrlichem Baumbestand und Spuren des Ruhrbergbaus (Zeche Eulenbaum), die bis ins 18. Jahrhundert zurückreichen. Unterwegs treffen wir Wanderer, Jogger, Malocher und Waldläufer, die dieses Gebiet zur Naherholung und sportlichen Betätigung nutzen.

Einen Sportplatz finden wir kurz vor dem oberen Ende des Waldgebietes, wo der TuS Querenburg eine vorbildliche Jugendarbeit für Nachwuchski-

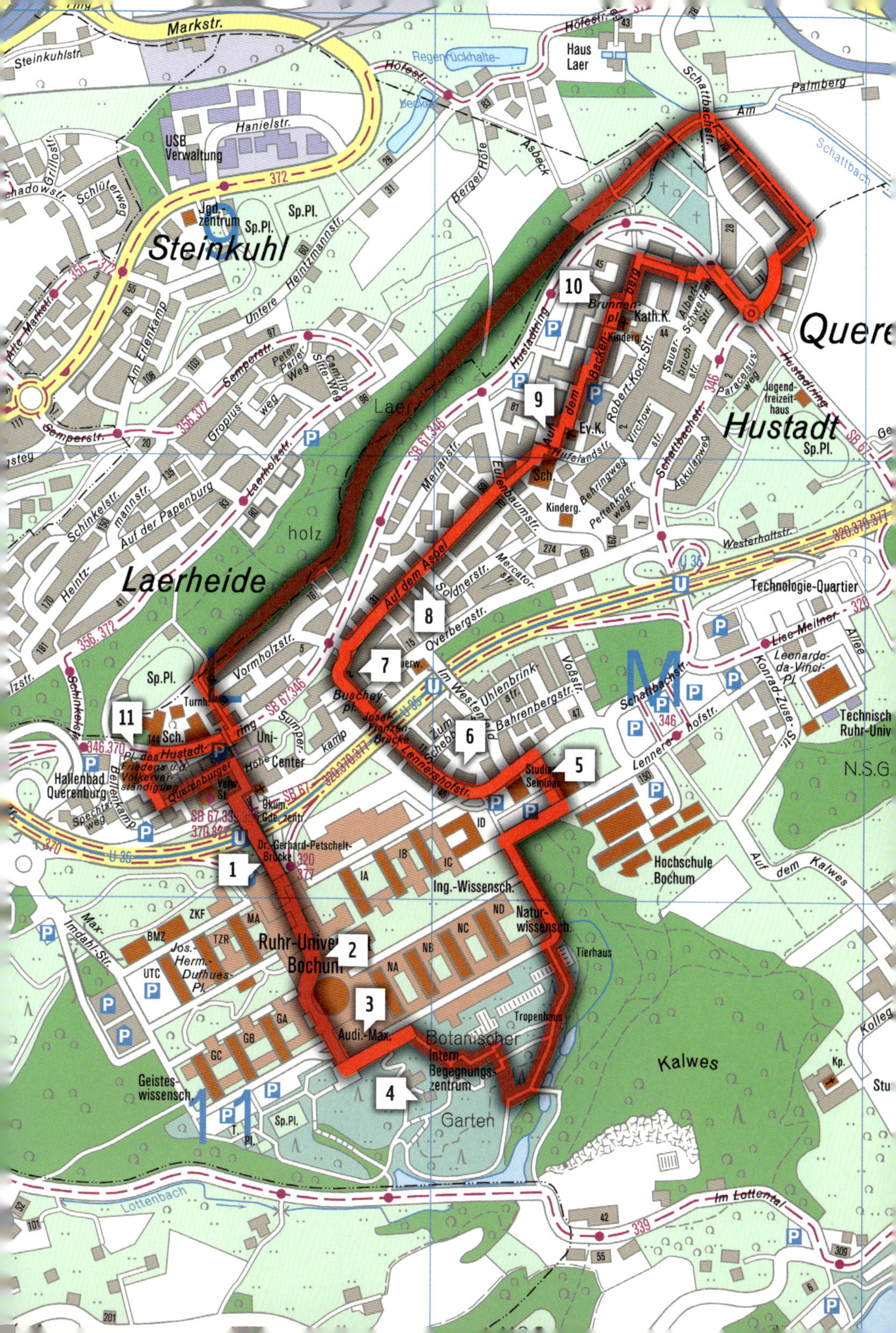

Markstr.
Steinkuhlstr.
Hanielstr.
USB Verwaltung
Höfestr.
Haus Laer
Schattbachstr.
Am Palmberg
Steinkuhl
Jgd.-zentrum
Sp.Pl.
Laerheide
Querenburg
Hustadt
Laerholz
Hustadtring
Auf dem Aspei
Overbergstr.
Buscheypl.
Lennershofstr.
Uni-Center
Technologie-Quartier
Lise-Meitner-Allee
Hochschule Bochum
Ruhr-Universität Bochum
Audi.-Max.
Ing.-Wissensch.
Naturwissensch.
Geisteswissensch.
Tierhaus
Tropenhaus
Botanischer Garten
Intern. Begegnungszentrum
Kalwes
Im Lottental
Lottenbach
Hallenbad Querenburg
Pl. des Friedens u. d. Völkerverständigung
Dr.-Gerhard-Petschelt-Brücke
Ökum. Gde.-zentr.
Studio Seminar
Jos.-Herm.-Dufhues-Pl.
Leonardo-da-Vinci-Pl.
Konrad-Zuse-Str.
Auf dem Kalwes
Westerholtstr.
Brunnenpl.
Kath.K.
Ev.K.
Jugendfreizeithaus
1
2
3
4
5
6
7
8
9
10
11

cker leistet. Wir finden den Durchgang zum Hustadtring. Aus dunklem Grün kommend, sehen wir vor uns die hellen Wohn- und Geschäftsgebäude des Uni-Centers. Wir gehen an der Fußgängerbrücke vorbei bis zur Waldschule, die Kinder aus über 30 verschiedenen Nationen besuchen: eine multikulturelle Gesellschaft im Kleinen. Wir benutzen die Fußgängerampel und gehen vorbei am Hallenbad, auf dessen wettkampfgerechter 50-Meter-Bahn Sportstudenten der Ruhr-Universität trainieren, und erreichen den »Platz des Friedens und der Völkerverständigung«. Am Beginn der Fußgängerzone stehen drei kastenförmige Studentenwohnheime. 563 Zimmer hier und 1805 im näheren Bereich zeigen, welche Bedeutung der akademische Nachwuchs in diesem Stadtteil hat.

Als Wohn- und Stadtteil-Einkaufszentrum, als Großobjekt der siebziger Jahre, bündelt das Uni-Center alte Probleme (Stichwort: Neue Heimat) und neue Chancen, z. B. im Kirchenforum mit seiner ökumenischen Konzeption: Der katholische Kirchenraum liegt unten, der evangelische darüber; ein Nebeneinander, in dem gemeinsame Themen wie Religion, aber auch das Ringen ums wirtschaftliche Überleben miteinander verbinden. Die Infrastruktur mit Bezirksverwaltungsstelle, Post, Stadtbücherei und ca. 50 Geschäften berücksichtigt nicht nur universitäre Belange.

Wer schließlich im Hause Am Hustadtring 141 oder 151 in den obersten Stock der Hochhäuser fährt, kann seinen Blick über die Vielfalt der Ruhrgebietslandschaft schweifen lassen. Auf der Ebene der Ladenstraße neben dem verglasten Treppenhaus führt uns der Durchgang zurück zur Dr. Gerhard-Petschelt-Brücke.

Einkaufzentrum UniCenter.

Thema: Ruhr-Universität

Vom utopischen Funktionalismus zu den Herausforderungen der Gegenwart

Bernd Faulenbach

Der riesige Gebäudekomplex der Ruhr-Universität gehört sicherlich nicht nur zu den profiliertesten, sondern auch zu den umstrittensten Bauwerken Bochums, des Reviers und des Landes NRW. Am Rande zum Naherholungsgebiet Lottental und Kemnader Stausee gelegen, repräsentiert die Ruhr-Universität einerseits den in England und den USA verbreiteten Typus einer Campus-Universität, weicht von diesem andererseits in der Massivität und Gestalt der Gebäude deutlich ab.

Die Uni vom Lottental gesehen.

Verkehrstechnisch ist die Uni durch die U 35, auch durch die Universitätsstraße gut an das Stadt- und Autobahnnetz angebunden und inzwischen auch per Fahrrad erreichbar. Andererseits wird der Verkehr um das Gelände herumgeführt, was im Hinblick auf den ÖPNV manchmal kritisiert wird. Für Pkws gibt es Parkhäuser mit Stellflächen für viele hundert Fahrzeuge. Im Universitätsbereich ist alles fußläufig schnell erreichbar, die Universitätsbibliothek, das Hörsaalzentrum, die Verwaltung, die Institutsgebäude ist die RUB eine Universität der kurzen Wege, in der von der Theologie über die Geistes- und Naturwissenschaften bis zu den Ingenieurwissenschaften nahezu alle Fachrichtungen vertreten sind.

Die Ruhr-Universität entstand in den sechziger Jahren. 1961 fasste der NRW-Landtag den Beschluss, die Ruhr-Universität in Bochum zu bauen, nicht in Dortmund, das dann auf die Dauer jedoch auch »seine« Universität erhielt. Der Aufbau vollzog sich unter ausgesprochenem Wohlwollen der Öffentlichkeit. Dass das Revier, in dem Kaiser Wilhelm weder Universitäten noch Kasernen sehen wollte, endlich eine Hochschule erhielt, schien plausibel. Generell wurde der Ausbau der Universitäten zunehmend als eine dringende Aufgabe – Willy Brandt sprach von einer »Gemeinschaftsaufgabe« – begriffen, zumal der Bildungs- und Wissenschaftsbereich in der Bundesrepublik hinter dem Wachstum der anderen gesellschaftlichen Bereiche zurückgeblieben war und vergleichbare

Länder ungleich größere Mittel für Bildung und Wissenschaft aufbrachten. Georg Picht sprach vom »Bildungsnotstand« und Ralf Dahrendorf proklamierte unter dem Beifall der linksliberal-sozialdemokratischen Öffentlichkeit: »Bildung ist Bürgerrecht«. Man entdeckte die starke Unterrepräsentanz von Studierenden aus Arbeiterfamilien. Die Ruhr-Universität sollte dies ändern.

Der Charme der RUB ist längst entdeckt. Katalog des Musischen Zentrums 2008.

Charakteristisch für die sechziger Jahre ist auch die Architektur der Ruhr-Universität, die an die Bauhausarchitektur bzw. an den daraus entwickelten »international style« anknüpft und eine gewisse Verwandtschaft mit anderen markanten Gebäuden dieser Zeit verrät. Gebaut wurde sie nach den Plänen der Düsseldorfer Architekten Hentrich und Petschnigg, die den internationalen Wettbewerb, an dem sich führende Architekten der Zeit beteiligten, gewannen. Nicht nur die Konzeption, sondern auch die Baustoffe und der Aufbau der Gebäude – mit Betonfertigteilen, die in einer Fabrik auf dem Gelände hergestellt wurden – entsprachen den damals modernsten Gesichtspunkten. Nach heutigen Maßstäben wurden freilich andere Aspekte – etwa die Wärmedämmung – vernachlässigt. Die inzwischen begonnene Sanierung und Aufwertung des Campus versucht, diese Nachteile auszugleichen, dabei aber auch denkmalpflegerische Gesichtspunkte zu berücksichtigen.

Die Gesamtanlage ist bestechend einfach – die konkrete Orientierung aus der Nähe etwa in den Flachbereichen mit ihren Innenhöfen ist manchmal schwierig.

Die Gebäude gruppieren sich in einer doppelten Längsachse, zu der die Institutsgebäude vertikal gedreht sind und einer Querachse, an der Mensa, Audimax, Forum, Universitätsbibliothek, Studentenhaus und Verwaltung stehen und die sich in einem Steg zu U35-Haltestelle und Uni-Center fortsetzt.

Die das Bild der Ruhr-Universität – abgesehen vom Audimax – prägenden 13 Institutsgebäude enthalten in der südlichen Reihe die geisteswissenschaftlichen (GA-GG) und die naturwissenschaftlichen Fächer (NA-NP), die nördlichen die Ingenieurwissenschaft (IA-IG), ein Gebäude für die Medizin (die Kliniken sind nicht auf dem Campus, sondern an verschiedenen Standorten in der Stadt angesiedelt) sowie das Technologiezentrum Ruhr und das Uni-Tech-Center, in denen es um angewandte Forschung geht. Im Umfeld der eigentlichen Institutsgebäude das Zentrum für Klinische Forschung, das Biomedizin-Zentrum, Werkstätten und am Hang zum Lottental Isotopenlabor, Gewächshaus, botanischer Garten sowie – im früheren Beckmannshof untergebracht – das Internationale Begegnungszentrum.

Die wie große Schiffe wirkenden quaderförmigen Institutsgebäude sind jeweils 112,50 m lang und 22,50 m breit, enthalten zehn und mehr

Geschosse, die von Balkonen umlaufen werden. Jedes Gebäude enthält zwei Kernschächte mit Fahrstühlen, Treppenhäuser und sanitäre Anlagen. Die konkrete Zimmeraufteilung sollte variabel sein. Auf der Ebene 01 oder 0 sind durchweg Cafeterien untergebracht.

Bemerkenswert ist das kreisrunde Audimax, das Piloten aus der Luft als Orientierungspunkt dient. Hier finden nicht nur akademische Veranstaltungen statt, sondern es wird auch, mit einer der größten Konzertorgeln des Landes ausgestattet, von den Bochumer Symphonikern als Konzertsaal genutzt. Und die Universitätsbibliothek beherbergt auch eine wertvolle Antikensammlung und eine von Max Imdahl zusammengetragene Sammlung moderner Kunst.

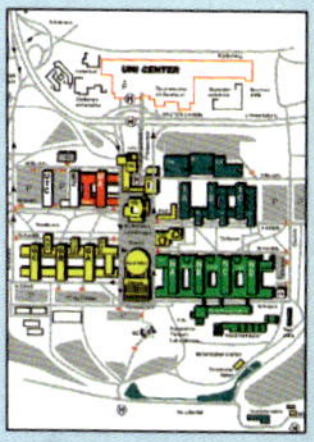

Klare Farben, klare Orientierung, klar gewöhnungsfähig: Plan der RUB-Bauten. Rot – Medizin, Blau Ingenieurwesen, Gelb – Geisteswissenschaften, Grün – Naturwissenschaften

Der Bau der Universität dauerte eineinhalb Jahrzehnte. Genutzt wurden anfangs die Gebäude der stillgelegten Zeche Klosterbusch, das Verwaltungsgebäude der Bochumer Bergwerks AG an der Friederikastraße und rasch errichtete Verfügungsgebäude an der Lennershofstraße. 1965 begann der Lehrbetrieb in zwei I-Gebäuden. Über Jahre war die Ruhr-Universität einerseits Lehr- und Forschungsstätte, andererseits »Europas größte Baustelle«. Dass am Anfang Studenten und Professoren nur mit Gummistiefeln die Universitätsinstitute erreichen konnten, gehört in das Reich gut erfundener Legenden.

Die Studentenbewegung erreichte in den 60er Jahren auch die als Reformuniversität geltende Ruhr-Universität. Die typischen Konfliktthemen jener Jahre – Universitätsreform, Vietnam und Notstandsgesetzgebung – bewegte auch hier die Studierenden und Lehrenden. Es gab »Go-ins«, »Sit-ins« und Demos. Rudi Dutschke sprach in einem überfüllten Hörsaal. Manche Auseinandersetzung jener Jahre hat ihren Niederschlag in Urs Jaeggis »Brandeis« gefunden, einem ungewöhnlich authentischen Roman – Urs Jaeggi lehrte zu dieser Zeit Soziologie in Bochum. Die Ruhr-Universität erhielt damals – unter dem Rektor Kurt Biedenkopf – eine relativ »progressive« Universitätsverfassung, die freilich einige Jahre später auf Grund eines Urteils des Bundesverfassungsgerichtes korrigiert werden musste.

Der Bau der Ruhr-Universität war eine strukturpolitische Maßnahme ersten Ranges. Zweifellos hat sie die Wirtschaft, doch auch die Gesellschaft und Kultur der Stadt Bochum stark verändert – bestimmte Szenen etwa sind ohne die Universität nicht denkbar. Die enorme Bedeutung der Kultur in ihren unterschiedlichsten Formen und Niveaus in dieser Stadt erklärt sich auch von hier aus. Und selbst für die Politik in Bochum sind die Auswirkungen unübersehbar, vor allem in der Sozialdemokratie, in der im Umfeld der Ortsvereine zeitweilig die studentischen Jusos dominierten. Auch das Profil der führenden Repräsentanten veränderte und pluralisierte sich in der Sozialdemokratie, der führenden politischen Kraft in der Stadt.

Stadt und Universität haben sich in einem längeren Prozess aneinander gewöhnt. Obgleich eher an der Peripherie der Stadt gelegen, ist sie ein konstitutiver Teil des modernen Bochum, das gleichermaßen eine Stadt der Industrie und der Dienstleistungen wie der Kultur und Wissenschaften ist.

Spektakulär monumental. Die Gebäudereihe »N« nach Süden.

Inzwischen haben Hunderttausende ein Studium an der Ruhr-Universität absolviert und mehrere Generationen von Professoren waren hier tätig, aufs Ganze gesehen hat sie einen guten Ruf. Doch hat inzwischen der »Zahn der Zeit« vielfältig genagt. Die Gebäude müssen bis 2017 mit circa einer Milliarde Euro renoviert werden. Eine lohnende Investition, denn die Ruhr-Uni gehört zu den lebendigsten und zukunftsfähigsten Universitäten in Deutschland. Im Exzellenzwettbewerb zwischen den deutschen Hochschulen stieß sie 2007 nicht zufällig bis in die Endrunde vor. Sie ist sicherlich Deutschlands bedeutendste Universitätsneugründung seit dem Zweiten Weltkrieg.

Wiemelhausen mit Steinkuhl
Fünf Hügel zum Hellweg

Fritzi Marie Felderhoff, Bernd Faulenbach und Axel Schäfer

Ausgangspunkt: Haltestelle »Wasserstraße« | U-Bahn 35,
Endpunkt: Haltestelle »Brenscheder Straße« | U-Bahn 35,
Streckenlänge: 9,5 km | Dauer: 2,5 Stunden

Wiemelhausen ist einer der vielfältigsten Stadtteile Bochums. Bereits vor über 500 Jahren führte einer der beiden Hellwege, die das Kerngebiet der Kleinstadt kreuzten, auch durch die Bauernschaft »Wimelhusen«. Aus einer alten Steuerliste von 1486 geht hervor, dass beiderseits des »Wimelhuser Hellweges« oder in seiner unmittelbaren Nähe die Bauern Bruynsteyn, Thelmann, Coster, Hackert, Staitman to Wymelhusen, Dytinck, Oistermann die Jongh und Oistermann die Alde ansässig waren. Insgesamt dürften zu dieser Zeit nicht mehr als 75 Personen dort gelebt haben. Bis Ende des 18. Jahrhunderts stieg die Einwohnerzahl auf ungefähr 200 Menschen. In der Zeit der Industrialisierung gab es auch hier einen rasanten Anstieg in der Bevölkerungszahl.

Die ursprüngliche Prägung durch die Landwirtschaft wird beim Rundgang noch an einzelnen Bauernhäusern erkennbar.

1 jüdischer Friedhof

Der Weg führt von der Wasserstraße zum neu gestalteten Kreisverkehr an der Wiemelhauser Straße. Dahinter liegt der jüdische Friedhof,

Jüdischer Friedhof Wasserstraße.

der im Jahre 1917 im Zuge einer Erweiterung des bestehenden kommunalen Friedhofs angelegt wurde. Als 1954 der neue Hauptbahnhof angelegt wurde und die zwei jüdischen Friedhöfe an der Friedhofstraße/Wittener Straße aufgelassen werden mussten, wurden die Toten zur Wasserstraße umgebettet und die Grabdenkmäler ebenfalls dorthin versetzt. Hier sind unter anderem 52 Opfer aus dem KZ-Außenlager beim Bochumer Verein beigesetzt sowie zwei Urnen von Ermordeten aus den Konzentrationslagern Dachau und Oranienburg.

Gegenüber liegt der Dienstleistungspark Trimonte. Die sechs Bürogebäude wurden bis 1996 fertiggestellt, das siebte 2008. Hier befinden sich Abteilungen der Deutschen Rentenversicherung, Knappschaft-Bahn-See, deren Hauptsitz sich an der Pieperstraße befindet (siehe Rundgang Ehrenfeld, S. 63 und 68).

2 Bomin-Haus Knappschaft

Diese bedeutende Kranken- und Rentenkasse nutzt ebenfalls das hinter Trimonte aufragende Bomin-Haus. Bomin steht für »Bochumer Mineralöl-Gesellschaft«, das größte europäische Unternehmen dieser Branche in privater Hand bis 1982. Dann ging die Gesellschaft bankrott und in Erinnerung bleibt ihr Gründer Herbert Schnappka, der sich als Kunstsammler, Sponsor und pakistanischer Generalkonsul einen Namen gemacht hatte. Das Bomin-Haus ist mit 20 Etagen das höchste Bochumer Bürogebäude. Es wurde nach einem Entwurf des Architekten Roman Reiser erbaut, 1975 eröffnet und besticht bis heute durch seine außergewöhnliche Glasfassade. Bei der Knappschaft-Bahn-See befindet sich auch der Bereich Sozialversicherung der Fachhochschule Bund, die ihren Hauptsitz in Berlin hat. Der Bauplatz des Bomin-Hauses war 1941 bis 1945 für das Gauforum der damaligen »Gauhauptstadt Bochum« ausersehen. NS-Stadtbaurat Timmermann schrieb dazu noch 1944 in ungebremstem Größenwahn, das Gauforum solle mitten in der Achse der zur prachtvollen Aufmarschstraße umgebauten Königsallee liegen, ähnlich dem von Gilly auf dem Berliner Potsdamer Platz geplanten Denkmal Friedrichs des Großen. Es kam dann anders.

Über das Gelände des Trimonte-Parks biegt man links in die Kleingartenanlage »Wiemelhausen« aus dem Jahre 1932 ein. Sie zählt zu den ältesten Schrebergärten der Stadt.

3 Petri-Kirche

Auf der anderen Seite dieser Anlage steht an der Ecke Wiemelhauser Straße/Friedrich-Harkort-Straße die evangelische Petri-Kirche. Auf Initiative des ersten Pfarrers der evangelischen Gemeinde Heinrich Althüser wurde Anfang des 20. Jahrhunderts das Gotteshaus nach Entwürfen des Architekten Heinrich Robert errichtet.

»Wiemelhausen lag damals – die Zeit hat unterdessen viel daran geändert – auf fünf sanft ansteigenden Hügeln hingestreckt, von denen jeder folgende immer etwas höher war als der vorhergehende. Wenn ich durch Wiemelhausen ging, so war es mir, als schritte ich über einen schlafenden Riesen hin«, formulierte der junge Geistliche Althüser, dem zunächst nur ein Betsaal zur Verfügung gestanden hatte (heute Gaststätte Vocke). Der Bauplatz war der große Stolz der Gemeinde: höchster Punkt in der Landschaft, ein echtes Zentrum also, Kirche auf dem Berge. Am 1. September 1901 wurde der Grundstein gelegt, die Weihe fand am 1. Juli 1903 statt: Eine rote Backsteinkirche, 33 Meter lang und 20 Meter breit mit Platz für ca. 800 sitzende und 300 stehende Besucher. Ihr Turm mit einer Höhe von 60 Metern ist weithin sichtbar und durch das Geläut hörbar. Die drei Haupteingänge sind mit Zitaten aus Kirchenliedern geschmückt: »Ein feste Burg ist unser Gott« – »Lobe den Herrn, meine Seele« – »Allein Gott in der Höh sei Ehr«.

Zur gleichen Zeit entstand das Pfarrhaus, im Stil und Material zu einem Ensemble angepasst, dazu ein großzügig angelegter Pfarrgarten samt Teehaus.

1930 konnte die weiter gewachsene Gemeinde das Paul-Gerhardt-Haus einweihen, ein im Stil des Konstruktivismus errichtetes, hochfunktionales Gebäude, ganz auf der Höhe der Zeit. Die Architekten waren Hermann Drüen und Ferdinand Revermann, Schüler von Walter Gropius im berühmten Bauhaus Dessau.

Durch Unwetter und Fliegerangriffe zwischen 1940 und 1944 wurde die Kirche stark beschädigt und erst am 14. März 1948 wiedereröffnet. Allerdings erfolgte eine tiefe Strukturveränderung im Inneren: Das Ensemble aus Kanzel, Altar und Orgel im vorderen Chorraum wurde aufgelöst sowie neu positioniert. Im Aufgang zur Empore ist heute eine Ausstellung über die Geschichte der Kirche zu sehen. Zuletzt wurden die Türen aufwendig restauriert und in den originalen Zustand gebracht.

Weiter geht es die Wiemelhauser Straße hinunter, vorbei an der privaten »Freien Schule Bochum e.V.«, dann unter dem Außenring hindurch. Zwischen Haus Nr. 327 und 331 führt ein Fußgängerweg in die Bergarbeitersiedlung Borgholzwiese.

4 Bergarbeitersiedlung Borgholzwiese

Diese 1909/10 von der Deutsch-Luxemburgischen Bergwerks- und Hütten AG gebaute Wohnstätte der Zeche Prinz-Regent ist mittlerweile durch eine städtische Erhaltungssatzung geschützt. Die Häuser, an deren Fassaden Sichtmauerwerk und Putz sich abwechseln, sind um die sogenannte Borgholzwiese gruppiert, die der Siedlung die Atmosphäre einer Gartenstadt verleiht.

Es lassen sich sechs verschiedene alternierend angeordnete Haustypen sowie einige Sondertypen (die architektonisch bemerkenswerten Eckhäuser) unterscheiden; in der Regel enthalten die Koppelhäuser vier Wohnungen, die jeweils auf zwei Ebenen plus Keller angeordnet sind (insgesamt ca. 71 m²). Zu jedem Haus gehörten Ställe und Taubenschläge.

Siedlung Borgholzstraße, gebaut 1909/10.

Die Siedlung gab übrigens die Kulisse für einen Film ab, der im Ruhrgebiet spielt.

5 Kirche St. Johannes

An der Borgholzstraße 24/26 biegt man links ab und kommt im Kreisverkehr mitten ins Kirchviertel. Dieser Name für den Kernbereich Wiemelhausens, der über eine urbane Infrastruktur mit vielfältigen Geschäften und Einrichtungen verfügt, hat sich umgangssprachlich eingebürgert. Er bezeichnet die Gebäude rings um die katholische Kirche St. Johannes. Das Gotteshaus wurde 1887 als neugotische Hallenkirche nach Plänen des Architekten Hermann Wielers errichtet, von dem als

Kirchviertel mit Johannes-Baptist, Arch. Hermann Wielers 1887, Anton Meister 1930/32.

Regierungsbaumeister auch zahlreiche andere Kirchen im Ruhrgebiet stammen. Die Erweiterung erfolgte im Jahre 1931, der Umbau 1971. In der Kirche befinden sich eine Gottesmutter mit Kind auf der Mondsichel aus dem Frühbarock um 1630 und die Statue von Johannes dem Täufer mit Lamm aus der Zeit um 1750, beide österreichischer Herkunft.

Die Glücksburger Straße hinauf und am Sportplatz vorbei steht inmitten eines Wohngebiets als Relikt aus einer anderen Zeit der Malakow-Turm der Zeche Julius Philipp an der Markstraße 258 a. Man nennt diese massiv gebauten Fördereinrichtungen nach der Wehr des Malakow-Hügels der Festung Sewastopol, die im Krim-Krieg 1854 belagert wurde. Der hier 1875 errichtete Schachtturm integriert verschiedene stilistische Elemente, die sich dem Klassizismus (die Grundstruktur), der Romanik (die Rundbögen) und der Gotik (die Spitzgiebel der Seitenfront) zuordnen lassen. Er weist eine sehr klare Fassadengliederung mit Reihen von drei bzw. sechs Fenstern auf.

6

Malakow-Turm

Medizin-Historische Sammlung RUB im Malakowturm Zeche Julius-Philipp.

Von den ursprünglich mehr als 130 ehemaligen Fördereinrichtungen, die vorwiegend im kontinentaleuropäischen Bergbau zwischen den vierziger und siebziger Jahren des 19. Jahrhunderts üblich waren, sind heute noch zwölf vorhanden und unter Denkmalschutz gestellt, davon vier in Bochum.

Benannt war die Zeche nach Julius Philipp Heintzmann (1745–1794), einem Freund und Berater des Freiherrn vom Stein. Der Bochumer Heintzmann stammte aus einer alten Bergmannsfamilie, stieg bis zum Bergrat auf und wurde Miteigentümer zahlreicher Gruben. Der 1875–1877 abgeteufte Schacht lag auf der »Brenscheder Heide«, d.h. auf der grünen Wiese. 1903 wurde die Zeche von der Ahrenbergschen Aktiengesellschaft mit dem Ziel aufgekauft, die Förderquote dieses Bergwerks im Rahmen des Rheinisch-Westfälischen Kohlesyndikats zu übernehmen, was die Stilllegung der Zeche zur Folge hatte. Über 1.000 Bergleute, die sich verständlicherweise über diesen Vorgang empörten, wurden arbeitslos.

Der 1989/90 renovierte Malakow-Turm beherbergt heute die medizin-historische Sammlung des Institutes für Medizin-Geschichte der Ruhr-Universität. Das Innenleben des Gebäudes mit seiner Stahlkonstruktion, den versetzten Ausstellungsebenen und dem über dem ehemaligen Schacht errichteten verglasten Aufzug erinnert noch heute an das Schachtgerüst der Zeche. Die Ausstellungsgegenstände stammen überwiegend aus dem Ruhrgebiet, z.B. aus Praxen von Knappschaftsärzten, und erinnern damit an die schwerwiegenden gesundheitlichen Belastungen im Bergbau der Vergangenheit.

An der Markstraße 243 führt eine Fußgängerverbindung zum Espenweg, von dort aus geht es durch den Kiefern- und dann Platanenweg

Treffpunkt »Grunewald« an der Markstraße/ Unistraße um 1900.

7 Erich-Kästner-Gesamtschule

zur Stiepeler Straße 100 a. Vor uns liegt die nach Erich Kästner benannte Gesamtschule, die 1971 als eine der ersten ihres Typs in Nordrhein-Westfalen eröffnet wurde. Sie verkörpert erfolgreich die Bildungsreform der sechziger und siebziger Jahre, die als Konsequenz aus Georg Pichts Studie »Die deutsche Bildungskatastrophe« als Ganztagsschule Wegweisendes leisten konnte.

Von Picht sind wir heute bei PISA angekommen. Die Unterrichtsgebäude werden zur Zeit Stück für Stück abgerissen, und auf der noch zur Verfügung stehenden freien Fläche entsteht unter altem Namen eine gänzlich neue Schule.

In der Studentenwohnanlage Stiepeler Straße 131 a führt ein öffentlicher Fußweg mitten durch die Häuser. Er verläuft weiter zwischen dem ehemaligen Staatshochbauamt, einem markanten zwölfgeschossigen Hochhaus, sowie der Schulturnhalle und dem Sportplatz bis zur Unterführung Universitätsstraße.

Hier erstreckt sich bei mittlerem Gefälle ein knapp ein Kilometer langer Siepen, der für die zahlreichen angrenzenden Studentenwohnheime multifunktional genutzt wird und den Beginn des Stadtteils Steinkuhl markiert.

Von der Semperstraße/Kreuzung Am Erlenkamp biegt man rechts in die Untere Heintzmannstraße ein, wo nach einigen Metern links ein Fußweg am Sportplatz vorbei zum Jugendfreizeithaus an der Markstraße führt. Auf der anderen Seite erstreckt sich das Industrieviertel an der Hanielstraße, dessen bekanntestes Unternehmen der Umweltservice Bochum (USB) ist. Hinter diesem Namen verbergen sich die ehemaligen Stadtreinigungs- und Fuhrparkbetriebe, die heute als GmbH-Tochter

8 Umweltservice Bochum

der Stadtwerke für die Sammlung, Beseitigung und Aufbereitung von Abfällen zuständig sind. Zur Firma gehören zur Zeit über 600 Beschäftigte und Auszubildende.

Links vom USB verläuft an der Markstraße ein Fußweg durch den nächsten Grünzug, um den Schlüterweg herum zur Schadowstraße. Über die Alte Markstraße und die Straße Am Langen Seil kommt man zum Innenbereich Kessing- sowie Riesebessenplatz, dessen Anfang von der katholischen und dessen Ende von der evangelischen Kirche markiert wird.

Girondelle 9

Viel kleiner dimensioniert als das Wiemelhauser Kirchviertel und auch erst in den siebziger Jahren des vergangenen Jahrhunderts erbaut, liegen hier eine Reihe von Geschäften dicht beieinander. Dahinter aufsteigend die bis zu achtgeschossigen Hochhäuser an der Girondelle. Erbaut von den Architekten Albin Hennig und Dieter Dietrich, ist das Terrassenhaus Girondelle 84–90 aus dem Jahre 1971 mittlerweile ein wertvolles Stück Architekturgeschichte. Die Straße wurde benannt nach einem früheren Flöz, konkret einer Esskohlenschicht.

Aufbruchstimmung in der Architektur: Wohnhaus Girondelle 84–90, Arch. Albin Hennig u. Dieter Dietrich 1965/69.

Wir gehen die Girondelle bis Haus Nr. 20 hinunter, biegen nach links auf einen abwärts verlaufenden Weg ein und nach wenigen Metern wieder nach rechts auf den Grünzug, der zur Straße Am langen Seil führt. Dieser Grünzug verläuft auf der Trasse der ehemaligen Zechenbahn, die die bereits erwähnte Zeche Julius Philipp mit dem Bahnhof Laer verbunden hat. Noch in den frühen dreißiger Jahren wurde auf dieser Strecke mancher Waggon mit Grubenholz zur Zeche transportiert.

Bindfadensiedlung 10

Zur Linken, jenseits des Siepens, sehen wir nun die »Bindfadensiedlung«, scherzhaft so genannt, weil die Straßen in dieser Siedlung auf

Reichsheimstätten-Siedlung »Am langen Seil«, gebaut ab 1932/34.

den ersten Blick höchst eigenartige Namen tragen: Am Langen Seil (die Achse der Siedlung), Am Knüpp, Kurzes Ende, Haspelstrick, Eine Leine. Alle diese Namen sind der Bergmannssprache entnommen und wurden den Straßen 1934 »zur Erhaltung alten Volksgutes« gegeben.

Der Kern der Siedlung (54 Doppelhäuser für 108 Familien) wurde in den Jahren 1932/33 von der Treuhandstelle für Bergmannswohnstätten geplant und im Sommer 1934 fertiggestellt und bezogen. Kauf- und wohnberechtigt waren ausschließlich Bergleute. Die Häuser scharten sich um den Schrammschen Kotten, der an der Ecke Am Langen Seil/Eine Leine stand und auf dessen früheren Äckern sie gebaut waren. Er wurde während eines Bombenangriffs 1943 zerstört, wie auch noch ein weiteres Siedlungshaus. Heute steht an der gleichen Stelle ein größeres Mehrfamilienhaus; das Umfeld mit der großen Linde ist jedoch geblieben.

In den sechziger Jahren wurden in drei weiteren Bauabschnitten etwa 80 weitere Einfamilienhäuser, einige freistehend, der größere Teil als Reihenhäuser, erbaut. Damit erhielt die Siedlung ihr heutiges Bild, eingerahmt durch das Dreieck Universitätsstraße – Nordhausenring – Grünzug/Siepen.

Es mag uns bei unserem Rundgang auffallen, dass die Häuser der Siedlung sich durch An- und Umbauten sehr individuell entwickelt haben, ohne dass dadurch der Charakter einer geschlossenen Siedlung verloren gegangen wäre. Die Bepflanzung Am Langen Seil mit Birken und die gepflegten Vorgärten geben der Siedlung ein freundliches Bild.

Wir biegen am Haspelstrick nach links ein. Am Ende dieser kurzen Straße sehen wir linker Hand die Grundschule auf dem Alten Kamp. Sie wurde Anfang 1972 auf dem Gelände der ehemaligen Zeche Alte Steinkuhle, die noch bis 1928 Kohle gefördert hatte, errichtet.

Diese Zeche gab übrigens auch dem Riesebessenplatz seinen Namen. Sie war in manchen Jahren ihres Lebens so wenig ergiebig gewesen, dass die Leute sagten, die Menge der geförderten Kohle müsse mit einem »Riesebessen« (Reiserbesen) zusammengefegt werden, damit man sie überhaupt sehen könne.

Von der Schule aus gehen wir nur einen Steinwurf weit nach rechts entlang der Straße Auf dem alten Kamp und stoßen auf das Hotel Haus Oekey. Jenseits der Universitätsstraße liegt ihm diagonal gegenüber die Gaststätte Haus Reinert. Beide Gaststätten waren auch früher schon an der alten Querenburger Straße benachbart. Durch den Bau der Universitätsstraße waren ihr Abriss und ihr völliger Neubau erforderlich geworden.

WIEMELHAUSEN
Steinkuhl
Laerheide
Ruhr-Universität Bochum
1
2
3
4
5
6
7
8
9
10
Wasserstr.
Universitätsstr.
Nordhausen-Ring
Oviedo-Ring
Markstr.
Königsallee
Waldring
Wiemelhauser Str.
Borgholzstr.
Glücksburger Str.
Stiepeler Str.
Oesterendestr.
Espenweg
Platanenweg
Am Langen Seil
Auf dem Alten Kamp
Am Knupp
Girondelle
Alte Markstr.
Semperstr.
Schinkelstr.
Laerholzstr.
Hustadtring
Steinkuhlstr.
Paulstr.
Paulinenstr.
Friedr.-Harkort-Str.
Brenscheder Str.
Kath.K.
Knappschaft Bahn See
Dienstleistungspark
Trimonte
FH Bund
Eickhoff
Büropark
RWE Kraftwerk Bochum
Gewerbepark Prinz-Regent
Prinz-Regent-Theater
Veranstaltungszentr. Zeche
Bochumer Symphoniker
Bergbau-Berufsgenossenschaft
Schiller-Sch.
Adv.Gde.
Stadtbücherei
Jugendzentr.
Malakowturm
Med.-Hist. Museum
Erich-Kästner-Gesamtsch.
Uni Hochhaus West
BioMedizinPark (geplant)
Hallenbad Querenburg
Uni-Center
Dr.-Gerhard-Petschelt-Brücke
Jugendzentrum
USB Verw.
Ev.K.
Sch.
Sp.Pl.
Tennish.
Altenh.
Kinderg.

Thema: Genossenschaft
»Konsum Wohlfahrt« – Bergarbeiter waren die Pioniere

Heinz Rittermeier

Einigkeit macht stark: »Konsumverein Wohlfahrt«, Arch. Heinrich Schmiedeknecht 1914/15, Wohnhäuser: Paul Mebes und Paul Emmerich 1926/27.

An der Ecke Königsallee/Wohlfahrtstraße hatte der stolze Konsum Wohlfahrt einst sein Domizil. Pionier dieser Genossenschaftseinrichtung und auch dessen erster hauptamtlicher Geschäftsführer war der Bergarbeiter und spätere Schriftsteller Georg Breuker.

In seinem 1958 erschienenen Roman »Zwei Vettern« beschreibt Georg Breuker seine politischen Erfahrungen und die Gründung und den Aufbau des Konsums Wohlfahrt.

Aus seinen Erfahrungen in einem Bergarbeiterstreik vor dem Ersten Weltkrieg, der Entlassung aller streikenden Bergleute durch die Grubenbesitzer und die Demütigung der Kollegen zieht Georg Breuker seine Rückschlüsse: Dabei gewinnt die Genossenschaftsbewegung seine Aufmerksamkeit.

Genossenschaften waren Selbsthilfeorganisationen der Arbeiterbewegung. Durch den Einkauf von Waren des täglichen Gebrauchs konnten sie mit den Herstellern und Großhändlern Mengenrabatte aushandeln und diese durch niedrige Preise in den Geschäften der Konsumgenossenschaften an Mitglieder weitergeben.

In sie setzt Georg Breuker große Hoffnungen und verbindet sie mit seinen politischen Zielen. Er schreibt mit Blick auf diese Bewegung in England und Sachsen: »Alles, was die Mitglieder benötigten, wurde selbst hergestellt. Die vielen Fabriken brauchten schließlich Kohlen und kauften Bergwerke. Die Mitglieder arbeiteten damit in ihren eigenen Gruben. Es gab keine Kapitalisten mehr. Die Arbeiter der Zechen waren auch ihre Besitzer.«

Georg Breuker überzeugt seinen Kumpel Jupp Kämper von der Idee der Genossenschaftsbewegung und beide beginnen sofort für die Sache zu werben. Als sie über sechzig Mitglieder gewonnen haben, laden sie gemäß dem Genossenschaftsgesetz öffentlich zu einer Generalversammlung ein. Das Gründungsdatum des Konsum Wohlfahrt ist das Jahr 1905.

In ihm wirken sowohl Sozialdemokraten als auch christlich organisierte Bergleute zusammen.

Trotz aller Anfangsschwierigkeiten entwickelt sich der Konsumverein Wohlfahrt durch die engagierte Arbeit seiner Mitglieder, 14.639 an der Zahl, sehr gut. Als vor dem Ersten Weltkrieg die Sache wirklich Erfolg verspricht, kauft die Zeche »Karl Friedrich« das Haus, in dem der Konsum Wohlfahrt sein Ladenlokal angemietet hat, und kündigt das Mietverhältnis. Die Genossenschaft ist schon so erstarkt, dass sie in der Nähe ein eigenes Grundstück erwirbt und an der Ecke Königsallee/Wohlfahrtstraße im Schatten der Zeche Prinz Regent ein eigenes Haus mit Ladenlokal, eigener Schlachterei, Bäckerei und sonstigen Produktionsstätten erbaut, dem heutigen Büro-Park Königsallee.

Nach der Machteroberung von Adolf Hitler mit der NSDAP 1933 werden vor allem Arbeitnehmerorganisationen verboten. Aber es gibt auch mutigen Widerstand gegen den Faschismus. So bildet sich im Verwaltungsgebäude des Konsums Wohlfahrt ein bedeutendes Widerstandsnetz um die beiden Kommunisten Alfred Jurke und Karl Springer sowie engagierte Sozialdemokraten. Diese Widerstandsgruppe organisiert ihre Arbeit parteiübergreifend, hält Kontakte zu anderen Betrieben, so auch zur benachbarten Zeche Prinz Regent.

Der Konsum Wohlfahrt übersteht das Dritte Reich und den Zweiten Weltkrieg. Er blühte noch einmal auf. Davon zeugen 47.000 Mitglieder im Jahr 1957. Stolz schreibt Georg Breuker in seinem Buch »Zwei Vettern«: »Hoch an der Front des Gebäudes leuchtete in Gold – und leuchtet heute noch – der Name Wohlfahrt.« Aber die Fußnote zu diesem Satz vermerkt bereits kritisch: »Wie beim Druck dieses Buches festgestellt wurde, hat die zur Zeit maßgebende Verwaltung der Genossenschaft das von den Pionieren derselben als Ideal am Hause angebrachte Wohlfahrt bei einer Renovierung entfernen lassen.« 1961 erlischt der Name Wohlfahrt endgültig durch Konkurs der Konsumgenossenschaft.

Erhalten geblieben sind die Gebäude an der Königsallee 178: Die Verwaltungs-, Produktions- und Lagergebäude, die 1914/15 nach Entwürfen des Architekten Heinrich Schmiedeknecht entstanden sowie Wohnungsbauten der Berliner Architekten Mebers und Emmerich. Auf dem riesigen Gelände wird ein Gewerbepark betrieben.

Rundgang 17

Stiepel
»Königreich« mit Briefmarke

Jürgen Mittag

Ausgangs- und Endpunkt: Zisterzienserkloster (Am Varenholt 9)
Haltestelle »Haarstraße« | Bus 349 und CE 31
Streckenlänge: 14 km | Dauer: 3,5 Stunden

Die Erkundung des im Bochumer Süden gelegenen Stadtteils Stiepel führt durch eines der landschaftlich schönsten Gebiete im mittleren Ruhrgebiet. Zugleich stößt man auf dem geschichtsträchtigen Grund aber immer wieder auch auf Spuren des mittelalterlichen Ursprungs von Bochum sowie auf die bergbaulichen Traditionen des Ruhrgebiets. Der etwa dreistündige Rundgang verbindet beide landschaftlichen Gesichtspunkte miteinander. Er führt ausgehend vom neuzeitlichen Zisterzienserkloster zunächst entlang eines alten Bergbauweges bis zur Ruhr, folgt dem Lauf des Flusses ein längeres Stück, bevor er mit der Stiepeler Dorfkirche den kulturhistorischen Höhepunkt des Rundgangs erreicht. Der weitere Verlauf des Weges bietet einige zum Teil spektakuläre Panoramablicke über Stiepel und das Ruhrtal. Der Rundgang bewältigt einige Höhenunterschiede und passiert an wenigen Stellen auch nicht befestigte Wege, so dass festes Schuhwerk grundsätzlich ratsam ist. Bei Hochwasser ist es möglich, dass der an der Ruhr verlaufende Leinpfad nicht vollständig begehbar ist.

1 Zisterzienserkloster

Den Ausgangspunkt des Rundgangs bildet das im Norden von Stiepel gelegene Zisterzienserkloster. Die im neugotischen Stil errichtete katholische Pfarr- und Marien-Wallfahrtskirche wurde 1915 nach Entwürfen des Paderborner Architekten Franz Mündeleins fertig gestellt. Sie beherbergt das wohl im 15. Jahrhundert geschaffene Gnadenbild der »Schmerzhaften Madonna«, das bis 1820 in der Stiepeler Dorfkirche stand. Die sie umgebende Klosteranlage wurde auf der Grundlage mittelalterlicher Klosterpläne nach Entwürfen des Bochumer Architekten Roman Reisers 1990 gebaut. 1988 hatten Zisterzienser die Kirche übernommen – die erste Neugründung des Stiftes Heiligkreuz bei Wien seit 661 Jahren und das neueste Kloster Deutschlands. Mit dem Zisterzienserkloster beherbergt Bochum ein modernes Wallfahrtszentrum, das mit Pilgerhalle, Klostergarten und Restaurant zur geistigen Einkehr einlädt, aber auch weltlicher Entspannung dient. Von der Bochumer Bevölkerung wird das Kloster insbesondere zum Besuch theologischer

Vorträge zu Fragen der Kirche und Gesellschaft, aber auch als Stätte für Exerzitien – jenseits des hektischen Alltagslebens – genutzt. Für Besucher ist neben dem modern gestalteten Innenraum der Kirche vor allem der östlich der Kirche gelegene »Glaubensweg Mariens« sehenswert, ein aus 14 Stationen bestehender Rundgang, der einzelne Situationen aus dem Leben von Maria künstlerisch veranschaulicht. Wer Interesse an einer Führung durch das Kloster hat, kann sich an der Pforte anmelden.

Der Rundgang durch Stiepel beginnt an der unterhalb des Klosters gelegenen Straße Am Varenholt und folgt einem längeren Stück der leicht abfallenden Straße. Links und rechts der Straße bieten sich immer wieder schöne Ausblicke auf malerische Wiesen und gepflegte Häuser in aufgelockerter Bauweise –, ein Panaroma, das im Ruhrgebiet nicht überall anzutreffen ist und dazu geführt hat, dass sich in den letzten Jahrzehnten hier neben den Nachfahren der alten Erbhofbauern und der in Stiepel ansässigen Handwerker und Kötter vor allem begüterte Neu-Bochumer angesiedelt haben. Stiepel umschließt heute mit 13 km^2 etwa acht Prozent der Stadtfläche Bochums und stellt damit flächenmäßig den größten Stadtteil. Mit rund 11.400 Einwohnern wohnen in Stiepel aber nur etwa drei Prozent der Gesamtbevölkerung, so dass der Stadtteil die mit Abstand geringste Einwohnerdichte in ganz Bochum aufweist und im Gegensatz zu weiten Teilen der Stadt vergleichsweise dünn besiedelt ist. Nicht zuletzt vor diesem Hintergrund gilt Stiepel heute als Refugium für die oberen Chargen der Privatwirtschaft mit gehobenen Ansprüchen oder für Professoren der Ruhr-Universität. Dennoch besitzt auch Stiepel eine lange Bergbautradition, wenngleich rauchende Schlote und hohe Zechenhalden hier das Landschaftsbild nie prägten.

Zisterzienserkloster, Arch. Roman Reiser 1990, Wallfahrtskirche, Arch. Franz Mündelein 1915.

»Schmerzhafte Madonna«, Gnadenbild 15. Jh.

Stiepel liegt im Ursprungsgebiet des spätmittelalterlichen Bergbaus, der durch zahlreiche Familien- und Kleinzechenbetriebe mit oberflächennahem Bergbau gekennzeichnet war. In diesen zumeist nur begrenzte Erträge erzielenden Zechen wurde vielfach im Nebenbetrieb gearbeitet, nicht selten auch ausschließlich für den Eigenbedarf der unmittelbaren Nachbarschaft. Zu Beginn des 20. Jahrhunderts waren die meisten dieser Stiepeler Zechen bereits stillgelegt. Die Versorgungsengpässe nach dem Zweiten Weltkrieg führten zwar nochmals zu einem kurzen Aufflackern des Bergbaus in Stiepel, der aber nach einigen Jahren wieder eingestellt wurde. Fast unmittelbar unterhalb dieses Abschnitts unseres Rundgangs verläuft der Flöz Sonnenschein, eine der größten kohleführenden Schichten des südlichen Ruhrgebiets. Auf Relikte des einst hier betriebenen Bergbaus stößt man kurz vor dem Ende der Straße »Am Varenholt«, wo ein Hinweisschild auf die Zeche Treue Oberstollen und das hinter dem Schild gelegene Mundloch der Zeche deutet. Bereits um das Jahr 1750 wurde hier Kohle abgebaut.

2 Zeche Treue Oberstollen

»Special Charte von der Grafschafft Marck«, 1775, Ausschnitt Bochum, Stiepel, Blankenstein mit Adelssitzen und Kohlegruben.

Unser Rundgang führt an der Straßengabelung links in den kleinen Fußweg zwischen Blankensteiner Straße und Forellenteich. Diese – je nach Wetterlage– gelegentlich etwas matschige Passage folgt einem alten Schiebeweg, über den die Kohle von den Zechen aus zur Ruhr gebracht wurde. Im Jahr 1827 wurde hier eine Schleppbahn eingerichtet, auf der Pferde die Kohlenwagen auf Schienen zur Ruhr zogen. Erst seit 1872 wurden die Wagen maschinell angetrieben. Am Ende der Pferdeschleppbahn führt der Weg unterhalb der Schnellstraße und der Kosterbrücke hindurch, die Bochum mit Hattingen verbindet und ihren Namen der Kohlensammelstelle »An der Kost« zu verdanken hat. Unser Rundgang folgt nun dem Wegweiser zu den Ruhrauen und zum Leinpfad. Wer Interesse hat, die Geschichte des Bergbaus vor allem in technischer und geologischer Sicht weiter zu erkunden, findet an dieser Stelle den Startpunkt zu dem rund sechs Kilometer langen, kleinen Bergbaurundwanderweg »Am Bliestollen«. Er führt durch den westlichen Teil Stiepels und Teile Weitmars und verbindet die beiden Zechen Carl-Friedrich-Erbstollen und Brockhauser Tiefbau miteinander, die im 19. Jahrhundert zu Tiefbauzechen ausgebaut wurden und damit zu den ergiebigsten Zechen Stiepels zählten.

3 Am Bliestollen

Zurück zum Leinpfad. Das, was sich heute als beliebter Spazier- und Fahrradweg präsentiert, war vor allem im 19. Jahrhundert ein zentraler Transportweg des Ruhrgebiets. Der Leinpfad geht auf jene Jahre zurück, in denen die Ruhr einer der wichtigsten Transportwege Deutschlands war. Die in Bochum und Umgebung geförderte Kohle, – seit der zweiten Hälfte des 16. Jahrhunderts ein weit über die Grenzen des Reviers hinaus gefragtes Handelsgut – war mit Pferdefuhrwerken nicht im gewünschten Umfang zu exportieren. Infolgedessen besann man sich auf die Idee, für den Transport der Kohle die Ruhr zu nutzen. Nach dem Bau von insgesamt 15 Schleusen zwischen Witten und der Ruhrmündung war die Ruhr seit 1781 auf weiten Strecken schiffbar und so die Möglichkeit für einen umfangreicheren Transport auf dem Wasserweg geschaffen. Während sich die Lastenkähne, die bis zu 50 Meter lang und 5,50 Meter breit waren, flussabwärts von der Strömung treiben lassen konnten, mussten sie auf dem Rückweg von Pferden gezogen werden. Die gepflasterten Leinpfade verhinderten, dass die Pferde im sumpfigen Ufermorast versanken. Wurden in den 1850er Jahren noch rund 1.800 Lastkähne jährlich durch die Schleusen der mittleren Ruhr gezogen, nahm diese Zahl nach dem Bau der Eisenbahn in den 1860er Jahren und der Nordwanderung des Bergbaus rapide ab.

Ruhrschleuse.

4 Pumpwerk

Heute dient die Ruhr insbesondere der Wasserwirtschaft. Davon zeugt das am Leinpfad gelegene Pumpwerk – neben der noch vorhandenen, aber nicht mehr intakten Schleuse aus dem Jahr 1777 –, mit dem seit 1910 Bochums Trinkwasser gewonnen wird. Daneben hat die Ruhr aber auch für die Freizeiterholung zentrale Bedeutung. Gerade in den Sommermonaten finden sich neben Anglern und Ruderern auch zahlreiche Erholungssuchende an den Ruhrufern ein, die, mit Decke, Sonnencrème oder Grill »bewaffnet«, die Ruhe und Natur dieses Idylls genießen.

Entlang der Ruhr führt der Leinpfad in westlicher Richtung durch ein Gebiet, das daran erinnert, wie das Ruhrgebiet in vorindustriellen Zeiten

Kemnader See mit Haus Kemnade im Vordergrund.

Burg Blankenstein, Bochumer Eigentum in Hattingen.

mit seinen ausgedehnten Wiesen und Wäldern sowie weitgehend unberührter Natur aussah. Bei der Betrachtung der landschaftlichen Schönheit des Ruhrtals und seiner beeindruckenden Tierwelt – in den Sommermonaten entdeckt man sogar Gebirgsstelzen und Eisvögel – lässt sich erahnen, dass die Ruhr vor Befestigung der Ufer ein Gebirgsfluss mit natürlichen Inseln aus Geröll und Kiesbänken war, die von Kornmühlen gesäumt wurden.

Die heute noch durch einen Mühlstein auf dem Gelände des mittlerweile ansässigen Rudervereins zu erkennende Blankensteiner Mühle lag auf der gegenüberliegenden Seite der Ruhr, überragt vom trutzigen

Schäfer mit Herde in den Ruhrauen.

Ruhrtal 1850 mit Burg Blankenstein.

Bau der Burg Blankenstein. Die Burg bietet einen hervorragenden Blick über das gesamte umliegende Ruhrtal und ist eines der beliebtesten Ausflugsziele von Hattingen. Die Anlage stammt aus dem 13. Jahrhundert und diente den Herren der Grafschaft Mark als Stützpunkt gegen das Erzbistum Köln. Zentrale Bedeutung für Bochum erhielt die Burganlage im Jahre 1321, als die seinerzeit nur wenige hundert Einwohner zählende Siedlung Bochum durch den Grafen Engelbert II. von der Mark im Rittersaal von Burg Blankenstein stadtähnliche Rechte formal bestätigt erhielt. Heute sind von der ursprünglichen Burganlage nur noch die Fundamente des rund 30 Meter hohen, begehbaren Torturms und Teile der Ringmauer erhalten. Obwohl auf Hattinger Stadtgebiet gelegen, gehört die Burg seit 1921 der Stadt Bochum.

5 Burg Blankenstein

Burg Blankenstein 2008.

Wer an dieser Stelle den Blick nach links auf die Bochumer Seite der Ruhr richtet, kann das seit einigen Jahren unter Denkmalschutz stehende Gebäude der ehemaligen Zeche Vereinigte Pfingstblume entdecken, das von einem Freundeskreis und dem Stiepeler Verein für Heimatforschung gegenwärtig restauriert und der Öffentlichkeit zugänglich gemacht wird.

6 »Zur Alten Fähre«

Dort, wo der Leinpfad an der Ruhr wieder auf bewohntes Gebiet trifft, stößt man auf das Gartenlokal Zur Alten Fähre, das zu einer kurzen Rast einlädt. Bis zum Jahr 1960 konnten die Bochumer Bürger an dieser Stelle noch über die Ruhr setzen, wovon trotz der 1928 gebauten Kemnader Brücke reichlich Gebrauch gemacht wurde. Kurz hinter dem Bootshaus

Dorfkirche Stiepel.

verlassen wir den Leinpfad nach links und folgen der steil ansteigenden Straße »An der alten Fähre« zum alten Stiepeler Dorfkern.

Wer hier den Leinpfad weiter geht, erreicht nach 30 Minuten den Kemnader See, Bochums großes und beliebtes Freizeitgebiet. Wir dagegen erreichen die von weitem mit ihrer Ummauerung wie eine Festung wirkende Anlage der Dorfkirche, indem wir von der Straße An der alten Fähre rechts in die Brockhauser Straße einbiegen. Auf dem Areal der Kirche muss um die Jahrtausendwende bereits ein größeres Anwesen gestanden haben, dessen Ausmaße und Geschichte zwar nicht sicher nachzuweisen sind, das bis heute aber immer wieder Anlass zu Spekulationen gibt – dies um so mehr, weil sich bis heute in mündlichen Überlieferungen die Bezeichnung »Königreich Stiepel« als Etikett für den Stadtteil hält.

7 Dorfkirche

Sonderpostwertzeichen Dorfkirche 2008, Entw. Heinz Schillinger.

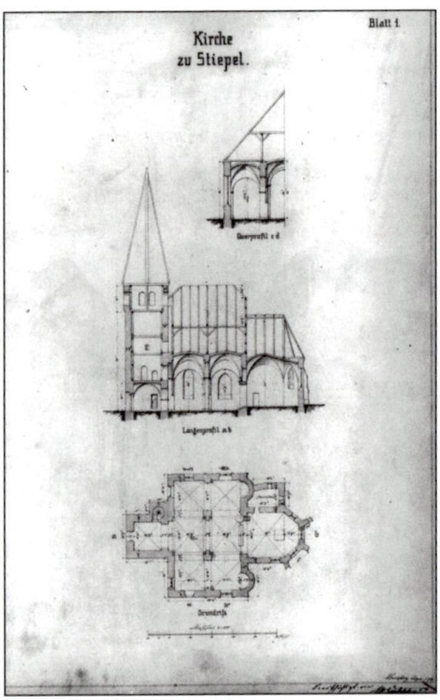

Aufmaß Dorfkirche 1900.

Die Stiepeler Dorfkirche, eines der ältesten heute noch existierenden Bochumer Bauwerke, hat mittlerweile einen bundesweiten Bekanntheitsgrad

Dorfkirche mittelalterliche Ausmalung unterschiedlicher Perioden.

erreicht, was in erster Linie darauf zurückzuführen ist, dass es anlässlich der 1.000-Jahrfeier 2008 sogar eine Briefmarke ziert – die erste mit einem Bochumer Motiv überhaupt. Die Kirchengemeinde Stiepel zählt zu den ältesten Gründungen des Ruhrgebiets. Bereits um 885 wurde die Bezeichnung Stipula in einer Abgabenliste der Abtei Werden erstmals erwähnt. Im Jahre 1001 vergab Kaiser Otto III. den Hof Stiepel an den Grafen Liudger, der zur sächsischen Herzogsfamilie der Billinger gehörte. Sieben Jahre später erhielten der Graf und seine Gemahlin, Gräfin Emma (Imma) von Stiepel, die Genehmigung, eine Kirche zu Ehren der Jungfrau Maria zu errichten. Das jetzige Gebäude stammt allerdings erst aus dem 13. Jahrhundert.

Auch wenn die Echtheit der Urkunde, die diesen Gründungsakt dokumentiert, umstritten ist, hat sich die Rolle der nach ihrem Tod heilig gesprochenen und vor allem in Bremen verehrten Gräfin Imma fest im Gedächtnis der Stiepeler Bürger eingeprägt. Da der Kölner Erzbischof Heribert II., der kirchenrechtlich für Stiepel zuständig war, seine Zustimmung zum Kirchenbau verweigerte, musste Gräfin Imma den Kontakt zur Kaiserin Kunigunde und deren Mann, Kaiser Heinrich II. suchen, um die Genehmigung zum Kirchenbau zu erhalten. Die Szene ist in einem – allerdings erst in den 1980er Jahren entstandenen – Kirchenfenster in der Stiepeler Dorfkirche verewigt. Nach dem Umbau der Kirche zu einer romanischen Basilika, von der heute noch Turm und Mittelschiff mit ihren Kreuzgratgewölben erhalten sind, entwickelte sich Stiepel zu einem gut besuchten Wallfahrtsort, was durch ein Dekret des Papstes Bonifaz VII. aus dem Jahre 1294 auch bestätigt wurde.

Dass in den folgenden Jahrzehnten die Gerichtsherren in Stiepel wiederholt wechselten, tat der Attraktivität des Wallfahrtsortes ebenso wenig Abbruch wie mehrfache Umbauten, die dazu führten, dass die Kirche heute sowohl romanische als auch gotische Bauelemente aufweist. So wurde der Chorraum zum Ende des 15. Jahrhunderts mit Kreuzrippengewölben gotisch umgebildet und mit einem sehr ansprechenden Tabernakel ausgestattet. Erst als die Gemeinde zu Beginn des 17. Jahrhunderts zum protestantischen Glauben übertrat, verlor Stiepel seine Bedeutung als Wallfahrtsziel. Die ursprünglich in der katholischen Dorfkirche beheimatete Holzskulptur einer um 1430 entstandenen »Schmerzhaften Mutter« wurde erst nach einer längeren Odyssee in den 1920er Jahren in das Zisterzienserkloster überführt, wo sie auch noch ihren Sitz hat. Die 67 Zentimeter hohe Figur zeigt Maria in sitzender Position, ihren toten Sohn quer über den Knien liegend, mit schmerzhaft trauerndem Gesicht. Beachtenswert sind bei einem Besuch der Dorfkirche aber nicht nur die unterschiedlichen Baustile, sondern auch die Wandmalereien, die erst 1952 wiederentdeckt wurden. Die romanischen Fresken an den Decken gehen zum Teil bis auf die zweite Hälfte des 12. Jahrhunderts zurück, während die gotischen Malereien im Altarraum und im nördlichen Seitenschiff ihren Ursprung zwischen dem 15. und dem 16. Jahrhundert haben. Schließlich lohnt es sich, den Blick auch auf den Boden zu lenken, wo mit Wappen und Inschriften verzierte Grabplatten der Stiepeler »Regenten« auszumachen sind. In Ruhe betrachtet werden können die zahlreichen Sehenswürdigkeiten der Dorfkirche auch bei den regelmäßigen Orgelkonzerten, die sich – seitdem im Oktober 2004 die Orgel der Dorfkirche erneuert wurde – großer Beliebtheit erfreuen.

Abschließend lädt an dieser Station der kleine Friedhof, der die Kirche umgibt, zu einem Rundgang ein. Der Friedhof ist fast genauso alt wie die Kirche und birgt sogar Grabsteine von Stiepelern, die in den Jahren um 1600 verstorben sind. Welche ungewöhnlich langen Traditionslinien sich in Stiepel bewahrt haben, dokumentiert auch die als lokale Attraktion bekannte Herbstkirmes, die so genannte Fliegenkirmes, die im Jahr 2008 – zumindest nach Stiepeler Zählung – zum 1.000. Mal durchgeführt wurde.

Unser Rundgang führt nun entlang der Brockhauser Straße, am Fuß der Kirche, zur nächsten Abzweigung links in die Nettelbeckstraße. Nach etwa 200 Metern biegen wir links in einen nicht eigens mit einem Straßenschild ausgewiesenen schmalen Weg ein (gegenüber vom Haferweg), der nach einigen Metern zunächst etwas abfällt und nach der Passage durch das Gehölz dann steil ansteigt. Allen Windungen folgend, bleiben wir weiter auf dem Weg – rechts die Hausnummer 50 passierend – bis wir auf die Straße »Am Hang« stoßen, in die wir links einbiegen. Angesichts des etwas beschwerlichen Anstiegs sollte man es nicht versäumen, auf diesem Wegstück einige Mal inne zu halten und den Blick zurück zu richten. Der Ausblick auf die Stiepeler Dorfkirche und die Burg Blankenstein entschädigt nicht nur für die Anstrengungen der Wanderung, sondern ist einer der schönsten Panoramablicke, die Bochum überhaupt zu bieten hat. Bei dem Blick auf die Ruhr wird auch die Erinnerung daran wach, dass Stiepel bis zum Beginn des 20. Jahrhunderts nur in begrenztem Maße nach Bochum verkehrs- und verwaltungsmäßig orientiert war – so arbeiteten zahlreiche Stiepeler in der Henrichshütte in Hattingen – und sich der Stadtteil bis heute ein bemerkenswertes Eigenleben bewahrt hat. Kritische Stimmen sprechen in diesem Zusammenhang auch von Stiepeler Eigenwilligkeit. Erst 1929, im Rahmen einer zweiten Eingemeindungswelle der 1920er Jahre, wurde Stiepel zum Stadtteil der Großstadt Bochum.

Der letzte Abschnitt des Rundgangs berührt keine historischen Besonderheiten mehr, bietet aber nochmals Gelegenheit, den Blick über die Teile von Stiepel schweifen zu lassen, die von dem Rundgang nur am Rande gestreift wurden. Die Straße Am Hang führt bis zur Gäfin-Imma-Straße, in die wir rechts einbiegen und deren Verlauf durch ein Wohnviertel wir für eine längere Strecke folgen. Kurz vor dem Ende der Gräfin-Imma-Straße biegen wir links in die Henkenbergstraße und an der ersten Abzweigung gleich wieder rechts in die Flaßkuhlstraße ein. An deren Ende stoßen wir dann auf die Kemnader Straße, die hier fast den höchsten Punkt Bochums tangiert. Der liegt tatsächlich mit 196 Meter über NN am Haus Nr. 302 a. Unser Weg führt aber in die andere Richtung. Am Hang gegenüber dem Bauernhof Ecke Kemnader Straße 195/

Im Wasserspeicher ließen die Bochumer Zisterzienser 2008 gregorianische Klänge ertönen.

8

Wasser-
behälter

Portal der 1895 gebauten Trinkwasser-Kavernen.

Haarstraße steht ein kleines Bollwerk: Das Eingangsbauwerk eines großen Wasserbehälters, gebaut 1895 im Stile des Historismus. Hinter dem Eingangsbauwerk befinden sich im Erdreich zwei gemauerte, nebeneinander angeordnete Wasserbehälter (Kavernen) mit einem Fassungsvermögen von jeweils etwa 3.600 m^3. Die Behälter bestehen aus Tonnengewölben, die von quadratischen Stützen getragen werden. Sie sind verbunden mit dem Pumpwerk, das wir bereits im Ruhrtal sahen. Das Bochumer Trinkwasser wird seit 1871 aus dem Grundwasser im Ruhrtal gewonnen. Da der größte Teil der Bochumer Bevölkerung nördlich der Hänge des Ruhrtals wohnt, muss das Wasser, um zu den Verbrauchern zu gelangen, damals wie heute »über den Berg« gepumpt werden. Das wurde damals zunächst mit Hilfe von dampfbetriebenen, dann mit elektrischen Pumpen bewältigt, die Wasserreservoirs füllen. Die Frische des Wassers kann am Ausgangspunkt des Rundgangs, in der Gastronomie des Zisterzienserklosters, geprüft werden.

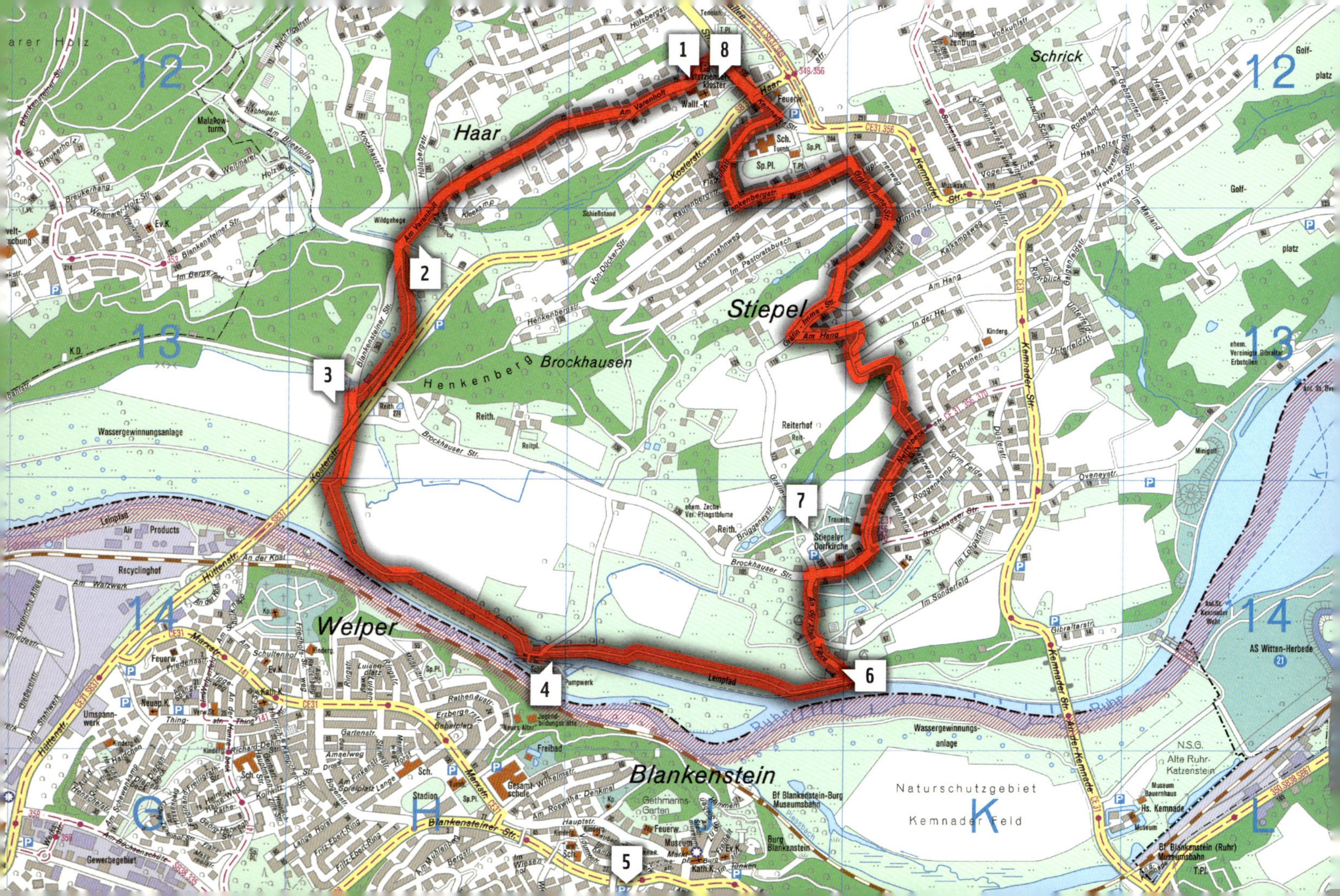
1
2
3
4
5
6
7
8
Haar
Stiepel
Schrick
Welper
Blankenstein
Brockhausen
Henkenberg
Naturschutzgebiet
Kemnader Feld
Wassergewinnungsanlage
Stiepeler Dorfkirche
Reiterhof
Kemnader Str.
Blankensteiner Str.
Kosterstr.
Brockhauser Str.
Am Varenholt
Leinpfad
Marktstr.
Hüttenstr.
Recyclinghof
Air Products
AS Witten-Herbede
Bf Blankenstein-Burg Museumsbahn
Burg Blankenstein
N.S.G. Alte Ruhr-Katzenstein
Ruhr

Thema: Freizeitzentrum Kemnade

Keine Privilegien am See

Volker Marquaß und Axel Schäfer

Die MS Kemnade fährt ihre Runden auf dem Kemnader See. Die MS Schwalbe verkehrt auf der Ruhr über die Schleuse Herbede zwischen Witten-Bommern und dem Hafen Heveney.

Die alte Wasserburg Haus Kemnade, Stammsitz der »Regenten« von Stiepel, gab dem »jungen« Freizeitzentrum den Namen: Kemnade, das sich von der Bezeichnung »Haus mit Kaminen« ableiten lässt. Die Geschichte dieses Anwesens geht bis ins 12. Jahrhundert zurück, als an dieser Stelle die Gerichts- und Patronatsherren lebten, die die Grundherrschaft in Stiepel ausübten. Bis 1486 befand sich das Haus Kemnade noch am rechten Flussufer, da sich die Ruhr erst nach dem Hochwasser dieses Jahres einen neuen, weiter nördlich gelegenen Lauf suchte. Die heutige Form der Wasserburg geht auf den Neubau zwischen 1602 und 1704 zurück, bei dem zum Teil Material von der Burg Blankenstein abgebrochen wurde, um den Bau zu vollenden. Das 1921 von der Stadt Bochum erworbene Anwesen beherbergt heute eine Musikinstrumenten-Sammlung und eine historische Spardosensammlung der Sparkasse Bochum sowie eine gutbürgerliche Gastronomie.

Neben der Burg steht ein Bauernhausmuseum, die ehemalige Stiepeler Meierei aus der Zeit um 1800, in dem anschaulich das Leben im Raum Bochum vor der Industrialisierung dokumentiert wird.

Seit 1974 findet im Turnus von zwei Jahren rund um die alte Wasserburg das Ausländer-Festival KEMNADE INTERNATIONAL, die größte Veranstaltung ihrer Art in Deutschland, statt.

Mit der Freigabe des Kemnader Sees 1980, im Städtedreieck Bochum, Hattingen und Witten gelegen, war das Mittelstück in der Kette der seitdem fünf Ruhr-Stauseen (Kettwiger-, Baldeney-, Harkort- und Hengstey-See) fertiggestellt. Damit wurden Pläne realisiert, die seit über 50 Jahren bestanden: Schon 1929 sollte die Ruhr bei Herbede aufgestaut werden. Dieser Entwurf verband wasserwirtschaftliche Gesichtspunkte mit Angeboten für die Naherholung der Bevölkerung. Er ließ sich damals jedoch nicht verwirklichen. Erst 1962, im Zusammenhang mit dem Bau der Ruhr-Universität, griff man diese Überlegungen wieder auf. Bis 1986 wurden die Wassersport- und Freizeitanlagen in den Uferbereichen des Kemnader Sees errichtet. Das Angebot für Freizeit, Sport und Naherholung trägt ökologischen Aspekten weitgehend Rechnung.

Das Herzstück des Freizeitzentrums Kemnade bildet der 3,5 Kilometer lange und durchschnittlich 430 Meter breite Kemnader See. Ihn umgibt ein 30 Kilometer langes Fuß- und Radwegenetz. Ein Tummel-, nicht aber Rummelplatz für Wanderer, Jogger, Radfahrer und Skater mit Liegewiesen, Grillplätzen, Spiel- und Angelmöglichkeiten. Der Kemnader See entwickelte sich zu einem Eldorado für Segler und Surfer. Zwei Fahrgastschiffe für 290 bzw. 120 Personen lassen auch eine beschauliche Seefahrt zu. Die »MS Kemnade« bietet Rundfahrten auf dem Kemnader See an, die »MS Schwalbe« schippert auf der Ruhr zwischen Witten-Bommern, Schleuse Herbede und dem Hafen Heveney.

Das Freizeitzentrum Kemnade umfasst drei Schwerpunkte:

1. Zu Heveney (Witten-Heven und Bochum-Querenburg) gehören der Bootshafen mit Seglerhaus, Liegeplätzen, Segelschule und Bootsverleih sowie Stranddeck, Kinderspielplatz und Café-Terrasse und das Freizeitbad Heveney.
2. Oveney (Bochum-Stiepel) wird durch den Ruder- und Kanusport mit Bootshallen, Steganlagen und den Bootsverleih geprägt. Hinzu kommen der Fahrrad- und Rollerskate-Verleih, ein Pöhl- und Kinderspielplatz sowie die Minigolf-Anlage.
3. Herbede (Witten): Auf dem Gelände der früheren Zeche Holland verbindet eine Grünanlage den Ortskern mit dem Südufer des Sees. Ein Lärmschutzwall mindert den Kontrast zwischen der Autobahntrasse und dem Erholungsgebiet mit Feuchtbiotopen, Obstwiesen und Grünlandschaften.

Haus Herbede am Ostrand des Freizeitzentrums Kemnade ist das älteste Gebäude des mittleren Ruhrtals. Erstmals urkundlich erwähnt im 11. Jahrhundert, war es über Jahrhunderte Herrschaftsmittelpunkt und Sitz der Gerichtsherrschaft Herbede. Von 1311 bis 1889 bewohnt von der Familie von Elverfeldt, wurde das Haus im Jahre 1985 von der Freizeitzentrum Kemnade GmbH erworben, restauriert und zu einer öffentlichen Kultur- und Begegnungsstätte umgebaut, die 1988 eröffnet wurde. Heute beherbergt Haus Herbede eine gutbürgerliche Gastronomie, ein Trauzimmer, einen Galeriebetrieb, Künstler und Kunsthandwerker in den Vorburg-Ateliers sowie vielfältig nutzbare Gruppenräume. In der Vorburg und in den Räumen des Hauptgebäudes – insbesondere Rittersaal und Kaminraum – finden zahlreiche kulturelle und gesellschaftliche Veranstaltungen statt.

Das Konzept des Freizeitzentrums Kemnade basiert, trotz kommerzieller Angebote, auf dem Prinzip, niemandem am See private Vorrechte einzuräumen. So hält man die für den Wassersport erforderlichen Anlagen als Gemeinschaftseinrichtungen vor und lässt keine privaten Segelboote auf den Liegeplätzen zu. Erfreulich ist auch, dass aus Gründen des Gewässerschutzes und im Hinblick auf den Erholungswert keine Motorboote fahren dürfen.

Am Rande des Kemnader Sees stößt man erneut auf die Hinterlassenschaften des Bergbaus. In der Nähe der heutigen Freizeitanlage Oveney liegt das unter Denkmalschutz stehenden Stollenmundlochs der Zeche Gibraltar, die – wie so viele Zechen entlang der Ruhr – ihre Blütezeit im 19. Jahrhundert erlebte und bereits zum Ende dieses Jahrhunderts stillgelegt wurde, als sich der Bergbau in die Emscherzone, zu den ergiebigeren Fettkohlevorkommen verlagerte. Eine unrühmliche Rolle spielte die Zeche, als die Nationalsozialisten in einem leerstehenden Betriebsgebäude 1933 ein Schutzhaftlager einrichteten, das zur Internierung politischer Gegner diente. Während des Kriegs wurden in diesem Lager Kriegsgefangene arretiert.

Sandkunstwerk am Kemnader See.

Nur einen Katzensprung vom Kemnader See entfernt liegt der Bahnhof Blankenstein, an dem von Frühjahr bis Herbst die Ruhrtalbahn hält – ein historischer Zug mit restaurierten Waggons, oftmals von Dampflokomotiven angetrieben, der entlang der Ruhr vom Eisenbahnmuseum Dahlhausen bis nach Hagen fährt.

Weitmar
Von Arbeit und Adel

Ernst-Albrecht Plieg

Ausgangspunkt: Haltestelle »Weitmar-Mitte | Linie 308/318
Endpunkt: Haltestelle »Knappenstraße/Zeche« | Bus 353
Streckenlänge: 7,5 km | Dauer: 2 Stunden

Die alte Gemeinde Weitmar bestand aus dem Dorf Weitmar sowie aus Bärendorf, Weitmar-Mark und Weitmar-Neuling. Dort gab es im Jahre 1900 noch 48 Landwirte, aber auch schon viele Bergleute und Industriearbeiter. 1926 wurde Weitmar nach Bochum eingemeindet. Heute erstreckt sich Weitmar von der Alleestraße im Norden bis an die Ruhr im Süden.

1 Amtshaus Weitmar

Mittelpunkt ist auch heute noch Weitmar-Mitte mit dem Amtshaus und den beiden Kirchen.

Das Amtshaus ist der Beginn unseres Spaziergangs. Als Ende des 19. Jahrhunderts die Zahl von 10.000 Einwohnern überschritten wurde, wurde aus der »Gemeinde« ein selbständiges »Amt«. 1898 leistete man sich ein größeres Amtshaus. Der königliche Kammerherr Ludwig von Berswordt-Wallrabe stellte das Grundstück für das Amtshaus zur Ver-

Amtshaus des Amtes Weitmar, Hattinger Straße 389.

Eingang Schlosspark, Hattinger Straße 386.

fügung. Es wurde 1899 eingeweiht und war der Sitz der Amts- und Gemeindeverwaltung bis zur Eingemeindung 1926. Heute dient das Haus der Stadtverwaltung Bochum als Bezirksverwaltungsstelle Südwest, Verwaltungsstelle Weitmar.

Weiter stadtauswärts finden wir das frühere Pförtnerhaus, Hattinger Straße 386, und biegen in den Schlosspark ein. An den Torpfeilern sieht man den springenden Eber und die Lilie aus dem Wappen der Familie Berswordt-Wallrabe. Ihr gehört das Anwesen seit 1780.

Der Park, berühmt für seine Edelkastanien, Eichen, Rotbuchen und Eiben, wurde durch Alexander von Berswordt-Wallrabe drei Tage nach dem Tode seines Vaters der Öffentlichkeit zugänglich gemacht. Das einzige hier vorhandene Exemplar der Süntelbuche wurde um 1740 gepflanzt. Dieser Baum wurde mehrmals angezündet, brach im Jahre 2000 auseinander und ist ein ökologisches Mahnmal gegen den Vandalismus. Man sieht die eingezäunten Trümmer links neben der Schlossruine.

Haus Weitmar, 1592 erbaut, wurde am 13. Mai 1943 während eines Luftangriffs bis auf die Außenmauern zerstört.

Links hinter der Ruine des Hauses Weitmar stehen die Reste einer Kapelle aus dem 11. Jahrhundert. 1890 kaufte Ludwig von Berswordt-Wallrabe sie für 1.000 Mark und integrierte sie in den Park von Haus Weitmar.

Die historischen Gebäudereste, die Natur sowie die Werke moderner Kunst haben die Schauspielschüler der Essener Folkwang Hochschule dazu angeregt, in jedem Sommer im Schlosspark Werke von William Shakespeare aufzuführen.

Trümmer der Süntelbuche im Park.

Ruinen des Hauses Weitmar und der Silvesterkapelle.

Rechts hinter der Ruine des Hauses Weitmar stehen mehrere weiße Gebäude. Hier errichtete Alexander von Berswordt-Wallrabe 1969 die »Galerie m«, eine Avantgarde-Galerie für Malerei, Fotografie, Grafik und Skulptur. Neue Konkrete Kunst bildet einen Schwerpunkt. Die Galerie vertritt die Rechte namhafter internationaler Künstler.

2 Situation Kunst

Ebenfalls auf eigenem Gelände richtete Alexander von Berswordt-Wallrabe 1990 die »Situation Kunst (für Max Imdahl)« ein und übergab

Haus Weitmar vor 1940.

sie als Schenkung der Ruhr-Universität Bochum. Max Imdahl (1925–1988) war 1965 bis zu seinem Tod Professor an der Ruhr-Universität und machte das Kunstgeschichtliche Institut als einziges in Deutschland zum Studienort für engagierte Auseinandersetzungen mit der Kunst der Gegenwart. »Situation Kunst« wird als ein Gesamtkunstwerk verstanden, das sich auf Hauptwerke bedeutender Künstler der Gegenwart konzentriert und in enger Zusammenarbeit mit den Künstlern entstanden ist, die darin vertreten sind: Graubner, Kricke, Rainer und Schoonhoven, Rabinovitch, Serra und Nordman. 2006 kam ein erster Erweiterungsbau mit hochkarätigen Sammlungen hinzu: Objekte alter Kunst aus Afrika und Asien sowie eigene Räume für Gianni Colombo, Dan Flavin, Lee Ufan und François Morellet. Neben weiteren Werken von Arnulf Rainer, Dirk Reinartz, Richard Serra, Robert Ryman, Ad Reinhardt und Jan J. Schoonhoven beherbergt das Erweiterungsgebäude eine Präsenzbibliothek und einen Raum für Sonderausstellungen. 2010 soll vor der Schlossruine die nächste Erweiterung unterirdisch angelegt werden. In den großen Hallen wird dann Landschaftsmalerei großer Künstler der letzten fünf Jahrhunderte in etwa 150 Werken präsentiert. Nebenbei werden Park und Ruine wiederhergestellt.

»Situation Kunst«, Schloßstraße 1 a und Nevelstraße 29 c, Mi+Fr 14–18 Uhr, Sa+So 12–18 Uhr Eintritt frei. Führungen Kunstgeschichtliches Institut der Ruhr-Universität, (0234) 32-2 86 44

Die ausgestellten Werke sind Teil der Kunstsammlungen der Ruhr-Universität, die alle ihre Sammlungen der Öffentlichkeit zugänglich macht. Eine Präsenzbücherei, ein Video-Archiv und ein Vortragssaal sind vorhanden.

Am Haus Weitmar verlassen wir, rechtwinklig zur Hauptallee und vorbei an den Trümmern der »Süntelbuche«, den Park und folgen

Situation Kunst.

geradeaus der alten Allee. Zwischen dem Schlosscafé und dem Chinarestaurant kommen wir wieder auf die Hattinger Straße. Wir wenden uns rechts und halten auf der gegenüber liegenden Straßenseite vor dem zweiten Haus, einem größeren, villenähnlichen Gebäude.

Die Hattinger Straße 476 ist keine herrschaftliche Villa, sondern ein Wasserturm des Verbandswasserwerks des damaligen Landkreises Bochum, das auch Stiepel, Linden und Dahlhausen, Eppendorf und Höntrop, Teile von Wanne-Eickel im Nordwesten, Gehrte und seine Umgebung im Norden, Teile des Ennepe-Ruhr-Kreises südlich der Ruhr und die Stadt Langenberg im Südwesten versorgte. 1959 wurde das Verbandswasserwerk den Stadtwerken Bochum eingegliedert.

Wasserhochbehälter in Form einer Villa, darin das Deutsche Forum für Figurentheater.

Das »Wasserhaus« war 1903 fertig und blieb fast 80 Jahre lang in Betrieb. Im Erdgeschoss und im 1. Obergeschoss sind die Mauern extrem dick, denn darüber liegt eine Eisenbetondecke mit einer drei Meter mächtigen Schicht aus Gussasphalt. Auf ihr stehen noch heute zwei Wassertanks, jeder 7,5 Meter hoch und mit einem Fassungsvermögen von je 1.500 Kubikmetern. Die moderne Pumpentechnik machte solche Behälter überflüssig. Das Gebäude steht unter Denkmalschutz. Es ist mit seiner Kombination aus Technik und Wohn- oder Büroraum eines der wenigen seiner Art in Deutschland.

Mozarts Zauberflöte, Inszenierung Thalias Kompagnons, FIDENA 2007.

Hier hat das Deutsche Forum für Figurentheater und Puppenspielkunst e.V., bis zur Wiedervereinigung Deutsches Institut für Puppenspiel genannt, seinen Sitz und nutzt die vorhandenen Räume im Erdgeschoß und im 1. Obergeschoss als Büros und Gästezimmer. Es richtet jedes Jahr im September ein Festival für Puppenbühnen aus, die Fidena (Figurentheater der Nationen). Im Jahre 2008 wurde die Fidena fünfzig Jahre alt. Sie ist eines der bedeutendsten Festivals für Figuren-, Puppen- und Objekttheater in Europa.

3
Dt. Forum für Figurentheater, Hattinger Str. 467
(0234) 477 29

Die Wassertanks im Dachgeschoss kann man nach telefonischer Vereinbarung besichtigen.

Mit diesem Institut nicht verwechselt werden darf das Figurentheater-Kolleg, Leiterin Birgit Hollack, Hohe Eiche 27 in Bochum-Langendreer. Es bietet seit 30 Jahren eine Fortbildung von Puppenspielern an, die sich über insgesamt zwei Jahre erstreckt.

Nach einem kurzen Stück auf der Hattinger Straße biegen wir nach links in die Heinrich-König-Straße ein und wenden uns an der nächsten Ecke wieder rechts: In der Schlossstrasse stehen wir vor dem Eingang zum Kommunalfriedhof Weitmar.

Dieser Friedhof entstand, als es in Weitmar im Zuge der Kämpfe nach dem reaktionären Kapp-Putsch (1920) neun Tote gab und die beiden christlichen Konfessionen ihnen auf ihren Friedhöfen die letzte Ruhestätte verweigerten. Heinrich König fand dieses Verhalten so empörend, dass er Ludwig von Berswordt-Wallrabe dazu bewog, einen Teil seines Weitmarer Holzes für einen Friedhof herzugeben. So ist ein schöner Waldfriedhof entstanden.

4 Ehrenmal König

Gleich am Eingang steht das Ehrenmal für Heinrich König: drei Stelen am Kopfende einer symbolischen Grabplatte. Deren Inschrift lautet:

»Heinrich König 1889–1943. In Weitmar und Bochum Kommunalpolitiker der SPD von 1919 bis 1933. Von den Nationalsozialisten verfolgt – in die Emigration getrieben – ermordet. Ein Kämpfer für Freiheit, Recht und Demokratie.«

Ehrenmal und Foto Heinrich Königs. SPD-Politiker und Widerstandskämpfer.

Königs Grab befindet sich etwa 80 Meter entfernt auf der erhöhten Fläche unter einer Baumgruppe hinter einer kniehohen Bruchsteinmauer.

König war die Symbolfigur der alten Bochumer Arbeiterbewegung. Geboren am 13. April 1889 in Bochum, arbeitete König im Allgemeinen Knappschaftsverein bzw. bei der Ruhrknappschaft. Während der Jahre seiner kommunalpolitischen Tätigkeit in Weitmar als Amtsbeigeordneter, Gemeindevorsteher und kommissarischer Amtmann war er von der Knappschaft beurlaubt. Nach der Eingemeindung Weitmars nach Bochum am 1. April 1926 war König Stadtverordneter und SPD-Fraktionsvorsitzender, außerdem Abgeordneter zum Provinziallandtag. Im Jahre 1933 ging König in das Saargebiet und 1935 weiter nach Frankreich. Gestapo-Agenten spürten ihn dort auf, verschleppten ihn nach Bochum und folterten ihn so schwer, dass er am 7. Mai 1943 starb. 1946 wurde König vom Friedhof Freigrafendamm auf »seinen« Kommunalfriedhof Weitmar umgebettet.

Vom Kommunalfriedhof Weitmar folgen wir der Schlossstraße weiter bis zu einem Parkplatz; dort mündet die Schlossstraße in die Blankensteiner Straße. Das Weitmarer Holz, immer noch ca. 80 ha groß, ist eine der großen »grünen Lungen« in Bochum. Es empfiehlt sich, auf den Wegen zu bleiben. Denn hier wurde in den Notzeiten nach beiden Weltkriegen auf eigene Initiative in einer Art oberflächennahen Bergbaus nach Kohle gegraben, auch gibt es viele schlecht erkennbare Tagesbrüche. Sie rühren von dem Bergbau her, der in diesem Teil Weitmars schon relativ früh umgegangen war.

An der blauen Informationstafel am Parkplatz überqueren wir die Blankensteiner Straße und kommen auf einen Waldweg, der parallel zur Straße verläuft. Neben dem Schachplatz zeigt ein verwitterter hölzerner Wegweiser »Wildgehege« zunächst nach rechts, ein zweiter dann wieder im spitzen Winkel nach links. So erreichen wir ein Wildgehege, in dem Damwild, Mufflons und Wildschweine gehalten werden.

5 Sportplatz Waldesrand

Wir umrunden das Gehege entgegen dem Uhrzeigersinn zunächst auf zwei seiner vier Seiten und sehen an seiner südwestlichen Ecke durch die Bäume den Sportplatz des SV Waldesrand. 1930 haben ihn die Vereinsmitglieder mit viel Fleiß und viel Idealismus angelegt, überwiegend in Selbsthilfe, aber auch mit Unterstützung von Arbeitslosen, die die Stadt zur Verfügung stellte. Hier gab es bald ein reges Vereinsleben mit einer Jugend-, zwei Schülermannschaften und drei Stammmannschaften. Sie hatten auch eine Damen-Handballmannschaft. 1933 lösten die Nationalsozialisten diesen Verein auf. Alles, was auch nur den Anschein von Arbeitersportverein erweckte, durfte nicht weiter bestehen. Aber nach Kriegsende machte der Verein wieder auf.

Der »Jörgenstein« erinnert an den Arbeiterschriftsteller Georg Breuker.

Wir gehen auf der »dritten« Seite des Geheges weiter am Zaun entlang. Wo er endet, halten wir uns rechts, bis wir neben einer kleinen Steinbrücke wieder die Blankensteiner Straße erreichen. Wir überqueren sie, gehen geradeaus bis zu einer Wetterschutzhütte und finden wenige Meter dahinter auf der linken Seite, unter den Bäumen fast versteckt, einen mannshohen Findling, in den der Name »Jörgen« eingemeißelt ist. Das ist der Jörgenstein.

Der Findling wiegt 120 Zentner, besteht aus Seynit und stammt aus dem Odenwald. An seinem Fuß gibt eine Metalltafel nähere Auskunft: Der Stein erinnert an den Bochumer Heimatschriftsteller Georg Breuker (1876–1964), der, als Sohn eines Bergmanns in Weitmar geboren, den Beruf des Vaters ergriff. Weil er sich gewerkschaftlich organisierte, wurde Breuker entlassen. Er blieb trotz aller Schikanen Bergmann bis 1910, später war er Handelsvertreter, Besitzer einer Mühle und Geschäftsmann. Breukers Werk umfasst Romane, Erzählungen, eine Novelle, eine Ballade und Gedichte. In dem Roman »Der kleine Robinson. Ein Jugendbuch aus der Welt des Ruhrbergbaus« (1959) und vor allem in »Jörgen der Bergmann. Roman aus dem Bochumer Kohlenrevier« (1954) hat Breuker die Menschen des Ruhrgebiets und ihre harte Arbeitswelt eindringlich beschrieben.

Wir gehen ein kleines Stück zurück und nehmen wenige Meter vor der Blankensteiner Straße an der Wegkreuzung den ersten Weg nach rechts. Am Waldrand beginnt die Straße »Roomersheide«, die uns zur Heinrich-König-Straße führt. Dort wenden wir uns rechts und nehmen gleich die linke Straßenseite. Hinter dem blauen Schild, das zum Haus »Heinrich-König-Straße 24« weist, führt ein Fußweg leicht bergauf bis zur Bergwerksstraße, der wir nach rechts durch die Kurve folgen. Dann stehen wir an der Ecke zwischen Neulingstrasse (links und rechts) und Natorpstraße (geradeaus). Damit haben wir einen Teil Weitmars erreicht, in dem die Straßennamen von bedeutenden Persönlichkeiten, aber auch von bäuerlichen Besitzverhältnissen und vom Bergbau berichten.

Bernhard Christoph Ludwig Natorp (1774–1846) war evangelischer Pfarrer und im Rahmen der damaligen Schulaufsicht auch als Pädagoge tätig. In der Zeit der Restauration nach dem Wiener Kongress von 1815 sorgte er als liberaler Schulverwaltungsbeamter dafür, »dass die restaurativen Tendenzen nie ungebrochen die Schulrealität erreichten«, dass sie also abgemildert wurden. Natorp studierte Theologie in Halle, brachte sich als Lehrer an einer Schule für junge Kaufleute »das Schulmeistern« bei, dann wurde er Pfarrer in Hückeswagen und Essen. Er setzte sich schon früh für Reformen des Schulwesens ein.

Bernhard Christoph Ludwig Natorp.

1804, noch während Natorps Tätigkeit als Pfarrer in Essen, beauftragte ihn der Freiherr vom Stein, der damals in Westfalen tätig war, den Bochumer Schulkreis gründlich zu reformieren. Weitmar galt damals als »verrufene und finstere Gegend«. Schüler kamen oft nicht zum Unterricht, sei es, dass die Wege dorthin bei schlechtem Wetter völlig unbenutzbar waren (so war es bei der heutigen Blankensteiner Straße durch das Weitmarer Holz, damals ein grundloser Holzabfuhrweg), sei es, weil die Eltern die Kinder während der Erntezeit als Hilfskräfte zu Hause einsetzten. Daran änderten auch die verordneten Geldbußen nichts. Auch die Lehrer genossen damals kein großes Ansehen. Ihr Wissensstand war wegen mangelhafter Ausbildung niedrig, ihre Besoldung erbärmlich. Natorp entwickelte das Modell von Schullehrer-Konferenz-Gesellschaften, in denen Lehrstoffe zunächst vermittelt wurden, dann folgten Übungsstunden. So entstand durch ihn in Weitmar eine Lehrerfortbildungsschule, womit das große Bildungsdefizit der ländlichen Bevölkerung bekämpft und mehr Wissen und Bildung für alle Schichten erreicht werden sollte. Ähnliche Seminare gab es dank Natorps Bemühungen später im ganzen Land Preußen.

Ab 1809 war Natorp Oberkonsistorialrat sowie Schul- und Regierungsrat bei der Regierung in Potsdam, ab 1816 in gleicher Funktion beim Oberpräsidenten in Münster. Jene Teile des Schulgesetzentwurfs von 1819, die das Elementarschulwesen betrafen, stammten von ihm, er richtete Lehrerseminare ein und stellte Beobachtung und Anschauung höher als trockenes abfragbares Wissen oder das Kleben an bestimmten Methoden, denn »in Fesseln kann sich kein Mensch bewegen«. Als Kanzelredner hielt er »freie und derbe Predigten«, die Klarheit seiner Gedanken wurde gerühmt. Weil er musikalisch war, gab er auch ein »Lehrbüchlein der Singekunst«, Liedersammlungen und ein Orgelbuch heraus .

Die Natorp-Schule in der Natorp-Straße erinnert an ihn, aber auch an ein in der Weimarer Republik sehr wichtiges fortschrittliches Erziehungsmodell, nämlich an die konfessionslosen, die weltlichen Schulen mit ihren aufklärerischen und demokratischen Zielsetzungen. Auch im Bochum der 1950er Jahre gab es einen heftigen Schulstreit, bei dem der Oberbürgermeister Fritz Claus den freien Schultypus gegen den heftigen Protest der beiden Konfessionen durchdrückte. Der Name des Reformpädagogen Natorp spielte dabei und auch später beim Aufbau einer dichten Schullandschaft in Bochum eine wichtige Rolle.

Zu seinen Lebzeiten fehlte sein Bildnis in kaum einer Lehrerwohnung der Grafschaft Mark. Es war der Steindruck eines Porträts, das der Maler Wilhelm von Kügelgen gemalt hatte.

Wir stehen an dieser Straßenecke genau an der Grenze der Ortsteile »Neuling« und »Mark«, zweier alter Waldgebiete, die ab dem 18. Jahrhundert planmäßig, zunächst mit Bergleuten, besiedelt wurden.

Namen wie Roomersheide (durch die wir die Heinrich-König-Straße erreichten), Im Großen Busch, Große Wiese, Brantrop, Nevel, Stemmannsfeld, Haarmannsbusch, Weidengrund, Am Holtkamp gehen auf bäuerliche Besitzverhältnisse, Bauerschaften und Einzelhöfe zurück. Hauerstraße, Steigerstraße, Knappenstraße, Karl-Friedrich-Straße, Prinz Regent, Erbstollen sind dem historischen Bergbau zuzuordnen.

Deutschlands einzige »Heimkehrer-Dankeskirche« mit einer sehr sehenswerten Sammlung persönlicher Gegenstände aus sowjetischen und anderen Gefangenenlagern. Arch. Kurth Hubert Vieth 1959.

7 Heimkehrer-Dankeskirche

Wir gehen die wenigen Meter nach rechts bis zur Karl-Friedrich-Straße. Sie ist nach der Zeche Carl Friedrich‹s Erbstollen benannt, auf der von 1829 bis 1929 Bergbau betrieben wurde. Geradeaus öffnet sich die Pfarrer-Halbe-Straße, links daneben sehen wir die katholische Heimkehrer-Dankeskirche »Heilige Familie«, Karl-Friedrich-Straße 109. Sie ist die einzige Heimkehrer-Dankeskirche in Deutschland. Errichtet wurde sie als Dank für die glückliche Heimkehr aus sowjetischer Gefangenschaft nach dem Zweiten Weltkrieg, gleichzeitig als Mahnmal für Versöhnung und Frieden, entsprechend dem Motto des Verbandes der Heimkehrer: »Völker, entsagt dem Hass – versöhnt euch – baut Brücken zueinander und haltet Frieden!« Den Anstoß gab der Priester August Halbe, der selbst jahrelang in sowjetischer Gefangenschaft war. Der Bau wurde am 12. Dezember 1959 von Ruhrbischof Dr. Franz Hengsbach geweiht. Der Name knüpft an die Rückkehr Jesu und seiner Familie von der Flucht nach Ägypten an (Matthäus 2, 19-21). Seit der Weihe findet alljährlich am Fest der Hl. Familie, am Sonntag nach Pfingsten, ein Heimkehrer-Danktag statt.

Im Chorbereich der Kirche hat der Essener Maler Wilhelm de Graaf mit dem Fenster »Lobgesang der Jünglinge im Feuerofen« (nach Daniel 3,19–25) seinen ganz persönlichen Dank gegen Gott zum Ausdruck gebracht.

Die Krypta beherbergt ein einmaliges Museum mit vielen Gegenständen, die in den Gefangenenlagern in der Sowjetunion entstanden und benutzt wurden: Altargerät aus Blechbüchsen gedengelt, das letzte Stückchen Brot von der Heimkehr, geheime Bibelabschriften, Modelle von Lagern. Ein Blick in die Vergangenheit, die anrühren muss. Besichtigungen sind auf Anfrage möglich.

Heimkehrer Dankeskirche »Heilige Familie« Karl-Friedrich-Straße 111 (0234) 471543 Di 9–11 Uhr Fr 10–12 Uhr Gemeindebüro www.hlfamilie.de

Wir gehen die Karl-Friedrich-Straße abwärts bis zur Sommerladstraße. Sie erinnert an Philipp Sommerlad, der 1882 in Hessen geboren wurde und im Jahre 1960 in Bochum starb. Er war zwischen 1918 und 1933 Redakteur der SPD-Parteizeitung »Volksblatt«, außerdem von 1924 bis 1933 SPD-Stadtverordneter.

Wir gehen auf der Sommerlad-Straße bis zur Wendeschleife, benutzen neben dem Haus Nr. 17 den kleinen Fußweg und wenden uns an der nächsten Ecke wieder nach rechts. So erreichen wir die Karl-Rawitzki-Straße, erkennbar an ihrem roten Ziegelpflaster. Karl Rawitzki war ein berühmter Bochumer Bürger. 1907 kam er nach Bochum, und es wird berichtet, dass er anfangs die Stadt für ein »Mistdorf« hielt, nicht ahnend, wie sehr er hier heimisch werden würde und welche Laufbahn ihm noch bevorstand. Von 1919 bis 1933 war er Mitglied der Stadtverordnetenversammlung in Bochum. Er erhielt von den Nationalsozialisten 1933 Berufsverbot als Anwalt, ging 1939 nach London, kam 1945 zurück, nahm seine kommunalpolitische Tätigkeit wieder auf und erwarb sich als Vorsitzender des Kulturausschusses große Verdienste um den Wiederaufbau der Bochumer Kulturlandschaft.

Die Karl-Rawitzki-Straße führt uns nach links zum Kellermannsweg und dieser zur Prinz-Regent-Straße. Hier wenden wir uns rechts und sehen bald – auf der linken Straßenseite in unserer Marschrichtung – ein weißes Straßenschild zum Theater- und Kulturzentrum Prinz-Regent, Prinz-Regent-Straße 50–60.

8

Zeche Prinz-Regent

Die Zeche Prinz-Regent hat eine lange Geschichte. Von 1834 bis 1960 wurden hier über 100 Millionen Tonnen Kohle gefördert. Als 1947 über die Sozialisierung abgestimmt wurde, wurden auf der Zeche Prinz-Regent 1.091 Ja-Stimmen und 83 Nein-Stimmen bei 512 Enthaltungen gezählt. Typisch für das Ruhrgebiet ist, dass quer durch die Landsmannschaften und die ortsansässige Bevölkerung sich eine starke Identität mit dem Bergbau entwickelte. Als Prinz-Regent geschlossen wurde, flaggte Bochum deshalb Halbmast. Der Strukturwandel konnte sozial abgefedert werden, eine Radikalisierung der Bergarbeiterschaft fand nicht statt. Noch bevor Opel und die Ruhr-Universität Arbeitskräfte aufnahmen, griff der Sozialplan. 950 Bergleute fanden Arbeit in anderen Bergwerken, 400 Bergleute, die bereits älter als 50 Jahre waren, gingen in Vorrente.

Hier, in erhalten gebliebenen Gebäuden der großen Zeche, haben gleich drei Kulturinstitutionen ihr Domizil gefunden, ein gutes Beispiel

Konzert in der berühmten »Zeche«.

für den tiefgreifenden Wandel im Ruhrgebiet: die Bochumer Symphoniker, die »Zeche Bochum« und das Prinz-Regent-Theater.

Bochumer Symphoniker

Die Bochumer Symphoniker haben hier ihre Geschäftsstelle und ihre Probenräume. Bochums städtisches Orchester wurde 1919 gegründet. Der erste Dirigent war Rudolf Schulz-Dornburg bis 1926. Zurzeit ist Steven Sloane Generalmusikdirektor. Das Orchester spielt oft im Audimax der Ruhr-Universität und in der Jahrhunderthalle, es geht auch weltweit auf Gastspielreisen. 2009 wird der Bau eines eigenen Konzertsaales mit Geschäftsstelle und Probenmöglichkeiten in der Bochumer Innenstadt neben der Marienkirche geplant.

Zeche Bochum

Die »Zeche Bochum« ist eine weithin bekannte Diskothek. Sie befindet sich seit 1981 in der ehemaligen Schlosserei. Sie besteht aus einer kleinen und einer großen Halle und ist eine der ersten kulturell genutzten Industriebrachen im Revier. Die Planung war einer der großen Würfe des Bochumer Architekten Karl-Friedrich Gehse. Es gibt eine Bühne für Konzerte und viele Sitzplätze, die wie in einem Stadion angeordnet sind. Über der Gaststätte gibt es eine Bar. Die Jugend aus der weiten Umgebung hat »die Zeche« von Anfang an für sich entdeckt. Es gibt kaum eine bekannte deutsche oder europäische Band, die hier nicht schon gespielt hat – oft in ihren Anfängen. Zunächst als Kulturzentrum finanziell gefördert, konnte die Zeche Bochum sich bald selbst tragen. »ZECHE BOCHUM – Legende und Mythos«: nicht unpassend ist der Titel des Buches zur 25-jährigen Geschichte des Clubs.

Prinz-Regent-Theater

Das Prinz-Regent-Theater wurde 1991 eröffnet. Es ist ein professionelles Off-Theater in freier Trägerschaft und arbeitet mit regionalen,

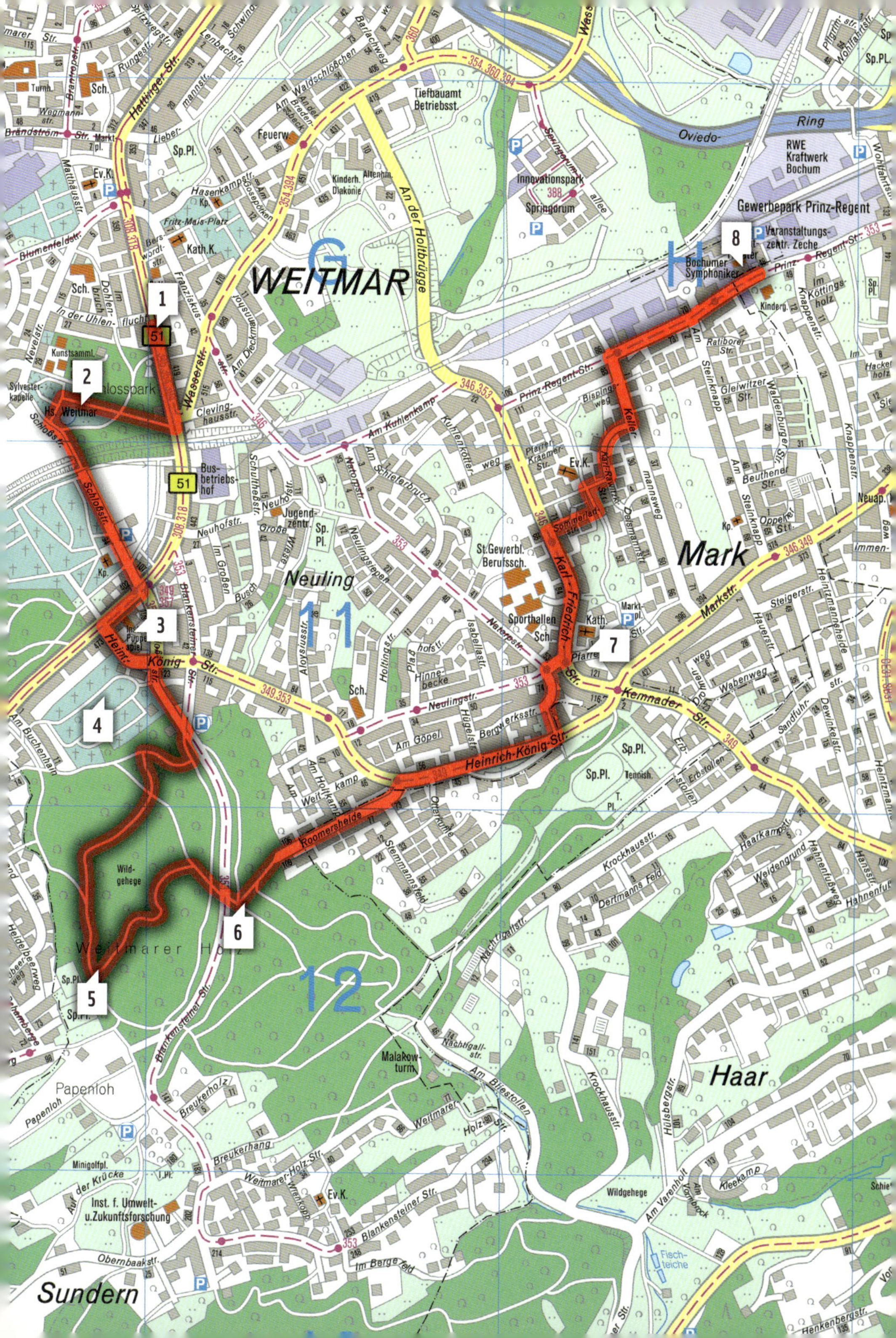
WEITMAR
Neuling
Mark
Haar
Sundern
Papenloh
Weitmarer Holz
Wildgehege
Schlosspark
Hs. Weitmar
Sylvester-kapelle
Kunstsamml.
Tiefbauamt Betriebsst.
Innovationspark
Springorum
Kinderh. Diakonie
RWE Kraftwerk Bochum
Gewerbepark Prinz-Regent
Veranstaltungs-zentr. Zeche
Bochumer Symphoniker
St.Gewerbl. Berufssch.
Sporthallen
Bus-betriebs-hof
Jugend-zentr.
Malakow-turm
Fisch-teiche
Inst. f. Umwelt- u.Zukunftsforschung
Minigolfpl.
Hattinger Str.
Wasserstr.
Oviedo-Ring
Prinz-Regent-Str.
Karl-Friedrich-Str.
Heinrich-König-Str.
Kemnader Str.
Markstr.
Blankensteiner Str.
Schloßstr.
An der Holtbrügge
Am Kuhlenkamp
Neulingstr.
Roomersheide
Am Buchenhain
Krockhausstr.
Nachtigallstr.
Steigerstr.
Henkenbergstr.
Obernbaakstr.
Im Berge
Weitmarer-Holz-Str.
Breukerhang
Am Varenholt
Kleekamp
1
2
3
4
5
6
7
8
11
12
G
H

Das Prinz-Regent-Theater ist einer der führenden Produktionsorte für professionelles freies Theater in Nordrhein-Westfalen. Prinz-Regent-Straße 50–60.

nationalen und internationalen Partnern zusammen. Die Leitung hat Sybille Broll-Pape. Schwerpunkt dieses Theaters ist seit einigen Jahren die zeitgenössische Dramatik. Kammeroper, kabarettistischer Liederabend, Zwei-Personen-Farce und Multimedia-Performance sind weitere Felder, auf denen sich das Ensemble tummelt.

Jetzt brauchen wir nur noch die Prinz-Regent-Straße weiter entlang zu gehen bis zur Wohlfahrtsstraße.

Thema: Kunst in Bochum

Bettina Brakelmann

Museum Bochum

Das 1960 gegründete Kunstmuseum, direkt am Stadtpark gelegen, sieht sich als »optisches Kraftfeld im Zentrum der Stadt«. Es sammelt, bewahrt und präsentiert internationale Kunst von 1900 bis in die Gegenwart. Das ambitionierte Programm trägt der kulturgeografischen Lage inmitten der Ruhrgebietsmuseenlandschaft Rechnung, wobei die Balance zwischen lokalen Bedürfnissen und überregionalen Ansprüchen gewahrt sein will.

Die hauseigene Sammlung umfasst Werke des tschechischen Symbolismus und Kubismus ebenso wie Papierarbeiten von Corinth und Malevic, deutsche Expressionisten, Surrealismus, die Künstlergruppe COBRA, zeitgenössischer Künstler aus Polen, Tschechien und Ungarn, Art Brut. Auch berühmte Namen wie Bacon, Stella, Twombly, Paik sind vertreten.

Neben einer hochwertigen und engagierten Ausstellungstätigkeit liegt ein weiterer Schwerpunkt des Teams um Museumsleiter Hans Günter Golinski in der Vermittlung, in der Kommunikation von Kunst. So werden die Ausstellungen in der Regel von Kunstaktionen, Vorträgen, Workshops, museumspädagogischen Veranstaltungen, Familientagen, Lehrerinformationsabenden etc. begleitet.

Kortumstraße 147
44777 Bochum
Telefon: 910 42 30
www.bochum.de/museum/
Di–So 10–17,
Mi 10–20 Uhr

Kunstsammlungen der Ruhr-Universität Bochum

Während sich die meisten Universitätsmuseen in Deutschland auf die Konservierung historischer Bestände konzentrieren, geht man in Bochum einen »moderneren« Weg: Hier wird (neben einer großen Antikensammlung) überwiegend konkrete Kunst des 20. Jahrhunderts ausgestellt. Unter der Trägerschaft der Ruhr-Universität und des NRW-Wissenschaftsministeriums wurde das Campusmuseum 1975 gegründet und dem Kunstgeschichtlichen Institut zugeordnet. Mit Hilfe privater Stiftungen und nicht zuletzt des Einsatzes des Kunsthistorikers Max Imdahl wurde eine Sammlung aufgebaut, die sich sehen lassen kann: Sie umfasst Bilder, Grafiken und Skulpturen von u.a. Albers, Giacometti, Beuys, Fontana, Fruhtrunk, Graubner, Morellet, Serra, Stella, Twombly und Uecker. In den letzten Jahren kamen u.a. Arbeiten von Boltanski, Judd, Richter und Scully hinzu. Zudem finden sich über das gesamte Universitätsgelände verteilt viele herausragende Beispiele für Kunst am Bau des 20. Jahrhunderts.

Unigelände,
Forumsplatz
(Eingang gegenüber Audimax)
Universitätsstr. 150
Telefon: 3 22 67 82
www.kunstgeschichte.rub.de/knsa/
Di–Fr 11–17,
Sa+So 11–18 Uhr

Situation Kunst (für Max Imdahl)

Nevelstr. 29 c
44795 Bochum
Telefon: 2 98 89 01
www.situation-kunst.de
Mi+Fr 14–18,
Sa+So 12–18 Uhr

Die »Situation Kunst (für Max Imdahl)« ist Teil der Kunstsammlungen der Ruhr-Universität. Das Gebäude-Ensemble am Rande des Weitmarer Schlossparkes, vis-a-vis der Ruine der Sylvesterkapelle, beherbergt eine Dauerausstellung bedeutender Werke der Gegenwartskunst. Die Gesamtanlage wurde Ende der achtziger Jahre in enger Zusammenarbeit mit den hier vertretenen Künstlern so konzipiert, dass sich Kunst, Architektur und Natur dialogisch aufeinander beziehen. Entsprechend reduziert ist die funktionale Ausrichtung der Museumsarchitektur auf die Kunstwerke, für deren Präsentation optimale Bedingungen geschaffen wurden. Drei der vier Gebäude entstanden jeweils für nur ein Werk der Künstler Nordmann, Rabinowitch und Serra, die die Bedingungen vorgaben, nach denen die Architektur sich gestaltete.

Im 2006 eröffneten Sammlungskomplex befinden sich Werke von Colombo, Flavin, Ufan, Morellet, Rainer, Reinartz, Ryman, Reinhardt, Schoonhoven und Serra sowie Werke alter Kunst aus Afrika und Asien. Ab dem »Kulturhauptstadtjahr« 2010 soll in der Ruine ein Glaskubus Raum für Gäste und ein Cafe aufnehmen. Spektakulär wird die unterirdische Erweiterung mit rund 150 Landschaftsgemälden der letzten Jahrhunderte.

Galerie m

Schlossstr. 1 a
44795 Bochum
Telefon: 4 39 97
www.m-bochum.de
Mi+Fr 14–18,
Sa 12–18 und nach Vereinbarung

In direkter Nachbarschaft zur Situation Kunst liegt Bochums wohl berühmteste Galerie: m. Seit 1969 vertritt die Avantgarde-Galerie die aktuellsten Positionen zeitgenössischer Kunst, wobei ein Schwerpunkt im Bereich der konkreten und gegenstandslosen Kunst liegt, ein weiterer im Bereich der Fotografie. In vier bis fünf Ausstellungen pro Jahr werden in den hellen, großzügigen Ausstellungsräumen Arbeiten sowohl international etablierter wie auch junger Künstler gezeigt.

Auf keinen Fall sollte man sich einen Spaziergang durch den Skulpturenpark im angrenzenden Weitmarer Schlosspark entgehen lassen: Zwischen Trauerweiden, romantischem Tümpel und Schlossruinen gilt es Werke von Richard Serra, Lee Ufan, Giuseppe Spagnulo und anderen zu entdecken!

Wasserburg Haus Kemnade/Kunstverein Bochum

An der Kemnade 10
45527 Hattingen
Telefon: 3 02 68 und 9 10 42 16
www.kunstverein-bochum.de
1.5.–31.10.: Di–So 12–18 Uhr,
1.11.–30.4.: Di–So 11–17 Uhr

Neben der Musikinstrumentensammlung Grumbt und der Sammlung Ehrich stellt das Museum Bochum auch dem Kunstverein Bochum einen Raum in der alten Wasserburg nahe der Ruhr zur Verfügung, in dem jährlich etwa sechs Wechselausstellungen stattfinden. Mit seiner Entstehung Ende der 1950er Jahre ist der Kunstverein Bochum der älteste der insgesamt drei Bochumer Kunstvereine. Ziel war und ist es, die Auseinandersetzung mit der aktuellen Gegenwartskunst anzuregen und nachhaltig zu fördern, d.h. es werden sowohl vielversprechende, aber noch weitgehend unbekannte junge Talente wie auch neueste Werkkomplexe bereits anerkannter Künstler gezeigt. Das Spektrum reicht dabei von Malerei und Zeichnung über Bildhauerei und Fotografie bis hin zu raumbezogenen Installationen sowie Klang- und Videokunst. Zudem werden Künstlergespräche, Vortragsreihen und Kunstreisen angeboten.

galerie januar e.V.

1980 ursprünglich von Studenten und Künstlern gegründet, hat sich die Galerie Januar längst als Kunstverein etabliert und ist eine feste Größe im Bochumer Kulturleben. In sechs Ausstellungen pro Jahr wird in Langendreer getreu dem Vereinsziel »Förderung junger Kunst« das gezeigt, was in den Kunstakademien an neuen Positionen entwickelt wird, so dass die ausstellenden Künstler in der Regel unter 30 sind. Hauptaugenmerk liegt dabei auf raumbezogenen Arbeiten, sprich Installationen, sowie konzeptioneller Kunst.

Eislebener Str. 9
44892 Bochum
Telefon: 3 600 578
http://members.surfeu.de/galerie_januar/
Do 17–19 u. n. V. unter 35 15 18

Kunstverein Bochumer Kulturrat

Jüngster Kunstverein ist der Bochumer Kulturrat in Gerthe. Seit einigen Jahren hat man dort im ehemaligen Magazingebäude der Schachtanlage Lothringen I/II kontinuierlich an einem Konzept gearbeitet und eine beachtliche Qualität in den Ausstellungen aufgebaut. Nationale und internationale Künstler präsentieren ihre Positionen in vier bis fünf Ausstellungen pro Jahr. Jeden Herbst wird zur »Kunst-Schicht« geladen, wobei Kunst-Projekte nicht nur für sich betrachtet werden, sondern in interkulturelle, soziale und ökonomische Kontexte eingebettet werden. Zudem wird seit 2008 jährlich der Kunstpreis Lothringen vergeben, der jungen Künstlern einen ersten Katalog ermöglicht.

Kultur-Magazin Lothringen
Lothringer Str. 36 c
44805 Bochum
Telefon: 86 20 12
www.kulturrat-bochum.de
Do+Fr 18–20 Uhr und nach Vereinbarung

Schlieker-Haus

In Querenburg lebte und arbeitete einer der wichtigsten informellen Maler Deutschlands: Hans-Jürgen Schlieker (1924–2004). Die Impulse für seine Malerei gab ihm die Landschaft, die er als freie gestische Äußerung auf meist großformatige Leinwände übertrug – die subjektiv empfundene Farbigkeit, Strukturen und Stimmungen der Natur bleiben in ihrer abstrakten Umsetzung erhalten. Zusätzlich zu Schliekers Arbeiten finden weitere Ausstellungen der Gegenwartskunst statt.

Paracelsusweg 16
44801 Bochum
Telefon: 9 78 95 11
www.schlieker-haus.de
Mi+So 15–18 Uhr und nach Vereinbarung

Ansonsten gilt: Augen auf beim Spaziergang durch die Stadt! Bochum bietet eine Fülle an Kunst im öffentlichen Raum, sei es im Stadt- oder Westpark, auf dem Universitätsgelände, in den U-Bahnhöfen, unter den Brücken …

Linden
Signale aus dem Weltall

Theo Piedboeuf und Birgit Werner

Ausgangspunkt: Haltestelle »Linden-Mitte« | Linie 308/318
Endpunkt: Haltestelle »Linden-Mitte« | Linie 308/318
Streckenlänge: 5 km | Dauer: 2 Stunden

Der Stadtteil Linden zeigt Industriekultur und idyllische Natur, besondere Bauwerke und bemerkenswerte Punkte, deren Geschichte nicht auf den ersten Blick zu erkennen ist. Die hier vorgestellte Strecke führt über Wälder und Felder in Wohn- und Gewerbegebiete und das Geschäftszentrum.

1 Linden-Mitte

Wer die Straßenbahn an der Haltestelle Linden-Mitte verlässt, steht auf der zentralen Hauptstraße des Lindener Zentrums, auf der Hattinger Straße. Hier finden sich Gebäude vom Ende des 19. und Anfang des 20. Jahrhunderts, aber auch moderne Geschäftshäuser, die zwar im auffälligen Kontrast zu der Jugendstilarchitektur stehen, sich jedoch in den kleinstädtischen Charakter des Ortskerns einfügen.

Die Hattinger Straße war immer eine wichtige Verkehrsader. Schon im Mittelalter war sie für das kleine Straßendorf Linden als südlicher Abzweig des von Bochum nach Köln führenden Hellwegs für die Ansiedlung von Handwerk und Handel von erheblicher Bedeutung.

Straßenbahn auf der heutigen Hattinger Straße, 1902

Den Wandel von der beschaulichen Dorfgemeinde zum Industriestandort erlebte Linden in der zweiten Hälfte des 19. Jahrhunderts. Die Talhänge an der Ruhr wurden zur Wiege des Bergbaus. Das »schwarze Gold«, die Steinkohle, lag hier fast an der Erdoberfläche. Schon im Mittelalter wurde die Kohle im Tagebau und wenig später im Stollenbau gefördert. Zahlreiche sogenannte Stollenmundlöcher, die Eingänge in die Abbaustreben, zeugen heute noch von der vorindustriellen Produktionsweise, bei der die Schächte fast horizontal in den Berg getrieben wurden. Mit dem Übergang zur industriellen Tiefbauweise, mit der die reichhaltigeren Kohlevorkommen »unter Tage« erschlossen wurden, wurde in den sechziger Jahren des 19. Jahrhunderts der erste Tiefbauschacht in Linden abgeteuft. Damit wuchs der Bedarf an Arbeitskräften erheblich. Das Dorf Linden, das bis dahin überwiegend von Landwirtschaft und Handwerk lebte, wuchs durch den Zuzug von Arbeitsimmigranten aus den ostdeutschen Provinzen und Polen von 400 Einwohnern im Jahre 1819 auf 2.600 im Jahre 1870.

2 Marktplatz Linden

Der Marktplatz Linden liegt am Rande des Lindener Ortskernes. Mittwochs und samstags findet hier ein Wochenmarkt statt. Auch für Stadtteilmessen, Feste, Martinsumzüge und die Lindener Kirmes wird der Marktplatz genutzt. Er bildet den Endpunkt des traditionellen Rosenmontagzuges, der viele auswärtige Besucher in den Stadtteil lockt.

Zwei Zugänge führen vom Marktplatz aus zu einem Tiefbunker, der durch das Verblendmauerwerk seiner Frontmauer aus Ruhrsandsteinen auf den ersten Blick gar nicht als bombensicherer Luftschutzbunker erkennbar ist. Nach dem Baubeginn im November 1940 fanden die Menschen dort schon ab Mai 1941 Zuflucht. Die teilweise noch vorhandene

Hinter den trutzigen Mauern auf dem Marktplatz befindet sich der Eingang zum Tiefbunker-Museum.

Inneneinrichtung und Ausstattung, die sich im Originalzustand der Zeit des Kriegsendes befindet, hat ein Projekt angestoßen, den Bunker als Museum und Mahnmal zu nutzen.

3

»Zur Alten Post«

Wenige Meter hinter dem Marktplatz stößt man auf die Gaststätte »Zur alten Post«. In diesem alten Schieferhaus befand sich die Poststation Lindens, an der bis zur Jahrhundertwende die durch den Ort rollenden Postkutschen Halt machten, die zwischen Hattingen und Bochum verkehrten. Als die elektrische Straßenbahn von 1901 an von Weitmar über Linden nach Hattingen tingelte, wurde die Pferdepostlinie eingestellt. In der Gaststätte halten alte Truhen, Uhren und Schränke die Erinnerung an vergangene Zeiten wach.

Gaststätte »Zur alten Post«

Auf der östlichen Seite der Hattinger Straße, an der Einmündung der Straße Kesterkamp, ist ein Ensemble von zwei verschieferten Häusern zu sehen: Das linke ist ein Nachbau des sogenannten »Tusculum«. Dieses war Mitte des 19. Jahrhunderts von Ferdinand Krüger, der in Linden 42 Jahre als Knappschaftsarzt gewirkt hat,

Dr. med. Ferdinand Krüger.

Krügers »Tusculum« um 1910.

Der Nachbau des »Tusculum« im niederbergisch-westfälischen Baustil.

erbaut worden. Dr. Krüger gründete und leitete auch das St. Joseph-Hospital in Linden. In seiner Freizeit betätigte er sich als anerkannter Heimatdichter, der seine Schriften im westfälischen Niederdeutsch verfasste.

Das Tusculum war als repräsentatives Bürgerhaus von einem parkähnlichen Garten mit zum Teil exotischen Bäumen umgeben. In den achtziger Jahren des vergangenen Jahrhunderts sollte dieses dem Verfall überlassene Kleinod einem Supermarkt weichen. Die Bevölkerung Lindens protestierte lautstark. Nun griffen zwei Ärzte zu. Das Tusculum wurde durch eine Arztpraxis in ähnlichem Baustil ersetzt und blieb dadurch dem Stadtbild erhalten. Daneben ist die ebenfalls im niederbergisch-westfälischen Baustil entstandene frühere Gaststätte Schwager nach der Renovierung zu Wohneinheiten umgebaut worden. Hinter diesem Haus liegt ein sehenswerter Bruchsteintorso, die Überreste einer ehemaligen Kornbrennerei.

4

»Alter Friedhof«

Hinter einer Mauer auf der Lindener Straße liegt der alte Teil des Friedhofs der katholischen Liebfrauengemeinde in Linden. Dort erinnert eine von Tisa von der Schulenburg gestaltete Bronzeplatte an den Bergarbeiter, Streikführer und Arbeiterdichter Heinrich Kämpchen.

Tisa von Schulenburg gestaltete die Bronzeplatte am Grab des Arbeiterdichters Heinrich Kämpchen.

Der Katholik und Sozialdemokrat Kämpchen wurde am 23. Mai 1847 in Altendorf/Ruhr, südlich von Essen geboren, wo er seine Kindheit verbrachte. Er erlebte nicht nur die körperlich schwere und gefährliche Arbeit auf der Zeche Hasenwinkel, sondern auch das willkürliche Regiment der Zechenbarone, den »Grubenmilitarismus«. Früh verlor er seinen Arbeitsplatz, weil er die Arbeitskollegen ermunterte, sich gewerkschaftlich zu organisieren und einer der Streikführer beim ersten großen Bergarbeiterstreik 1889 war. Die Zechenbarone, seit 1858 im »Verein für die bergbaulichen Interessen im Oberbergamtsbezirk Dortmund« und seit 1893 im rheinisch-westfälischen Kohlensyndikat organisiert, setzten Kämpchen auf die schwarzen Listen, die im gesamten Ruhrgebiet kursierten und die Namen von 4.000 »Agitatoren«, »misslichen Arbeitern« und »Rädelsführern« enthielten. Wer einmal auf der Liste stand, fand auch in Zeiten der Hochkonjunktur kaum noch Arbeit auf einer Zeche. Doch von den Kollegen wurde Kämpchen zum Delegierten für den Bergarbeiterkongress und im August 1892 in den Kontrollausschuss des Verbandes gewählt. Ab 1877 wohnte Kämpchen als Kostgänger bei einer Familie Küper in der früheren Bahnhofstraße, der heutigen Dr.-C.-Otto-Straße. Dort, am Haus Nummer vier, findet sich heute eine Tafel, die auf den Arbeiterdichter verweist. Bis zu seinem Tod (am 6. März 1912 in Linden) lebte Kämpchen von einer kargen Knappschaftsrente und von den kleinen Honoraren, die die Redaktion der »Bergarbeiterzeitung« für den Abdruck seiner Gedichte zahlte. Fast jede Ausgabe dieser Zeitung druckte ein paar Zeilen von Kämpchen auf der ersten Seite. In Hunderten von Gedichten hat er das Leben, die Arbeit, die Not, die Kämpfe und auch die Hoffnungen der Bergarbeiter im ausgehenden 19. und beginnenden 20. Jahrhundert festgehalten. Über den künstlerischen Rang dieser Dichtung mag man streiten, sicherlich hat Heinrich Kämpchen aber soziale Dokumente ersten Ranges hinterlassen. In drei Gedichtbänden »Aus Schacht und Hütte« (1898), »Neue Lieder« (1904) und »Was die Ruhr mir sang« (1909) ist sein Werk überliefert. Hier eines seiner Gedichte:

Schwarz von Kohlendampf die Luft
überall Gepoch und Hämmern
jede Grube eine Gruft
um das Leben zu verdämmern.

Zwischendurch der Hütten Dunst
und die Glut von tausend Essen,
eine Riesenfeuersbrunst, nicht zu malen, nicht zu messen.

Graue Halden, dürr und kahl,
Schlote, die zum Himmel ragen,
Menschenleiber, welk und fahl,
die sich hasten, die sich plagen.

Sprecht vom Kohlengräberstand
oft mit klingender Gebärde
das ist Kohlengräberland!
Das ist unsere Heimaterde.

Donnerbecke 5

Namensgeber der schmalen Straße, der wir nun aus dem Bochumer Stadtgebiet heraus folgen, ist die Donnerbecke. Früher ein wilder Bach, war die Donnerbecke lange nur ein eingefasstes kleines Rinnsal, das zur Abwasserentsorgung genutzt wurde. Seit einiger Zeit laufen Bemühungen den Bachlauf zu renaturieren. Die Anlage eines Kleingartenvereins, viel Wald und nur noch vereinzelte Wohnhäuser entlang der Straße lassen einen fast ländlichen Eindruck entstehen. Besonders am Wochenende begegnet man vielen Spaziergängern und Radfahrern.

Am Ende der Donnerbecke erreicht man die Rauendahler Straße, die weiter zur Ruhr führt. Im alten Rauendahler Kohlehafen wurde vor über 100 Jahren die aus den Stollenzechen Dicke Baekerbank, St. Mathias Erbstollen, Anne Catharina, Noekerbank und Johann Friedrich geförderte Kohle auf Pferdekähne verladen. Als mit der forcierten Industrialisierung der Kohletransport von der Eisenbahn übernommen wurde,

Idylle mitten im Ruhrgebiet: das Ufer der Ruhr.

sank die Bedeutung der Schifffahrt. Sie wurde 1878 eingestellt. Heute dient das Ruhrtal in diesem Bereich zur Trinkwasserversorgung und die Ruhraue als Wasserschutzgebiet darf hier nicht betreten werden. Auf der anderen Ruhrseite liegt das Areal der ehemaligen Hattinger Henrichshütte, eines Eisenhüttenwerks, in dem fast 10.000 Arbeiter Eisen und Stahl produzierten. 1987, nach Jahren des erbitterten Widerstandes der ganzen Region, wurde der letzte Hochofen stillgelegt. Das riesige Gelände ist über Rundwege erschlossen und die verbliebenen Gebäude, unter anderem der Hochofen und die Gebläsehalle, wurden zu einem Standort des westfälischen Industriemuseums ausgebaut.

Der Aufstieg durch die Hänge des Ruhrtals über die Obernbaakstraße nach Sundern führt durch einen der landschaftlich schönsten Grüngürtel Bochums mit einer guten Sicht auf die Ruhr und ihr Hattinger Ufer. Am Hang treten stellenweise die gefalteten Steine des Oberkarbons mit grauen Schiefern und harten Werksandsteinbänken sichtbar zu Tage.

6 »Stanzwerk«

Am Ruhrhang, mitten im Grünen, entdeckt man die Gebäude einer ehemaligen Stahlfabrik, das »Stanzwerk«. Das Ensemble aus einer Maschinenhalle, einer Dreherei und Kotten steht mit seiner Geschichte sinnbildlich für den Strukturwandel im Ruhrgebiet. Im 18. Jahrhundert diente der damalige Wintersche Kotten als bäuerlicher Kleinbetrieb mit oberflächlichem Kohleabbau der Selbstversorgung der Bewohner, dann entwickelten sich hier Gewerbe und kleine Industriegewerke als Zuliefererbetriebe für die Stahlindustrie und den Bergbau. Nach dieser industriellen Nutzung schufen die Eigentümer der Anlage – in nunmehr vierter Generation – ein ungewöhnliches Veranstaltungszentrum

Blick vom Ruhrhang auf die Ruhr.

Über den Ruhrhang durch Felder auf dem Weg zur Sternwarte.

mit vielfältigem Kultur- und Gastronomieangebot: Heute finden Ausstellungen, Konzerte und Feiern in den alten Industriebauten statt. In der ehemaligen Maschinenhalle sorgen die verbliebene Senkschmiede und der Schmelzofen für ein besonderes Ambiente, das Besucher zu den unterschiedlichen Veranstaltungen lockt.

7

Sternwarte »Kap Kaminski«

Folgt man weiter der Obernbaakstraße, ist schon von weitem auf dem Hügel das ballonförmige Radom, das größte Gebäude der Sternwarte Bochum, zu sehen. Bei einem schweren Sturm im Oktober 1999 wurde die 40 Meter hohe Tragluftkuppel zerstört, dann aber wieder aufgebaut. Unter dem Radom befindet sich eine 20 Meter hohe Parabolantenne,

Weithin sichtbar ist das Radom der Sternwarte Bochum.

die Daten von geostationären und erdumlaufenden Satelliten empfangen und versenden kann.

Zechenhäuser am Sonnenberg.

Die Sternwarte gründete 1946 der Chemieingenieur und ehemalige Marinefunker Heinz Kaminski als eine Volkssternwarte, die in der Bevölkerung auch »Kap Kaminski« genannt wurde. Der Hobbyastronom Kaminski kam 1957 zu Berühmtheit, als es ihm gelang, die Signale des ersten künstlichen Satelliten im All, des sowjetischen Sputnik 1, über eine Funkstation im Keller seines Wohnhauses zu empfangen. Diese Tonaufnahmen dokumentieren den Beginn der Raumfahrt. Nachdem die Volkssternwarte nicht mehr subventioniert wurde, wandelte Kaminski sie in ein privates Institut zur Umwelt- und Zukunftsforschung um, das heute, als Weiterbildungseinrichtung wieder öffentlich gefördert, astronomische und umweltpolitische Themen bearbeitet und den Bürgern vermittelt.

8 Luftschacht Papenloh

Unterhalb des Radoms führt ein Fußweg an den Rand des Weitmarer Holzes zum Luftschacht Papenloh, der ein Relikt aus der Zeit der Kohleförderung in Linden ist. Das Gebäude diente zur Belüftung und zur Materialförderung des ehemaligen Bergwerks Friedlicher Nachbar. An einem am Waldesrand gelegenen Sportplatz vorbei gelangt man zu der Straße Am Sonnenberg, die steil in das Gewerbegebiet Deimketal führt.

9 Zeche Friedlicher Nachbar

Hier befindet sich das Zechengelände Friedlicher Nachbar mit seinen zum Teil maroden Überresten.

Die Zeche Friedlicher Nachbar gehörte mit ca. 2.300 Beschäftigten zu den bedeutendsten Betrieben der Region. Als sie 1961 endgültig die Produktion einstellte, ging die einst auch für Linden charakteristische Einheit von Wohnen und Arbeiten verloren. Einen Eindruck dieser Einheit erhält man noch in den hinter dem Zechengelände gelegenen Berg-

Siedlung um 1910.

Vergessen: die Gebäude der ehemals bedeutenden Zeche Friedlicher Nachbar.

mannssiedlungen in den Straßen Am Josephsschacht und Friedlicher-Nachbar-Straße.

Etwas versteckt im hinteren Teil des Deimketal steht die 1905 erbaute Maschinenhalle der Zeche Friedlicher Nachbar. Sie befindet sich in Privatbesitz und bietet seit Mitte der neunziger Jahre Raum für Theateraufführungen, Ausstellungen und Messen zu Kunst und Design.

Über die Wuppertaler Straße und durch die Lindener Straße gelangt man zum Nehringskamp, der bergauf zurück zur Hattinger Straße und zum Geschäftszentrum führt.

Bergmannssiedlung Friedlicher Nachbar.

Ein Ort der Kunst und Kultur: die alte Maschinenhalle der Zeche Friedlicher Nachbar.

10 »Alte Timmerschule«

Alte Timmerschule.

Einige Meter stadteinwärts, an der Einmündung Hasenwinkeler Straße, steht ein alter Klinkerbau, die »Alte Timmerschule«. In dem Gebäude befand sich die freie weltliche Schule Linden. Heute bietet es Künstlern und Kreativen Arbeits- und Ausstellungsräume.

Nach dem Ersten Weltkrieg schlossen sich einige Eltern – vorwiegend Sozialdemokraten und Kommunisten – zusammen, um eine freie weltliche Schule zu gründen, in der ohne den sonst üblichen Einfluss der Kirchen gelernt werden sollte. Als im April 1922 der Unterricht beginnen sollte, hatte der harte Widerstand der Kirchen dafür gesorgt, dass die Aufsichtsbehörde das Schulgebäude nicht frei gab. Vier Wochen streikten Schüler und Lehrer, bis der Unterricht beginnen konnte. Die freie Schule existierte bis 1934, dann schlossen die Nazis die weltlichen Schulen.

11 Liebfrauenkirche

Auf der Hattinger Straße zurückgehend in Richtung des Ausgangspunktes, passiert man zwei Kirchen, die das Zentrum von Linden überragen. Die evangelische Christuskirche, 1897 errichtet, wurde bei Bombenangriffen in den letzten Tagen des Zweiten Weltkrieges ein Raub der Flammen und 1952 wieder restauriert. Die katholische Liebfrauenkirche, 1866 erbaut, hat den Krieg ohne bemerkenswerte Schäden überlebt und steht heute unter Denkmalschutz. Etwas unterhalb des Straßenniveaus gelegen, öffnet sich der Kirchplatz über Stufen und Rampen harmonisch zur Hattinger Straße, auf der unter Bäumen Bänke zur Rast einladen.

Weitmarer Holz
Papenloh
Sundern
Baaker Berg
Linden
Inst. f. Umwelt- u.Zukunftsforschung
Obernbaakstr.
Am Sonnenberg
Baaker Str.
Gewerbegebiet Deimketal
Thespis Theater
Wuppertaler Str.
Donnerbecke
Hattinger Str.
Welperstr.
Schießstand
Hundedressur
Hallenfreibad Linden
Stadtbücherei
Gewerbegebiet Kolkmannskamp
Surenfeld
51
1
2
3
4
5
6
7
8
9
10
11

Dahlhausen
Das schönste Ende der Stadt

Norbert Konegen und Tanja Grewing

Ausgangs- und Endpunkt: Bahnhof Dahlhausen | S-Bahnlinie: S 3
Straßenbahnlinie: 318 | Bus: 345, 352, 359, 390
Dauer: ca. 3 Stunden | Streckenlänge: 5 km

Dahlhausen, das »Stiepel der kleinen Leute«, nimmt als historisch gewachsener Arbeiterstadtteil unter den im Bochumer Süden gelegenen Wohnquartieren eine Sonderstellung ein. Zwar gibt es in Bochum keine so genannten Spitzenwohnlagen, in denen sich die Wohlbetuchten seit Generationen niederlassen und die mit einer Elbchaussee in Hamburg oder mit dem Essener Stadtteil Bredeney vergleichbar sind. Dennoch finden sich die besseren Wohngegenden mit Ausnahme des Stadtpark-Viertels und Teilen von Ehrenfeld im Süden der Stadt. Obwohl Dahlhausen im idyllischen Ruhrtal liegt, gleicht der Stadtteil eher den traditionellen Arbeiterquartieren, die fast ausnahmslos im Norden Bochums zu finden sind.

Das soziale Nord-Süd-Gefälle der Stadt beruht auf ihrer industriellen Entwicklung. Die im Ruhrtal gelegenen Bergbaubetriebe erreichten niemals die Größe der nördlichen Zechen. Die meisten Anlagen waren kleine Stollenzechen, deren Schächte in die Talhänge der Ruhr (in den Berg) getrieben wurden. Beim Übergang zur Tiefschachtproduktion verloren sie frühzeitig ihre Bedeutung für die Kohlenproduktion, so dass an der Ruhr zahlreiche Grünflächen erhalten blieben bzw. wieder neu entstanden. Neben dem Ortsteil Linden entwickelte sich nur Dahlhausen durch die Zeche »Dahlhauser Tiefbau«, die Steinfabrik Dr.-C.-Otto und den alten Verschiebebahnhof zum charakteristischen Industrievorort.

Der Bahnhof Dahlhausen zeugt noch heute davon, dass die Entwicklung des Stadtteils nicht nur vom Bergbau, sondern auch von der Eisenbahn geprägt wurde. Hier befand sich früher einer der größten Rangierbahnhöfe des Reviers, der in den fünfziger Jahren mit 36 Gleisen rund um die Uhr bis zu 2.200 Waggons täglich abfertigte. Nach dem Zechensterben und Schließung einiger Industriebetriebe hat der Verschiebebahnhof Dahlhausen an Bedeutung als Umschlagplatz für den Güterverkehr verloren. Heute verkehren auf der ehemals wichtigen Strecke nur wenige Güterzüge und die S-Bahnlinie 3 zwischen Oberhausen und Hattingen.

Der Brunnen »Lokomobile« vor dem alten Dahlhauser Bahnhof.

In den Rationalisierungskonzepten der Bundesbahn war für ein Bahnhofsgebäude mit Empfangshalle, Kneipe und Schalterverkauf kein Platz. Der »Bahnhof«, seit 1985 im Besitz der Stadt, steht zurzeit leer.

Nach der Restaurierung und Wiederherstellung durch einen Investor erlebte das im »Bergischen Heimatstil« 1916 fertig gestellte Gebäude eine kurze Renaissance. Nach einem Brand im Gastronomiebereich im Jahr 2000 wurde zwar die Außenfassade wieder hergestellt, doch es fand sich kein Pächter.

Ehemaliger Blick auf die Güterabfertigung.

1 Brunnen Lokomobile

Vor dem Bahnhof plätschert seit 1989 die Lokomobile. Der vom Düsseldorfer Künstler Hermann Kunkler entworfene Brunnen zeigt zahlreiche Motive aus der Geschichte der Eisenbahn, die zu einem abstrakten Arrangement verbunden sind.

Das Zentrum Dahlhausens um den Otto-Wels-Platz war in den 1980er Jahren Objekt zahlreicher städtischer Programme zur Wohnumfeldverbesserung. Ein Teil der Hauptstraße ist seitdem für den Durchgangsverkehr gesperrt und die Anwohner haben sich ein Stück Lebensraum zurückerobert. Die Straße führt nun um den Ortskern herum, einige Hinterhöfe fielen der neuen Trassenführung zum Opfer. Dabei entstand eine begrünte Lärmschutzwand, die anschaulich zeigt, wie Beton ökologisch ummantelt werden kann. Die Umgestaltung des Stadtteil-Mittelpunktes orientierte sich an den historisch gewachsenen Strukturen. Kein künstlich inszeniertes City-Ambiente, das Straßenbild spiegelt den multikulturellen Charakter Dahlhausens wieder.

Zurzeit laufen weitere Planungen zur Aufwertung des Ortskern. Ein Geschäftshaus soll dem Otto-Wels-Platz städtebaulich den Charakter eines echten Mittelpunktes geben.

2 Wanderweg, ehemalige Brücke

Die Unterführung zum »roten Loch«, einst gefährlich für die Nazis.

Verlässt man das Zentrum Dahlhausens in Richtung des Dr.-C.-Otto-Werkes, kreuzt man einen bis nach Weitmar führenden Rad- und Wanderweg. Er liegt auf der alten Eisenbahnlinie, die die Dahlhauser Zechen mit den anderen Bochumer »Pütts« verband. Die Bahnstrecke wurde bereits 1811 als Pferdebahn angelegt, die die auf den Anrainerzechen geförderte Kohle talabwärts zur Ruhr transportierte. Dort wurde das »Grubengold« auf Pferdekähne verladen. Mit fortschreitender Industrialisierung wurde die Trasse auf Dampfbetrieb umgestellt und 1965 stillgelegt.

An dieser Stelle trennte früher eine Eisenbahnunterführung – sie wurde 1984 abgerissen – das »rote Loch« Unterdahlhausen von den anderen Wohnquartieren des Stadtteils. Dahinter lagen Siedlungen der Bergleute vom »Dahlhauser Tiefbau« und der Arbeiter der Steinfabrik Dr.-C.-Otto. Zeitzeugen berichten, dass bis zur Machtergreifung der Nazis die SA bei ihren Aufmärschen die Brücke nur unter Polizeischutz passieren konnte.

3 Pumpwerk und Bunker

Die Straße »Am Pumpwerk« hat ihren Namen von der Pumpstation rechts am ehemaligen Marktplatz vor dem Bunker. Durch Bergsenkungen war die Einleitung des Abwassers über den »Dahlhauser Bach«, der unter dem Bahnhof zur Ruhr verlief, nicht mehr möglich gewesen. So entstand 1925 das heute noch erhaltene Pumpwerk mit einem runden Klärbecken, das die Fäkalien des Ortes direkt durch einen »Ruhrdücker« unter der Ruhr zum Klärwerk nach Essen-Burgaltendorf pumpt. Acht Regenwasserpumpen, die mehr als 2 m^3 pro Sekunde leisten können, sorgen dafür, dass auch starke Regenfälle den im Tal gelegenen Ort nicht absaufen lassen.

Bunker, heute Musiker-Proberäume.

Pumpwerk.

Ab 1940 begann in Bochum der Bunkerbau, zu dem vorwiegend französische Kriegsgefangene herangezogen wurden. Das Weltkriegsrelikt am Pumpwerk ist einer von 15 Hoch- und Tiefbunkern auf Bochumer Stadtgebiet, die bis zum Kriegsende gebaut wurden. Heute nutzen ambitionierte Bands die Räume des schalldichten Bunkers zu Probezwecken.

4 Häuser der Silberbank

Die Häuser der Silberbank, wegen der Vorgärten heute noch als Gartenstraße bekannt, stehen teilweise unter Denkmalschutz. Die Firma Dr.-C.-Otto baute diese Werkssiedlung nach der Jahrhundertwende. Typisch sind hier – auch im mittleren Bereich der Eiberger Straße – die Nutzgärten und die früher zur Kleintierhaltung benutzten Ställe.

Dieser Baustil war für die Arbeitergenerationen dieser Zeit sowohl ökonomisch als auch psychologisch wichtig. Einerseits waren sie wegen des geringen Lohnniveaus auf die Selbstversorgung mit Nahrungs-

Historischer Blick vom Kassenberg über die Häuser der Silberbank.

mitteln angewiesen, andererseits konnte der Arbeitskräftebedarf nur durch die Anwerbung von deutschen, polnischen und masurischen Arbeitsimmigranten gedeckt werden. Da Gemüsegärten und Stallungen bestimmte Ähnlichkeiten mit ihren gewohnten vorindustriellen Lebensverhältnissen aufwiesen, konnten sie sich so ein Stück Heimat bewahren.

Die Betriebe errichteten die »Kolonien« nicht aus sozialen Motiven. Der Siedlungsbau war schon allein deshalb notwendig, weil es nicht genügend Wohnraum gab. Außerdem sollten die Arbeiter, insbesondere in Zeiten der Hochkonjunktur, an den Betrieb gebunden werden. Und nicht zuletzt wurde der werkseigene Siedlungsbau zur Kontrolle und Disziplinierung der Belegschaft eingesetzt. Mietverträge und Nutzungsrecht waren in der Regel an den Arbeitsvertrag gebunden. Vor allem bei einer Beteiligung an Streikaktionen bestand immer die Gefahr, neben dem Arbeitsplatz am selben Tag auch noch das Dach über dem Kopf zu verlieren. Die Entkoppelung von Arbeits- und Mietvertrag war deshalb eine wesentliche Forderung der großen Bergarbeiterstreiks.

So heißt es z.B. im Forderungskatalog des Bergarbeiterstreiks von 1905:

»11. In den Mietkontrakten der Zechenkolonien ist monatliche Kündigung aufzunehmen …
13. Keine Maßregelung, keine Abzüge und Strafen wegen der Bewegung, insbesondere dürfen die Bewohner von Zechenkolonien infolge des jetzigen Streiks nicht gekündigt und herausgesetzt werden.«

Haus mit Vorgarten Am Ruhrort.

Noch heute verdeutlichen die in unmittelbarer Nähe zur Produktionsstätte gelegenen Otto-Wohnungen die enge Verbindung von Arbeiten, Wohnen und Freizeit, die für das Ruhrgebiet lange Zeit typisch war. Wie in anderen Vierteln löst sich aber auch hier die soziale Homogenität der Bewohner allmählich auf. Heute haben Werkswohnungen für die Firma kaum noch Bedeutung. Seit die Belegschaft schrumpfte, begann sie die Wohnungen zu verkaufen. Belegschaftsmitgliedern wurde ein Vorkaufsrecht eingeräumt. Die es sich leisten konnten, kamen relativ preisgünstig an ein Eigenheim in ruhiger Wohnlage. Auch denjenigen, die sich den Kauf nicht leisten konnten oder notwendige Renovierungskosten scheuten, wurde ein – teilweise befristetes – Wohnrecht eingeräumt. Da preisgünstige Häuser mit Garten in der Großstadt Bochum knapp sind, werden die alten Arbeitersiedlungen auch für die neue zahlungskräftigere Mittelschicht interessant, mit der Folge, dass nach Auszug der alten Bewohner die Mieten spürbar steigen.

5 Alter Fußballplatz

Nach wenigen Metern stößt man an der Eiberger Straße auf einen Neubaukomplex, der auf der alten Industriebrache der ehemaligen

Schultefabrik errichtet wurde und typisch für den Strukturwandel ist. Die alten Fabrikhallen wurden erst 1990 abgerissen.

Hier lag auch die Wiege des SC Dahlhausen, der sein erstes Spiel (gegen den Fußballclub Viktoria Hattingen 5:0) auf dem alten Platz an der Eiberger Straße austrug. Bis der SCD 1972 gemeinsam mit den MBV-Linden zur SG Bochum-Süd fusionierte, war er aus dem Bochumer Sportgeschehen nicht wegzudenken. Noch 1963 schlugen die Vorstädter unter dem Jubel des Dahlhauser Anhangs den scheinbar übermächtigen VfL Bochum im gegnerischen Stadion »An der Castroper Straße«, dem heutigen »rewirpower-Stadion« durch ein Kopfballtor von Fritz Lutter mit 1:0. Bei der Fußballabteilung blieben die ganz großen Erfolge allerdings aus. Nationalen Ruhm ernteten die Leichtathleten des Vereins. 1956 wurde der Verein deutscher Marathonmeister in der Mannschaftswertung. Gustav Disse war 1956 und 1959 Deutscher Meister im Marathonlauf. 1962 belegte Disse immerhin den 4. Platz beim San Silvestre in Sao Paulo.

Freitagsgebet in der Sultan Ahmet Moschee.

Kurz vor dem Ende der Eiberger Straße, lag rechts die ehemalige Bäckerei Romberg/Kappius. In den Kriegsjahren nutzten oftmals die dort lebenden Arbeiterfamilien die Möglichkeit, für einen kleinen Betrag ihren Blechkuchen abbacken zu lassen. Heute ist dort ein Krippenmuseum beheimatet, das zur Weihnachtszeit Führungen anbietet.

6 Krippen-musem

Hauptsächlich durch Eigenarbeit des türkisch-islamischen Kulturvereins entstand 1986 in der ehemaligen Kneipe Bernhard Rose das islamische Gebetshaus »Sultan Ahmet Camii«. Das Innenleben der Moschee besteht jedoch nicht nur aus zwei Gebetsräumen, sondern auch aus einer Teestube, die sich zum Kommunikationszentrum der türkischen Bewohner des Stadtteils entwickelt hat und außerdem für Besucher anderer Nationalitäten geöffnet ist. Die meisten Gäste kommen am Freitag, dem Tag des gemeinsamen Gebetes.

7 Moschee Stollenmundloch der Zeche »General-Erbstollen Nr. 5«

Seitlich der Moschee tritt die Bergbauvergangenheit des Ruhrgebiets sichtbar zu Tage. Das Stollenmundloch der Zeche »General-Erbstollen Nr. 5« aus dem Jahre 1825 wurde vom Bergmannstisch Bochum-Süd e.V. 1992 freigelegt und gehört heute zum 14 km langen bergbauhistorischen Wanderweg durch Linden-Dahlhausen, mit 32 Stationen und 21 Hinweistafeln. Die Dokumentation am Geschichtsdenkmal, von dem einst die Kohle mit Pferdewagen zur Ruhr transportiert wurde und während der Kriegsjahre als Luftschutzstollen diente, hat der Verein multikulturell in deutscher und türkischer Sprache verfasst.

Schieferverkleidete Häuser Am Ruhrort.

In den schieferverkleideten Häusern »Am Ruhrort« wohnen heute vorwiegend türkische Arbeitsimmigranten und deren Familien. Die Häuser waren schon vor fast 100 Jahren die erste Bleibe für viele zugewanderte Arbeiter aus Ost- und Westpreußen, Polen, Oberschlesien, Tschechen und Hessen.

8 Schiefer-häuser

Parallelen in der Geschichte der Arbeitsimmigranten liegen nicht nur in den Wohnverhältnissen. Als die Firma im damaligen Bauerndorf Dahlhausen die Produktion aufnahm, konnte sie ihren Arbeitskräftebedarf nur über die Anwerbung aus anderen Gebieten decken. Immer wenn das Arbeitsplatzangebot das Potential an heimischen Arbeitskräften überstieg, schickten die ansässigen Industriebetriebe »Werber über die Dörfer«. Ging es vor 100 Jahren hauptsächlich über Hessen nach Polen, so fuhren die Lohnbürovorsteher von Dr.-C.-Otto in den 1960er Jahren nach Südeuropa. Damals wie heute folgten den bereits »Zugewanderten« Landsleute aus der Heimat. Auch vor 100 Jahren wurden die Arbeitsimmigranten von den Einheimischen oftmals als »anders« empfunden und von Nachbarn und Arbeitskollegen gemieden. Die Fremdenfeindlichkeit um die Jahrhundertwende traf vor allem die polnischen Zuwanderer. Ähnlich wie die türkischen Mitbürger heute, versuchten früher die Polen ihre kulturelle Identität zu bewahren. Sie schlossen sich in Kultur- und Heimatvereinen zusammen, trugen ihre traditionelle Kleidung und erledigten die Einkäufe in polnischen Lebensmittelgeschäften. Auch wenn es so mancher Deutschtümler nicht wahrhaben will: Ca. 85 % der in Dahlhausen lebenden Familien sind früher oder später aus anderen Regionen Europas zugewandert. Diese Zahl macht deutlich, dass sich Dahlhausen wie das gesamte Ruhrgebiet nicht nur längst zu einer multikulturellen Gesellschaft entwickelt hat, sondern seit über 100 Jahren Schmelzpunkt unterschiedlicher Kulturen ist.

Sicht auf Reihenhäuser mit Vorgärten.

Links vom Ruhrort, auf dem Gelände des ehemaligen Bauhofs von Dr.-C.-Otto, standen die Baracken, in denen die während des Zweiten Weltkrieges bei »Otto« eingesetzten Zwangsarbeiter untergebracht waren. Ihre Behandlung entsprach der Rassenideologie der Nazis. Am untersten Ende der Hierarchie standen Kriegsgefangene aus der Sowjetunion. Sie waren nahezu vollkommen der Willkür des Aufsichtspersonals ausgeliefert und wurden zu den körperlich schwersten Arbeiten herangezogen, obwohl sie nach Aussagen eines ehemaligen Betriebsrates, der schon damals bei Otto arbeitete, so entkräftet waren, »dass sie fast über ihre eigenen Beine fielen«. Noch kurz vor dem Kriegsende, als »schon die amerikanischen Panzer auf Essener Gebiet zu hören waren«, sind mehrere russische Zwangsarbeiter von den Nazis erschossen worden, weil man bei ihnen Brot fand, das ihnen deutsche Arbeitskollegen zugesteckt hatten. Ihre Leichen wurden anschließend in die nahe gelegene Ruhr geworfen. In den 1950er Jahren wurden die Unterkünfte für die Arbeitsimmigranten aus Südeuropa wieder verwendet.

9 Kreuzgiebelhäuser

Hinter der schwarzen Häuserzeile liegen die roten, um 1900 erbauten Backsteinhäuser mit Kreuzgrundriss. Das Sträßchen mit den in Eigenarbeit liebevoll renovierten Häusern ist ein Kleinod in Bochum und verdient zu Recht das Prädikat „Gartenstadt“, zu denen im Kontrast das von den verschiedensten Nationalitäten bewirtschaftete Pachtland steht, woran der Weg vorbeiführt, bevor man auf der linken Seite der Straße das Gebäude der IFAK erreicht.

10 Mehrgenerationenhaus der IFAK

Herbert Siebold, Lehrer in Bochum und Schulleiter in Berlin, war der Gründungsvater der IFAK, die sich von Hausaufgabenhilfe für ausländische Kinder in angemieteten, kleinen Räumen bis zur multikulturellen Stadtteilarbeit für Jung und Alt entwickelt hat. Das Stadtteilzentrum wurde 1998 mit Fördermitteln der Stiftung für Wohlfahrtspflege NRW erbaut und gehört auf Grund der vielschichtigen sozialen Arbeit seit 2008 als Leuchtturmhaus zu einem Netzwerk von 500 geförderten Mehrgenerationenhäusern in Deutschland.

Treffpunkt für Jung und Alt, das Mehrgenerationenhaus der IFAK.

Am Ende des Ruhrorts, kurz hinter dem Mehrgenerationenhaus, schweift der Blick über die Dr.-C.-Otto Straße auf die im mediterranen Stil gehaltenen Häuser des Ruhrauenparks mit seiner aufgelockerten Bebauung. Der private Investor Hans-Otto Körning hatte dort Anfang 2003 mit dem Architektenteam Kemper, Steiner und Partner auf dem aufwändig sanierten Gelände des einstigen Verschiebebahnhofs ein Neubaugebiet mit vier Baufeldern erschlossen. Besonders interessant dabei ist die Fertigteilbauweise mit Holzspanbeton, die keine zusätzliche Dämmung erfordert und das Blockheizkraftwerk, das zu einer objektnahen, umweltfreundlichen und Kosten sparenden Energieversorgung

11 Ruhrauenpark Siedlung

Neubausiedlung Ruhrauenpark.

Werkstor »Dr.-C.-Otto«. Feuerfeste Steine für Industrieofen- und Feuerungsbau in Metall-, Koks-, Zement und Chemieproduktion.

beiträgt. Auf dem vom Bahnhof bis zum Eisenbahnmuseum reichenden Areal, auf dem im Oktober 1985 die Deutsche Bahn ihr 150-jähriges Bestehen mit einer großen Eisenbahn-Fahrzeugausstellung feierte, sind bisher 89 Häuser fertig gestellt.

12 Steinfabrik Dr.-C.-Otto

Das Werksgelände Dr.-C.-Otto erstreckt sich auf 90.000 m^2 unterhalb des Eibergs Richtung Essen. Der Berg diente als Steinbruch für die Produktion. 1872 hatte der Chemiker Dr. Carlos Otto mit anderen Investoren das Werk »für feuerfeste Erzeugnisse« gegründet. Heute ist es

Historischer Blick auf das Werk vom Horster Berg.

mit ca. 214 Beschäftigten und sieben Auszubildenden der wichtigste und größte Betrieb Dahlhausens.

Das Unternehmen produziert hauptsächlich feuerfestes Material für Hochöfen und Kokereien sowie für die Glasindustrie. Bei »Otto« wurde die erste Kokskohlenanlage hergestellt, die Gas zur Städtebeleuchtung erzeugte. Sie versorgte 1897 die Stadt Boston mit Leuchtgas. Noch heute ist die Arbeit bei Otto hart. Um die Jahrhundertwende war sie jedoch die reinste Knochenmühle. Riesige Mahlwerke zerkleinerten die Bruchsteine, die Masse wurde mit Pressen in Form gebracht. Die körperlich schwersten Arbeiten wurden damals im 12-Stundentag verrichtet.

13

Eisenbahnmuseum Dahlhausen
Dr.-C.-Otto-Straße 191
1.3.–15.11.
10–17 Uhr
Mo geschlossen

Eisenbahnmuseum Bochum.

Überstunden, die ohne Entgelt geleistet wurden, waren die Regel. Kranke Arbeiter erhielten weder Lohn noch Krankengeld. Urlaub gewährte die Betriebsleitung – wenn überhaupt – nur in dringenden Fällen, jedoch ohne Bezahlung.

Dampfloks wurden längst auf das Abstellgleis geschoben. Hier fauchen sie noch. Das Eisenbahnmuseum, verfügt über die größte Sammlung historischer Schienenfahrzeuge in der Bundesrepublik. Auf dem 40.000 m^2 großen Gelände des ehemaligen Bahnbetriebswerkes Dahlhausen mit dem charakteristischen Lokschuppen mit Drehscheibe und Wasserturm aus den 1920er Jahren sind über 200 Raritäten zu bestaunen, die das Herz nicht nur der Eisenbahnfreunde höher schlagen lassen, darunter auch der Speisewagen des legendären Orientexpress.

Zu den besonderen Attraktionen des Eisenbahnmuseums gehört der Museumszug, der von April bis Oktober jeden ersten Sonntag im Monat auf der wohl landschaftlich schönsten Bahnstrecke des Ruhrgebietes verkehrt. Die inzwischen für den normalen Zugbetrieb stillgelegte Ruhrtalbahn führt vorbei an der Henrichshütte in Hattingen und der Burg Blankenstein zu den größeren Naherholungsgebieten vor den Toren Bochums. Der Zug, der stilecht von einer Dampflok gezogen wird, besteht aus Wagen der 1. bis 4. Klasse aus den Jahren 1898 bis 1955 samt Barwagen. Ein Gepäckwagen befördert auch Fahrräder. Ergänzt wird das Fahrtenangebot durch den historischen Schienenbus, der von April bis Oktober an jedem Wochenende durch das Ruhrtal zuckelt.

14

Ruhrauen, Leinpfad

Das mittlere Ruhrtal ist heute ein riesiger Naherholungsraum und zugleich ein wichtiges Trinkwasserreservoir für das Ruhrgebiet. Die Ruhrauen in Dahlhausen sind ein Eldorado für Freizeitsportler, Jogger, Radler, Angler und Kanuten und seit 2007 auch für Drachenbootsportler. Zahlreiche Hobbymannschaften haben die Gegend zum Trainingsfeld erkoren. Bis auf die Hochspannungsmasten erinnert kaum etwas daran, dass vor der Nordwanderung des Bergbaus dieser Ruhrabschnitt ökologisch extrem gefährdet war.

Die Ruhr ist sauber und fischreich, ein Freizeitparadies für Viele.

15 Alte Flussbadeanstalt

Das Strandbad Dahlhausen, die letzte Flussbadeanstalt auf Bochumer Gebiet, schloss Ende der 1950er Jahre wegen zunehmender Wasserverschmutzung.

Seitdem keine Abwässer mehr ungeklärt in die Ruhr gelangen, gilt der Fluss, dem Europas größte Industriemetropole ihren Namen verdankt, als der sauberste Industriefluss der Bundesrepublik. Dies belegen Maler-, Dreikant- sowie die flachen Teichmuscheln und vor allem die Flusskrebse, die nur in Flüssen mit besonderer Wasserqualität zu finden sind. Auch der Fischbestand ist vielfältig. Neben Raubfischen wie Wels,

Historischer Blick auf die alte Flussbadeanstalt vom Horkenstein.

Hecht, Zander, Barsch, Aal und Kaulbarsch sorgen auch die Friedfische Karpfen, Schleie, Döbel, Rotauge, Rotfeder, Brasse, Güster, Aland, Ukelei, Gründling, Karausche, Schmerle und Hasel für jede Menge Leben in der Ruhr.

Die Ruhrfischereigenossenschaften versuchen darüber hinaus seit einigen Jahren, den Lachs wieder einzubürgern. Einige Tausend Junglachse wurden in Richtung Meer ausgesetzt. Mit den ersten Rückkehrern ist in ein bis zwei Jahren zu rechnen, die auf ihrer Wanderung den Weg durch Wehre und Schleusen über spezielle Fischtreppen nehmen, wie sie auch in Dahlhausen neben dem Rollwehr zu finden ist.

Das Dahlhauser Wehr und der Leinpfad sind Relikte aus der Zeit, als die Ruhr noch schiffbar war. Zur Blütezeit der Ruhrschifffahrt im Jahre 1860 passierten rund 80 Lastkähne täglich die Schleuse. Seit dem Bau der Eisenbahn 1869 ist die Ruhr jedoch wieder zu einem stillen Fluss geworden. Heute ist sie für die Schifffahrt gesperrt.

Schön zu beobachten ist, dass seit den letzten Jahren auch Kanadagänse die vielfältige Vogellandschaft an der Ruhr bereichern und auf der Vogelschutzinsel brüten. Schwäne, Lachmöwen, Haubentaucher, Kormorane, Gänsesäger, Höckerschwan, Flussuferläufer, Stockente, Reiherente, Tafelente, Graureiher, Regenpfeifer, Weißwangengans, Zwergtaucher, Teichhuhn, Blässhuhn und der schönste Vogel, der Eisvogel, sind an der Ruhr in Dahlhausen beheimatet.

Interessant ist auch die Pflanzenwelt an der Ruhr, zu dem das indische Springkraut (aus dem Himalaja, riecht stark) ebenso zählt, wie der an Böschungen zu findende Japan-Staudenknöterich. Eingeschleppt wurde auch hier der Riesenbärenklau, der bei Berührung zu starken Hautverätzungen führen kann. Schafe, die oftmals in den Ruhrauen weiden, fressen gern die Jungpflanzen und halten auch die Gräservegetation klein.

16 Eisenbahnbrücke

Der Rundgang führt über die Brücke oberhalb der Eisenbahnlinie S3 Richtung Hattingen.

17 Eselstall und Horkenstein

Vom Eselsstall, einer ehemaligen Gaststätte unterhalb des Bergs, führt der Weg hinauf zum Aussichtsplateau Horkenstein, benannt nach dem ehemaligen Gartenrestaurant Burg Horkenstein, das 1962 abgerissen wurde. Ähnlich wie am Drachenfels ritten die Besucher auf einem Esel den schmalen Pfad hinauf. Der Gastwirt Karl Wilhelm Stammen hatte das Haus nach einem ca. 20 Tonnen schweren Findling benannt, der der Sage nach »unweit dem Dorfe Linden an dem Fußwege zwischen Dahlhausen und Hattingen gegenüber dem Dorfe Niederwenigern gelegen haben soll«. Welches Geheimnis dieser Stein, der heute noch in Hattingen zu besichtigen ist, in sich birgt, ist nicht geklärt. Einige Heimatforscher halten ihn für einen heidnischen Opferstein aus vorchristlichen Zeiten. Nach einer mittelalterlichen Überlieferung soll gar der »Teufel mit ihm dahergekommen sein, um die Kirche in Niederwenigern umzuwerfen«. Der Stein soll ihm aber zu schwer geworden sein, so dass er ihn kurz vorher fallen gelassen hat. Vom Horkenstein sollte man den Ausblick über das Ruhrtal genießen.

18 Naturfreundehaus

Der Hedtberg mit Naturfreundehaus vor dem Sturm Kyrill.

Das Naturfreundehaus, wenige Minuten vom Zentrum Dahlhausens mitten im Grüngürtel Hedtberg auf dem Gelände eines alten Steinbruchs gelegen, wurde 1929 eingeweiht. Mitglieder und Freunde der Naturfreundebewegung errichteten es mit Hilfe befreundeter Organisationen der Arbeiterbewegung. Neben den Naturfreunden nutzen die SPD, die Sozialistische Arbeiterjugend und zahlreiche Sportvereine das Haus als Tagungs-, Veranstaltungs- und Erholungsort. Im April 1933 brachten es die Nazis zwangsweise in ihren Besitz. Eine SA-Einheit folterte und misshandelte politische Gegner aus dem Raum Linden-Dahlhausen. Da die Nazis sich das Haus zwar aneignen, nicht aber für die Hypothekenbelastung aufkommen wollten, ging das Gebäude formal in den Besitz der Stadt Bochum über. Später wurde es der Hitler-Jugend zur Verfügung gestellt.

Nach dem Krieg nutzte die Arbeiterwohlfahrt »den Hedtberg« zunächst als Kinderfreizeithaus. Seit 1951 ist das Haus wieder im Besitz der Naturfreunde, die es 1979 um einen Anbau erweiterten. Durch den Sturm Kyrill im Jahr 2006 ist der umliegende Laubwald fast vollständig

Blick auf Horkenstein.

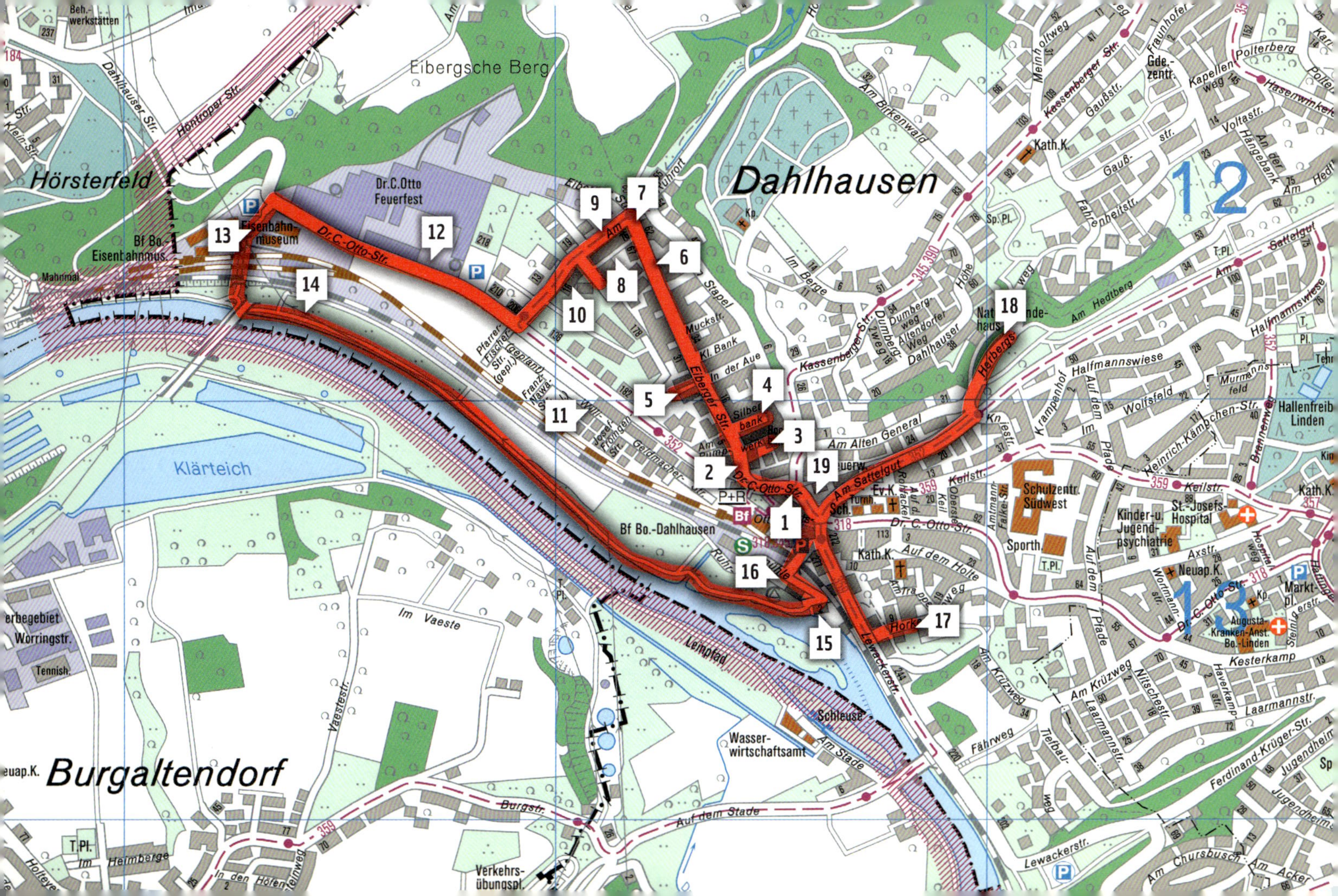

Dahlhausen
Burgaltendorf
Hörsterfeld
Eibergsche Berg
Dr.C.Otto Feuerfest
Eisenbahn-museum
Bf Bo.-Eisenbahnmus.
Bf Bo.-Dahlhausen
Klärteich
Schleuse
Wasser-wirtschaftsamt
Schulzentr. Südwest
St.-Josefs-Hospital
Kinder-u. Jugend-psychiatrie
Hallenfreib Linden
Dr.-C.-Otto-Str.
Eiberger Str.
Am Sattelgut
Lewackerstr.
Hontroper Str.
Dahlhauser Str.
Kassenberger Str.
Am Birkenwald
Leinpfad
Am Stade
Auf dem Stade
Im Vaeste
Vaestestr.
Burgstr.
1
2
3
4
5
6
7
8
9
10
11
12
13
14
15
16
17
18
19

19

Haus Sonneneck

Das Ruthmannsche Haus mit Café Sonneneck.

vernichtet worden und mit Hilfe einer Bürgeraktion der örtlichen SPD und potentiellen Sponsoren wieder aufgeforstet worden.

Wer auf dem Rundgang durstig und hungrig geworden ist, sollte es nicht versäumen, hier Rast zu machen. Die landschaftlich reizvolle Umgebung lässt sich auf der Terrasse besonders genießen.

Zurück im Zentrum Dahlhausen sollte man sich die Wartezeit auf die Straßenbahn bei einer Tasse Kaffee im »Café Sonneneck« des Ruthmannschen Hauses, dem wohl ältesten Fachwerkhaus im Stadtteil, verkürzen. Vielleicht bei der Lektüre von »Nahtlos Braun«, einem Polit-Thriller des Bochumer Autors Werner Schmitz, dem von der FAZ das Prädikat »Ruhrgebiets-Chandler« verliehen wurde. Ort der Handlung ist Dahlhausen.

Thema: RuSIS – einfach mehr Sicherheit

Thomas Eiskirch

Das Ruhrtal ist ein attraktives und abwechslungsreiches Gebiet für Freizeit und Erholung. Aber: Bei einem Badeunfall oder anderem Unglück muss schnell gehandelt werden. Mit dem neuen und in Deutschland einzigartigen Ruhr-Standort-Informationssystem (RuSIS) können im Notfall auch Ortsunkundige den Lebensrettern ihren genauen Standort angeben.

Im Sommer 2003 musste Martin Stachowske mit ansehen, wie ein Mann in der Ruhr ertrank, weil der Rettungsdienst wegen ungenauer Ortsangabe nicht rechtzeitig zur Stelle sein konnte. Der heutige Professor an der RWTH Aachen entwickelte gemeinsam mit der DLRG, der Feuerwehr, der Polizei und dem staatlichen Umweltamt das Konzept, das als Pilotprojekt mit bisher insgesamt 43 Schildern zur Sicherheit an der Ruhr beiträgt.

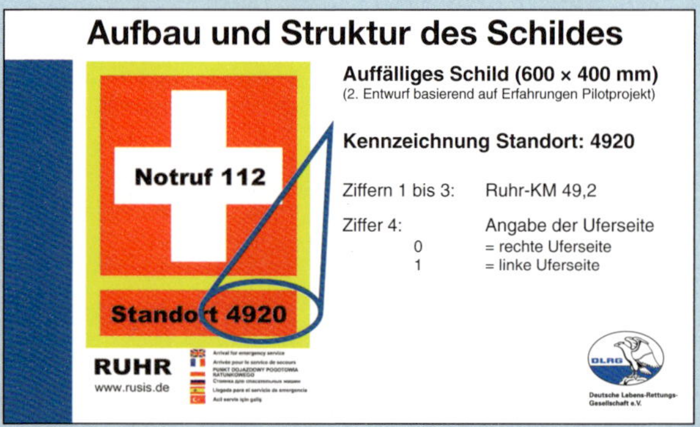

RuSIS-Schild an der Ruhr.

Autorenverzeichnis

Dr. Dietmar Bleidick, Historiker | Bettina Brakelmann, Journalistin und Künstlerin | Prof. Dr. Günter Brakelmann, Theologe und Historiker | Hans-Friedel Donschen, Diplom-Ingenieur, stellvertretender Bezirksbürgermeister | Thomas Eiskirch, Kaufmännischer Angestellter, Prokurist, Landtagsabgeordneter | Prof. Dr. Bernd Faulenbach, Historiker | Fritzi Marie Felderhoff, wissenschaftliche Mitarbeiterin | Tanja Grewing, Fotografin | Dr. Hans H. Hanke, Architekturhistoriker und Denkmalpfleger | Andreas Halwer, Archivar | Gert Hille, Diplom-Ingenieur und Stadtplaner | Dr. Manfred Keller, Theologe und Akademieleiter a. D. | Gerd Kivelitz, Lehrer und Kulturmacher | Norbert Konegen, Diplom-Sozialwissenschaftler | Norbert Kozicki, Diplom-Sozialwissenschaftler | Peter Kracht, Angestellter | Friedhelm Lueg, Elektriker, Ratsmitglied | Joachim Hermann Luger, Schauspieler | Volker Marquaß, Geschäftsführer der Entwicklungsgesellschaft Ruhr Bochum GmbH (EGR) | Christoph Meer, Journalist und Gewerkschaftssekretär | Ingo Meyer, Bildungsreferent | Barbara Michels, M.Ed., Doktorandin am Institut für soziale Bewegungen, Ruhr-Universität Bochum | Dr. Jürgen Mittag, Geschäftsführer des Instituts für soziale Bewegungen, Ruhr-Universität Bochum | Theo Piedbouef, Druckermeister | Dr. Ernst-Albrecht Plieg, VHS-Direktor a. D. | Norbert Ranft †, Gewerkschaftssekretär | Heike Reinecke, Diplom-Verwaltungswirtin | Monika Remlinger, Programmbereichsleiterin der Volkshochschule und Qualitätsbeauftragte | Hans Reppel, Werkzeugmacher | Heinz Rittermeier, DGB-Vorsitzender Region Südöstliches Westfalen | Thomas von Roznowski, Diplom-Ingenieur | Gerd Salewski, Angestellter | Axel Schäfer, Bundestagsabgeordneter | Gaby Schäfer, Leiterin Frauenbüro, 1. Bürgermeisterin der Stadt Bochum | Martina Schnell, Juristin, Ratsmitglied | Volker Strehl, Gewerkschaftssekretär | Prof. Dr. Elmar Weiler, Rektor der Ruhr-Universität Bochum | Birgit Werner, Lehrerin | Dr. Gisela Wilbertz, Historikerin, Amtsleiterin a. D.

Literaturverzeichnis

Für alle Themen und Stadtteile

Jürgen Boebers-Süssmann: Do kass di drop verlöten!, Gudensberg-Gleichen 2006 | Georg Braumann: Einiges über Bochum in Bochumer Zeitungen bis 1932. Bochum 2006 | Georg Braumann: Einiges über Bochum in Bochumer Zeitungen bis 1937. Bochum 2007 | Georg Braumann: Einiges über Bochum in Bochumer Zeitungen bis 1945. Bochum 2007 | Georg Braumann: Einiges über Bochum im Zweiten Weltkrieg 1939–1945. Bochum 2007 | Karl Brinkmann: Bochum. Aus der Geschichter einer Großstadt im Revier. Bochum 1968 | Peter Friedemann, Gustav Seebold (Hg.): Struktureller Wandel und kulturelles Leben. Politische Kultur in Bochum 1860–1990. Essen 1992 | Rüdiger Jordan, Christel Darmstadt: Sakrale Baukunst in Bochum. Bochum 2003 | Hiram Kümper, Bochum. Von Karolingern zu Kohleöfen. Erfurt 2005 | Jürgen Mittag, Ingrid Wölk (Hg.): Bochum und das Ruhrgebiet. Großstadtbildung im 20. Jahrhundert. Essen 2005 | Max Seippel: Bochum einst und jetzt. Bochum 1901, Reprint 1991 | Thomas Sprenger, Herbert Schmitz: Bochum. Stern des Ruhrgebiets. Essen 2003 | Paul Gerhard Wieschemann: Architekturführer Bochum. Bochum 1986

Altenbochum

Erich Brühmann, Wilhelm Bündemann: Bei uns in Altenbochum. Bochum 1975 | Wilhelm Bündemann: Altenbochum gestern, heute. Bochum 1978 | Eike Grewel, Werner Richwin: Lukaskirche Altenbochum. Bochum 1979

Bergen und Hiltrop

Hiltrop im Wandel der Zeit. Dokumente, Bilder, Berichte. Herausgegeben vom Presbyterium der evangelischen Kirchengemeinde Hiltrop, 1977 | Hiltrop gestern und heute. Herausgegeben vom Presbyterium der evangelischen Kirchengemeinde Hiltrop, 1990

Dahlhausen

Walter E. Gantenberg, Engelbert Wührl: Über allem thronte der Horkenstein. Bochum 1996 | Walter E. Gantenberg, Engelbert Wührl: Die große Flut in Dahlhausen. Die Bombardierung der Möhnetalsperre. Bochum 2003 | Walter E. Gantenberg, Engelbert Wührl: Vom Kohlengraben zum Tiefbau. Wanderungen durch die Bergbaugeschichte und Geologie im Bochumer Südwesten. Essen 2006

Ehrenfeld
Ernst-Albrecht Plieg: Lohmann, Hasselberg & Co. Bochums Radsport zwischen 1889 und 1963. Essen 2008

Gerthe und Harpen
Bochumer Kulturrat e.V. (Hg.): Die drei großen Herren und die anderen – Aufstieg und Niedergang einer Zeche im Bochumer Norden und die Geschichte der Einwanderung. Bochum 1996 | Bochumer Kulturrat e.V. (Hg.): Die Rückkehr der drei großen Herren – Bilder und Texte zur Geschichte der Zeche Lothringen in Bochum-Gerthe. Bochum 2000 | Gerd Kivelitz: Von Vätern und Söhnen oder Einmal war sogar der Kaiser dagewesen. Vorstadtgeschichten. Bochum 1988 | Gerthe – Was die Steine uns erzählen. Ein heimatkundliches Lesebuch. Bochum 2000

Grumme und Riemke
Karl Hasenbein, Franz Peine, Katholische Kirchengemeinde St. Franziskus Bochum-Riemke: 100 Jahre St.-Franziskus-Kirche Bochum-Riemke. Bochum 1992 | Wolfgang Klupsch u.a., Pfarrgemeinde: St.-Liborius Bochum-Grumme 1891–1991. Bochum 1991 | Wilfried Landwehr: Evangelische Kirchengemeinde Hofstede-Riemke in Bochum: Festschrift zur Einweihung der Trinitatiskirche. Bochum 1961 | Heinz-Günter Spichartz, Hans Hüwener: Worüber man in Grumme spricht. Bochum 2007

Hordel
Klaus Pirke: Zechenlandschaft Hannover-Hannibal-Königsgrube in Bochum und Herne. Essen 2008 | Petre Bödefeld, Heinz Brandt: Hordel einst und jetzt. Bochum 1987

Innenstadt und Stadtpark
Marina von Assel: Kunst auf Schritt und Tritt in Bochum. Bochum 1992 Thorsten Klagges, Stadt Bochum: Trotz Cholera, Krieg und Krisen. Bochum 2000 | Annette Zehnter: Widerstand und Verfolgung in Bochum und Wattenscheid 1933–1945. Bochum 1992

Langendreer
Antje Grajetzky, Gerd Spieckermann, Uwe Vorberg: In Fahrtrichtung links. Essen 2006 (Fs. Kulturzentrum Bahnhof Langendreer) | Clemens Kreuzer: 1100 Jahre Langendreer Werne. Bochum 1987, Neudruck 1999 | Clemens Kreuzer: Bauernzeit und Bergmannszeit in Bochum-Ost. Bochum 1990

Weitmar
Ernst-Albrecht Plieg: Weitmar (Landkreis Bochum). Biographie einer Amtsgemeinde im Ruhrgebiet 1892–1926. Horb a.N. 2000

Bildnachweis

(r rechts, l links, o oben, u unten, m mitte)
Titelseite von lo nach ru: Rathaus Bochum, Grewing | Ruhr-Universität Bochum, Grewing | Stadtpark, Hanke | Schauspielhaus 1953, Stadt Bochum Presseamt | Jahrhunderthalle, Grewing | Planetarium, Stadt Bochum Presseamt | LWL-Museum Zeche Hannover, Schnell
TGM-Bild, Tanja Grewing: 34, 35, 36, 37, 38 u, 39, 40, 41, 42 u, 43, 45, 47, 48, 49, 52, 66, 96 or, 147 u, 155, 156, 157, 158, 159, 161 u, 162, 163, 164, 165, 166, 177 ol, 182, 183, 184 o, 185, 186, 187, 188, 189, 190, 191, 192, 193, 194, 195, 196, 197, 199 o, 199 ul, 200, 201, 206 u, 207 o, 207 m, 208, 209, 210, 211 o, 212, 214, 215, 280 o, 281, 268, 307, 308 o, 309, 311, 312, 313, 314 o, 315, 316, 319, 321 ol, 321 or, 322, 323, 324, 325, 326 o, 327, 328 o, 330 o, 332 | Gert Hille: 13 u, 16, 19 u, 20 u, 21 o, 21 u, 53, 55, 76, 77 r, 79, 94 o, 95 or, 97, 100 o, 125 l, 129, 134 or, 136 or, 136, 246, 247, 248, 249, 250, 251, 253, 254, 255, 256, 258, 266, 267, 269, 289, 290, 291 o, 292, 293 r, 294 r, 298 | Stadt Bochum, Presse- und Informationsamt: 16, 18, 19 o, 23 o, 27, 59 u, 78, 80, 83, 84, 86 o, 89, 95 ol, 101 o, 103 u, 108, 110 u, 111, 113 o, 115 u, 116 u, 117 u, 119 o, 120, 122, 124, 125 r, 126, 130, 133, 135 or, 135 ol, 141, 144 o, 145 o, 146 ur, 151, 184 u, 204, 205, 206 o, 207 u, 211 u, 218 o, 220, 224 ur, 225 o, 235 o, 242, 263, 275, 277, 278, 291 u, 300, 302, 303 | Stadt Bochum, Stadtarchiv: 6, 8, 10, 13 r, 26, 28, 46, 90, 91, 92, 93 o, 115 o, 127 u, 128, 160, 161 o, 170, 171, 173, 175, 177 or, 178, 180, 181, 272, 276, 294 l, 296, 306, 308 ur, 308 ul, 314, 319, 320, 321 u, 326 u, 328 u, 330 u | Stadt Bochum, Planungsamt/dreibund architekten: 12 | Hans H. Hanke: 9, 10 o, 11, 13 o, 15, 18, 20 l, 20 r, 21 or, 21 ur, 23 u, 24, 29, 38 l, 42 o, 44, 50 o, 54, 59 ro, 60 l, 63 u, 74, 77 o, 77 u, 82 r, 83 o, 83 r, 85, 86, 93 u, 94 u, 96 ol, 96 u, 98, 102, 103 o, 104, 110 o, 116 o, 117 o, 117 m, 118, 119 ul, 120, 132, 134 lo, 134 lu, 135 u, 138,142 u, 143 u, 150 l, 199 ur, 217, 218 u, 219, 222, 223 o, 224 ul, 225 u, 226, 228 o, 244, 259, 262, 268, 279, 280 ul, 295 r | LWL Amt für Denkmalpflege in Westfalen: 10 m, 20 o, 220 u, 223 u, 224 o, 280 ur | LWL Medienzentrum für Westfalen: 84 u | Heike Reinecke: 107, 109, 113 u, 119 ur | Joachim H. Luger: 5 | Karl-Friedrich Gehse: 7 | Autohaus Lueg: 14 | Jonas Holthaus, ++pluszwo.de++: 50 u | Die Illustratoren, Jürgen Willbarth: 57 | Dirk Ernesti: 58, 59 o, 60, 61, 63 o, 64, 65, 68, 69, 70 | Dietmar Bleidick: 65 u | Christuskirche Bochum: 72 | Claudia Robbers: 78 | Planetarium Bochum: 82 l | Schauspielhaus Bochum/Arno Declair: 101 u | Franziskus-Gemeinde Riemke: 127 o | Gasthaus Goeke: 136 lo | Martina Schnell: 139, 140, 142 o, 143 o, 144 u, 145 rm, 145 ru, 146 o, 146 lu, 147 o, 148 | BP-ARAL, Historisches Archiv Aral: 150 o | ullstein bild – AP: 168 | Bahnhof Langendreer e.V./Jens Christiansen: 228 u | Klartext Verlag: 230 | Peter Kracht: 234, 235, 237, 241 | Evangelische Kirchengemeinde Bochum-Werne: 233 | Herbert von Hagen: 236 | Helmuth Croon. Bochum und das mittlere Ruhrgebiet. Paderborn 1965 S. 104 Karte 4: 238 | Ruhr-Universität Bochum, Musisches Zentrum/Oktober-Kommunikationsdesign: 260 | Ruhr-Universität Bochum: 261 | Stadtwerke Bochum: 283, 284 | Deutsches Forum für Figurentheater: 293 l | RUSIS: 333